부상하는 중국과 동아시아
中国的崛起与东亚

일러두기

- 본문의 내용 중 동아시아 역내 영토 분쟁 대상의 지명에 관한 표기는 각국 학자가 서술한 원문 그대로 옮겼다. [예: 센카쿠열도(중국명: 댜오위다오)]
- 중국학자 글의 각주는 독자에게 출처를 정확히 알리고 후속 연구에 도움을 주고자 가급적 중국어 원문을 남겨 두되, 번역이 필요한 곳은 한글로 옮겼다.

동북아역사재단
연구총서 119

中国的崛起与东亚

부상하는 중국과 동아시아

차재복 편

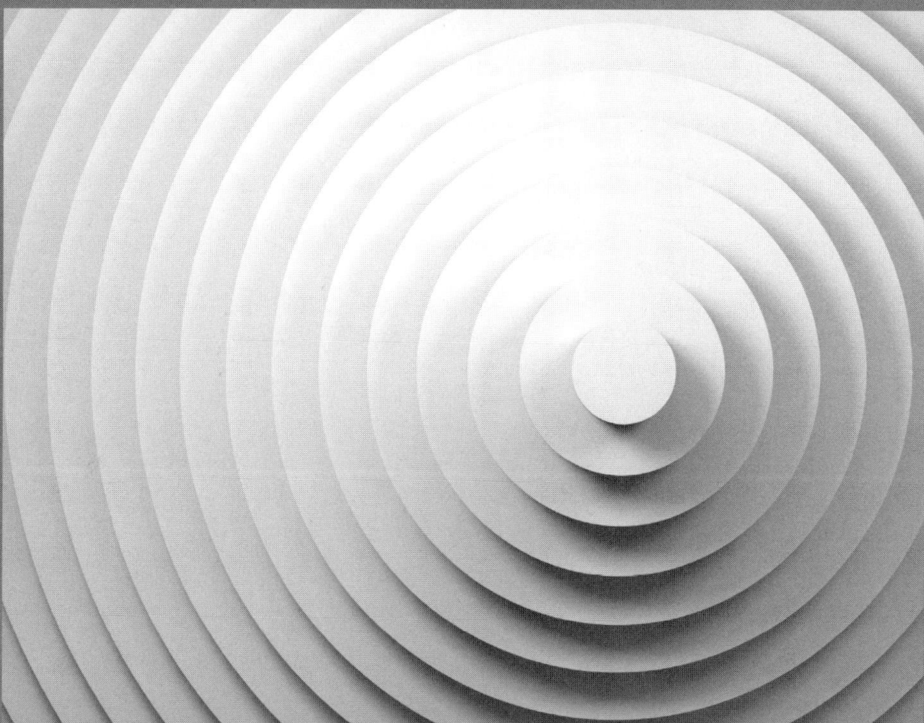

동북아역사재단
NORTHEAST ASIAN HISTORY FOUNDATION

총론

2010년 중국이 일본의 GDP를 넘어서면서 G2(미국과 중국)로 불린 지 10년이 지나고 있다. 2012년 제18차 중국공산당대회에서 시진핑 주석이 집권한 이래 중국의 정치·경제·사회·문화 등 국내 정책과 이념 그리고 외교 정책과 전략은 전과 비교해 크게 변하고 있다. 제18차 당 대회 이후의 중국은 '중국 특색의 사회주의' 건설과 '신형대국관계'를 주창하였으나, 제19차 당 대회(2017) 이후는 '시진핑·신시대 중국 특색의 사회주의' 건설과 '신형국제관계'로 바꾸고 '중국의 꿈(중화민족의 위대한 부흥)'을 부단히 강조하며 새로운 국제질서를 모색하고 있다. 마찬가지로 한국의 문재인 정부도 역대 정부의 대북정책과 유라시아 정책을 토대로 '신북방', '신남방' 정책으로 한반도 평화체제를 도모하여 새로운 동북아 평화공동체 구축을 모색하고 있다.

재단은 한반도와 중국 관계 그리고 동아시아 역내 신질서 형성기라는 과도기적 시기의 중요성을 감안하여, 중국 내 한반도 전문가의 편향된 한반도 인식, 나아가 북한 문제와 한중 관계에 관한 중국 측의 일방적 인식을 완화하고, 한국 전문가의 시각에서 본 동아시아 국제관계와 역사 인식을 공유하여 양국이 각각 지향하는 '동북아 평화공동체'와 '인류운명공동체' 실현을 위한 학술대화를 추진했다. 비교적 민감한 문제를 안고 있는 한중 관계에서 '학술대화(Academic Dialogue)'의 중요성은 아무리 강조해도 지나치지 않는다. 이유는 지식인 층에 의해 상대 국가의 이미지가 형성되고 학술적 여론이 조성되며 그것이 곧 '정책대화(Policy Dialogue)'로 이어지기 때문이다.

2012년, 한국국제정치학회가 주관한 '한중 수교 20주년 학술회의'에 참석한 류밍(刘鸣) 전 상하이사회과학원 국제관계연구소장은 한중 지식인에 의한 상호인식을 제고하고자 정기 학술회의 개최를 동북아역사재단에 제안하였다. 이 제안이 동북아역사재단(NAHF)-상하이사회과학원(SASS) 학술회의의 시발점이 되었다. 회의 형식은 공동주최, 주제는 상호 간 논의해 정하였고, 내용은 주로 중국과 한반도, 동아시아 국제관계와 역사인식을 다루었다. 구체적으로는 한중 사이에 갈등 요인들이 점증하는 원인 분석과 이들 갈등 요인들을 어떻게 차단하고, 협력 요인을 어떻게 증가시킬 것인가. 그리고 동북아 역사 갈등의 근원인 자국 중심의 역사인식에 어떻게 접근하여 협력과 화해를 이끌어 낼 것인가를 다루었다.

이 책은 동북아역사재단 국제관계와역사대화연구소와 중국상하이사회과학원 국제문제연구소의 정기 학술회의(2013~2018)에서 발표된 원고 중 19편을 선별하여 엮은 것이다. 2013년부터 6년에 걸쳐 동아시아 역내 갈등과 협력 요인을 논의하고 최근까지의 내용을 반영하여 업

데이트 하였으나, 급변하는 중국과 한반도, 동아시아 정세를 쫓아가지 못한 부분도 있다. 이 부분은 독자들에게 양해를 구한다. 이 책의 구성은 19편의 논문을 소주제에 맞게 3부로 나누었다. 제1부는 '부상하는 중국과 한반도', 제2부는 한반도를 둘러싼 동아시아 국제관계' 그리고 제3부는 '동아시아 역사·영토 갈등과 협력'이다.

제1부. 부상하는 중국과 한반도

여기에서는 4·27 판문점 (남북)정상회담과 6·12 싱가포르 (북미)정상회담 이후의 남·북·미·중 4자 관계, 김정은-시진핑 시기의 북중 관계, 중국의 대한반도 정책 그리고 한반도 통일과 중국을 주제로 논의했다. 5편 원고의 전체적 맥락은 사드 갈등 이후 한중 관계와 동아시아 국제관계의 갈등을 넘어 협력과 공동의 발전을 모색하기 위해 역내 주요 행위자인 한국과 중국의 '주도적' 역할을 주문하는 동시에 그 역할을 재설계해야 할 필요성을 강조하고 있다.

이동률 교수는 "사드 갈등 이후 한중 관계 재설계의 기회와 과제"의 글에서, 한중 양국 정부에 의한 사드 갈등의 '봉합'을 관계의 회복으로 속단하기 어렵다는 현실을 지적한다. 동시에 북핵의 비핵화 협상이 최대 이슈가 되면서 오히려 한중 양자 차원의 새로운 관계 내실화의 과제 또한 유보되고 있으며 향후 한반도의 항구적 평화를 안착시키는 과정에서 한중 관계는 결국 다시 무대의 중심에 등장하게 될 것으로 전망한다. 그리고 그러한 미래의 가능성을 실현하기 위해 한중 양국은 '지금'

이 동북아의 항구적 평화체제를 준비하기 위한 적기라고 평가하고 양국에게 '외생변수의 적극적 관리'와 각자의 '주도적 역할'을 당부한다. 그에 의하면 중국의 역할이 매우 중요한 것은 사실이지만 한국 정부가 보다 주도적 입장에서 북핵 해결 방법을 모색해야 하고, 이러한 한국의 시도를 중국이 지지하고 협조해 주는 방식으로 중국의 역할을 재설정해 갈 것을 제안한다.

이에 대해 류밍 교수는 "판문점과 싱가포르 정상회담 이후의 남·북·미·중 4자 관계 평가와 미래 방향"의 글에서, 2017년 한반도 정세의 불안정 원인으로 미국의 강경한 대북 압박 정책, 북한의 제6차 핵실험(2017. 9.)과 화성-15형의 대륙간 탄도미사일 발사(2017. 11.), 유엔 안보리가 2017년에 채택한 대북제재 결의안을 지적한다. 그는 현재의 김정은-트럼프의 북미 관계에서 내놓은 비핵화 전망에 대해서는 회의적이고, 한반도가 완전한 비핵화에 진입하려면 한국이 북미 사이에서 타협을 진행해야 하고, 동시에 중미 양국의 협조와 협력이 필요함을 강조한다. 그는 결론적으로 중국은 한반도의 이웃 국가이자 이익 관계자로서 미래 동북아 평화체제와 경제건설을 위해 중요한 역할을 할 것이고, 남·북·미·중 또한 이 프로세스의 동등한 참여자로서 '동북아 안보체제'를 구축해 나갈 것을 제안한다.

김한권 교수는 "북중 관계와 동아시아: 김정은과 시진핑의 시기를 중심으로"의 글에서, 북중 관계에서 북한의 전략을 '시계추 외교'로 진단한다. 그는 북한의 '시계추 외교'가 냉전 시기에는 중국과 소련 사이에서, 지금은 미국과 중국의 전략적 경쟁 구도하에서 북한 체제의 생존과 국익 확대를 위해 단순한 기계적 중립이나 균형이 아닌 "현안에 따라 분명한 기울기가 나타나는 특유의 외교"라고 규명한다. 그에 의하면 북한은 미국과 한반도 비핵화 협상 과정에서 중국과의 우호협력 관계를 과시함으로써 대미 협상력을 강화할 수 있었으며, 중국 역시 한반도 비핵화 과정에서 북중 관계를 통해 대미 협상력을 증가시킬 수 있다는 북중 간 공동 이익의 공간이 존재하고, 이러한 북중의 협력 공간은 이후에도 미중의 전략적 경쟁 구도하에서 계속해서 북중 관계를 연결시키는 고리 역할을 할 것으로 전망한다.

이어서 팡슈위(方秀玉) 교수와 주친(朱芹) 연구원은 '2018년 상황'을 중국의 한반도 정책의 변곡점으로 여기고, 국가 이익 차원에서 중국의 대한반도 정책을 다루었다. 그는 과거 중국의 대북정책과 대남정책 사이에 큰 변화가 있었던 것은 중국의 국가 이익과 지정학적 요인 때문이라고 분석했다. 그리고 현재 중국의 한반도 정책은 중국의 국가 이익을 기초로 하고 한반도의 국가 이익과 안보 그리고 평화발전을 지향하며 남과 북을 함께 중시하는 균형(등거리) 외교 정책을 견지하여 한반도 평화와 안정의 기본 원칙을 수호하고 있다고 평가한다. 향후 중국의 한반도 정책에 대해서는 지금의 북한 문제(핵, 미사일) 외에도 남북의 경제적 격차, 미국의 대중국 견제를 원인으로 일련의 도전에 직면할 것으로 전망한다.

궁커위(龚克瑜) 연구원은 2014년 박근혜 정부의 '통일준비 위원회' 출범과 '드레스덴 선언'을 계기로 중국에서 한반도 통일이 이슈가 된 배경에서 "한반도 통일과 중국"이라는 주제를 다루었다. 그는 2013년 박근혜 대통령의 방중 당시 시진핑 주석이 언급한 "중국은 '한반도 신뢰프로세스' 구상을 환영하며 남북한이 관계 개선을 통해 화해 협력을 실현하고 최종적으로 자주평화 통일을 이루는 것을 지지한다"는 중국의 입장을 인용한다. 그리고 이는 서구의 시각에서 보면 중국 정부가 구체적 방안은 제시하지 않은 채 '한반도의 현상유지'를 더 선호하는 것처럼 비춰질 수도 있다는 부분도 지적한다. 그는 한반도 통일이 중국에게 주는 긍정적 영향으로 중국의 주변과 변방 지역이 더 안전해지고, 양안 통일을 촉진할 수 있다고 분석한다. 반면 부정적 영향으로는 중국이 우방국 북한의 전략적 완충지대를 상실하게 되고, 미국과 한국의 군사력에 대응하기 위한 중국의 국방 부담이 커질 것이고, 지정학적 '특수성'도 상실하게 될 것이며, 중국의 이미지는 약화되어 영토·역사 분쟁에 직면할 가능성도 있다고 전망한다.

제2부. 한반도를 둘러싼 동아시아 국제관계

권선홍 교수는 유교문명권과 예(禮), 사대자소(事大字小), 책봉조공 관계를 핵심어로 "전통시대 유교문명권의 국제질서"를 다루었다. 그는 유교문명권의 국제관계를 제대로 이해하려면 서구중심주의와 근대지상주의라는 기존 관념에서 벗어나 문명권 차원에서 그리고 역사적 맥락에서 접근할 필요가 있으며, 비교사적 연구가 필요함을 강조한다. 그는 유교문명권의 국제관계가 중세의 특징을 반영하여 '위계적'이기는 하였으나 대체로 '평화적'인 관계였고, 유교의 후왕박래(厚往薄來)의 원칙하에 국가 간 관계에서도 상호 호혜적이었다고 분석한다. 그는 유교문명권에서도 하나의 거대한 유기체적 문명 공동체를 중시하고 동문의식(同文意識)으로 상징되는 공동체 의식을 공유한 것을 근거로, 유교문명권인 동북아에서도 평화 지향성, 상호 호혜성 그리고 공동체 의식이라는 유산을 밝혀내어 장차 지역협력체로 나아가는 소중한 토대로 적극 계승·발전시킬 필요가 있다고 제안한다.

타오원자오(陶文钊) 연구원은 중국의 입장에서 중미 관계와 동아시아 (신)질서를 논의한다. 타오는 중국은 제2차 세계대전 중 미국과 함께 아태지역에서 일본 파시즘에 맞서 희생을 치렀다는 역사적 사실에서 미국의 전통적 이익을 인정하고, 미중 관계가 아태지역의 평화와 안정의 기초임을 강조한다. 그는 미국의 아태지역 주도권 재건 전략으로 (한미, 미일, 미호) 동맹체제 강화, '아태 재균형 전략'과 '인도·태평양 전략', 그리고 중국과 주변국 사이의 영토 분쟁 개입을 들었다. 그는 미국의 역대 정부(클린턴, 아들 부시, 오바마, 트럼프) 모두 중국의 부상을 견제하려고 다른 국가(인도)의 부상을 지지하여 중국과 균형을 맞추고, 서태평양, 남태평양, 인도양을 하나의 거대한 지정학적 개념으로 결합한 것이 바로 '인도-태평양' 전략이라고 보았다. 따라서 미국 민주당이나 공화당 누가 집권하든 대중(견제) 정책에는 큰 변화가 없을 것으로 분석한다. 다만 인도는 '비동맹'을 견지하고, 예로부터 독립자주의 외교 전통을 갖고 있어 "인도의 지도자가 쉽게 미국에게 낚여 미국의 작은 파트너"가 되지는 않을 것이라고 지적하고, 미국과 중국은 상당히 긴 시간을 통해 상호 작용의 새로운 모델을 형성할 것으로 전망한다.

이에 대하여 민병원 교수는 한국의 시각에서 미중 관계와 동아시아 (신)질서를 논의한다. 그는 (타오의 미중 사이의 갈등과 협력의 공존 가능성에 비해) 미국의 보수학계가 중국을 향해 거론하는 수정주의(revisionist)와 '투키디데스 함정'의 비유를 들어 향후 미중 관계는 갈등과 대결 구도가 될 것이라는 점에 비중을 두었다. 그리고 냉전기 이후 미국의 국가대전략(고립주의 전략, 관여전략, 봉쇄전략, 롤백전략의 혼합적인 모습의 유형과 흐름)에 대한 분석을 바탕으로 미중 전략 경쟁 관계에서 한국이 어떠한 정책을 고려할 수 있는지를 분석한다. 첫째, 미중 갈등에 역사적·구조적으로 영향을 미쳐 온 불완전한 샌프란시스코 체제를 완전한 형태로 재구성하는 외교 어젠다를 적극적으로 추구하고, 둘째, 미국이 바라보는 중국은 '수정주의' 성향의 국가에 해당하지만 이웃 국가인 한국이 이러한 인식을 반드시 공유할 필요가 없음을 강조하며, 셋째, 그동안 국제정치의 이론과 담론을 지배해 온 현실주의나 자유주의 패러다임을 넘어서 동아시아 내부에서 충분한 의미를 갖는 새로운 강대국 관계의 담론을 구축하여 미중 갈등의 장기전에 대비해야 한다고 제안한다.

구웨이(顾炜) 연구원은 한반도를 둘러싼 동아시아의 신질서 형성에서 러시아의 역할과 영향에 주목한다. 그는 러시아가 21세기 이래 북한과 한국 사이에서 균형 전략을 실행하고 어느 일방에 편향되지 않았다고 보았다. 또 북핵 관련 6자회담 시기 러시아의 역할은 주변에 머물렀으나, 최근에는 북핵과 한반도 그리고 동아시아 역내 평화와 발전을 위해 러시아의 역할이 돋보이고 있다고 분석한다. 러시아의 동아시아 역내 영향력 강화 방식은 스스로 대국 실력을 발휘하는 것 외에 중국과 전략적 협력을 전개하는 것이며, 러시아가 여전히 북한과 실질적인 네트워크를 유지하여 한반도에서도 영향력을 확대하고 있다면서, 한국에게 러시아·중국과 함께 한반도 문제에서 '한·러·중'의 3자 협력 체제를 구축하자고 제안한다.

이명찬 명예연구위원은 동북아에서 커다란 힘의 변화가 일어나는 근본적 원인으로 중국의 급부상을 주목한다. 그에 의하면, 중국의 대일 주장은 거침이 없고, 이러한 변화는 일본에서 '중국위협론'이 힘을 얻는 이유이다. 일본은 한국에 "중국 말고 미일 편에 확실히 서 달라"고 주장하지만, 한국은 "그전에 과거부터 다시 한번 사과하라"고 요구하고 있다. 그러나 최근 한일 관계는 최악이다. 한일 간 역사문제는 한·중·일 3국 간 협력과 갈등을 동시에 초래하여 전략적 계산을 어렵게 하는 요인으로 작용한다. '역사수정주의자' 아베가 추구하는 '적극적 평화주의'에 대한 한국인의 심경은 복합적이다. '적극적 평화주의'를 주창하며 헌법 개정을 추구하는 아베의 전략적 목적이 유엔 안보리의 결의하에 실행하는 다국적군의 '제재전쟁'에 참가하여 국제공헌을 함으로써 국가의 '위신'을 높이는 '보통국가'가 아니라, 미일 동맹 강화를 통해 중국을 견제하고자 하는 파워폴리틱스에 초점이 있는 것으로 보인다고 분석한다.

추이홍웨이(崔宏伟) 연구원은 국제사회에서 한반도 문제 관련 또 다른 한 축인 EU의 북핵 관련 정책의 진화와 역할을 분석한다. EU는 비록 동북아에서 직접적인 전략적 이익이 없고 북핵문제 관련 6자회담 체제의 구성원도 아니지만 줄곧 한반도 평화 프로세스에 참여했다. 그에 의하면 북한이 핵실험을 시작한 이래 EU의 대북정책은 '건설적인 접촉'에서 '비판적 접촉'으로 조정되었고, '2.0트랙' 방식을 통해 북한과 대화를 유지하고 인도주의적 원조와 경제 원조를 하면서도 다른 한편으로는 고강도의 독자적 대북제재를 취하여 비핵화의 길을 가도록 강요하고 있다고 분석한다. 그에 의하면 EU와 회원국은 외교적 네트워크 자원을 활용하여 각국과 소통하고 공감대를 찾아 동북아 지역의 안정, 북한의 비핵화, 북한의 인권 개선에 대한 역할을 해 나갈 것이라고 전망한다.

제3부. 동아시아 역사·영토 갈등과 협력

여기서는 앞에서 논의한 중국과 한반도 관계 그리고 한반도를 둘러싼 동아시아 국제관계를 토대로 동아시아 역내 협력의 최대 걸림돌인 중일 관계의 역사 갈등에 대한 출구 모색과 역내 영토 갈등과 지역 협력의 가능성을 논한다.

왕샤오푸(王少普) 교수는 2015년 NAHF-SASS 회의에서 발표한 "〈포츠담 선언〉의 탄생, 역사적 역할 그리고 선언을 둘러싼 이행 논쟁"의 글에서, 오늘날 동아시아 역사와 영토 갈등의 근원은 〈포츠담 선언〉을 제대로 이행하지 않았던 미국의 행위 때문이라고 주장한다. 즉 미국은 〈카이로 선언〉과 〈포츠담 선언〉을 위반하고 대일 작전에서 가장 큰 희생을 치르고 큰 공을 세웠던 중국을 배제시키는 한편, 일본과 '샌프란시스코조약'을 체결해 일방적인 대일 강화를 실시했기 때문이라고 지적한다. 그리고 '샌프란시스코조약'은 국제협약을 위반한 것이며 중국의 국가 주권을 침범하고 미국의 냉전 전략의 필요에 의해 체결한 것이라고 혹평한다. 그는 지금이라도 〈포츠담 선언〉의 의의를 진지하게 연구하는 것이 동아시아 평화 발전의 지름길이라고 제안한다.

차재복 연구위원은 왕샤오푸의 〈포츠담 선언〉의 역사와 현실적 의의의 연장선에서 오늘날 '중일 역사 갈등'이 동아시아 역내 협력의 가장 큰 걸림돌이라 지적한다. 그는 2010년에 발표된 '중일 역사공동연구(2006~2009년)'의 보고서에 대해 양국의 인식의 괴리는 여전하지만 그나마 이전보다 인식의 차이를 좁혀 나가는 과정이라고 평가한다. 그는 한·중·일 3국의 역사 화해의 현주소에 대해서는 (일부 이견이 있기는 하지만) 한일(1965), 중일(1972), 한중(1992) 사이의 국교정상화의 절차적 화해를 지나, 경제협력, 배상과 보상의 물질적 화해를 넘어, 세 번째 단계의 관념적 화해를 넘어서지 못하고 있다고 진단한다. 그는 유럽에서 독일과 폴란드, 독일과 프랑스 사이에 역사 화해를 이루어 낸 것은 프랑스 사회의 저변에 흐르는 톨레랑스(tolerance)의 덕목 때문이라고 지적하고, 동북아에서는 톨레랑스보다 더 관용적인 역지사지(易地思之)의 덕목이 있어 역사 화해의 가능성이 없는 것은 아니지만, 관건은 각국이 '역사민족주의'를 극복하려는 의지와 태도 여하에 달려 있다고 분석한다.

이어서 리엔더구이(廉德瑰) 교수는 동북아 역사 화해가 실현되지 못하는 근원은 일본(국민 대중이 아닌 정치 지도자와 우익세력)의 역사 인식 태도, 즉 '진정성' 결여 때문이라고 지적한다. 그는 "'사과 문제'와 중일 관계"의 글에서 일본이 침략전쟁에 대해 '사과'하는 것은 일본의 반성 여부를 반영하는 동시에 중일 관계에 직접적 영향을 미칠 수 있는 문제로 규정한다. 그에 의하면 일본의 국내 정치 세력은 양심파와 우파로 나뉘어져 있고, 각 파벌들은 역사 문제에 대해 상이한 태도를 갖고 있다. 즉 양심파의 대다수는 침략전쟁을 반성하고 사과하지만, 우파는 황국사관을 유지하며 침략전쟁을 인정하지 않고 사과하기를 원치 않는다. 이러한 일본 국내 정치 상황이 일본 정부의 역사인식 태도에 영향을 주었다고 분석한다. 그는 역사문제에 관하여 모호한 입장을 취한 '아베 담화'에 대해서는 일본 정치세력의 양심파와 우파 역사관의 최대공약수로 일본의 국내 정치 지형을 현실적으로 반영한 것이라고 주장한다.

도시환 연구위원은 국제법적 관점에서 한일 과거사 문제를 분석했다. 그는 일본의 역사왜곡 프레임인 1910년 '식민지배합법론'과 1965년 '한일협정완결론'의 국제법상 문제점으로, '식민지배합법론'의 근간인 한일강제병합조약 체결 이래 일본의 침략전쟁을 위한 일본군'위안부' 제도 및 일제 강제노동 제도로 인해 희생된 피해자들이 샌프란시스코강화조약과 한일청구권협정으로부터 침해된 권리를 구제받지 못했다고 지적한다. 그뿐만 아니라 그러한 조약체제로부터 지속적인 인권침해를 강요받고 있다는 전제에서 이는 곧 제도라는 이름으로 자행되는 또 하나의 구조적 폭력이라고 주장한다. 그는 일본의 구조적 폭력에 대해 일본 스스로가 일본군'위안부' 제도 피해자와 '강제노동제도' 피해자들이 소망하고 국제사회가 정립해 온 인권과 정의와 평화의 공동체로 나아가기 위해 정립해 온 국제인권법상 피해자중심주의의 요청에 화답하지 못한다면, 일본 정부는 인류사에서 치유 불가능한 가장 큰 오점을 남기게 될 것임을 강조한다.

왕슈밍(汪舒明) 연구원은 중일, 한일 역사 갈등 요인 외, 21세기 초에 드러난 한중(북중) 사이의 고대사(고구려사)와 6·25전쟁 등에 대한 인식의 차이 그리고 중추절, 인쇄술, 손중산의 조상 등 일련의 역사 문화 주제에 대한 논쟁을 지적하며, 한(북)·중·일의 역사 갈등을 '역사민족주의'의 발흥으로 해석하고 동북아 지역 협력에 대한 도전으로 진단하며 이들 역사 갈등 요인들이 동아시아 영토 갈등과 안보에 직접적 영향을 미치고 있다고 분석한다. 따라서 그는 역내 협력 차원에서 역사민족주의를 늘 관리하고 극복하여 지역 협력을 강화할 필요성을 제기하고, 이를 위해서는 중국과 일본도 한국의 동북아역사재단과 같은 유사한 기구를 만들어 대화와 교류를 위한 네트워크를 마련해야 한다고 제안한다.

리카이성(李开盛) 연구원은 영토 분쟁으로 발생한 무력 충돌은 동아시아 지역의 심각한 안보 우려였고, 영토와 주권은 밀접한 관계를 갖고 있어 주권은 대부분의 국가들에게 타협할 수 없는 핵심 이익으로 간주한다. 그는 영토 분쟁은 흔히 세 가지의 다른 종류의 국익과 관련된다고 주장하는데, 즉 주권과 영토 보전, 안보 이익 그리고 자원 획득과 관련된 물질 이익과 국가지위와 연계된 정신적 이익을 말한다. 따라서 다른 이익의 추구는 다른 정책을 초래할 수 있으며 나아가 국가 간 충돌 혹은 협력의 결과를 초래할 수 있다고 지적한다. 따라서 동아시아 각국 지도자들은 반드시 국내 권력의 추구, 도를 넘어서는 민족주의 등 비이성적 요소들의 간섭을 제거하고, 이성적 정책 결정을 통해 스스로의 영토 정책을 제정하고 이 기초 위에서 지역협력을 전개하고 나아가 영토 분쟁 해결의 가능성을 모색해야 한다고 제안한다.

이에 대하여 배진수 전 연구위원은 러일 사이의 남쿠릴(북방4도서), 중일 사이의 센카쿠열도(조어도), 중국과 동남아 일부 국가 사이의 남중국해 문제 등의 동아시아 영토 갈등을 분석한 결과, 역내 협력을 위해 글로벌 공공정책 네트워크(Global Public Policy Network) 이론을 도출했다. 그는 식민지배와 전후처리 과정에서 비롯된 동아시아 영토 갈등의 바람직한 해결을 위해선 정부(GO)-국제기구(IGO)-기업-민간시민단체(NGO) 등과 같은 행위자들이 총망라되어 함께 문제 해결을 시도하는 글로벌 공공정책네트워크(GPPN) 모델을 모색해야 한다고 제안한다.

뤄후이(罗辉) 연구원은 동아시아 역내 협력 체제를 구축하기 위해서는 중국의 공공외교의 중요성을 강조한다. 그는 중국이 동아시아 역내에서 추진한 공공외교는 이미 일정한 성과를 거두었다고 평가하면서도 개선할 부분이 많다고 지적한다. 그에 의하면 중국의 공공외교는 독백에서 대화 그리고 협력이라는 세 단계를 거쳐야 하는데, 현 단계에서는 홍보와 전파에 머물러 있는 '독백' 수준으로 평가한다. 그는 구체적으로는 '대화'가 있기는 하지만 부족하며, '협력'은 더 부족하고, '독백' 과정에서도 항상 정부의 목소리만 들릴 뿐이라고 지적한다. 그리고 중국의 대외방송에서는 국제 사회의 방송 규율에 따라야 하고 대외 홍보에서는 객관적 보도로 중국의 모습을 바로 알리는 것이 책임감 있는 중국의 국가 이미지를 세우는 데 훨씬 유리하다고 제안한다.

끝으로 이 책의 발간을 위해 많은 분들이 도움을 주셨다. 동북아역사재단 김학준, 김호섭, 김도형 전 이사장과 한국 측 일행의 상하이 방문 시마다 환영해 주신 상하이사회과학원의 위신훼이(于信汇) 당서기와 장다오건(张道根) 원장의 격려와 지지가 있었다. 그리고 상하이 측에서 실무 회의를 준비해 주신 왕젠(王建) 소장, 류밍(刘鸣) 전 소장, 리카이셩(李开盛) 부소장, 하우췬환(郝群欢) 연구위원의 세심한 준비와 지원이 있었다. 중국 측 일행의 서울 방문 시 매번 회의를 준비하고 통·번역을 맡은 이원우 전 소장, 윤선화 선생님, 서울통역대학원 전현정 교수팀에게 진심어린 감사의 말씀을 드린다.

2020년 12월

집필자를 대표하여

차재복 씀

차례

[제2부] 한반도를 둘러싼 동아시아 국제관계

[제3부] 동아시아 역사·영토 갈등과 협력

[제1부]
부상하는 중국과 한반도

1. 사드(THAAD) 갈등 이후 한중 관계 재설계의 기회와 과제

2. 판문점과 싱가포르 정상회담 이후의 남·북·미·중 4자 관계 평가와 미래 방향

3. 북중 관계와 동아시아: 김정은과 시진핑의 시기를 중심으로

4. 국가이익관하의 중국의 대한반도 정책

5. 한반도 통일과 중국

1

사드(THAAD) 갈등 이후 한중 관계 재설계의 기회와 과제

| 이동률 ▪ 동덕여자대학교 중어중국학과 교수 |

* 이 글은 2018년 10월 NAHF-SASS 학술회의에 발표한 논문 「한반도에서의 중국 역할과 한중 관계」를 바탕으로 수정·보완하였다.

1. 머리말

2018년 평창 동계올림픽 이후 한반도 정세가 빠르게 요동치고 있는 상황에서 한중 관계는 뚜렷한 현안이 없을 뿐만 아니라 오히려 격동의 무대에서 뒷자리로 밀려나 있는 듯한 인상을 주고 있다. 반면에 한반도에서의 '중국 역할' 에 대한 논의는 짧은 기간에 변화무쌍하다. 중국 역할에 대한 과잉 기대를 우려한 것이 언제인 양 단기간에 중국 책임론, 중국 압박론으로 옮겨갔고, 이제는 중국 소외론까지 제기되고 있다. 그리고 7년 만의 연이어진 북중정상회담 이후에는 다시 중국 배후론이 제기되는 등 혼란스럽게 전개되고 있다. 이렇듯 단기간에 한반도에서의 중국 역할에 대한 논의가 널뛰고 있는 것은 한국의 대중국 인식과 정책이 공고하지 못해 사건의 전개에 따라 일희일비하고 있는 것은 아닌가 하는 의구심을 갖게 한다. 현재의 이례적 상황이 오히려 한중 양국 관계의 현실을 냉정하게 재검토하고 내실화할 수 있는 기회가 될 수도 있다는 기대에서 한중 관계를 전반적으로 재평가하는 작업이 필요해 보인다.

문재인 정부는 출범과 동시에 중국과의 관계를 회복해야 하는 중요한 외교 과제를 안고 있었다. 우선 중국의 경제 보복 조치를 철회시켜야 한다는 국내적 요구가 증대하고 있었다. 동시에 북한의 핵 무력이 나날이 고도화되고 있는 상황에서 중국과 북핵 대응을 위한 공조 필요성도 커지고 있었다. 아울러 한국에서 조기 대선을 통해 진보 정부가 출범하면서 한중 관계에 새로운 돌파구가 마련될 수 있을 것이라는 기대도 커져 갔다. 2013년에도 한중 양국이 거의 동시에 새로운 정부가 출범하면서 전임 정부에서 야기된 갈등 국면을 해소하고 새롭게 출범해야 한다는 의지와 기대가 있었다.

2012년 한중수교 20주년 행사에 시진핑 당시 부주석이 전격적으로 참석하면서 양국 관계 개선의 물꼬를 텄듯이 2017년 수교 25년이 한중 관계 개선의 계기가 될 것이라는 기대감도 있었다. 실제 문재인 정부는 출범 직후 바로 이해찬 특사를 중국에 파견하여 중국과의 관계 회복 의지를 적극적으로 표명했고, 중국 정부 역시 한국 특사의 방중에 특별한 의미를 부여하면서 이른바 '사드 출구론'이 예상보다 빠르게 등장했다.[1] 신정부 출범 초기에는 오히려 2013년 현상의 재연에 대한 우려가 제기되면서 관계 개선의 속도 조절 의견도 있었다.

그런데 높은 기대와 달리 실제 문재인 정부가 직면한 국내외 상황은 녹록하지 않았다. 국내에서는 조기 대선으로 충분한 준비가 되지 못한 상황에서 정부는 바로 업무를 시작해야 했다. 미국에서는 예상 밖으로 도널드 트럼프가 대통령으로 취임하면서 미중 관계의 불확실성이 고조되었다. 중국 또한 19차 당 대회라는 중요한 정치 일정을 앞두고 있었기 때문에 국내 정치가 우선되었다. 그 과정에서 북한의 핵과 미사일 도발이 이어지면서 한반도의 긴장은 고조되었다. 이러한 복잡한 상황들로 인해 경색된 한중 관계는 개선의 모멘텀을 찾는 것이 쉽지 않았다.

실제로 한중 양국은 막상 '사드 출구'에 대한 논의가 진행되는 과정

1 "'정상급 예우' 이해찬 특사…中에 7월 첫 정상회동 가능성 언급" 『연합뉴스』 2017. 5. 18.

에서 그 경로와 방법에서 상이한 기대를 갖고 있었다는 것이 드러났다. 그러면서 풀려야 할 실타래는 더욱 꼬이면서 복잡하고 어려운 상황으로 전개되었다. 우여곡절 끝에 결국 사드 갈등은 2017년 10월 잠정 합의라는 방식을 통해 '봉합'되긴 했다. 그럼에도 사드 갈등의 봉합이 한중 관계의 회복이라고 속단하기는 어려워 보이는 것이 현실이다. 다행히 평창올림픽 이후 한반도에 훈풍이 불면서 자연스럽게 사드 갈등의 봉합은 유지되고 있다. 그렇지만 동시에 비핵화 협상이 최대 이슈가 되면서 오히려 한중 양자 차원의 새로운 관계 내실화의 과제 또한 유보되고 있으며 양국 관계는 소강 국면에 있다. 향후 한반도의 항구적 평화를 정착시키는 과정에 진입하게 되면 한중 관계는 결국 다시 무대의 중심에 등장하게 될 것이다. 지금이 이러한 미래를 대비하기 위한 적기일 수 있다는 차원에서 현재의 한중 관계를 냉정하게 평가하고 변화된 환경과 조건에 적합한 새로운 관계를 설계할 필요가 있다.

2. 2013년 이후 한중 관계의 기복과 교훈

2017년 한국 신정부의 출범은 그 자체로 악화된 한중 관계가 회복될 수 있을 것이라는 기대를 갖게 했음을 부인키 어렵다. 중국 역시 19차 당 대회라는 중요한 정치 일정을 앞두고 있는 만큼 한국과의 갈등을 해소해야 할 동기가 있었다. 그런데 2013년에도 한중 양국이 거의 동시에 새로운 정부가 출범하면서 전임 정부에서 야기된 갈등 국면을 해소하고 새롭게 출범해야 한다는 의지와 기대가 있었다. 특히 당시 시진핑, 박근혜 두 지도자들의 각별한 관계가 부각되면서 양국 관계 개선 또한 자연스러운 것으로 받아들여졌다.

예컨대 2013년 한중정상회담은 개최 준비 단계에서부터 이미 '한중 관계 발전의 새로운 전기'가 될 것이라는 평가에서 양국 관계 발전에 대한 기대가 고조되었다. 실제로 정상회담 직전인 6월 14~15일 조사한 여론조사 결과를 보면, 한중정상회담에 대해 긍정적으로 기대한다는 응답이 74%에 이르고, 한중 관계가 한일 관계보다 더 중요하다는 응답은 무려 83%에 달했다.[2] 향후 한중 관계에 대해서도 무려 85.1%('대체로 좋아질 것' 72.2%, '매우 좋아질 것' 12.9%)가 긍정적인 전망을 하고 있는 것으로 나타났다.

그런데 2013년 한중 관계의 급작스러운 개선은 과연 2008년 이후 양국 관계의 긴장을 조성했던 주된 갈등 요인들이 치유된 결과인가 하는 의문이 제기되었다.[3] 한중 관계는 2008년 전략적 협력 동반자 관계로 '격상'된 이후 오히려 한미동맹, 북핵 문제 등 중요한 전략적 이슈를 둘러싸고 갈등이 노정되는 역설적 상황이 전개되었다. 특히 2008년 이후 북한의 핵실험 등 연이은 도발, 남북한 관계의 경색, 중국의 가파른 부상과 공세적 외교의 전개, 미국의 동아시아 재균형 전략, 동아시아

2 리얼미터의 조사 결과는 홈페이지 참조 http://www.realmeter.net/(검색일: 2013년 11월 15일).

3 이동률, "2013년 한중 관계 평가와 전망", 외교안보연구소 중국연구센터 편, 『2013 중국정세보고』(서울: 역사공간, 2018), 190~210쪽.

국가 간 역사 및 영토 분쟁의 격화, 그리고 동아시아에서의 미중 간 경쟁 등으로 인해 동아시아 정세의 불안정성과 불확실성이 고조되는 상황이 한중 간 전략적 불일치와 중첩되면서 양국 간 긴장 관계는 점차 구조화되는 경향을 보였다.

다시 말해 2008년 이후 양국 간 갈등의 주된 쟁점이었던 한미동맹과 북한 문제는 한중 관계에 어두운 그림자를 드리울 수 있는 중요한 전략 쟁점으로 부각되고 있었고, 심지어 양자 차원을 넘어서 구조화되는 단계로 확장되고 있었다. 그런데 2013년 이후 한중 양국은 연이은 정상회담을 통해 양국 관계의 '새로운 단계로의 발전'을 과시하면서, 정작 중요한 갈등 이슈에 대해서는 깊이 있는 논의가 이루어지지 않았다.

특히 2013년 6월 양국 정상회담을 통해 기존의 전략적 협력 동반자 관계를 '내실화'하는 데 합의했다. 실제로 청와대, 정부, 정당, 전문가 등 다층적인 전략적 소통 채널 마련을 통해 전략적 관계의 '내실화'을 위한 다양한 소통 및 협력 기제를 창출하였다. 그런데 사드 갈등이 주는 교훈은 양국 간 갈등이 발생했을 때 이를 해결하는 기제로 작동할 수 있는 대화 채널의 제도화가 여전히 미비했다는 것이다. 한중 관계의 '내실화'를 기치로 정상간 합의로 전략적 문제를 논의하기 위해 구축된 고위급 전략 대화는 정작 사드 갈등 국면에서 제 기능을 하지 못했고 그 결과 사드 문제는 실체 이상으로 확대 재생산되면서 양국 관계 전반에 부정적 영향을 미쳤다. 양국 정상의 긴밀한 유대와 정상회담 중심의 양국 관계가 정권을 넘어 국가 차원으로 발전시켜, 제도화하지 못한 것이다. 양국이 갈등과 위기에 직면하여 교착 상태에 빠졌을 때 이를 돌파하기 위해 가동될 수 있는 대화 채널이 구축되어 있지 않을 뿐만 아니라 갈등을 본격적으로 대화를 통해 해결한 경험도 축적되지 않았다.

반면에 한중 관계는 이미 중국의 가파른 부상의 결과 국제 체제와 정세에 취약한 상황으로 빠르게 진전되고 있었다. 2013년 이후 한중 관계 발전의 이면에는 중일 갈등과 미중 간 '대리(代理) 세력 경쟁'이 있었다. 미국은 한국 등 아시아 동맹국을 동원해 중국을 견제하려는 시도를 하고 있는 반면에 중국은 한국 등 동아시아 국가들이 미국의 대중국 견제에 동참하는 것을 저지하고자 자신의 경제적 영향력을 확장시켜 가는 '대리 경합'의 동학이 심화되고 있었다. 그 결과 중국에게 한국의 지정학적 가치는 제고되었지만 오히려 한국의 독자적 입지와 위상은 위축되었다.

즉 한국의 의지와는 무관하게 미중 간 한반도를 둘러싼 경쟁과 갈등이 고조되면 한중 관계는 다시 긴장 국면으로 전환될 가능성도 커져 왔다. 반면에 중국 산업의 고도화, 내수 중심 성장으로의 전환, 그리고 새로운 성장 동력 확보를 위한 '일대일로(一帶一路)' 등으로 인해 기존의 한중 관계 발전의 주요한 동력이었던 한국의 지경학적 가치와 입지는 약화 내지 모호해지는 추세에 있었다. 요컨대 한중 관계는 협력의 경제적 기반은 빠르게 약화되고 강대국 관계의 변화에 취약한 관계로 변화하였다.

한중 관계가 국제 구조에 취약해지고 있는 상황에서 양국은 짧은 기간의 비약적인 발전에 고무되어 상호 전략 가치에 대한 동상이몽(同床異夢)적 자의적 판단과 그에 따른 착시와 과잉 기대를 초래했다. 시진핑 정부는 한국이 최소한 미일 동맹의 대중국 견제에 동참하게 해서는 안 된다는 판단하에 한국의 전략적 가치를 재인식하고 한국과 관계 발전을 전개했다. 반면에 한국은 중국과의 관계 발전을 통해 북핵 문제 해결과 한반도 통일 환경 조성에 있어 중국의 적극적인 협력과 역할을 기대하게 되었다.[4] 이러한 전략적 착시는 한중 관계의 구조적 취약성으로 인해 초래되었고 동시에 이러한 취약성을 더욱 심화시켰다. 2016년 1월 이후 북한의 연이은 핵과 미사일 도발, 그리고 이어진 한국의 사드 배치, 중국의 경제보복 조치로 양국 간 동상이몽의 착시는 고스란히 노출되었고 양국 관계의 구조적 취약성도 여실히 드러나게 되었다.

사드 갈등의 봉합에도 불구하고 한중 관계의 구조적 취약성은 해소되지 않았다. 이제 한중 관계를 새롭게 재구성하며 발전시켜야 하는 과제를 안고 있다. 그렇지만 그 과정에서 전임 정부가 주는 반면교사의 교훈을 깊이 새겨 전철을 밟지 않아야 한다. 자칫 관계 개선을 위한 관계 개선의 유혹에 빠지는 위험을 경계해야 한다. 비록 신정부 출범 이후 곧바로 한중 관계의 회복이라는 과시적 성과를 얻지 못할지라도 한중 관계가 직면한 구조적인 문제들에 직면하려는 장기적인 접근이 필요하다. 그래서 다음 정부, 다음 세대에게는 실질적 내실화가 확보된 한중 관계를 맞이할 수 있게 하겠다는 정책 의지가 중요하다.

4 이동률, "2017년 한중 관계와 한국의 대중국 외교", 외교안보연구소 중국연구센터 편, 『2017 중국정세보고』(서울: 역사공간, 2018), 227~229쪽.

3. 사드 갈등 '봉합'의 의미와 과제

1) 사드 갈등 봉합의 의미

문재인 정부가 중국과의 관계를 개선하기 위해서는 2016년 이후 지속된 사드 갈등을 해소하는 데서부터 실마리를 찾아야 하는 상황이었다. 한중 관계는 사드 갈등으로 수교 이후 최악의 상황에 직면해 있었다. 사드 갈등은 이전 정부로부터 넘겨진 과제였기 때문에 문재인 정부는 이전 정부와는 차별적인 방식을 통해 돌파구를 찾아야 한다는 정치적 부담도 안고 있었다. 그런데 사드 갈등은 이미 국제 구조와 연동된 문제가 되면서 한중 양자 차원에서 근본적인 해법을 찾는 것이 현실적으로 쉽지 않게 되었다. 더구나 북한의 핵과 미사일 위협이 지속되고 있던 당시 상황에서 한국 정부가 미국과 중국 틈새에서 적절한 타협안을 찾아내는 데는 한계가 있었다. 그 결과 2017년에도 대부분의 기간 동안 사드 갈등이 한중 관계 전반을 압도하는 비정상적인 상황이 지속되면서 정부의 정치적 부담은 커졌다. 특히 한중 관계의 특수성으로 인해 국익을 둘러싼 이해 관계의 충돌이 곧바로 국민 간 정서적 대립 양상으로 확장되면서 사드 갈등이 양국 관계 전체를 압도하는 비정상적 상황이 지속되었다.

사드 갈등은 문재인 정부 출범 이후 '출구'를 향한 긴 여정 끝에 마침내 2017년 10월에 이르러 사드 갈등을 일단 봉합하기로 합의했다. 사드 갈등이 장기화되면서 양국 모두 피로감이 커져 갔다. 사드 철회도,

보복 조치의 취소도 더욱 어려워지는 교착 상태가 지속되는 것이 양국 모두에게 도움이 되지 않는다는 현실 인식이 커져 갔다. 중국 정부는 한국에 대한 보복 조치로 미국이 배치한 사드를 철회시킬 수 없으며, 오히려 한국은 물론이고 아시아 주변국의 중국에 대한 인식을 악화시켜 역내에서 미국의 입지를 강화시키는 결과를 초래하고 있다는 판단을 하게 되었다. 한국의 신정부 역시 시간이 지날수록 사드 갈등은 미중의 문제로 확대되면서 운신의 폭이 제한되고 있었다. 문재인 정부는 전임 정부에서 단행한 사드 배치를 철회하지 않는 선에서 중국의 경제 보복 조치를 하루빨리 해제시키는 타협안을 모색해야 하는 난제에 직면했다.

그 결과 한중 양국은 2017년 10월 31일 '한중 관계 개선 관련 양국간 협의 결과' 라는 방식을 통해 일단 '사드 봉합'에 도달하게 되었다.[5] 그런데 봉합에도 불구하고 양국이 사드에 대한 기본 입장에는 여전히 이견이 있다는 것도 재확인되었다. 즉 한국은 중국의 조속하고 명시적인 보복 조치의 철회를 기대하고 있는 반면에 중국은 지속적으로 중국의 안보 우려를 우선시하며 세 가지 표명(表明), 즉 미국 MD 체계에 편입되지 않고, 한·미일 안보협력을 3국 군사동맹으로 발전시키지 않으며, 사드를 추가 배치하지 않을 것에 집중하고 있다. 사드 문제의 구조

5 10월 31일 남관표 국가안보실 제2차장과 콩쉬안유국 중국 외교부 부장조리간 협의 내용의 한국과 중국의 전문은 "한중 관계 개선 관련 양국간 협의 결과", http://www.mofa.go.kr/www/brd/m_4080/view.do?seq=367200(검색일: 2018년 1월 20일); "中韩双方就中韩关系等进行沟通",(2017-10-31) http://www.fmprc.gov.cn/web/wjdt_674879/wjbxw_674885/t1506044.shtml (검색일: 2018년 1월 20일)

적 특성을 감안할 때 현시점에서 한중 양국 차원에서 찾을 수 있는 차선의 접점이었다. 그럼에도 갈등의 불씨는 여전히 남겨져 있기 때문에 봉합 이후 언제든 다시 재발할 가능성이 있다는 것이 문제다. 따라서 사드 봉합의 여정을 복기하고 검토하는 과정을 통해 재발 시의 대응을 고민해야 한다.

신정부 출범 이후 기대와 달리 사드 갈등을 봉합하는 데 오랜 시간이 걸린 데는 이유가 있다.[6] 우선 탄핵 정국과 조기 대선이라는 특수한 국내 요인과 북한의 예상외의 신속한 핵무력화가 있었다. 사드 문제는 국내 조기 대선 국면에서 후보 간 주요한 쟁점이 되면서 이미 한국은 중국과의 협상에서 열세에 위치하는 상황이 되었다. 그리고 조기 대선으로 정권인수 준비가 충분치 않은 상황에서 북한의 핵무력화가 예상보다 빠르게 진행되면서 북핵 위기 대응을 위한 미국과의 안보 협력이 우선시되었다. 따라서 정권 출범 전에 기대했던 중국과의 관계 개선은 의도대로 진행되기 어렵게 되었다.

그리고 문재인 정부가 출범했음에도 불구하고 여전히 한중 양국이 상대국의 입장과 의도에 대한 이해가 충분치 않음으로써 타협의 접점을 찾는 데 필요 이상의 시간을 낭비하게 되었다. 한국 정부는 중국 정부가 박근혜 정부 때와는 달리 기존에 배치된 사드는 인정한 상태에서 기술적 문제에 대한 적극적 설명을 통해 중국을 설득할 수 있을 것이라는 기대를 가졌다. 특히 북한 및 북핵 문제에서의 중국과의 정책적 공

6 이동률, "한중 관계 25년의 역사에서 사드 갈등의 의미와 교훈", 『외교』 제124호 (2018. 1.), 120~128쪽.

감대가 형성되면 사드의 조건부 배치는 양해를 얻을 수 있을 것이라는 희망적 기대를 가졌다.

반면에 탄핵과 선거 과정을 지켜본 중국은 한국 진보 정권의 출현으로 사드 철회까지도 밀고 갈 수 있다는 자의적 기대를 키웠다. 그런데 정작 집권 초기 북한의 핵무력 고도화라는 초미의 안보 위협에 직면한 문재인 정부는 진보 정부이기에 더욱 미국과의 동맹 강화를 통해 안보 우려를 해소하는 선택이 불가피해졌다. 그런데 중국은 이러한 한국의 국내 정치 현실에 대해 충분히 이해하지 못했고, 이해하려고 하지도 않았다. 사드 배치를 둘러싼 한국 국내 갈등이 심화될수록 중국 측은 오히려 이 기회를 이용하고자 한국을 압박해 왔다.

중국은 문재인 정부가 직면한 상황과 양해할 수 있는 범위, 그리고 북한 변수들에 대해 충분히 고려하지 않은 채 압박을 시도했다. 더욱이 철회를 기대했던 문재인 정부가 추가 배치를 결정하자 중국은 다시 한국으로부터 '배신'당했다는 분위기가 확산되면서 더 강도 높게 한국을 비난하고 공세를 취하게 되었다.

예컨대 2017년 10월에 실시한 중국 일반인들에 대한 여론 조사 결과를 보면 중국인들은 이명박 보수 정부 시기인 2010년보다 문재인 정부에서 오히려 더 미국과 가까워졌다고 응답하고 있다. 2010년 대비 미국과 가깝다는 응답은 7.9% 증가하여 무려 71.5%에 이른 반면에 2010년 대비 중국과 가깝다는 응답은 10.1% 감소한 10.7%로 나타났다. 이러한 결과는 진보 정부임에도 기대와 달리 사드 추가 배치를 결정한 것에 대한 반발인 것으로 해석된다. 이 조사에서 한국하면 떠오르는 이미지로 정치·군사·안보를 선택한 응답자 중 절대 다수인 81.5%가 사드를 언급하였다.[7] 그 결과 오히려 한국 국내의 사드 여론은 반대에서 찬성으로 돌아섰고, 보복하는 중국에 대한 반감은 커져 갔으며, 중국 주변국의 우려도 증대했다.[8] 결국 중국 역시 상처를 입은 채 사드 철회라는 목적을 달성하지 못했다.

요컨대 사드 갈등의 봉합은 불완전하지만 나름의 의미를 갖고 있다. 우선 사드 갈등의 이면에는 미중 갈등이 자리하고 있어 한국의 역할이 제한적이지만 그럼에도 국민들 간의 감정 대립으로까지 악화되고 있는 상황에서 정상회담을 통해 관계 개선의 돌파구를 마련하는 것은 중요한 의미를 갖는다. 한중 양자 차원에서 할 수 있는 최선은 일단 교류와 협력을 정상화하는 것이다. 그리고 이를 통해 양국 국민 간에 깊어진 감정의 골을 좁혀 가야 한다. 문 대통령의 중국 방문과 정상회담은 한중 관계 회복이라는 새로운 분위기를 조성하는 데 있어서는 중요한 계기가 되었다. 둘째, 사드 갈등의 원점은 결국 북핵 문제이다. 문재인 정부는 일단 '봉합'을 통해 평창올림픽을 계기로 남북한 관계 개선과 한반도의 긴장을 완화하는 조치에 집중할 수 있는 시간을 확보했다는 차원에서 결과적으로 적절한 전략적 선택이었다고 할 수 있다.

7 이 조사는 중국 내 여론 조사 기관을 통해 중국의 10대 도시에 거주하는 만 19세 이상의 성인남녀 1,000명을 대상으로 1개월 (2017. 9. 19.~10. 19.) 실시한 결과이다.

8 "[한국갤럽] 사드 배치 찬성 53% VS 반대 32%…찬성 늘었다", 『중앙일보』 2017. 6. 16.

2) 사드 갈등 봉합의 한계와 과제

사드 문제는 국제 정치 세력 관계 변화와 맞닿아 있다. 사드는 한국에 배치되었지만 사실상 미중 간의 문제였다. 미중 간 동아시아에서의 세력 경쟁의 파장이 한반도에까지 미친 결과 사드 배치를 둘러싼 갈등은 좀처럼 그 해결의 실마리를 찾기 어렵게 되었다. 따라서 사드 배치 문제를 해결하는 데 있어 한국의 역할은 매우 협소했던 것이 현실이었다. 한국이 미중이라는 양 강대국의 세력 경쟁에서 적절한 입지와 역할을 찾는 것은 현실적으로 쉬운 일이 아니었다.

특히 북핵이라는 안보 부담을 어깨에 지고 있는 한국의 입장에서 사드 갈등을 합리적으로 해결할 수 있는 입지가 취약했다. 요컨대 사드 갈등은 바로 한중 관계의 핵심 쟁점인 한미동맹과 북핵 문제가 구조화되고 있는 현실을 상징적으로 보여 준 것이다. 실제로 사드 배치에 대한 중국의 태도는 국제 정세와 미중 관계의 변화에 따라 유동적인 양상을 보였다.

중국도 한국과 사드 배치를 둘러싼 갈등이 고조된 이래 '미국이 한반도에 배치한 사드' 라는 표현을 일관되게 사용해 왔고, 이는 중국도 사드 문제의 열쇠는 결국 미국에 있다는 것을 분명히 하려는 의도로 보였다. 10월 31일 협의 결과를 보건데 중국이 그동안 거칠게 사드 배치를 반대한 마지노선은 결국 한국의 MD 참여와 한일 동맹 저지에 있었음을 반증해 주고 있다. 그럼에도 중국은 한국에 대해서는 강경하고 심지어 경제 보복 조치를 강행한 반면에 정작 미국에 대해서는 외교적으로 반대 의사를 표명하는 선에 그쳤다.

미국 정부 역시 한국에 배치된 주한 미군을 보호하기 위해서 사드 배치가 불가피하다는 입장을 표명했음에도 중국의 보복 조치로부터 한국을 보호하거나 지원 사격하려는 구체적인 움직임은 없었다. 미국 역시 사드 배치 문제로 중국과의 복잡한 관계가 악화되는 것은 원치 않았다.

이는 2017년 10월에 진행된 중국 일반인 여론 조사 결과(〈그림 1〉 참조)에서도 발견된다. 중국인들의 한국에 대한 이미지는 3.40점(10점 만점)으로 조사 8개국 중 최저 수준이다. 2010년 대비 2.35점 감소하여 조사 대상국 가운데 가장 감소폭이 크다.[9] 북한(3.22점)에 비해 약간 높은 수준이지만 중국과 영토 분쟁을 한 베트남(3.37점), 인도(3.44점), 필리핀(3.31점)과 유사한 수준에 머물고 있다. 반면에 의외로 미국(5.84)과 일본(4.49)에 대한 인식은 크게 나빠지지 않았을 뿐만 아니라 오히려 상대적으로 이미지가 좋다.

중국인들의 한국에 대한 이미지가 악화된 주요 요인이 사드 배치라고 한다면 이를 적극적으로 추진한 미국에 대한 이미지도 함께 나빠져야 하는 것이 당연함에도 그렇지 않은 것은 뜻밖이다. 결국 중국 정부가 미국과 직접적으로 갈등이 고조되는 것에는 신중해 하면서 직접적으로 미국을 비난하지 않는 분위기가 반영된 것으로 해석된다. 중국이 국제적 위상이 변화하면서 점차 강대국, 특히 미국과의 직접적 대립이나 갈등은 가능한 한 우회하고자 한다. 반면에 중국은 미국이 주도하는 중국 압박에 명백히 편승하고 있다고 판단하는 국가들에게는 상황과

9 2010년 조사결과는 이동률 외, 『중국인의 한국 인식과 한국의 대 중국 공공외교 강화방안』(경제·인문사회연구회 대중국 종합연구 협동연구총서 10-03-34), 36~40쪽.

이슈에 따라서는 강한 압박을 가할 수 있는 여론과 환경을 조성해 가는 과정으로 보인다.

〈그림 1〉 중국의 주요 국가에 대한 호감도 추이

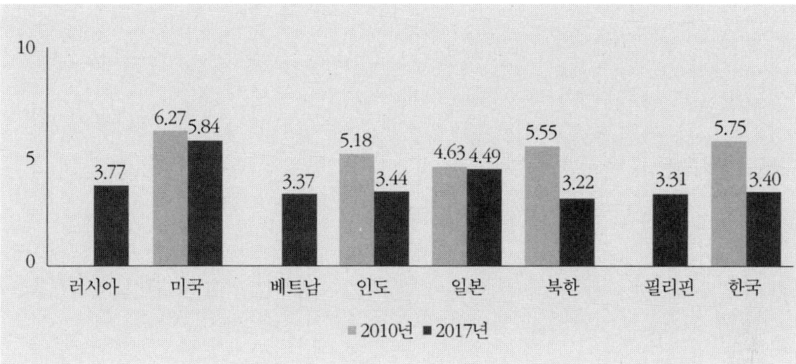

사드 갈등은 바로 이러한 한중 관계의 핵심 쟁점인 한미동맹과 북핵 문제가 구조화되고 있는 현실을 상징적으로 보여 주고 있다. 사드 문제가 한중 관계를 압도하는 비정상적인 상황이 오래 지속된 것은 단순히 무기 배치 이상의 의미를 지니고 있었기 때문이다. 사드 갈등의 이면에는 급변하고 있는 국제 세력 관계가 투영되어 있다. 따라서 사드 갈등의 출구가 바로 한중 관계의 회복이고 발전이라고 단정하기는 어렵다. 출구로 가는 과정과 내용이 중요하다. 왜냐하면 사드 문제는 지난 4년을 넘어서 한중수교 이후 25년 동안 외형적, 양적인 비약적 발전에 도취되어 간과했던 상처가 더 이상 봉합될 수 없게 되어 표면화된 것이기도 하다. 이제 사드가 전해 준 교훈을 통해 한중 관계에 깊게 드리워진 구조적인 문제들에 대해 냉정하게 평가하고 해법을 모색하는 것이 중요하다.

우선 사드 문제는 발단의 원점인 북핵 문제에 대한 한중의 공조를 통해 해소해 가는 것이 바람직하다. 한중 양국이 북핵 공조로 회귀할 수 있다면 사드 문제가 정국을 주도하는 비정상적인 상황도 완화될 수 있을 것이다. 그런데 한중 간의 북핵 공조가 기존과 같은 '중국 역할'에 과잉 기대하는 방식에 머물러서는 안 된다는 것 또한 중요한 교훈이다. 북핵 문제 해결이 미국과 중국이라는 복잡한 경쟁 관계에 있는 두 강대국의 역할에 과도하게 의존할 경우 북핵 문제는 미중 경쟁의 도구로 사용되거나 아니면 반대로 미중 간 흥정이나 관리의 대상으로 전락해 버릴 가능성을 배제할 수 없다는 우려가 있다. 따라서 문재인 정부는 보다 주도적 입장에서 북핵 해결 방법론을 제시하여 한국 역할을 확장하고, 이러한 한국의 시도에 대해 중국이 지지하고 전향적으로 협조해 주는 방식으로 '중국 역할'을 재설정하려는 시도를 하게 된 것이다.

4. 한반도 비핵화 협상과 '중국 역할'

1) '중국 역할' 논란과 그 함의

북핵 문제에서의 '중국 역할' 에 대한 논의가 짧은 기간에 반전에 반전을 거듭하고 있다. 북한에 대한 제재 국면에서 '중국 역할'에 기대와 요구가 고조되었고, 심지어는 일부에서 역할에 대한 요구를 넘어서 중국 책임론, 중국 압박론으로까지도 확대되었다. 이에 대해 중국은 '미국 책임론'으로 대응해 왔다. 남북한정상회담과 북미정상회담이 성사되고 남북미 3자간 종전선언 가능성이 논의되면서 이른바 '중국 소외론(china passing)'이 제기되었다. 그리고 돌연한 연이은 북중정상회담이 이루어진 이후에는 트럼프 정부에서 '중국 배후론'이 등장하였다.

중국 역할론의 변천을 복기해 보면 우선 2012년 이후 한중 관계가 이른바 '최상의 관계'로 발전했다는 자평을 하면서 북한 문제에 있어서 '중국 역할'에 대한 기대도 함께 상승하였다. 2015년 9월 박근혜 대통령의 전승절 참석과 참석 직후 중국의 한반도 통일 지지에 대한 기대 표명으로 중국 역할론은 최고조에 이르렀다.[10] 그런데 정작 2016년 1월 북한의 4차 핵실험으로 중국 역할이 시험대에 올랐을 때, 중국은 한국 정부가 기대하고 요청했던 적극적인 역할을 하지 않았다. '중국 역할'에 대한 한국 정부의 기대가 자의적 희망이었음이 확인되었고, 곧바로 중국에 대한 실망과 비판으로 이어지면서 북핵 고도화에 대한 '중국 책임론'이 등장했다.

그리고 중국 책임론은 급기야 사드 배치와 한·미일 안보협력 강화를 통한 중국압박으로 빠르게 전개되었다. 이에 대해 중국은 북핵 문제의 당사자는 미국이라며 '미국 책임론'으로 맞대응하였고, 북핵 고도화로 인해 그 어느 때보다도 국제 공조가 중요한 시점에 오히려 북핵 문제 해법을 둘러싼 한미와 중국 간의 간극이 확대되었다. 예컨대 왕이

10 이동률, "2015년 한중 관계의 현주소와 대중국외교 과제", 외교안보연구소 중국연구센터, 『2015 중국정세보고』(서울: 역사공간, 2016), 244~245쪽.

(王毅) 외교부장은 2017년 3월 양회(兩會) 기자회견에서 "한반도 핵문제의 주요 당사자는 북한과 미국이다"라고 재차 강조하였다.[11]

추이톈카이(崔天凱) 주미 중국대사는 북한의 6차 핵실험 이후에 더 노골적으로 미국 책임론으로 중국 책임론을 반박하고 있다.[12] 즉 "미국은 북핵 문제를 중국에게만 맡겨 놓고 있다는 인상을 받는다. 미국은 중국을 탓하지 말고 북한과 직접 대화하라"고 반박하고 있다. 그리고 북한의 핵과 미사일 실험이 이어지고 트럼프 정부의 군사옵션이 구체화되면서 한반도의 위기가 고조되자 중국이 북한에 대한 제재 강도를 이례적으로 강화하면서 중국 역할은 재차 부각되었다.

그런데 2018년 2월 평창올림픽 이후 남북한정상회담과 북미정상회담이 전격적으로 개최되면서 이제는 '중국 소외론(china passing)'이 등장하였다. 그리고 2011년 이후 7년간 중단되었던 북중정상회담이 급작스럽게 재개되었을 뿐만 아니라 매우 이례적으로 100일 사이에 3차례나 연이어 김정은 위원장의 중국 방문과 북중정상회담이 이루어졌다. 그 결과 다시 한반도에서의 중국 역할에 대한 논의가 새로운 국면을 맞이하게 되었으며, 미국에서는 중국 배후설을 제기하기에 이르렀다.

이처럼 중국 역할에 대한 논의가 혼란스럽게 전개되고 있는 것은 특이한 현상이다. 일차적으로는 한반도 정세가 예상보다 빠르게 요동치고 있는 것이 주요 배경이다. 그럼에도 중국 역할론과 중국 책임론 사

11 "王毅: 中国愿做朝核问题"扳道工"," 『中国网』, 2017. 03. 08. 〈http://www.china.com.cn/lianghui/news/2017-03/08/content_40428143.htm〉 (검색일: 2017년 7월 20일).

12 "China rejects US demand to cut oil exports to North Korea", SCMP, 16 September 2017.

이에서 혼선을 야기하게 된 데는 구조적인 배경이 있다. 2008년 이후 중국의 가파른 부상과 미국의 아시아 재균형 전략으로 인해 역내에서의 미중 간의 경쟁이 고조되는 등 국제 환경과 구조에 변화가 발생하면서 북핵 문제 역시 한반도 차원을 넘어서 미중 간 갈등 이슈로 확장되어 갔다.

즉 중국의 가파른 상대적 부상으로 인해 미국과 중국이 복합 경쟁 관계에 진입하면서 북핵 문제 역시 중국의 대미 외교와 미중 관계에 영향을 받는 종속변수가 되었다. 특히 북한이 2017년 9월 'ICBM 장착용 수소탄' 실험을 성공했다고 발표하면서 북핵 문제는 곧바로 미국의 직접적인 위협으로 인식되었으며 동시에 미중 간 동아시아 경쟁의 중요한 변수가 되었다. 비록 중국 소외론까지 등장하기도 했지만 중국 역할에 논란이 지속되고 있다는 것은 오히려 역설적으로 그만큼 중국 변수가 매우 유동적이며 동시에 중요하다는 것을 반증해 주는 것이라 할 수 있다.

2) 중국 역할의 재인식

평창올림픽을 남북한 관계 회복의 기회로 포착하여 남북한정상회담의 성공적 개최와 '판문점 선언'까지 이른 일련의 과정은 한반도 문제에서의 남북한 양 당사자의 실질적 역할이 이전에 비해 확연이 증대되었다. 그 과정에서 이전에 비해 상대적으로 역할과 위상이 가장 두드러지게 약화된 것으로 비쳐진 것은 중국이다.

그럼에도 다른 어느 국가보다도 북한에 대한 영향력과 수단을 지속적으로 유지해 온 국가가 중국이라는 사실에는 변함이 없다.[13] 그리고 향후 북미정상회담 이후 기대했던 실질적 진전이 이루어지지 못할 경우는 물론이고 비핵화와 평화협정의 과정이 빠르게 진행되는 경우에도 중국 역할은 재부각되고 확대될 것이다. 특히 비핵화 과정에서 북한의 체제 보장을 넘어 보상과 자구의 단계로 옮겨갈 경우 중국의 역할 비중은 크게 증대할 것이다. 장기적으로 북한이 체제 보장에 대한 신뢰를 바탕으로 경제 중심의 생존 전략으로 옮겨 갈 경우 중국이 사실상 선택 가능한 유력한 성공 모델인 만큼 중국의 비중은 더욱 확장될 수밖에 없다. 따라서 현재의 이른바 '차이나 패싱'은 일시적이고 피상적인 현상일 뿐이다.

중국이 차이나 패싱에 대해 민감하게 반응하는 것은 종전선언의 참여라는 형식에 국한하고 있지 않은 것으로 보인다. 비핵화 협상 국면이 중국의 예상보다 빠르게 진행되면서 한반도의 미래 지형과 한반도를 둘러싼 세력 관계의 재편 문제로까지 빠르게 진전되는 과정에서 중국의 이해 관계가 간과되거나 손상될 수 있다는 우려를 갖게 된 것이다. 예컨대 왕치산(王岐山) 중국 국가 부주석이 5월 25일 러시아의 상트페테르부르크 국제경제포럼에서 "한반도 문제는 중국의 이해와 밀접한 관계가 있다"며 "한반도에서 전쟁과 혼란이 발생하지 않기를 바란다. 이게 마지노선이다"고 밝힌 것도 이러한 중국의 의도를 반증해 주고 있다.

즉 중국은 비핵화 과정이나 이후 한반도 체제 변화 과정에서의 역할

13 이동률, "북핵위기 대응의 '중국 역할론'에 대한 비판적 평가와 대안 모색", 『통일정책연구』 제26권 2호 (2017), 42~46쪽.

모색을 위한 선제적 대응 차원에서 '차이나 패싱'에 대한 경계심을 표출하고 있는 것이다. 아울러 중국은 북미정상회담이라는 중요한 역사적 협상이 중국을 경유하지 않고 성사되었다는 점에서도 경계심을 갖고 있다. 중국은 향후 북미정상회담의 의제, 회담 후 결과, 합의 이행 등에서도 중국이 배제될 수 있다는 우려가 깔려 있다.

북중 관계의 회복이 한반도의 긴장 완화에 도움이 되겠지만 대화 국면으로의 전환 이후 연이어 북중정상회담이 전격적으로 이루어진 상황은 향후 한반도에서의 '중국 역할'에 대한 새로운 억측을 야기할 개연성을 갖고 있다. 미국에서는 중국 배후설을 제기하면서 중국을 견제하려는 움직임이 나타나고 있고, 다른 한편에서는 북중 관계 개선이 제재 국면의 조기 이완을 초래할 수도 있다는 우려도 제기되고 있다. 특히 비핵화 초기 단계에서 미국과 중국 간의 경쟁 국면이 조기에 부각됨으로써 오히려 비핵화라는 역사적 과제가 미중 관계의 종속 변수가 될 수도 있다는 우려가 있다.

중국 정부는 한반도의 비핵화와 지역의 항구적인 평화 실현에 대한 기대를 표명하면서 계속해서 적극적인 역할을 발휘할 것임을 역설하고 있다. 중국은 여전히 북한을 견인할 수 있는 가장 강력한 수단을 보유한 것은 분명한 만큼 북중 관계 회복 이후 중국이 어떠한 역할을 모색하느냐가 향후 비핵화 과정과 한반도 정세에 상당한 중요한 변수가 될 수 있다.

5. 맺음말: 적합한 '중국 역할' 견인을 위한 장기 전략

한중 간 사드 갈등이 불필요하게 확장된 것은 한반도 문제가 강대국 간 관계, 특히 미중 관계에 취약해졌을 뿐만 아니라 한반도 문제에 있어서 한국의 역할과 수단이 매우 제한적임을 재확인시키는 계기가 되었다. 따라서 문재인 정부가 이른바 '운전자론'을 제기하면서 한반도 문제에서 한국의 역할을 확보하려는 시도는 매우 중요했다. 한반도의 긴장 완화와 핵문제 해결뿐만 아니라 날로 고조되고 있던 미국과 중국의 한반도에서의 '대리 세력 경쟁'의 압박을 최소화하기 위해서도 한국의 입지를 확보하는 것은 중요한 외교 과제였다.

한중 수교 이후 지난 25년의 역사를 돌이켜보면 한국은 지속적으로 '중국 역할'에 대한 기대를 배경으로 북핵 문제 해결을 위한 중국과의 협력을 시도해 왔다고 해도 과언이 아니다. 그럼에도 결과적으로는 비핵화라는 목표에 근접하기보다는 오히려 북한의 핵무기 개발이 고도화되었다. 한중 간의 북핵 대응 공조는 효과적이지 못했고, '중국 역할'에 대한 기대 역시 실현되지 못했다.

'중국 역할'에 대한 기대는 한중 관계가 발전하는 것과 비례하여 자의적 해석으로 과잉되었고, 그 결과는 기대의 악순환을 초래했다. 예컨대 중국 역할론이 중국 책임론으로 다시 중국 압박으로까지 변형되었고, 최근에는 심지어 '차이나 패싱론'까지 회자되고 있다. 이러한 변형의 과정을 복기해 보면 사실은 중국의 정책과 역할이 변화했다기보다는 한국의 독자적 대응 방안이 없는 상황에서 단지 한국의 인식이 상황의 변화에 따라 일희일비식으로 단편적으로 변화한 결과이기도 하다.

따라서 중국 역할에 대한 재검토는 필요하지만 신중한 접근이 요구된다. 우선 재검토 논의가 중국 역할의 존재 자체를 부정하거나 무시하는 것과는 구별될 필요가 있다. 즉 중국이 실제 역할을 수행할 능력과 수단이 있음에도 우리가 기대하는 역할을 하지 않는 것임을 명확하게 구분할 수 있어야 한다. 중국 역할에 대한 재검토 논의에도 불구하고 북핵 문제에서의 '중국 역할' 자체를 전면적으로 부정하기는 어려운 것이 현실이다.

한국이 북한을 설득하거나 압박할 수 있는 수단이 부재하고, 한국의 전략적 가치마저 약화되고 있는 상황에서 '중국 역할론'에 대한 과도한 기대는 중국의 한반도의 위상과 영향력만 제고시키는 결과를 초래했다. 한국이 기대하는 중국 역할을 견인하기 위해서는 우선 한국의 역할이 확보되어 있어야 한다. 한국 역할이 취약한 상황에서 중국 역할에 대한 과도한 기대는 북핵 해결에도 도움이 되지 않을 뿐만 아니라 한국의 대중 외교가 북핵 문제에 인질이 되는 결과마저 초래했다.

따라서 한국 정부가 보다 주도적 입장에서 북핵 해결 방법을 모색해야 하고 이러한 한국의 시도에 대해 중국이 지지하고 전향적으로 협조해 주는 방식으로 중국 역할을 재설정해 갈 필요가 있었다. 이제 남북한정상회담과 관계 개선을 계기로 한국의 입지와 역할이 이전과 달라진 만큼 중국 역할을 어떤 방식으로 어떻게 적합하게 견인할 것인지에 대한 새로운 논의가 가능해졌고 또한 필요해졌다.

비핵화 절차가 진행되는 과정에서 불가피하게 미국의 역할이 부각되고 미국과의 관계에 초점을 맞추게 될 수 있다. 이 과정에서 자칫 중국의 역할을 간과하는 것으로 인식될 수 있는 언행에 대해 신중할 필요가 있다. 중국은 앞서 언급한 대로 종전선언에서부터 참여 문제에 예민하게 반응하고 있는 것은 현재 국면에서 결코 한반도에서의 영향력이 약화되는 것을 방치하지 않겠다는 의지를 표현하고 있는 것이다.

이런 상황에서 국내 일부 언론들을 중심으로 성급하게 '차이나 패싱'이 회자되고 있는 것은 의도치 않게 중국을 자극할 수도 있다. 오히려 남북대화와 북미대화가 급진전될 경우 역설적으로 '중국변수'를 예의 주시하고 관리하는 것이 중요하다. 전격적인 북중정상회담 개최가 그러한 필요성을 상징하고 있다. 향후 북미대화 국면에서도 한국 정부가 결코 중국 역할을 경시하지 않고 있다는 메시지를 발신하는 노력도 소홀히 하지 말아야 한다.

중국은 강대국화가 진행될수록 한반도에서의 세력 관계의 재편에 민감해 할 것인 만큼 자칫 비핵화 과정에서 미중 간의 한반도 영향력 재편의 문제로 초점이 옮겨갈 경우 여전히 불확실성의 요소가 내재되어 있는 비핵화 과정의 진전에도 중대한 차질이 일어날 수 있다는 점을 경계해야 한다. 아울러 현재는 주한미군 또는 한미동맹 이슈가 쟁점이 되고 있지 않고, 중국도 이에 대해 공식적으로 부정적 입장을 표명하고 있지 않지만 향후 북미 관계 개선, 평화체제로 논의가 급물살을 탈 경우 주한미군의 역할에 대한 논의가 부각되고, 이 과정에서 중국의 의구심이 발동된다면 자칫 평화체제 논의의 진전에도 차질을 초래할 가능성도 없지 않다.

상대적으로 비핵화와 평화협정의 절차가 진행되면 될수록 중국 역할은 점차 재부각되고 확대될 것이다. 특히 비핵화 과정에서 북한에 대한 체제 보장을 넘어 장기적으로 북한에 대한 보상과 자구의 단계로 진입하게 되면 한중 간의 긴밀한 협력은 매우 중요해질 수밖에 없다. 한중 간의 역할 분담과 구조적 협력 기반을 순조롭게 구축하기 위해서는 현재와 같이 큰 쟁점이 없는 상황에서 한중 관계의 전략 대화와 협력을 내실화하고 체계화하는 작업이 선행되어야 한다.

2

판문점과 싱가포르 정상회담 이후의 남·북·미·중 4자 관계 평가와 미래 방향

| 류밍(刘鸣) ■ 전 상하이사회과학원 국제문제연구소 소장 |

1. 판문점 정상회담, 남북 관계의 새로운 단계 진입 추진

한반도 형세 전기의 최초 실마리는 2017년 11월 29일 김정은이 미사일 강국 목표를 실현하고 국가 핵무력 완성의 역사적 대업을 완성하였다고 선포한 일이었다. 비록 그는 핵무기의 품질을 더 강화해야 한다고 밝혔지만 형식적으로 미·중·러 등 핵 대국과 동등한 핵 지위의 전략적 목표를 실현함에 따라 국가의 전략적 무게 중심은 틀림없이 조정, 발전의 새로운 단계에 진입할 것이다. 미국의 북한에 대한 압박 전략이 자금줄(금융)과 송유관(에너지), 해상 무역 등 북한 체제를 지탱해 주는 3대 생명선을 위태롭게 만들었다는 것은 의심할 여지가 없으며 이것 역시 북한이 정책을 조절할 수밖에 없었던 외부 요인이다.

이 전략적 무게 중심 조정의 안정적인 실현과 '천시지리인화(天時地利人和)'의 계기를 제공한 것은 '햇볕 정책'을 이어 받은 한국 지도자 문재인이었으며 그는 집권 후 남북 단일팀의 평창 동계올림픽 참가를 제의하였고 다시 남북 정세를 완화하는 '베를린 구상'을 제안하였다. 2018년 1월 1일 김정은은 신년사에서 "민족적 대사를 성대히 치르고 민족의 존엄과 기상을 내외에 떨치며 평창 동계올림픽에 참가하며 동결 상태에 있는 북남 관계의 현황을 타파한다"라고 공식적으로 밝혔다.

남북 단일팀이 동계올림픽에 참가한 후 4월 27일 북한 최고 지도자 김정은과 한국 대통령 문재인은 남북 국경지대 판문점에서 역사적 회담을 거행하고 회담 후 '한반도의 평화와 번영, 통일을 위한 판문점 선언'을 발표하였다. 동 선언은 다음과 같이 남북 관계 개선에 대한 6가지 구체적 조치를 제시하였다. 첫째, 고위급 회담 등 각 영역의 대화와 협상을 개최한다. 둘째, 개성지역에 쌍방 당국자가 상주하는 남북공동 연락사무소를 설치한다. 셋째, 남북 적십자회담을 개최하여 이산가족·친척상봉 등 문제를 협의하고 이산가족·친척상봉을 진행한다. 넷째, 동해선과 경의선 철도와 도로들을 연결하고 현대화한다. 다섯째, 군사적 긴장과 충돌을 유발하는 일체 적대 행위를 전면 중지하고 군사분계선 일대에서 확성기 방송과 전단 살포를 포함한 일체의 적대 행위를 중지하고 그 수단을 철폐한다. 여섯째, 국방장관회담 등 군사 당국자회담을 상시 개최한다.

이 선언은 전체적으로 실질성보다 상징성이 큰 것으로 그 내용은 김대중 대통령이 2000년 방북하여 발표한 '6·15 남북공동선언'과 노무현 대통령과 북한 지도자 김정일이 2007년 10월 발표한 '남북 관계 발전과 평화 번영을 위한 선언'을 넘어서진 않았다. 그 핵심 내용은 쌍방이 '정전협정' 체결 65주년인 2018년 종전을 선언하고 정전협정을 평화협정으로 전환하며 항구적이고 공고한 평화체제 구축을 위해 남·북·미 3자회담 혹은 남·북·미·중 4자회담 개최를 적극 추진해 나가는데 동의한다는 것이다. 남북은 완전한 핵폐기를 통해 한반도 비핵화라는 공동 목표를 실현하기로 동의하였다.

북한의 국가전략 조정의 배경 속에 놓고 자세히 살펴본다면 이 선언은 더 큰 역사적 영향을 미칠 수도 있다. 북한은 노동당 제7기 3차 전원회의에서 '경제 건설과 핵무력 건설 병진 노선의 위대한 승리를 선포함에 대하여'와 '혁명 발전의 새로운 높은 단계의 요구에 맞게 사회주의 경제건설에 총력을 집중함에 대하여'라는 결정서를 채택하였고 그 정신은 '판문점 선언'과 일치하기 때문이다. 동시에 김정은은 문재인, 트럼프와의 회담에 대해 평소와 다른 열정을 표현하였고 그의 핵 문제 해결, 남북, 북미 관계 정상화에 대한 진실한 염원 역시 증명하였다.

북한은 한반도 정세 만회의 과정에서 주요 추동력으로서 한국의 중대한 역할을 잘 알고 있다. 핵 문제상에서 북미 협상을 진행하기 위해서는 한국 중재의 손길을 빌려야 함을 완전히 이해하고 있고, 국가의 무게 중심을 경제 건설로 이전하려는 목표를 실현하는 데도 역시 한국의 적극적 지지가 필요하다. 그러므로 북한은 한반도에 나타난 긍정적인 분위기를 이용하여 남북 관계를 김대중 시기 수준으로 조속히 끌어올리길 기대한다. 여기에는 경제 협력에 대한 총리, 장관의 지속적인 상호 방문 및 회담, 군사적 신뢰 구축을 위한 장성급 회담 개최, 인도주의적 문제 해결을 위한 이산가족·친척상봉이 포함된다. 그중 중요한 2개의 프로젝트인 금강산 관광 프로젝트와 개성공단 건설은 북측이 가장 절박하게 재가동을 바라는 항목이다.

남북 정상이 두 차례 회담에서 달성한 합의에 따라 양자의 실무층 협력은 현재 진전을 거두고 있다. 이 회담들이 비록 중대한 성과를 거두지는 못하였지만 그 기세만은 좋다. 이 회담에는 한국의 관심사도 있고, 북한에 필요한 것도 있으며 더욱이 상위 정치의 민감한 의제도 있다. 여기에는 높은 수준의 동서해안 철도의 연결과 북한 철도의 현대화 실현을 포함하고 있으며 쌍방은 철도 현대화 설계, 시공 방법 등에 대해 구체적 대책을 제정하고 그 결과에 따라 조속히 착공식을 거행하기로 결정했다. 서해 해역의 우발적 충돌을 방지하기 위해 쌍방은 함정간 국제상선 통신망을 복구하였다. 남북은 산림 협력 분과 회담을 진행하고 남북 접경 지역에 병해충 공동 방제 작업을 진행하기로 하였다. 남북은 두 차례 이산가족·친척상봉을 진행하였는데 이는 2015년 10월 상봉이 중단된 후 처음으로 열리는 것이었다. 남북 군사 당국이 거행한 제9차 장성급 회담에서 쌍방은 판문점 공동경비구역(JSA)의 무장해제 등 한반도 긴장을 완화하는 조치에 대해 공감대를 형성하였고, 한국 정부는 또한 현재 공동경비구역 내 권총을 제외한 중형 무기를 철수하는 방안을 추진 중이다. 만약 이 합의를 달성할 수 있다면 공동경비구역에서의 쌍방의 군사 관계는 1976년 8월 18일 '판문점 도끼 만행 사건' 이전으로 돌아가게 된다. 쌍방이 이 구역에서 자유롭게 왕래할 수 있다는 것은 북한 측이 한국과 새로운 관계를 구축하는 데 적극적이라는 것을 의미한다.

그러나 남북 관계의 전망이 밝은 것만은 아니다. 그 이유의 핵심은 북한이 비핵화를 서두르지 않고 있으며 김정은의 입장이 그가 4월 27일 판문점에서 문재인을 만났을 때의 약속보다 분명히 후퇴하였다는 것이다. 북한이 우선 고려하는 문제는 '종전선언'을 발표하고 한반도의 평화체제 구축 단계 진입을 선포하는 것이다. 비핵화에 대해서 북한의 현재 태도는 그리 긍정적이지만은 않다. 더 큰 가능성은 핵동결 시간 연장을 통해 핵보유를 사실화하려는 것이다. 동시에 남북 관계 발전을 가속화하고 경제협력을 통해 북한의 경제 발전을 촉진하여 한반도가 장기적으로 완화된 공존 시대에 진입하게 하려는 것이다. 김정은은 문재인 대통령이 제시한 '한반도 신경제지도' 구상 및 남북 공동 개발 전략에 대해 비록 모종의 열정을 표현하였지만 실현할 수는 없는 청사진임을 알고 있다. 왜냐하면 그것에는 북한이 반드시 지불해야 하는 정치적 대가를 내포하고 있으며, 북한이 필요로 하는 것은 한국이 유엔의 제재를 피해 북한에 광범위한 경제, 기술 원조를 하게 하는 것이지 한국에 전면적으로 경제를 개방하는 것은 아니기 때문이다.

한국의 진보적인 집권당으로서는 북한의 남북 경제 관계를 우선 발전시키자는 책략에 대해 반대하지는 않는데 왜냐하면 안정된 남북 관계는 북한이 핵·미사일 개발 가속화와 한미와 대항하는 상태로 다시 돌아가지 않도록 할 수 있기 때문이다. 이것은 한국이 보증해야 하는 기반이자 문재인 정부의 국가 안보와 남북 관계 문제상의 최대의 치적이 될 것이다. 이러하기 때문에 남북은 현재 경의선, 동해선의 도로 사정에 대해 조사를 하고 있으며 동시에 금강산 관광 프로젝트와 개성공단을 재개하기 위해 준비하고 있고 개성공단의 일부 시설은 이미 유지보수를 시작하였다.

한국은 심지어 양국의 무역이 민족 간의 거래가 되고 그 거래를 통해 북한 제품을 세계 시장에 진입하게 하는 남북 자유무역 지대 건설까지 고려하고 있다.[1] 문재인은 "남북 간 평화를 정착시키고 자유롭게 오가며, 하나의 경제공동체를 이루는 것, 그것이 진정한 광복"이라고 표현했다.[2] 문제는 한국이 김대중과 노무현 시대에도 북한의 요구를 받아 주었고 그에 대해 아낌없이 지원하였으나 최종적으로는 비핵화에

1 LEE, Hyo-Young, "Diplomatic Strategies for Stability and Institutionalization of Inter-Korean Economic Cooperation", IFANS Focus, IF2018-25E, August 3, 2018.

2 한국 대통령 문재인, 8월 15일 서울 용산 국립중앙박물관에서 거행한 광복 73주년 및 한국 정부 수립 70주년 기념 경축행사에서의 경축사 참고.

대해선 어떠한 진전도 거두지 못하였다는 것이다.[3] 그러므로 문 대통령은 북한과의 관계를 발전시키는 데 있어 장기적인 고려를 하지 않을 수 없다. 미국은 북한이 실질적인 절차를 취하여 비핵화를 진행하는 것을 보기 전에는 경제 제재 해제에 동의하지 않을 것이다. 심지어 남북 철도 협력을 재개한다는 한국의 제안에 대해서도 미국은 완전히 동의하지 않는다. 비핵화가 실현되기 전에는 남북 경제 협력을 논할 수 없다는 것이 미국 국무부의 입장이다. 미국의 책략에서 보면 경제 제재는 북한이 조속히 비핵화를 하도록 압박하기에 가장 좋은 조건으로 미국은 한국, 일본과 긴밀히 협력하고 대북 공동 대응에 힘쓰도록 요구하고 있다.

이렇게 비핵화 문제는 한반도의 양성 상호작용에 다시 한번 최대의 장애가 되었다. 문재인 정부는 북한 비핵화의 진전이 남북 관계를 발전시키는 마지노선이자 관건이며, 만약 평양이 이 문제에서 우유부단하고 망설이면 한국의 운신의 폭이 크지 않을 것임을 반드시 인식해야 한다. 북한은 한국에 대해서는 트럼프 정부를 설득하여 대북 정책을 약화시키는 중간자로 보고 있기 때문에 김정은은 문재인과의 회담 체제를 충분히 이용하여 계속하여 한국에게 중재자 역할을 해 주기를 바라며 북미의 지속적인 대화 그리고 미국이 2017년 시기의 군사, 외교, 경제의 고압적 전략으로 돌아가지 않도록 확보해야 한다. 그러나 트럼프가 문재인이 전한 북한 비핵화 정보가 미덥지 못하고 더욱이 북미 간 소통의 통로가 열려 있음을 알게 되었다는 점을 감안하면 문재인의 중간자

3 '문 대통령의 냉철한 현실 인식, 행동으로 성과내길', 한국 중앙일보, 2018년 3월 8일.

역할에 대한 신뢰와 인정은 다시는 존재하지 않을 것이다.

북미의 다른 요구 사이에서 진퇴양난의 상황이 나타나고 있다. 한편, 한국은 미국의 동맹국으로서 그리고 남·북·미 3자 관계 중의 최약체로서 또한 전략상 고도로 미국에 의지하는 국가로서 미국의 뜻을 받들지 않을 수 없고, 미국이 정한 대북 정책 기조를 위반할 수 없으며, 이러한 구조적 속박하에 남북 관계에서 담력이 작아진다. 다른 한편, 북한은 남북 협력에 대해 앞으로 나아가지 못하고 있으며 한국이 미국을 따르는 데 매우 불만이며 여론을 통해 한국에 대해 비판과 질책을 하고 있다.[4] 이렇게 해서 한반도의 관계는 새로운 교착 상태에 빠져들 수 있음을 배제하지 못한다.

2. 트럼프-김정은 싱가포르 회담과 북미 비핵화 협상의 주요 도전

6월 12일 싱가포르 트-김 회담은 외부에서 바라는 것 같은 비핵화의 돌파구를 찾지는 못하였다. 원인은 북한이 협상을 시작하기도 전에 트

4 북한은 한국에 대해 감히 금강산 관광 프로젝트를 재개할 수 없고 계속해서 미국의 경제제재 추가에 맞추어 격렬한 비평을 하였다. 상세 사항은 노동신문이 2018년 7월 31일 발표한 논평을 참고. 심지어 8월초 거행된 아세안지역포럼에서 북한 외무상은 한국 외교부장관과의 회담 요청을 완곡하게 거절했다.

럼프를 향해 공수하여 양보하고 비핵화 프로세스 시작을 선포하길 바라지 않았기 때문이다. 비핵화 프로세스는 반드시 북미 상호 신뢰 관계에 대한 진전에 근거하여 정해야 하며 북한 국내 합의를 기다린 후에야 비핵화 프로세스를 시작할 수 있다. 그것은 일단 시작하면 점진적으로 시간표가 없다. 또한 '리비아식 모델'은 수용하지 않으면서도 미국과 동시적 행동을 통해 구체적인 프로세스의 절차를 확정할 필요가 있다. 이러한 북측의 생각은 양측이 발표한 공동성명에서 해석할 수 있다. 북한에게 최대의 득점은 트럼프의 김정은에 대한 고도의 평가와 존중으로 트럼프는 기자 간담회에서 한국에서의 모든 군사훈련을 잠정 중지한다고 선포하였다. 한국의 보수파와 군 측은 트럼프가 한국과 협의도 하지 않고 이렇게 중대한 결정을 한 것에 대해 깊은 실망감을 느꼈으며 한미 동맹이 약화되었다고 여겼다.[5] 미국의 주류 싱크탱크와 매체들 역시 조속히 핵폐기를 시작하겠다는 북한의 약속을 얻어내지 못했기 때문에 회담 결과에 대해 매우 실망하였다.[6]

싱가포르 회담 후 북미는 제한적이지만 적극적인 상호 작용을 유지하였다. 미군은 군사훈련을 중단하였고, 북한은 미국에게 한국 전쟁 기간 중 전사한 미군 유해 55구를 송환하였으며 7~8월 초까지 서해 위성 발사장(동창리 미사일 엔진 실험장)을 폐기하기 시작하였으며, 미국은 판문

5 Choi Kang, Shin Beomchul, "The US-North Korea Summit Evaluation and South Korea's Security Concerns", Issue Briefs, The ASAN Institute for Policy Studies, June 22, 2018.

6 Assessing the Summit , Past Event, Council On Foreign Affairs, June 13, 2018, https://www.cfr.org/event/assessing-summit?utm_medium=email&utm_source=korea&utm_content=062818&sp_mid=56926085&sp_rid=bGl1bV8xNEB5YWhvby5jb20S1.

점 업무협의, 뉴욕 채널, CIA와 통일전선부 등을 포함한 북한과의 다양한 소통 채널을 확대하였고 양자의 연락체계 방식에는 전화, 문자 메시지, 이메일도 포함되었다. 미국은 비핵화 로드맵, 시간표 그리고 북한이 제출할 핵 프로그램 개발의 신고 리스트를 조속히 정하길 바라고 있다.

그러나 쌍방의 관계 진전보다는 의견 차이와 갈등이 더 주목을 받는다. 미국 폼페이오 국무장관은 제3차 방북 시 북측에 비핵화 시간표를 건네며 북한이 6개월에서 8개월 내에 핵폭탄 수량의 60~70%를 넘겨주고 미국 혹은 제3자(국)가 인수하고 제거하도록 요구하였다. 그러나 북한은 미국의 제안을 거절하였다. 북한은 폼페이오 국무장관의 제3차 방북 시의 비핵화 요구를 강도라고 말했으며, '종전선언' 선행 토론을 요구하는 것이지 북한이 먼저 핵 신고를 진행하는 것이 아니라고 하였다. 2018년 8월 3일 이후 북한은 위성 발사장의 해체 작업을 중단하였고 국제원자력기구(IAEA)가 발표한 보고서는 북한이 핵시설 운영을 중단하지 않았으며 특히 영변 핵연료 재처리장은 올해 4월 하순부터 5월 초순까지 운행 징후가 있었는데, 즉 북한은 여전히 고농축 우라늄을 생산하고 있으며 핵무장 규모를 확대하고 있다고 지적하였다. 8월 24일, 트럼프는 8월 하순 계획된 폼페이오의 제4차 방북 취소를 선포하였는데, 이유는 북한 노동당 김영철 부위원장이 폼페이오 국무장관에게 보낸 서신에서 미국이 평화협정을 체결하기 위한 효과적인 조치를 취하지 않기 때문에 "비핵화 협상은 다시 위기에 처해 있으며(at stake) 결딴이 날 수도 있다(may fall apart)"고 하였기 때문이다.[7] 4일 후 미국 매티스

7 미국 CNN 2018년 8월 28일 보도

국방장관은 "더 이상 한미 연합훈련을 중단할 계획은 없다"고 밝혔다. 동시에 한미 양국은 내부에서 공군의 대규모 연합 군사훈련인 비질런트 에이스(Vigilent ACE)를 12월에 실시하기로 확정하였다.[8]

싱가포르 정상회담 후 북미 관계의 급진적 전향은 주로 북미의 북핵 문제 해결에 대한 방법과 목표에 심각한 의견 차이가 존재하고 있음이 반영되었고, 양국 지도자의 첫 번째 회담과 공동성명은 단지 양국 최고 위층의 일종의 정치적 염원이 반영된 것일 뿐, 그들은 실무진이 점진적으로 핵문제와 평화체제 프로세스를 추진하기를 바랐다.

그런데 일단 실제 문제에 접촉하니 쌍방의 거대한 불신임, 비대칭적인 힘의 관계가 유도하는 비대등한 회담 지위가 수면 위로 떠올랐다. 북한은 이미 출현한 불리한 회담 방향과 기대를 역전시키고 회담을 통제 가능한 궤도에 넣으려고 게임 규칙을 설정하기 시작하였다. 이 방면의 태도는 노동신문이 8월 9일 발표한 '종전선언 발표가 선차적 공정이다'라는 제목의 논평에서 찾아볼 수 있다. "조선 반도에서 항구적이고 공고한 평화체제를 수립하는 것이 지역과 세계평화와 안전보장에서 중대한 의의를 가진다는 데 대한 국제사회의 인식이 더욱 뚜렷해지고 있다. 종전선언 발표가 정전협정을 평화협정으로 바꾸어 조선반도에서 항구적인 평화를 실현할 수 있는 전제가 된다. 종전선언 발표로 조미 사이의 신뢰 조성을 실현하고 평화협정 체결로 넘어가는 것은 자연스러운 일이 될 것이다." 이 논평에는 비핵화에 대해서는 한마디도

8 이철재, 박용한, '북이 극도로 신경질 냈던 한미 공군 훈련 12월 실시', 2018년 8월 30일 한국 중앙일보(2018. 8. 30.)

없었으며 다만 종전선언 발표가 첫 번째 절차라는 것만 말하고 있다. 논리적으로 봤을 때 두 번째는 반드시 평화협정이어야 하고 세 번째가 비로소 비핵화 프로세스를 시작하는 것이 될 것이다. 그러나 이처럼 북한이 계획한 로드맵에는 핵심에 이르는 문제인 비핵화는 없으며 문제를 북한의 아젠다인 평화체제와 북미 전략적 신임으로 바꾸려고 한다.

지금까지 북한은 문제 해결의 발언권을 통제하는 능력이 매우 강한 것 같고 트럼프는 거의 김정은을 따라 춤을 춘 것이다.[9] 표면적으로 보면 북한의 태도는 이미 2018년 3월 5일 한국 청와대 국가안보실장 정의용 특사단이 평양을 방문했을 때 김정은의 태도 표명 및 3월 8일 정의용이 백악관에서 트럼프에게 김정은의 메시지를 전달한 데서부터 확실히 다소 후퇴하였다. 당시 전달한 비핵화 정보에는 핵 동결과 완전한 핵폐기의 두 종류 내용을 담은 다섯 가지 항목, 즉 '대화 중 핵실험과 미사일 발사를 중단한다', '남한에 대한 도발을 중단한다', '북미 양국 정상회담을 진행하기를 원한다', '핵폐기를 원한다'와 '연내 북미 양국 관계 정상화 실현을 원한다' 등이 포함되었다. 그러나 나중에 미국 국가안보회의 관련 인사가 밝힌 정보는 다소 달랐다. "북한은 북미 정상회담 전까지 비핵화 약속을 지키고 핵·미사일 시험을 하지 않겠다는 약속을 지켜야 한다"고 밝힌 그는 김정은이 한국 특사단을 통해 ① 비핵화를 위해 노력하고 ② 핵실험과 미사일 시험을 자제하며 ③ 정례 한미 연합훈련

9 Ankit Panda and Vipin Narang, "Trump Administration North Korea's Nuclear Program Isn't Going Anywhere-Two Months After Singapore, Kim Clearly Has the Upper Hand", July 2018, *Foreign Affairs*.

을 계속한다는 걸 이해한다는 점을 전했다고 밝혔다.[10] 이상의 다른 정보로 볼 때 북한은 처음부터 명확하고 빠르게 핵을 폐기하지는 않고 다만 핵실험과 미사일 발사를 하지 않는다고 약속했을 뿐, 비핵화에 대해서는 단지 방향적인 약속만 하였다. 북미 싱가포르 '공동성명' 역시 새로운 북미 관계 구축을 제1조에, 한반도의 항구적이고 안정적인 평화체제 구축은 제2조에 두었으며 비핵화는 겨우 제3조에 있고 북한이 한반도의 비핵화 실현을 위해 노력하겠다고 약속한 '판문점 선언' 서술을 거듭 천명하였다. 국제 문서의 조항의 중요성으로 볼 때 물론 앞의 두 조항 내용의 지위가 뒤 조항보다 높다.[11]

그러나 트럼프의 국가안보 보좌관 볼턴의 말에 따르면, 문재인 대통령이 4월 27일 판문점에서 김정은을 만났을 때 일 년 내에 비핵화 완성이라는 건의를 제기하였고 김정은 역시 애매모호하게 동의하였다. 그러나 분명히 문재인이 전달한 메시지는 공개적이고 긍정적인 약속은 아니었으며 북한 내부에서도 언제 비핵화를 실현할지 공감대가 형성되지 않았으며 김정은 본인의 태도 또한 매우 명확하거나 단호하지는 않다. 우선 '종전선언'에 서명하고 제재를 풀어야 그 후에 점진적인 비핵화 프로세스를 고려할 수 있다는 것이 아마도 북한의 현재 기본적인 고려일 것이다.

다음 행보를 어떻게 할 것인가에 대한 미국의 의견도 일치하지 않는

10 정용수, 정효식, '김정은의 베팅: 핵폐기에 연내 북미 관계 정상화', 한국 중앙일보 중문판 (2018. 3. 12.)

11 Ankit Panda and Vipin Narang:"Trump Administration North Korea's Nuclear Program Isn't Going Anywhere".

다. 트럼프는 현재까지 김정은에게 매우 관용적이고 국무부에 북한의 핵폐기 시간을 한정하도록 명확하게 요구하지도 않았다. 원인은 아마도 복잡할 것이다. ① 그는 아마도 김정은이 핵미사일 개발을 중단하겠다고 약속하여 계속된 핵미사일 실험이 가져온 전 지구적 충격을 모면하고 그가 무력으로 북핵 문제 해결을 고려할 필요가 없게 만들었으며 이 점에서 그의 치적이 오바마와 아들 부시, 클린턴을 압도하여 이미 중간 선거에서 호언장담할 수 있는 자본이 되었다고 느낀 것이다. ② 트럼프는 북한이 철저하게 핵을 폐기하게 하는 것은 난이도가 매우 높고 혹은 기본적으로 비현실적이라고 느낀다. 왜냐하면 핵 전문가 2,000명이 불철주야 쉬지 않고 작업해도 최소 3년은 있어야 검증 가능한 북한 비핵화 과정을 완성할 수 있다고 제시하였기 때문이다. 그러므로 트럼프가 보기에 핵·미사일 개발을 통제하는 것이 가장 좋은 계획이다. ③ 김정은은 회담에서 애병필승(哀兵必勝, 상대방과 대등하게 힘을 겨룰 수 있는 실력을 갖추기 전에는 약한 척하는 것-역자)의 패를 꺼내들었고 북한 국내의 미국 군사에 대한 공포감을 마음껏 과장하여 트럼프의 동정을 얻었다. ④ 김정은은 트럼프에 대한 개인적인 약속을 이행하여 서해 미사일 발사장 해체를 시작하였고 한국전쟁 중의 유해를 미국으로 송환하였다. 트럼프는 그가 실시한 최대의 압박 전략이 이미 북한에서 중요한 효력을 발휘하였고 북한이 비록 핵을 폐기하진 않았지만 미국은 제재와 압박 유지를 통해 대북 협상에서 유리한 위치를 점하였고 북한은 최종적으로 양보할 수밖에 없을 것이라고 느낀다.

트럼프라는 이 별종의 대통령은 여태껏 자신의 판단, 결책, 입장이 정확하다고 여겼기 때문에 그의 사고와 논리는 공화당 온건 보수파 및 주류 여론과 시종 틀어졌고, 그는 자신의 잘못을 절대 인정하지도 수정하지도 않을 것이다. 그러므로 공공장소에서 그의 대북정책 선택의 정확성에 대한 변호와 미화는 계속될 것이다. 그러나 비공식적으로 그의 북한에 대한 관용 시간은 제한적임이 틀림없으며 북한이 다음 단계로 비핵화 로드맵을 제정하고 조속히 핵폐기를 시작하도록 강요하는 것은 여전히 대북정책의 핵심이다. 그러나 전직 개인 변호사 코언이 트럼프가 경선 재무 법률을 위반하고 두 번의 입막음 비용을 지불했다고 고발하였으며, 전직 경선 선대위원장 매너포트는 은행 사기 및 탈세 등 8항목의 죄명으로 고발당하였고, 게다가 중국, EU 등 국가와의 무역전쟁, 이란에 대한 제재, 러시아 스캔들, 국내 중간 선거 등 의제가 줄곧 트럼프 정부의 주요 아젠다를 점거하고 있어 트럼프는 최근 북한 문제에 관심을 쏟을 틈이 없다.

따라서 트럼프는 8월 24일 트위터에 폼페이오 장관에게 제4차 방북을 취소하라고 요청하였고, 공개적인 이유는 현재 한반도 비핵화와 관련 충분한 진전을 만들어 내지 못하고 있다고 생각하기 때문이라고 밝혔다. 그러나 그 뒤에는 미중 무역 문제에 관한 표현이 있었으며 미중 무역 문제가 더 긴박하기 때문에 북핵 문제는 미루어 둔다는 그의 진짜 생각을 노출하였다. 북핵 문제는 중국의 협조 없이는 해결할 수 없는 것이다. 그러므로 "폼페이오 장관의 방북은 '미중 무역 관계가 해결된 뒤'에 이뤄질 것으로 기대한다."[12]

볼턴 국가안보 보좌관, 폼페이오 국무장관, 매티스 국방장관 등 고

12 정은혜, '트럼프, 폼페이오 방북 취소', 한국 중앙일보(2018. 8. 25.)

위급 관료를 포함한 미국 대통령 안보 참모들은 미국의 장기적 이익과 과거 대북 협상의 교훈에서 고려하여 현재 김정은의 변화를 이용해 시기를 놓치지 않고 비핵화의 발걸음을 가속화하여 북한의 핵무기와 기타 대량 살상 무기를 철저하게 폐기하려 한다. 볼턴은 '리비아식 모델(CVID)'을 고수하는데 이는 북한이 플루토늄과 고농축 우라늄 등 핵연료 재처리 능력을 제거하는 것을 포함할 뿐 아니라 핵과 미사일 시설을 폐기하고 더욱 중요한 것은 폐기한 모든 핵무기, 탄도 미사일을 미국 테네시주 오크리지 국립연구소로 운반해 폐기하는 것을 포함한다. 동시에 핵 연구원을 전업시키고 생화학 무기를 넘겨준다. 이러한 비핵화 작업을 전부 완성한 후 미국은 안보 보장과 경제 원조를 한다. 그가 확정한 비핵화의 최종 시간은 1년으로 다시 말해 2019년에는 반드시 대체적으로 완성해야 한다.

북한이 명확하게 CVID를 거절하였기 때문에 미국은 최종적으로 북미 싱가포르 회담 전에 '최종적이고 완전히 검증된 비핵화(FFVD)'를 새로운 비핵화 원칙으로 결정하였다. 양자 간에 어떠한 내재된 다른 점이 있는지 미국 측은 명확하게 밝히지 않았지만 비핵화는 검증이 필요하고 북한의 핵 프로젝트는 꼬리를 남길 수 없다는 한 가지는 긍정적이다. 핵무기, 탄도미사일을 북한에서 반출하느냐 여부, 검증의 엄격한 정도, 핵폐기의 기간에 대해 FFVD는 아마도 다소 느슨한 것 같다. 핵심은 비핵화 프로세스가 가동되어야 한다는 것으로 북한은 모든 핵 프로젝트와 핵연료를 신고하고 핵무기, 대륙 간 중장거리 미사일, 핵연료를 모두 폐기해야 한다. 그러나 북한은 현재까지 FFVD를 수용할 조짐도 없다.

분명히 북한은 이미 핵무기 개발과 핵 운반 수단 실험을 완성한 국가이자 동아시아 지역에서 군사 실력을 가진 중급 국가로 굴욕적인 '리비아식 모델'로 핵을 폐기하지는 않을 것이다. 왜냐하면 이 모델은 강권국가를 향해 투항한 것과 같기 때문이다. 만약 북한이 최종적으로 핵폐기에 동의한다면 그 방식은 필히 북한 특색의 것으로 국가와 지도자의 존엄을 확보할 것이다. 북한은 또한 그 당시 이라크에 대한 침입식 핵사찰 및 검증과 유사한 방식도 수용하지 않을 것이다. 그러나 만약 미국이 철저하고 검증 가능한 비핵화에 도달하려고 한다면 북한의 이러한 핵폐기 방식 역시 수용하지 못할 것이다. 그러므로 쌍방의 비핵화 방법과 수단에서의 의견 차이는 좁혀지기 어렵다.

쌍방의 대립이 이어지는 시간이 길어질수록 비핵화 가동의 시간은 뒤로 밀릴 것이며 심지어 무기한 방치를 초래할 수도 있다. 미국은 보편적으로 북한이 진정으로 핵을 포기할 수 있을 것인가에 대해 의심을 하고 있으며 만약 북미 간 비핵화 대화가 실질적 성과 없이 계속 진행된다면 미국 국회, 민주당, 여론 모두 북한의 이러한 기본 입장과 헛되이 시간만 보내는 시소게임은 용인하지는 않을 것이며, 트럼프는 궁지에 몰려 인내심을 잃고 다시 최대의 압박 전략을 시작하는 것도 배제할 수 없다. 아마도 중간 선거 이후에 미국은 북한과의 회담을 잠시 중단하고 내년에 한국의 '키 리졸브'와 '독수리' 등 군사훈련을 다시 시작할 것이며 새로운 독자적 제재 조치를 내놓을 것이다. 미국은 8월 3일과 15일에 새롭고 독자적인 제재 리스트를 이미 공포하였다.

만약 이 지경까지 발전한다면 북미는 정치상에서 모두 중대한 좌절을 겪게 될 것이다. 그러므로 양국 지도자는 비핵화 가동과 비핵화 절차를 완성하는 사이에 하나의 중간점, 완충점을 찾아 쟁취하여 2009년 6자회담이 완전히 중단된 상황이 재현되거나 북미가 대치 상태에 빠져들고 북한이 연이은 핵·미사일 실험의 험준한 위기 속으로 다시 들어가지 않도록 해야 한다.

3. 비핵화와 평화체제 구축 과정 중 중국의 역할 및 남·북·미 상호작용

문재인이 2017년 5월 10일 한국 대통령으로 당선되고 한중 관계는 점차 개선되었으며 사드 관련 문제의 위기는 효과적으로 관리 통제되었다. 2018년 남북 관계 개선의 시작에 대해 중국은 적극적인 지지를 표하였다. 바로 문재인 대통령의 적극적이고 효과적인 작업으로 인해 북한 측은 기회를 잡기로 결심했고 평창 동계올림픽 참가, 남북 고위층 교류 재개와 경협을 통해 미국에 평화의 손길을 내밀었다. 또한 비핵화를 목표로 하여 핵·미사일 개발을 중단하고 미국과 신뢰하고 정상적인 관계를 구축하며 한반도 평화체제를 구축하는 데 동의했다. 마찬가지로 문재인 대통령은 평양으로 통하는 대문을 활짝 열었고 북중 관계 정상화를 위한 양호한 계기도 마련하였다.

문재인과 김정은이 2018년 4월 27일 판문점에서 처음으로 만나기 한 달 전 김정은 위원장은 3월 25~28일까지 중국을 비공식적으로 방문하였는데 이는 김정은이 2011년 12월 30일 인민군 최고사령관직을 인계 받아 공식적으로 북한의 최고 지도자가 되고 6년 3개월 만에 처음으로 중국을 방문한 것이자 그의 첫 번째 외국 방문이기도 했다. 이 시점으로 볼 때 만약 김정은이 문재인과의 회담 및 한국과의 관계 개선을 결정하지 않았다면, 국가 발전 전략의 중대한 조정을 준비하지 않았다면, 비핵화 협상 과정을 다시 시작할 준비를 하지 않았다면 그가 매우 다급하게 중국을 방문했을 리 없다. 사실상 그의 부친 역시 권력 승계 후 첫 번째 방중을 2000년 6월 12일 정상회담 이전인 5월 29일에서 30일을 선택하였다. 그러므로 고립된 비개방 국가로서 북한은 대외적으로 중대한 외교 행동을 준비하기 전에 가장 중요한 동반자 혹은 전략적 지지자와 협의를 하고 의견을 듣고 지지를 얻어 외교 협상의 분량과 조건을 제고해야 한다.

이런 측면에서 고려한다면 첫 번째 방중 40일 후인 5월 7~8일에 김정은은 다시 중국을 방문하여 다롄에서 시진핑 주석과 회동하였는데 이는 분명히 한 달 후 개최하는 북미 정상회담을 위해 필요한 전략적 소통을 한 것이다. 이 두 차례 방문을 통해 중국 역시 새로운 4자 외교 게임의 바둑판에 자연스럽게 진입하였고 중국의 중요한 역할과 영향 역시 자연스럽게 확립되고 강화되었다.[13]

중국과 북한은 전통적인 우호 관계를 유지하고 있으며 양자의 '조중

13 어떤 관점은 김정은의 방중이 중국이 북한 사무에서 중심적 지위를 갖고 있음을 표한다고 여기는데 필자는 이 점을 완전히 인정하지는 않으며 적어도 핵 문제에 있어서 키 역할은 여전히 미국이다. Zhiqun Zhu, "China and the Prospect for North Korea's Denuclearization" 참고

우호협력 및 상호원조조약'은 여전히 유효하며 김정은의 세 차례 방중과 시진핑 주석의 평양 방문에 따라 쌍방은 한반도 비핵화와 평화체제 구축에 대해 충분한 협의를 진행하였다. 향후 북미의 비핵화와 평화체제 관련 협상이든 남북의 교류와 협력이든 북중 양국 모두 소통하고 전략적 협조를 할 것이며 이는 일정 정도 북한과 미국의 협상 과정 중 균형적인 지위를 보장하였다. 그러나 이러한 협의는 중국이 북한과 미국의 협상 과정을 견제하려 하는 것이 아니라 북한과 미국이 비핵화의 돌파구를 찾도록 더 많이 격려하려는 것이며 물론 다른 단계에서 자신의 정당한 권익을 수호하려는 북한의 주장도 지지할 것이다.

균형의 측면에서 보면 중국 역시 계속해서 미국과의 교섭 유지를 희망하지만, 트럼프는 현재 중국과 경제무역 전쟁을 하여 중국의 국가 경제 체제의 동원 및 경쟁 능력을 약화시키고 중국의 첨단 과학기술 제조업의 발전 속도를 제약하려고 시도하고 있다. 중미의 전략과 경제 경쟁은 갈수록 심각해지고 장기화될 것이며 이러한 분위기 속에서 미국은 더 이상 중국과 북핵 문제에서 밀접한 협상을 진행하지 않을 것이며 완전히 중국에서 벗어나 한반도의 비핵화 실현을 생각할 것이다. 외부에 형성된 잘못된 이미지는 중국이 더 이상 미국이 비핵화를 추진하는 데 호응하지 않는다는 것이지만 실제 책임은 미국 쪽에 있다.

중국의 한반도 비핵화 프로세스 중의 외교 역할은 분명히 원칙이 있을 것이고, 기본 입장은 북중 관계의 회복과 강화로 인해 중미 갈등의 심화로 근본적 동요가 발생하지는 않을 것이며, 이 문제를 중미와의 관계에 결부시키지는 않을 것이다. 즉, 북한은 반드시 완전한 비핵화의 길을 가야 하고 그 기본 방식은 협상을 통해 해결하는 것으로 협상의 주체 대상은 반드시 북미이어야 하지만 북중, 미중, 러중, 한중도 이 기간에 반드시 협상과 소통을 유지해야 하며, 중국은 자신의 제안과 요구를 제기할 수 있으며 심지어 북미의 결책에 영향을 줄 수 있다. 한중은 직접적인 관련자로서 반드시 적합한 시기에 협상에 참여해야 하고 러시아와 일본은 간접적인 관련자로서 비핵화와 평화체제 진입의 핵심 단계에서(특히 동북아 안보 체제) 남·북·미·중이 동의한다는 전제하에 관련 업무에 반드시 참가하여 상응한 책임을 담당해야 한다. 국제기구인 유엔과 국제원자력기구 역시 '종전선언' 혹은 '평화협정'과 핵사찰 및 검증 작업 중 역할을 해야 한다.

최근 몇 년 한반도의 긴장 정세가 고조되고 비핵화 프로세스가 교착 상태에 빠져든 상황에서 중국은 시종 자신의 원칙을 고수하였고 시비곡직에 따라 판단하여 대북 정책을 확정하였다. 첫째, 중국은 북한이 시대의 조류, 국제사회 문명과 규범의 요구를 거스르고 핵무기 개발을 강행하는 것을 결연하게 반대한다. 둘째, 6자회담 중단 후 북한 핵실험, 미사일 실험에 대응하는 과정에서 중국은 유엔 안보리 교섭, 제재 결의안 형성 과정 중에 미국, 러시아 등 국가와 긴밀한 소통협력 관계를 유지한다. 셋째, 중국 정부는 시종일관 엄격하게 유엔 제재 결의안을 이행한다. 넷째, 미국은 반드시 북한의 안보 관심을 충분히 고려하고 이를 시작점으로 하여 북한이 비핵화의 방향으로 가도록 인도해야 함을 중국은 거듭 강조한다. 다섯째, 북미가 서로 불신임하고 양보하지 않는 상황에 대하여 중국 측은 실무와 균형의 입장에 기초하여 '쌍중단'과 '정전체제의 평화체제로의' 전환을 이용해 북미 대치를 멈추기를 제안하고 협상으로 위기를 해결하는 데 도움을 준다.

중국은 남북 쌍방이 '판문점 선언'이 구현하는 대화와 화해, 협력 정신에 따라 남북 지도자의 두 차례 회담의 합의 내용을 잘 실현하고 지속적으로 화해와 협력을 추진하며 부단히 대화 협상을 통해 상호 신뢰를 구축하고 서로의 관계를 개선하며, 한반도의 완화 정세를 지속하고 굳건히 하기 위해 적극적인 촉진 작용을 하는 것을 환영하고 지지한다. 특히 비핵화 협상이 아직 진전을 이루지 못하고 '종전선언' 역시 발표할 수 없는 때에 남북이 비군사 지역 중 최전방 10여 개의 감시초소 시범 철수 구상 같은 군사적 상호 신뢰를 구축하는 조치를 모색하기 시작한 것을 환영하고 지지한다. 중국은 또한 북미 양국이 싱가포르 정상회담의 '공동 성명'을 실현할 수 있고 단계적, 동시적, 일괄적 원칙에 따라 한반도 문제의 정치적 해결 프로세스를 추진하기를 진심으로 바란다. 매 단계에서 모든 관련국은 반드시 상응한 책임과 의무를 다해야 한다. 이렇게 해야만 한반도 문제의 정치적 해결 프로세스의 지속 가능성을 확보할 수 있다.

이 비핵화 3원칙의 함의는 추상적이고도 미묘한 것으로 뛰어난 예술적 조작이 필요하다. 관건은 북미에게 상호 신뢰가 결핍되어 있다는 것인데 한걸음에 문제 해결에 도달하기 어려우므로 쌍방은 구체적인 절차를 갖출 필요가 있다. 단계적이라는 것은 반드시 비핵화와 미국의 안전 보장이라는 2개 방면을 포함해야 하며 이는 주도면밀한 설계와 명료화가 필요하다. 단계적 핵폐기의 전략은 과거 모두 실패로 끝이 났고 6자회담의 사례에서 보면 쌍방은 아주 오랜 시간을 써 가며 일부 내용을 붙들고 흥정하고 일부 자신에게 진정으로 필요하지 않거나 혹은 그 자체가 제목 속에 있는 것을 추가하여 실제 가치가 매우 제한적인 단기적 이익과 교환하였다.[14] 그러므로 단계적이라는 것은 반드시 일괄 원칙과 동시에 운용되어야 한다. 동시에 라는 것은 한 측이 행동을 취하면 다른 한 측은 상응하는 표시를 해야 함을 의미한다. 예를 들어 북한이 비핵화 방면에서 구체적인 행동을 취하였다면 경제 제재 취소 방면에서 미국 등 국제사회는 반드시 대응하는 이완 조치를 취해야 한다. 일괄적이라는 것은 주로 총괄적, 전면적인 계획과 로드맵 및 시간표가 필요하며 단번에 추진하지 않고 사정을 보아가면서 하고 협상과 약속 이행의 시간을 지연할 수 없으며 반드시 포함해야 하는 협상의 내용과 이행의 핵심 목표를 정당한 이유 없이 배척할 수 없다.

북미 협상은 북한의 핵 프로젝트를 해결해야 할 뿐 아니라 마찬가지로 북한의 미국에 대한 안보상의 걱정을 해결해야 한다. 미국은 반드시 북한에게 믿을 수 있고 돌이킬 수 없는 안보 보증을 해야 하고 북미는 반드시 관계를 정상화해야 한다. 북미의 상호 신뢰와 북한 비핵화는 서로 인과 관계로 동태적 양성 상호 작용을 유지해야 하고 완전한 비핵화의 실현을 미국이 모든 경제 제재를 취소하고 관계를 정상화하는 전제로 삼는 것은 적합하지 않다. 북한이 실질적 절차를 취하기 시작하고 비핵화 목표를 실현하는 과정에서 미국 등 유엔 안보리 회원국은 반드

14 이것은 비핵화 외교 순위 3항 중 하나로 여겨지며 Philip Zelikow의 '북한과의 외교의 길: 비핵화에만 관심을 갖는 것은 좋은 계책이 아니다' 참고. JPI PeaceNet: 2018-36, 본문은 최초로 『Foreign Affairs Magazine』에 발표되었다. https://www.foreignaffairs.com/articles/north-korea/2018-07-09/how- diplomacy-north-korea-can-work?cid=int-fls&pgtype=hpg, 더 이른 버전은 2018년 6월 27일 개최된 평화와 번영을 위한 제주포럼에서 나왔다.

시 단계적으로 북한에 대한 경제 제재 완화를 토론하여 북한이 국제사회의 선의와 격려를 느껴 더욱 적극적으로 핵폐기 프로세스에 속도를 붙이도록 하게 해야 한다.

현재 트럼프는 스스로를 고명하다고 여기고 최대의 압박과 김정은의 싱가포르에서의 친밀한 상호작용으로 북한을 처리할 수 있다고 생각하여 모든 비핵화의 조건, 범위, 시간을 모두 일방적으로 결정하고 중국과도 협상하지 않는다. 비록 한국과는 교섭을 하였지만 그에 대한 한국의 영향이 제한적이라는 것은 분명하다. 트럼프 정부가 대중국 전략과 경제, 과학 기술 도전에 대한 대응을 가장 중요한 외교 아젠다로 여기고 있는 상황에서 북핵 문제는 미국 외교 아젠다에서 그 지위가 이미 하락하였고 긴박성도 없다. 북한은 미국에서 오는 전략적 압박이 이미 대대적으로 완화되어 충분히 추이를 지켜볼 수 있다. 그러므로 북미 비핵화 협상에 실질적 진전이 없는 것은 예견된 일이었다. 미국은 일방주의 작풍을 바꾸지도 융통성 있는 협상 책략을 취하지도 않으며 계속해서 중국, 러시아, 이란 등 문제에서 동시에 불을 붙이고 충돌을 조장하므로 한반도가 다시 교착 상태에 빠져들 가능성이 점차 커질 것이다.

현재의 일시적인 고난에 대하여 한중은 반드시 더 많은 협조를 해야 하고 각각 북한과 협상을 진행하여야 한다. 또한 한국은 반드시 미국과 적극적으로 소통을 유지해야 하며 단지 남북 관계의 일방적 확장을 돌파구로 삼을 수는 없다. 문재인 대통령이 서둘러 먼저 남북 관계를 개선하고 개성공단 계획과 금강산 관광 프로젝트를 재개하였기 때문에 북한 비핵화 추진 목표상에서 아마도 더 이상 원칙적 입장 고수에 큰소리를 내지 않아도 되고 심지어 더 많은 융통성을 유지하려고 할 수도 있으며 남북 관계로 북미 관계 발전을 선도하고 최종적으로 비핵화를 추진할 것이다. 문재인 대통령은 8월 15일 광복 73주년 및 한국 정부 수립 70주년 기념 경축행사에서 "남북 관계 발전은 북미 관계 진전의 부수적 효과가 아니다. 오히려 남북 관계의 발전이야말로 한반도 비핵화를 촉진시키는 동력이다"라고 밝혔다. 한국 정부의 이런 김대중과 유사한 '햇볕 정책'은 반드시 한국에 대한 미국의 불신임이 심화될 것이고 쌍방의 불협화음도 더 많이 출현할 것이다. 예를 들어 미국 국무부는 8월 19일 개성 연락사무소 설립을 제재 위반으로 여겼고 주한미군(유엔군사령부) 역시 '정전협정'의 반드시 48시간 전에 유엔군에 국경 통행 계획을 신고해야 한다는 규정을 이유로 한국 공무원의 군사분계선 통행과 북 측의 경의선 북 측 경내 구간에 대한 합동조사 실시를 저지하였다. 북한 역시 북미의 비동시성을 보고 이 모순을 이용하여 협상의 지위를 제고할 방법을 강구하고 미국의 대북 정책에 영향을 줄 것이다.

중미는 동북아에서 가장 큰 2개의 대국으로서 양자는 비핵화의 추진 방식과 책임, 자본금 분담, 감독과 관리에 대해 협상을 진행할 의무가 있다. 예를 들어 볼턴이 제시한 1년 내 모든 핵무기 프로젝트 해체와 북한 반출은 분명히 실제와 맞지 않다. 한 편으로 이것은 북한의 전면적인 협력을 필요로 하는데 그것은 미국 방면의 동시적 조치에 달려 있으며 동시에 북한 내부 각 부처의 조정에 달려 있다. 다른 한 편으로 볼턴의 생각은 기술적으로는 해낼 수 없는 것이다. 핵시설을 폐쇄하는 것은 상대적으로 용이하지만 고방사성 물질을 포함한 핵연료를 안전하게 해체하는 것은 1년으로는 절대 부족하다.[15] 북미가 어떻게 비핵화 프로세스를 가동하고 상호 신뢰를 구축하는가에 대해 비교적 큰 의견 차이가 있으니 중국은 참여자, 협조자로서 참고의 의견을 제공할 수 있으며, 북미 간에 중재를 하고 남·북·미가 공평하고 효과적이며 시간 노드가 있는 방안을 공동으로 제정하는 데 협조하고 관련 국가와 비핵화 및 평화체제를 구축하는 과정 중의 의무와 자본금을 공동으로 부담한다.

중국은 '정전협정'에 서명하는 국가이자 남북 평화 공존의 외부 지지자, 한반도의 중요한 이웃 나라로 당연히 미래 평화체제의 구축에 반드시 참여해야 한다. 중국은 북미와 남북이 각각 '상호불가침조약'을 체결할 수 있기를 희망한다. 이러한 기초 위에서 남·북·미·중과 유엔 사무총장은 공동으로 '평화조약'을 체결할 수 있다.[16] 미중은 반드시 한반도의 항구적 평화를 위해 정치적 보장을 제공해야 하고 동북아 6개 국가 역시 지역안보협력 체제를 공동으로 구축해야 하며 한반도와 동북아의 안보가 상호보완적인 구조를 형성하도록 하여 최종적으로 이 지역이 냉전 구도에서 벗어나게 해야 한다.

한중, 북중, 남북은 이미 '종전선언' 체결에 대해 협상을 진행하였고 중국은 한국이 전향하여 중국과 남·북·미가 공동으로 '종전선언'을 체

15 리빈(李彬), "한반도 평화체제 구축: 중국은 어떠한 '로드맵'을 추진해야 하나", 『세계지식』, 2018년 17기.

16 Harry J.Kazianis, "Let's offer North Korea a peace treaty officially ending the Korean War", Fox News, http://www.foxnews.com/opinion/2018/07/26/lets-offer-north-korea-peace-treaty-officially-ending-korean-war.html.

결하는 것을 지지한 이 입장에 대해 긍정을 표했다. 현재 미국은 북한의 비핵화 조치 약속을 보기 전에는 '종전선언' 체결에 동의하지 않을 것이며 동시에 미국은 중국의 정식 가입에 반대한다. 만약 향후 남·북·미 3자만이 '종전선언'을 체결한다면 이는 분명 중국이 다음 평화체제 프로세스에 참여하는 데 불리할 것이며 중국이 비핵화 과정 중 적극적인 역할을 하는 데도 불리할 것이다. 일단 중미의 전략 경쟁이 한반도에 인입되면 미래 한반도에 심각한 불안정을 가져올 것이다. 왜냐하면 중국이 반드시 반격 조치를 취해 미국의 전략 확장을 제어할 것이기 때문이다.

설령 북한이 비핵화를 실현하고 평화체제를 구축하였다 할지라도 중미의 한반도에서의 전략 경쟁은 멈추지 않을 것이다. 미국의 지역 안보 핫스폿에 대한 고려는 시종 형세 변화에 따라 조정되었고 중국은 최대 전략 경쟁자이기 때문에 미국은 중국이 북한뿐 아니라 더 나아가 한국에 대해 경제와 정치적 영향을 한층 확대하는 것을 바라지 않는다. 만약 비핵화가 궁극적으로 실현되고 북미 관계 역시 정상화를 실현한다면 미국은 완전하게 북한과의 경제와 군사 관계 발전을 모색하기 시작할 수 있을 것이고, 북중 간에 쐐기를 밀어 넣어 북한이 중국에 과도하게 의지하는 것을 방지할 것이다. 동시에 설령 평화체제가 구축될 수 있다 하더라도 미국은 여전히 한국에서 군사 존재를 유지하여 한국, 일본과 연합하여 중국의 군사 역량을 제어할 계획이다.

미래 평화체제는 틀림없이 주한미군과 한미동맹 문제를 언급할 것인데 왜냐하면 이것이 북한의 안보 관심과 밀접한 관련이 있기 때문이다. 중국은 문재인 대통령이 5월 2일 밝힌 주한미군은 한미동맹 관계와 관련 있는 문제이고 남북이 평화협정에 서명하는 것과는 아무런 관련이 없다는 입장에 대해 인가하지 않을 것이다.[17] 주한미군과 한미동맹은 한국전쟁과 '정전협정'의 산물이자 동아시아 냉전의 구성 부분으로 오랫동안 주로 북한에 대해 군사 위협을 하였다. 그러나 일단 북한의 핵·미사일 위협이 사라지고 북미가 관계 정상화를 실현하며 남북이 평화 공존의 협력 체계를 구축하면 주한미군은 누가 새로운 위협 대상인지의 문제에 직면할 것이다. 미군의 전략은 위협할 적이 없는 상태로 진입할 수 없다고 결정하고 반드시 방향 전환이 발생할 것이다. 그러므로 한미동맹이 설령 폐기된들 주한미군은 철수하지 않고 그 성질과 규모 기능 역시 상응하는 변화를 만들 것이다. 물론 미군 거취와 동맹의 존폐에 대해서는 한국이 독립적으로 결정하며 중국은 남북의 미래 미군 지위에 대한 결정을 존중할 것이다. 유일한 요구는 중국을 협박, 침략하는 데 미군을 이용할 수 없고 더욱이 타이완 해협 유사시에 개입 가능하다고 설정할 수도 없다는 것이다. 주한미군은 미국이 구축한 한·미일 군사동맹의 구성 부분이 될 수 없고 남북의 군사 상호 신뢰를 약화시킬 수도 없다. 중국은 한반도의 남북 부분의 힘이 균형을 이루고 군사상 상호 신뢰하고 미군의 행동은 반드시 한국 정부의 지휘통솔을 받는 것을 보고 싶을 뿐이다. 동시에 중국의 전략적 무기 배치를 겨냥한 사드 미사일 같은 어떤 것도 모두 철수해야 한다.

17 문재인, 북한이 평화조약에 서명하면 주한미군 역시 철수할 필요가 없다. 싱가포르 연합조보(2018. 5. 3.)

4. 맺음말

남북 판문점 정상회담과 북미 싱가포르 정상회담 이래로 한반도 정세는 새로운 단계에 진입하였고 남북 관계는 현재 점진적으로 발전하고 있으며 쌍방 정부 당국의 일련의 회담 체제가 구축되었고 상시화의 방향으로 갈 수도 있다. 북미 관계도 마찬가지로 약간의 진전이 있었으며 당국 간에 여러 접촉과 협상 채널을 유지하였으며 북미 모두 협상을 강화하고 그들 각자가 중점적으로 관심을 갖는 중요한 이익을 획득하길 기대하지만 쌍방의 무게 중심은 일치하지 않는다.

한반도에 출현한 긍정적인 발전 형세는 남·북·미·중 4자의 적극적인 상호작용의 결과이고 북미 모두 이러한 평화·안정·대화·협력의 추세를 유지하기를 바라며 이것은 그들의 이익과 상호 연결된다. 북미 모두 형세 전환의 출현과 다시 2016~2017년 고도의 군사 대치 상태로 돌아가고 미사일이 난무하는 상황을 바라지는 않는다. 그러나 비핵화 프로세스가 시작 및 진전을 거둘 수 있는가는 한반도가 평화·협력·발전의 신시대로 진입할 수 있는지의 관건이 될 것이다. 자물쇠를 풀 열쇠는 북한과 미국의 손에 있고 그들이 합력해야만 열쇠를 열 수 있다. 북한은 국가 전략의 무게 중심을 경제 건설로 이전하였고 모두 이 점에서 공감대를 형성하였으나 비핵화를 어떤 조건에서 추진하는가, 비핵화의 범위와 방법, 비핵화의 기간, 비핵화 프로세스를 통해 한국과 미국으로부터 얼마만큼의 이익 보상을 얻을 수 있는가 등의 문제에 대해 북한 측은 심각한 우려가 있고, 김정은과 군 측은 일치된 의견을 내지 못하였으며 특히 비핵화 과정 중의 각종 리스크에 대해 걱정이 많아 이로 인해 북미는 중단기에 비핵화 로드맵 제정과 행동 방면에서 실질적인 돌파를 하기 어렵다. 미국 역시 과거의 교훈 때문에 북한에 대해 강렬한 불신임이 가득하고 비핵화에 대한 설정 기준이 매우 높으며 협상 역시 반드시 북한의 실질적인 행동이 전제가 되어야 하므로 미국은 실행 가능하고 유연하며 구체적인 추진 방안을 내놓을 수 없다.

비핵화가 진전을 거둘 수 없기 때문에 유엔의 경제 제재는 완화될 수 없고 북한의 경제 체제의 전략적 전환에도 큰 진전이 있을 수 없게 되었다. 왜냐하면 북한 경제와 국민 생활수준을 전면적으로 제고하는 건설과 부분적 경제 개방은 반드시 대량의 해외 자금, 해외 기술 및 인프라에 대한 대규모 투입을 필요로 하기 때문이며 현재 이 방면에서 주요 역할을 발휘할 수 있는 것이 바로 중국과 한국이다. 그러나 한중이 북한의 경제 발전에 참여하려면 반드시 유엔 안보리의 경제 제재 해제를 기다려야 하며 어느 정도에서는 미국의 승인 혹은 묵인을 받아야 하며 그렇지 않으면 한중의 북한경제 건설 참여 기업은 미국의 여러 견제를 받을 것이다.

같은 이치로 미국과 유엔은 감히 경제 제재를 취소하지 못하므로 남북 관계 발전에는 큰 제약이 있을 것이다. 비경제, 기술과 자원 영역 내에서만 중고위층 대화와 인도주의, 연예오락, 군사 상호 신뢰, 체육 방면의 협력을 진행할 수밖에 없다. 이러한 비경제 협력의 남북 관계에는 기능적 동력이 결핍되어 있고 지속성을 갖지 못하기 때문에 남북 관계가 다시 중단되거나 혹은 느린 속도로 발전하는 단계로 진입하는 것을 배제하지 못한다.

한반도가 완전한 비핵화에 진입할 수 있는가는 한국이 북미 사이에서 타협을 진행해야 하고 더욱이 중미 양국의 협조와 협력이 필요하다. 중미 관계가 개선되어야만 쌍방은 한반도에서 공동의 이익을 거둘 수 있고 중국은 화해와 대화 촉구 방면에서 더 큰 역할을 할 수 있으며 북한이 점진적인 방식으로 완전하게 핵을 폐기하도록 설득할 수 있고 안보상에서 북한이 필요한 보장을 해 줄 수 있으며 핵폐기의 자신감을 제고할 수 있다.

중국은 한반도의 최대 이웃 국가이자 이익의 관계자로서 어떤 미래 평화체제와 경제 건설의 계획이든지 모두 중국의 그림자와 중요한 역할이 있어야 한다. 남·북·미·중은 틀림없이 이 프로세스의 평등한 참여자로 이 프로세스의 추진을 통해 최종적으로 동북아 안보 체제의 구축에 도움이 되어야 하고 냉전의 유산과 사유를 척결하고 최대한 중국의 핵심 이익에 대한 위협을 제거해야 한다.

〈역자: 김성아〉

3

북중 관계와 동아시아:
김정은과 시진핑의 시기를 중심으로

| 김한권 ■ 국립외교원 교수 겸 중국연구센터 책임교수 |

* 이 글은 2015년 11월 제3회 NAHF-SASS 학술회의에 발표한 논문 “북중 관계 변화에 따른 한반도 정세”를 바탕으로 이후 2018년 9월까지의 상황을 정리하여 발간한 “북한의 ‘시계추 외교’와 중국의 대응: 과거와 현재” 한일협력 한일협력위원회(2018년 가을호)와 2018년 10월 현대중국학회 추계학술대회에서 발표한 “전환기의 중국 부상과 미중 관계: 중국 정치와 외교·안보 분야의 도전 요인” 실린 내용을 바탕으로 수정·보완하였다.

1. 머리말

북중 관계의 역사는 각각 1948년과 1949년 정부 수립 후 한국전쟁(1950~1953년)을 겪으며 혈맹의 역사로 시작하였다. 하지만 양국 간의 관계는 1960년대의 중소 분쟁, 1970년대 초의 미중 데탕트, 1980년대 말과 1990년대 초 탈냉전 시기 등을 경험하며 많은 갈등과 대립 또한 존재하였다.[1] 특히 중국의 대북(對北)정책은 공산주의 혁명의 동지 국가 관계를 유지해 오던 마오쩌둥의 시기를 지나 덩샤오핑의 개혁·개방 정책이 1970년 대 말부터 실행되자 ① 자국의 국가 최고 목표인 '안정적이고 지속적인 경제 발전'에 이어 미중 사이의 전략적 경쟁 구도가 점차 치열해지는 21세기에 들어서는 ② 미중 사이의 전략적 경쟁 구도에 맞추어 변화하여 왔다.

북중 관계는 2010년대 초 북한의 김정은과 중국의 시진핑 지도부가 등장하는 시기를 전후하여 또다시 많은 굴곡이 나타났다. 2011년 12월

1 이에 대한 연구로는 Dae-Sook Suh, *Kim Il Sung: The North Korean Leader* (New Yok; Columbia University Press, 1988); 이종석, 『북한-중국관계 1945~2000』(중심, 2000); 히라이와 슌지 저, 이종국 역, 『북한·중국관계 60년: '순치관계'의 구조와 변용』(선인, 2013) 등이 있다. 특히 중소 분쟁 당시 중국과 북한이 소련을 견제하고 미국에 대응하는 군사·안보적 협력에 관해서는 Alan J. Day ed., *China and the Soviet Union 1949~1984* (Harlow: Longman Group Limited, 1985), p.26; 이종석, 『북한-중국관계 1945~2000』(중심, 2000), 224~225쪽; 이종석 "'문화대혁명' 시기 북한-중국 관계 연구" 세종연구소 세종정책연구 2015-3, (2015)를 참조. 1972년 미중 데탕트 당시 마오가 닉슨 대통령과의 회담에서 중국은 병력을 국외로 파병하지 않겠다고 언급하며 북중 사이의 불신이 생기는 부분은 邱石 編, 『共和國重大事件和決策內幕(下卷)』(北京: 經濟日報社, 1997), 700~701쪽; 히라이와 슌지(2013), 217쪽에서 재인용을 참조

17일 김정일의 갑작스러운 사망 이후 권력 세습을 통해 북한의 최고 지도자로 등장한 김정은 국무위원장은 이후 2017년 말까지 4차례의 핵실험과 잠수함발사 탄도미사일(Submarine-launched ballistic missile, SLBM), 대륙간 탄도미사일(Intercontinental ballistic missile, 이하 ICBM) 등을 포함한 80여 차례의 미사일 발사 실험을 실시하며 한반도의 긴장을 고조시켰다.

이러한 북한의 연이은 핵과 미사일 실험에 대한 국제사회의 대북제재는 지속적으로 강화되어 왔다. 최근의 예로는 2017년 11월 29일 실시한 화성-17 ICBM 실험에 대응하여 2017년 12월 22일 UN 안전보장이사회에서는 한층 강화된 대북제재의 내용을 담은 결의 2397호가 만장일치로 통과되었다.

반면 당시 중국의 대북(對北)정책은 새로이 등장한 김정은 체제의 안정을 위해 경제적 지원을 계속하는 한편 제재의 효과가 없을 것임을 주장하며 김정은 체제가 흔들리거나 북한 내 커다란 혼란을 초래할 수 있는 수준의 제재에는 반대하는 모습을 보여 왔다. 다른 한편으로 중국은 한반도 정세와 관련하여 정전기제(停战机制)를 평화기제(和平机制)로 전환시키는 '쌍궤병행(雙軌竝行)'과 북한의 핵과 미사일 활동과 한미의 대규모 군사훈련을 잠정적으로 중단하자는 '쌍잠정(雙暫停, 한국에서는 쌍중단으로 소개)'을 주장해 왔다.

북중 관계와 한반도 정세는 2018년 2월 개최된 평창 동계올림픽을 계기로 북한이 대화와 협상의 무대로 나오며 커다란 변화를 맞이하였다. 같은 해 4월 27일과 5월 26일 두 차례의 남북정상회담과 3월 25~28일과 5월 7~8일 열린 두 차례의 북중정상회담을 거쳐, 마침내 6월 12일 싱가포르에서 개최된 역사적인 북미정상회담을 통해 "한반도의 완전한 비핵화(complete denuclearization of the Korean Peninsula)를 향하여 노력할 것을 확약하였다"라는 큰 틀에서의 합의를 북미 간에 이루어 냈다.[2]

반면 기대를 모았던 한반도 비핵화 논의는 6·12 북미정상회담 이후 북미 간의 핵 협상이 더딘 진전을 보이며 정체되어 있는 것이 사실이다. 그럼에도 불구하고 현재까지 북한이 얻은 것은 적지 않다. 북한은 과거 냉전의 중소 분쟁 시기, 문화대혁명 초기, 미중 데탕트 시기, 개혁·개방 시기 등을 거치며 중소 사이에서 보여 준 바와 같이 현재는 미중 사이에서 특유의 '시계추 외교(Pendulum Diplomacy)'[3]를 펼치고 있

2 "Joint Statement of President Donald J. Trump of the United States of America and Chairman Kim Jong Un of the Democratic People's Republic of Korea at the Singapore Summit" *The White House* (June 12, 2018).

3 냉전 시기 중·소 사이에서 보여 준 북한의 외교는 '등거리 외교,' '자주 외교,' '양다리 외교' 등의 다양한 이름으로 명명되어왔다. 하지만 이 글에서는 중·소 및 미중 사이에서 펼치는 북한 특유의 외교를 '시계추 외교'로 명명하였다. '시계추 외교'를 사용한 이유는 등거리 외교, 양다리 외교, 터키의 'Zero Problems Policy,' 카자흐스탄의 'Multivactor Diplomacy,' 또는 인도네시아의 "Free and Active" 외교원칙을 기반으로 한 'Dynamic Equilibrium'과 동 정책 철학의 확장판으로 볼 수 있는 조코 위도도(Joko Widodo) 대통령의 "Global Maritime Axis" 정책 등이 의미하는 균형, 중립, 또는 헤징 정책에 중심 둔 외교 형태와는 다르게 두 강대국 사이에서 기울기가 분명히 나타나며 자국의 이익을 지키는 북한의 외교의 특색을 설명하기 위해서이다. The Ministry of Foreign Affairs of the Republic of Turkey. "Policy of Zero Problems with our Neighbors"; Michael Clarke. "Kazakhstan's Multi-vector Foreign Policy: Diminishing Returns in an Era of Great Power "Pivots"?" *The Asan Forum* (April 09, 2015); Leonard C. Sebastian. "Indonesia's Dynamic Equilibrium and ASEAN Centrality" in *NIDS International Symposium on Security Affairs. Prospects of Multilateral Cooperation in the Asia Pacific: To Overcome the Gap of Security Outlooks* (Tokyo: National Institute for Defense Studies), 2013; Gregory B. Poling. "Dynamic Equilibrium: Indonesia's Blueprint for a 21st Century Asia Pacific" *The Center for Strategic and International Studies* (CSIS), (March 8, 2013); Vibhanshu Shekhar and Joseph Chinyong Liow. "Indonesia as a Maritime

다.[4] 김정은은 6·12 북미정상회담을 통해 미국과의 관계 개선을 추구하는 한편, 트럼프 대통령과의 회담 직후에는 2018년 들어 세 번째 북중정상회담(6.19~20)을 시진핑 주석과 갖는 등 중국과의 전략적 우호협력관계도 공고히 하고 있다.

이러한 북중 관계의 역사적 배경을 바탕으로 이 글은 김정은 체제와 시진핑 지도부가 등장한 이후 나타났던 북중 관계의 변화가 한반도 정세에 던지는 함의는 물론 나아가 동아시아에서 점차 치열해지는 미중의 전략적 경쟁구도하에서 어떠한 의미를 가지는지에 대해 분석해 보고자 한다.

이를 위해 다음 장에서는 시진핑 시기의 대북정책을 살펴보고 이에 대한 북한의 대응을 분석해 보고자 한다. 이어 3장에서는 현재 동아시아에서 나타나는 미중의 전략적 경쟁구도, 특히 미국 트럼프 행정부의 전방위적인 대중 압박이 북중 관계에 어떻게 투영되고 있는가를 살펴보았다. 끝으로 4장에서는 종전선언, 핵 신고와 검증, 대북제재 등 한반도 비핵화와 평화 안착 과정의 주요 쟁점에 대한 중국의 입장과 이에 대한 북한의 반응을 분석해 보고자 한다.

Power: Jokowi's Vision, Strategies, and Obstacles Ahead" *The Brookings Institution* (November 7, 2014); Rene L. Pattiradjawane and Natalia Soebagjo. "Global Maitime Axis: Indonesia, China, and a New Approach to Southeast Asian Regional Resilience" *International Journal of China Studies* Vol. 6, No. 2, (August 2015), p.182.

4 냉전 시기 중소 사이에 펼쳐진 북한의 '시계추 외교'에 대한 자세한 내용은 김한권. "북한의 '시계추 외교'와 중국의 대응: 과거와 현재" 한일협력 한일협력위원회 (2018년 가을호)를 참조.

2. 시진핑 시기의 중국의 대북(對北)정책과 북한의 대응

1) 중국의 대북정책 조류

시진핑은 2012년 10월 18차 당 대회와 2013년 3월 제12기 전국인대(전국인민대표회의) 제1차 회의를 통해 당의 총서기와 국가 주석으로 공식 선출되며 중국의 최고 지도자로 올라섰다. 당시 시 주석은 북한의 핵·미사일 실험을 포함한 무력 도발에 대해 부정적이고 단호한 시각을 보이며 북중 관계는 상당히 냉각되어 있었다.

그럼에도 불구하고 시진핑 지도부의 실질적인 대북정책은 ① 중국 최고 국가 이익인 안정적이고 지속적인 경제 발전을 위한 주변국인 북한의 안정, ② 미국 오바마 행정부의 '재균형 정책' 실시 이후 북한의 전략적 가치 상승, ③ 역내에서 미국의 군사·안보적 영향력을 높이는 원인이 될 수 있는 북한의 무력 도발 방지, 그리고 ④ 장기적으로 북한의 개혁·개방 정책 도입과 비핵화를 통한 북한 문제의 근본적 해결 등을 이유로 대북(對北) 전략적 포용 정책을 기반으로 하였다.

이를 자세히 살펴보면 북한에서 김정은 정권이 등장하던 시기는 중국에서는 후진타오에서 시진핑으로 지도부가 교체되는 상황이었다. 당시 중국의 북한 관련 군사·안보적 입장은 북한의 핵실험과 장거리 미사일 실험을 포함한 어떠한 무력 도발에 대해서도 반대하는 입장이었다.[5]

5 예를 들어 중국 공산당 기관지 인민일보의 자매지인 환구시보(環救時報)는 북한의 위성

이는 미국이 동북아에서 군사·안보적 영향력을 강화시켜 나가는 이유와 명분이 된다고 보았기 때문이다. 특히 2010년 3월 천안함 사건과 11월 연평도 포격 사건으로 한미동맹이 강화되고 미국의 항공모함이 중국의 격렬한 비판에도 불구하고 결국 한반도 주변에 진입하였던 점에 영향을 받은 것으로 보인다. 또한 중국은 북한의 무력 도발이 계속된다면 한미/미일 동맹의 강화와 사드(THAAD)의 한국 배치에 대한 한국 사회의 여론이 미국에 유리하게 바뀔 수 있는 점은 물론, 궁극적으로 미국이 MD 시스템을 갖춘 한·미일 지역 안보 협력 체제를 동북아 지역에 구축하여 중국을 압박할 수 있다는 점을 우려하고 있었다.

또한 정치·경제적으로 이 시기 중국의 대북(對北)정책은 크게 두 가지 방향으로 전개되었던 것으로 보인다. 단기적으로 새로이 등장한 김정은 체제의 안정을 위해 생명선 역할을 하는 대북(對北) 지원을 계속하며, 장기적으로는 한반도 주변 불안 요인의 근본적인 해결을 위해 한반도 비핵화와 더불어 북중 경협을 통한 북한의 중국식 개혁·개방을 유도하는 정책을 추구하였다.

이렇듯 중국은 김정은 체제 등장 이후 북한에 대해 적정한 레버리지를 보유하며 김정은 체제의 빠른 안정과 핵과 미사일 실험을 포함한 더 이상의 무력 도발을 막기 위한 경제적, 정치적, 외교적 노력을 기울

발사 실험 후 2012년 4월 17일 자 사설을 통해 더는 경솔한 행동을 하지 말라는 문구를 사용하였다. 환구시보는 또한 북한이 2012년 4월 13일 최고 인민회의를 통해 헌법을 개정하고 핵 보유를 헌법에 명시화하자 6월2일 자 사설을 통해 북한 핵 보유 명시화 반대를 밝혔다. 이로 인해 같은 해 7월 캄보디아 프놈펜에서 열린 북중 외무장관 회담에서 북한의 박의춘 외무상은 양제츠(杨洁篪) 중국 외교부 부장에게 환구시보의 사설과 관련하여 고성을 내며 항의한 것으로 알려졌다. (연합뉴스, 2012년 8월 6일)

여 왔다. 하지만 시진핑이 2012년 10월 중국 공산당 총서기로 선출되고 다음 해 3월 국가 주석으로 취임하는 시기 동안 결국 북한이 단행한 2012년 12월 12일 광명성 3호 위성을 실은 장거리 로켓 은하3호의 발사와 2013년 2월 12일 실행된 제3차 핵실험을 막지 못했다.

북한의 3차 핵실험에 대해 공식적인 비판을 발표하였지만 중국은 기존의 대북정책의 방향을 그대로 유지했다. 예를 들어 김정은 체제 등장 이후 북한의 열악한 경제 사정으로 인해 2012년 2월 20~24일 사이 중국 외교부 푸잉(傅瑩) 부부장이 식량 원조 문제를 논의하기 위해 비공식으로 평양을 방문한 것으로 알려졌으며,[6] 같은 해 7월 30일에는 후진타오 주석의 특사인 왕자루이(王家瑞) 중국공산당 대외연락부 부장이 평양을 방문하였다.

북한 또한 일정 수준의 관계를 중국과 유지하려 하였다. 예를 들어 김정은 당시 제1위원장은 2012년 11월 15일 시진핑 주석의 당 총서기 취임에 대한 축전을, 2013년 3월 4일에는 시 주석이 당시 국가주석에 오른 것에 대한 축전을, 2013년 6월 15일에는 시 주석의 60회 생일 축전을 보내었다. 또한 김정은이 북한에서 최고 지도자로 등극한 이후인 2012~2015년에 걸쳐 매년 중국의 국경절을 축하하는 전문을 보내었으며, 2013년 5월 24일에는 특사 자격으로 방문한 최룡해 당시 조선노동당 중앙위원회 정치국 상무위원 겸 조선노동당 중앙위원회 군사위원회 부위원장이 김정은의 친필서한을 시 주석에게 전달하는 등 냉각된 관계하에서도 꾸준한 소통을 이어 왔다.

6 동아일보. 中 외교부, "北과 식량원조 논의" 확인, (2012년 2월 27일)

다른 한편으로 당시 순항하던 한중 관계는 더욱 가까워지고 있었다. 2014년 7월 시진핑 주석의 한국 방문과 2015년 9월 박근혜 대통령이 '항일과 반(反)파시스트 전쟁 승리 70주년 기념식'에 참석하기 위해 중국을 방문하여 '망루외교'를 펼치던 시기 "한중 관계가 역사상 최고 수준에 도달했다"는 평가가 나타났었다.[7]

하지만 이 시기에도 중국의 북한에 대한 관계 개선과 전략적인 포용에 대한 접근은 지속되었다. 2014년 11월 17일 중국 공산당 서열 5위인 류윈산 상무위원이 주중 북한 대사관에서 열린 김정일 사망 3주기 추모식에 참석하였다. 시 주석은 2015년 9월 8일에는 북한 건국 67주년 축전을 김정은 제1위원장에게 보냈다.[8] 2015년 10월 9일 류윈산(劉雲山) 중국 공산당 정치국 상무위원의 방북에서 나타난 바와 같이 북중 간의 당대당(黨對黨) 교류는 여전히 양국을 연결하는 전통적인 채널로 다시금 확인되었다. 또한 역내에서 미중의 전략적 경쟁이 강화되며 중국에 대한 북한의 전략적 가치가 증가하고 있었다.

7 "시진핑 "中·韓, 日 야만적 침략에 생사 바쳐 도왔다"" 연합뉴스 (2014년 7월 4일); "[광화문] '혁신가 중국'을 봐야 할 때" 머니투데이 (2015년 9월 4일); "[원샷이슈정리]중국은 왜 주저하는가" 아시아경제 (2016년 1월 16일).

8 북한에게 축전을 보내기 직전인 2015년 7월 16~18일 사이 시진핑 주석은 중국 동북지역에 위치한 지린성(吉林省) 일대를 방문하였으며, 같은 달 27~28일 사이 랴오닝성(遼寧省)의 성도 선양(沈阳)시를 방문하며 9일 만에 다시 북한과 밀접한 관계를 가지고 있는 동북지역을 연속 방문하였다. 물론 중국의 최고 지도자들은 일년에 약 20~30군데의 지방 순회를 다닌다. 하지만 시 주석의 연이은 지린성과 랴오닝성의 방문은 당시의 상황과 연계하여 북중 관계에 또 다른 정치적, 경제적 의미를 내포하고 있다고도 볼 수 있다.

2) 북한의 핵 개발 의지

당시 이러한 배경을 가진 북한과 중국 사이에 결국 본격적인 관계 개선이 나타나지 못한 이유는 명백하게도 북한이 핵과 미사일 개발에 대한 단호한 의지를 표명하고 지속적으로 실험을 통한 도발을 계속하였기 때문이다. 특히 2015년 7월 21일 미국과 이란 사이에 핵협상이 타결된 이후 북한은 고위직 외교 관리들의 릴레이식 발언을 통해 핵 개발 포기에 대한 거부 의사를 명확히 밝혔다. 구체적으로 살펴보면 이란 핵협상 타결 발표 후 북한 외무성 대변인은 "북한은 이란과는 달리 핵 보유국" 임을 발표하였다. 이어 일주일 뒤 7월 28일에는 장일훈 유엔 주재 북한 대표부 차석대사는 기자회견을 통해 10월 10일이 노동당 창건 70주년 기념일에 "대규모의 성대한 기념식이 있을 것으로 확신한다"고 발언하였다. 같은 날 지재룡 중국 주재 북한 대사는 베이징 북한 대사관에서의 기자회견을 통해 북한이 핵 보유국임을 선언하며 일방적인 핵 포기를 논의하는 대화는 거부하겠다는 입장을 밝혔다. 다음 날인 7월 29일에는 서세평 제네바 주재 북한 대표부 대사는 "위성 기술을 향상시키는 것은 주권 국가의 권리"라고 주장했으며, 같은 날 김형준 러시아 주재 북한 대사는 러시아 인테르팍스 통신과의 인터뷰를 통해 북한이 핵 보유국임과 일방적인 핵 포기를 논의하는 협상에는 흥미가 없음을 강조하였다. 이후 같은 해 8월 6일에는 아세안지역안보포럼(ARF) 외교장관 회의에 북측 대표단의 일원으로 참석한 리동일 전 유엔 대표부 차석대사가 기자회견을 통해 북핵 등 한반도 정세의 악화 책임을 미국으로 돌리고, 10월 10일 노동당 창건일에 장거리 로켓 발사 가능성에 대한 질문에 "인공위성은 주권사항"이라 답변하였다.

하지만 북한은 이렇듯 핵 포기에 대한 거부 자세는 분명히 하면서도, 다른 한편으로는 중국과의 북핵문제를 제외한 부분에서는 관계 개선의 사인을 계속 보내고 있는 것으로 보였다. 예를 들어 김정은은 2015년 7월 26일 평양에서 개최된 제4차 전국노병대회 축하연설에서 한국전쟁에 참전했던 중국 인민지원군에 대해 두 차례에 걸쳐 경의를 표한 것으로 보도되었다. 이어 김정은은 다음 날인 27일에 평안남도 회창군에 위치한 중국인민지원군 열사능원에 정전협정 62주년을 기념하며 화환을 보낸 것으로 알려졌다.

3) 북한의 북중 관계 개선 필요성

시진핑 지도부는 3차 핵실험에 대해 단호한 태도를 보이고, 한중 관계를 강화하며 북한과의 관계 재조정을 꾀하는 듯했다. 하지만 당시 북한은 이런 중국의 태도에 완강하게 저항하는 모습을 보였다. 북한이 핵과 미사일 개발을 포기하지 않으면서도 중국에 대해 관계 개선의 가능성을 계속해서 열어 두고 있었던 것은 체제 생존을 위한 전략적 요인과 경제적 요인 때문으로 분석된다. 먼저 세계 최강의 군사력을 보유한 미국과 오랜 적대 관계로 인해 군사·안보적 우려가 높은 북한의 입장에서는 체제 생존을 위해 중국과 완전히 등을 돌릴 수 없는 입장이다. 이는 또한 역내 미중의 전략적 경쟁 구도하에서 북한이라는 대미(對美) 전략적 완충지대를 한반도에서 잃고 싶지 않은 중국의 입장과도 맞닿아 있다.

다음으로는 당시에 나타났던 ① 철광석, 석탄 등 주력 수출품의 국제시장 가격 하락, ② 식량 생산량의 감소, ③ 경제특구의 성공을 위한 투자 필요성 등의 경제적 요인에서 그 원인을 찾을 수 있을 것이다. 첫째, 2011년 이후 몇 년간 북한의 경제가 호전되어 온 것은 사실이다.(〈표 1〉 참조)

〈표 1〉 북한의 GDP 성장률[9]

연도	2000	2001	2002	2003	2004	2005	2006	2007	2008	2009	2010	2011	2012	2013
GDP 성장률	0.4%	0.4%	1.2%	1.8%	2.1%	3.8%	-1.0%	-1.2%	3.1%	-0.9%	-0.5%	0.8%	1.3%	1.1%

자료: 한국은행

또한 북중 간 무역이 2000년 이후 계속해서 증가해 왔으며, 특히 2009년 이후 북중 무역량이 큰 폭으로 증가한 것도 사실이다. 이러한 추세는 시진핑 주석 취임 이후인 2013년과 14년에도 이어지고 있다.(〈표 2〉 참조)

〈표 2〉 북중 무역량 2000~2014[10]

단위: 억 달러

연도	2000	2001	2002	2003	2004	2005	2006	2007	2008	2009	2010	2011	2012	2013	2014
무역액	4.9	7.4	7.4	10.2	13.8	15.8	17	19.7	27.9	17.1	34.7	56.3	59.3	65.5	63.4

자료: 한국무역협회(KITA)와 중국 해관

하지만 2015년 당시 과거 10년간 북한의 대(對) 중국 수출품목 1위와 2위는 석탄과 철광이었으며 이들의 수출액은 계속 늘어났으나, 국제시장

9 남진욱 "2014년 북한경제동향 관련 통계자료" KDI 북한경제리뷰 (2015년 1월호), 67쪽. 한국은행 자료 재인용.

10 남진욱(2015), 71쪽. 한국무역협회(KITA)와 중국 해관 자료 재인용.

에서 무연탄과 철광의 수출 단가는 계속해서 떨어지고 있었다.(〈표 3〉 참조)

〈표 3〉 무연탄 수출 단가 추세[11]

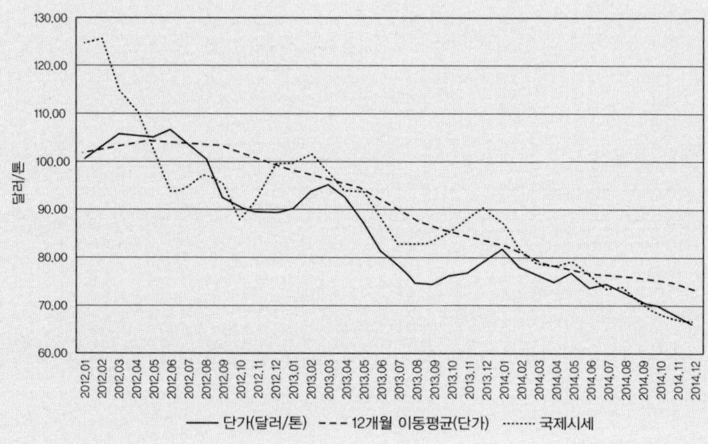

자료: 한국무역협회(KITA)와 중국 해관

석탄의 경우 2014년 북한의 대중 수출 물량은 15,470톤으로 북한의 대중 평균 수출 가격은 73.4달러였다. 반면 한국의 세계 평균 수입 가격은 111.1달러였다. 철광석의 경우도 대중 수출 단가는 2014년 초 이후 급속히 하락해 왔다.(〈표 4〉 참조) 2014년 북한의 대중 수출 물량은 2,830톤으로 북한의 대중 평균 철광석 수출 가격은 78.4달러였다. 반면 한국의 세계 평균 수입 가격은 115.3달러였다.[12]

11 남진욱(2015), 78쪽. 한국무역협회(KITA)와 중국 해관 자료 재인용.

12 서대훈 "북한 경제특구·개발구의 현황 및 전망" 북한 이슈 KDB 산업은행 (2015), 49쪽. 북한자원연구소 "북한 대중국 지하자원 수출통계" 〈http://www.nokori.or.kr/〉와 한국지질자원연구원 통계 재인용.

〈표 4〉 철광석 수출 단가 추세[13]

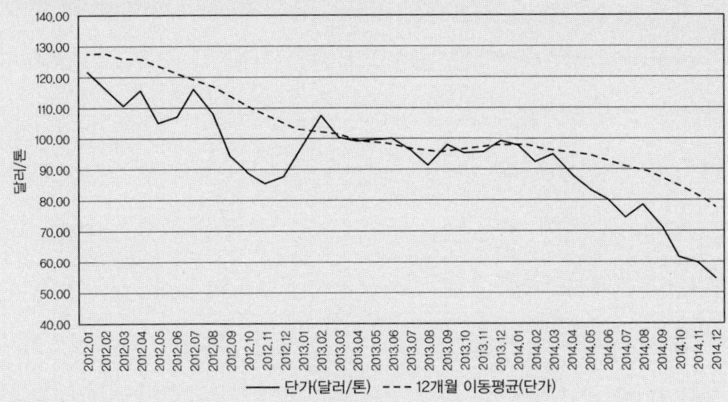

자료: 한국무역협회(KITA)와 중국 해관

둘째는 곡식 부족의 우려다. 북한의 쌀과 옥수수 총 생산량이 2010년 400만 톤에서 2013년 486만 톤으로 최근 생산량이 늘어난 것은 사실이다. 반면 국제기구의 북한에 대한 곡물 원조는 2010년 113.6만 톤에서 2014년 1만1천 톤으로 급격히 줄었다.(〈표 5〉 참조)

〈표 5〉 국제기구로부터의 곡물 원조[14]

단위: 천M/T

연도	2000	2001	2002	2003	2004	2005	2006	2007	2008	2009	2010	2011	2012	2013	2014
곡물 (Cereals)	1,136	1,426	1,033	892	824	1,037	1.6	710	339	274	76	75	332	30	11

자료: FAO

13 남진욱 "2014년 북한경제동향 관련 통계자료" KDI 북한경제리뷰 (2015년 1월호), 80쪽. 한국무역협회(KITA)와 중국 해관 자료 재인용.

14 남진욱 "2014년 북한경제동향 관련 통계자료" KDI 북한경제리뷰 (2015년 1월호), 90쪽. 유엔식량농업기구(FAO) 통계(http://faostat.fao.org/) 자료 재인용.

2015년 들어 북한에 심각한 가뭄이 계속되며 올해 식량 생산량의 저하에 대한 논쟁이 나타났다. 북한도 2015년 중반 이후 언론을 통해 계속된 가뭄과 농업용수의 부족을 인정하였다. 또한 존스홉킨스대 한미연구소의 커티스 멜빈(Curtis Melvin) 연구원도 위성 사진을 근거로 북한이 가뭄을 겪고 있음을 분석하였다. 반면 안드레이 렌코프는 북한이 5.30 조치로 알려진 경제개선 조치로 곡물 수확량이 증가되었으며, 이러한 북한의 홍수, 가뭄, 그리고 곡식 부족에 관한 조선중앙통신의 발표는 2006년, 2007년, 2012년, 2014년에도 있었지만 이는 외부로부터의 원조를 더 얻기 위한 과장이라 주장하였다.[15]

하지만 이러한 논쟁은 2015년 10월 들어 유엔식량농업기구(FAO)와 세계식량계획(WFP)에서 잇달아 북한의 식량 부족에 대한 경고 전망을 내어 놓으며 북한의 가뭄에 따른 곡물 생산량 저하와 부족에 대한 분석으로 바뀌었다. FAO는 북한의 1인당 1일 식량배급량이 2015년 7월 들어 310g으로 줄어들었으며, 9월에는 250g으로 더욱 줄어들었다고 밝힘. 9월 배급량은 지난 3년간의 평균 배급량보다도 21%가 감소한 것이다. FAO는 이외에도 2015년 북한의 밀과 보리 수확량이 작년에 비해 32% 감소하였으며, 감자는 20%가 감소한 것으로 밝혔다. 북한의 2015년 쌀 수확량도 전년 대비 12% 감소할 것으로 전망하였다.[16]

15 Andrei Lankov "Should We Be Worried About North Korea's Drought?" Foreign Policy (June 23, 2015); Andrei Lankov "The rumor reformed of North Korea" Al Jazeera (June 11, 2015).

16 KIM Hyunjin "UN: Drought-hit North Korea Cuts Food Distribution" Voice of America (July 10, 2015); KIM Hyunjin "FAO: N. Korea Food Distribution Dangerously Low" Voice of America (September 14, 2015).

FAO와 WFP의 자료에 기인한 2015 회계연도(10월부터 후년 11월까지)의 북한 식량 부족분은 약 40만 7천 톤으로 예상되었다(수요량 548만 9천 톤, 생산량 508만 2천 톤). 당시 북한의 식량 부족분은 2013 회계연도 58만 6천 톤, 2014 회계연도 34만 톤, 2015 회계연도 40만 7천 톤으로 나타나고 있었다.

셋째, 경제특구의 성공을 위한 중국으로부터의 투자가 필요했다. 북한은 1991년 이후 나선경제무역지대를 포함한 5개의 중앙급 경제특구와 2013년 11월 발표한 13개의 경제 개발구를 포함한 총 19개의 지방급 경제 개발구를 경제특구로 지정하였다. 북한은 낮은 인건비와 풍부한 지하자원으로 투자를 유치할 경쟁력은 있으나, 전반적인 산업 인프라의 부족, 정치적 불안정성과 불예측성, 그리고 외자 투자/기업 경영 관련 법제와 행정 체계 등 산업 환경이 국제 기준과 격차가 큰 점 등으로 인해 외부로부터의 투자 유치에 어려움을 겪고 있었다. 특히 북한의 외자 유치 관련 제도들이 북한의 내수 시장 활용, 인력 관리, 외화 반출입 등에서 여전히 폐쇄성을 보이고 있었다.[17]

당시 북한은 경제특구의 성공을 위해 외부로부터의 투자가 절실한 입장이었지만 당시 북한 경제특구 사업의 경제성이 의문시되고, 정치적 불안정성이 높다고 평가되며 외부로부터 북한에 대한 투자는 어려움이 많아 보였다. 결국 북한은 산업 인프라를 건설하고 산업화를 통한 경제 발전을 이루기 위해 중국의 직접적인 투자와 경제적 도움이 필요

17 이에 대한 자세한 연구로는 이용희 "북한의 경제특구정책과 실패요인" 동북아경제연구 제25권 제3호 (2013. 9.), 290~300쪽.

한 상황이었다. 물론 북한은 중국에 대한 비정상적인 의존도를 낮추기 위해 러시아와의 관계를 강화하는 것은 물론, 당시 고위급 관리들을 라오스, 미얀마, 인도네시아, 베트남 등 동남아 국가들에 파견하며 외교 다각화와 경제 협력을 이루기 위해 노력을 기울였으나 결과적으로 큰 성과를 거두지 못하였다.

4) 북한의 연이은 도발과 국제사회의 제재 강화

2016년 1월 6일 북한은 제4차 핵실험을 단행하였다. 이후 약 8개월 뒤인 9월 9일 북한은 또 다시 5차 핵실험을 단행하였다. 당시 북한의 연이은 핵실험도 문제였으나, 한중 관계도 불협화음이 나타났다. 수교 후 최상이라던 한중 관계가 4차 핵실험 직후 양국 최고 지도자 간의 통화가 연결되지 않으며 삐걱거리기 시작한 것이다.

2016년 3월 2일에 4차 핵실험에 대한 국제사회의 대북제재 내용을 담은 UN안보리 결의 2270호가 만장일치로 통과되었다. 하지만 중국이 결의 2270호에 따른 제재의 빈틈으로 평가되어진 '민생 관련 무역'과 '인도주의적인 접근'의 예외를 주장해 이를 관철시키자 다시금 중국의 미온적인 협력과 이로 인한 대북제재의 실효성에 대한 우려가 나타났다. 2016년 2월 10일 '개성공단 폐쇄' 발표라는 초강경 카드를 이미 던진 한국 정부로서는 중국의 소극적인 태도에 더욱 실망할 수밖에 없었다.

당시 중국은 강경한 제재국면을 대화국면으로 전환시키기 위해 노력하였다. 중국은 왕이(王毅) 외교부장이 2016년 2월부터 '비핵화-평화협정'의 병행 정책을 주장하기 시작했다. 왕이 외교부장은 2016년 2월 17일 베이징에서 호주의 줄리 비숍(Julie Bishop) 외교부 장관과의 회동에서 한반도 비핵화와 함께 한국전쟁을 종식시키고 정전기제(停战机制)를 평화기제(和平机制)로 전환시키는 '쌍궤병행'을 처음으로 언급하였다.[18]

이후 왕이 부장은 미국을 방문하여 2016년 2월 26일 국제전략문제연구소(CSIS)에서의 연설을 통해 중국은 북한의 핵무기 개발에 반대하며, 한반도에서는 남북한 모두 핵무기가 존재하지 않아야 하며, 자생적 개발도 외부로부터 유입되지도 않아야 됨을 주장한다. 또한 왕이 부장은 또한 한반도 내에서 전쟁이 없어야 하며, 혼란이 없어야 하며, 6자회담을 통한 대화 협상을 통해 한반도 비핵화가 이루어져야 함을 주장함과 동시에 한반도 비핵화와 함께 "휴전협정(armistice)"을 "평화협정(peace agreement)"으로 대체하는 '쌍궤병행'을 다시금 제시하였다.[19]

왕이 부장은 이어 2016년 3월 8일 중국의 '양회' 기간 중 전국인민대표대회 행사 중 하나인 중국 외교 정책과 대외 관계에 대한 내외신 기자회견에서 다시 한번 공식적으로 '쌍궤병행'을 주창하였다.[20] 왕이 부장은 정확히 1년 후인 2017년 3월 8일 역시 중국의 '양회' 기간 중 전국인민대표대회에서 중국의 외교 정책과 대외 관계에 대한 내외신 기자회견을 통해 북한의 핵과 미사일 활동과 한미의 대규모 군사훈련을 잠

18 中国外交部. "外交部长王毅在北京与澳大利亚外长毕晓普举行第三轮中澳外交与战略对话后共同会见记者" (2016年 2月 17日).

19 Ministry of Foreign Affairs of the PRC. "A Changing China and Its Diplomacy_Speech by Foreign Minister Wang Yi At Center for Strategic and International Studies"(2016. 2. 26).

20 中国外交部"外交部长王毅就中国外交政策和对外关系回答中外记者提问"(2016年 3月 8日).

정적으로 중단하자는 '쌍잠정'을 한반도 정세에 대한 중국 정부의 공식적인 정책적 제안으로 제시하게 된다.[21]

또한 미국과의 전략적 경쟁에서 북한이 내포한 지정학적 가치를 잘 알고 있는 중국으로서는 북중 관계를 북핵 문제에서 분리하여 대응할 필요성이 있었다. 중국 내 전문가들도 북핵 문제의 이견 차이로 성사가 불투명하다는 시각이 지배적이었음에도 2016년 6월 1일 시진핑-리수용 회담이 결국 전격적으로 이루어진 것은 이러한 중국의 의도를 표출하는 대표적인 예이다.

중국의 태도에 불만을 표출하던 한국은 결국 2016년 7월 8일 사드의 한국 내 배치를 발표하였다. 중국은 공식 성명과 언론을 통해 한미의 결정에 대한 불만과 비판을 쏟아 내었으며, 북한은 사드 배치 결정에 대응하듯 지난 8월 24일 잠수함 탄도미사일(SLBM) 발사 실험을 실행하였다.

이후 북한은 국제 사회의 제재의 강도가 점차 높아지는 상황에서 2017년 9월 3일 제6차 핵실험을 단행하고, 같은 해 11월 29일 화성-17 ICBM 실험을 실행한 후 핵무력의 완성을 선언하고 2018년 김정은의 신년사를 통해 다시금 이를 언급하였다. 반면 국제 사회의 대북제재는 결국 UN 안보리 결의 2397호를 중심으로 한층 강화되었다. 무엇보다도 미국은 세컨더리 보이코트를 포함한 독자 제재를 통해 중국의 제재에 대한 협력을 이끌어 내었다. 중국은 미국의 일반적인 독자제재에 반대의 입장을 분명히 하면서도 국제사회의 '책임대국'으로서 UN안보리

21 中国外交部 "外交部长王毅就中国外交政策和对外关系回答中外记者提问"(2017年 3月 8日).

의 결의 내용은 준수하겠다는 의지를 보이면서 이를 실행하자 대북제재는 새로운 전환점을 맞이하였다.

3. 동아시아 정세와 북중 관계: 미중 전략적 경쟁구도의 함의

1) '중국의 꿈'과 '도광양회'의 퇴조

시진핑은 2012년 10월 중국공산당 총서기로 선출되며 '중국의 꿈(中國夢)'을 내세우고 '중화민족의 위대한 부흥'을 주창하였다. 이후 이에 대한 구체적인 정책으로 미중 '신형대국관계', '일대일로(一帶一路) 구상'으로 불리는 '실크로드 경제벨트(丝绸之路经济带)'와 '해상실크로드(海上丝绸之路)', 신흥 경제국들인 BRICS 국가들과 함께 '신(新)개발은행(New Development Bank, NDB)'과 '응급저비기금(Contingency Reserve Arrangement, CRA, 应急储备基金)'의 설립, 그리고 57개 국이 창립 회원국으로 참여하는 '아시아 인프라 투자은행(Asian Infrastructure Investment Bank, AIIB)'의 성공적인 출발 등이 나타났다.[22] 또한 중국은 해·공군력을 지속적으로 강화하며 남중국해와 동중국해에서 강경한 목소리를 내며 절대 물러서지 않

22 AIIB는 2018년 8월 27일 현재 67개 회원국(44 regional & 23 non-regional member states)과 20개 참가 예정국(6 regional & 14 non-regional prospective member states)을 두고 있다. 〈www.aiib.org〉

겠다는 단호한 의지를 보이고 있다.[23]

시진핑은 2017년 10월 19차 당 대회를 통해 두 번째로 중국 공산당 총서기에 선출되었다. 당시 시진핑은 2020년 전면적인 샤오캉 사회를 건설하고 이후 2050년까지 30년의 기간을 다시 15년씩 양분하여 2035년까지 사회주의 현대화를 기본적으로 실현하고, 2050년까지 '사회주의 현대화 강국' 설립을 목표로 제시하였다. 이는 중국 공산당이 '두 개의 백 년'으로 강조하는 중국 공산당 창당 100주년인 2021년과 중화인민 공화국 건국 100주년인 2049년에 맞춘 국가적인 계획이었다.

19차 당 대회를 통해 나타난 중국 외교 정책의 키워드로는 '신형국제관계(新型國際關係)'와 '인류운명공동체(人类命运共同体)'가 제시되었다. 또한 '분발유위(奮發有爲)'를 강조하며 국제 사회에서의 역할을 확대하고 자기 주장을 강화하는 적극적인 외교를 지속할 것과 국익을 양보하는 "쓴 열매"는 절대 삼키지 않을 것임을 강조하였다. 이와 더불어 국방정책으로는 군내 부패 척결과 개혁을 통한 '중국 특색의 강군'과 '국방과 군대의 현대화' 목표를 제시하였다.

이러한 시 주석의 정책적 방향성은 그가 두 번째로 국가주석에 선출된 2018년 3월 전국인민대표대회 제13기 전국위원회 제1차회의(第十三届全国委员会第一次会议)에서도 다시금 확인되었다. 특히 시 주석은 미국의 트럼프 대통령이 '하나의 중국' 원칙에 의문을 표시하고 타이완에 전략적으로 접근하는 모습을 보이자 동 회의의 폐막 연설을 통해 중국

23 김한권, "중국의 해양 전략 I: 해양 전략의 제도적 변화과정" 국립외교원 외교안보연구소 주요국제문제분석 2017-21, (2017년 6월 20일).

은 '하나의 중국' 원칙을 견지하고, 어떠한 국가 분열 행위도 이겨낼 수 있다고 전제한 뒤, 위대한 조국의 한 치의 영토도 절대로 중국에서 분리할 수 없고, 분리될 가능성도 없다고 주장하였다.

시 주석은 이렇듯 적극적이고 강한 중국의 모습을 약속하며 사실상 덩샤오핑의 '도광양회'를 던져 버린 듯했다. 실제로 반부패와 전면적인 개혁을 통한 강한 중국의 건립이라는 명분으로 자신에게 권력을 집중시켜 온 시 주석의 입장에서 본다면 이러한 국내 정치적인 요인으로 인해 국제 사회에서 중국이 약한 모습을 보일 수 없었다. 특히 미중 관계의 현안에서 압력에 의해 물러서는 것은 물론 전략적인 양보를 고려하기도 어려운 상황이었다.

2) 트럼프 행정부의 대응

오바마 행정부의 '재균형 정책'과 '환태평양경제동반자 협정(TPP)'에 이은 트럼프 행정부의 대응은 전방위적인 대중(對中) 압박을 보여 주고 있다. 먼저 경제적인 면에서 미국은 한반도 북핵 위기가 고조된 상황하에서 세컨더리 보이코트(secondary boycott, 북한과 거래하는 제3국의 개인·기업 제재)를 중국의 기업과 은행들에 선별 적용하며 핵의 비확산을 위한 대응은 물론, UN 결의와 미국의 독자 제재를 어긴 중국 기업들에 대한 조치를 통해 중국 정부를 압박하였다.

예를 들어 2017년 11월 미(美) 재무부는 북한의 자금 세탁에 이용됐다는 이유로 중국 단둥 은행을 미국 금융 시스템에서 완전히 퇴출시킨

데 이어, 2018년 4월에는 미(美) 상무부가 중국의 대표적인 통신장비 업체인 ZTE(中興)의 대북(對北) 및 대(對)이란 제재 위반을 지적하며 7년간 미국 기업과의 거래를 금지시키는 결정을 내렸다. 이후 중국 정부의 강력한 요청으로 같은 해 7월 제재가 풀렸지만 ZTE는 미국 정부에 벌금 10억 달러를 납부하고 4억 달러를 보증금 성격으로 결제 계좌에 예치하고, ZTE의 경영진과 이사회 교체, 미국 측 인력으로 구성된 준법 감시팀을 ZTE 내에 배치 등의 조치를 취해야 했다.[24]

미중 무역 분쟁은 미중 사이 갈등이 표출된 가장 대표적인 분야로 트럼프 행정부는 환율 조작국 지정과 지적 재산권 기준 강화와 압박에 이어 중국의 무역 불공정 사례를 들며 중국의 대미 수출 품목에 대한 500억 달러의 관세를 부과하였다. 미국은 2018년 7월 6일 1차로 총 818개 품목에 340억 달러의 관세를 예정대로 부과하자, 같은 날 중국도 총 545개 품목에 같은 규모의 관세를 부과하였다. 이어 같은 해 8월 23일(현지시간) 미국은 2차로 총 279개 품목에 160억 달러의 관세를 부과하자, 중국도 곧바로 총 114개 품목에 160억 달러의 관세를 미국의 대중 수출 품목에 부과하였다. 이에 미국은 2018년 9월 24일 미국은 다시

24 ZTE는 2017년 3월 이란과 북한에 불법으로 통신장비를 공급했다는 혐의로 미국 텍사스 연방법원에서 11억 9,000만 달러의 벌금과 7년간의 수출 특권 거부의 집행유예 판결을 받았다. 하지만 2018년 4월 美상무부의 ZTE가 불법행위가 처음 적발됐을 때 미국 정부에 거짓 진술을 했으며 집행유예 기간에도 거짓 진술을 했다고 7년간 미국기업과 ZTE가 거래하지 못하도록 하는 등 추가 제재를 단행했다. 2018년 7월 미국 정부의 ZTE에 대한 제재가 풀렸지만, 2018년 10월 03일(현지시간) 미국 연방법원은 ZTE의 미국 수출통제 법 준수 여부 모니터링 기간을 2020년에서 2022년으로 연장했다. "美연방법원 "中ZTE, 집행유해 위반…모니터링 기간 2022년까지 연장"", 이데일리 (2018년 10월 04일).

2,000억 달러의 중국산(産) 대미 수출 5,745개 품목에 10%의 관세를 부과했으며, 2019년 1월 1일을 기준으로 동 품목들에 대한 관세를 25%로 인상하겠다고 예고했다. 역시 같은 날 중국 또한 600억 달러 규모의 5,207개 미국의 대중 수출 품목에 5~10%의 차등 관세(3,571개 품목에는 10%를 나머지 1,636개 품목에는 5%)를 부과하였다.

중국은 미중의 무역 갈등이 세계 경제에 악영향을 끼치고 양국 모두에게 불행한 일이라고 주장하며 표면적으로는 물러서지 않고 대응하고 있으나 양국의 무역 및 경제 구조를 살펴본다면 중국은 점차 대미(對美) 대응 카드가 부족해지는 상황이다.

군사·안보적인 부분에서도 트럼프 대통령은 중국에 대한 압박을 점차 가중시키고 있으며, 중국과 비교해 확고한 군사력 및 기술의 우위를 유지하려는 모습을 보이고 있다. 먼저 트럼프 행정부는 오바마 대통령의 '재균형 정책'에서 그 범위가 확대된 '인도-태평양 전략(Indo-Pacific Strategy)'을 추구하고 있다. 실제로 트럼프 행정부는 '인도-태평양 전략'을 구체화하듯이 2018년 5월 30일 미군 태평양 사령부를 '인도-태평양 사령부(United States Indo-Pacific Command, USINDOPACOM)'로 공식 명칭을 개편했다. 특히 제임스 매티스(James N. Mattis) 국방장관은 태평양과 인도양의 동맹국들과 협력국들과의 관계는 지역의 안정을 유지하는 데 중요하다는 것이 증명되어 왔으며, 또한 인도양과 태평양의 연결성이 증가해 왔음을 인식하며 태평양 사령부를 인도-태평양 사령부로 명칭을 변경한다고 발표했다.[25] 이와 더불어 트럼프 행정부는 오바마 행정

25 Secretary of Defense James N. Mattis, "Remarks at U.S. Indo-Pacific Command Change of

부와 마찬가지로 남중국해에서 '항행의 자유 작전'을 지속하고 있다.

정책적인 방향성에서 트럼프 행정부는 2017년 12월에 발표한 '국가안보전략(National Security Strategy)'을 통해 중국을 "전략적 경쟁자(strategic competitor)"로 규정하였다. 2018년 6월 18일 미(美)상원은 트럼프 행정부의 '국가안보전략(National Security Strategy)'의 실행을 위해 총 7,170억 달러의 국방예산을 승인했다. 이어 상하원을 통과하고 2018년 8월 13일 트럼프 대통령이 서명한 '2019 회계연도 국방수권법(NDAA National Defense Authorization Act for Fiscal Year 2019)'에서는 인도-태평양 지역에서 중국의 영향력 확대를 견제하고, 중국의 림팩퍼시픽(RIMPAC) 훈련 참여를 금지시켰으며, 국방장관에게 남중국해에서 중국의 군사, 위협 활동에 대한 보고서를 제출토록 하는 등 중국을 압박하고 있다.

정치적인 측면에서는 인권과 민주주의 문제를 지속적으로 제기하고 있다. 대표적인 예로 미(美) 국무부는 '2017 인신매매 보고서'를 발표하며 중국을 최악의 인신매매 국가로 강등시켰다. 하지만 이 분야에서 중국에게 가장 큰 우려로 다가가는 것은 중국 공산당의 리더십과 정통성을 바닥부터 흔들 수 있는 타이완에 대한 미국의 전략적 접근이다. 트럼프 대통령은 대통령 당선자 시절부터 차이잉원(蔡英文) 타이완 총통과 전화 통화를 하며 '하나의 중국' 원칙에 대해 의문을 품는 듯한 모습을 보인 데 이어 2017년 6월에는 타이완에 대한 조기경보 레이더 부품, 어뢰, 미사일 등 약 14억 달러의 무기 판매를 승인하였다. 같은 해 12월 12일에는 미(美) 해군이 타이완의 항구에 정박할 수 있다는 내용이 명

Command Ceremony" U.S. Department of Defense (May 30, 2018).

시된 '2018 회계연도 국방수권법(NDAA)'이 미(美) 상·하원을 통과한 후 트럼프 대통령이 서명함으로써 발효되었다.[26]

2018년 들어서는 '타이완 여행법(Taiwan Travel Act)'이 미(美) 의회를 통과하고 3월 16일 트럼프 대통령이 서명함으로써 법안이 발효되어 미국과 타이완 관료들의 공식적인 교류가 가능해졌다.[27] 실제로 서명 다음 날인 3월 17일 차이이원 총통의 측근인 천쥐(陳菊) 가오슝(高雄) 시장이 미 의원과 정부 관료들을 만나기 위해 미국을 방문하였으며, 법안 발효 5일 후인 3월 21일에는 미(美) 국무부의 알렉스 웡(Alex N. Wong) 동아태 부차관보가 타이완을 방문해 미국재대만협회(American Institute in Taiwan)에서 연설하고 차이 총통을 직접 만났다.

'2019 NDAA' 역시 미(美) 의회를 통과한 뒤 2018년 8월 13일 트럼프 대통령이 서명하였다. 동 법안의 내용에는 타이완의 국방 능력과 군 대비 태세의 향상을 지원 및 타이완과의 합동훈련, 안보협력, 무기 판매, 고위급 군사회담 확대 등 '2018 NDAA'보다 진일보한 미국과 타이완 사이의 군사·안보적 협력이 포함되어 있다. 또한 2018년 8월에는 차이잉원 총통이 라틴아메리카 국가들을 순방 시 미국 경유는 물론 천수이벤(陳水扁) 총통 이후 15년 만에 미국 내에서 공개 강연을 했으며, 타이완 총통으로는 처음으로 미(美) 항공우주국(NASA)을 방문하였다.

26 115th Congress (2017~2018). "H.R.2810-National Defense Authorization Act for Fiscal Year 2018" 〈https://www.congress.gov/bill/115th-congress/house-bill/2810〉; "National Defense Authorization Act for Fiscal Year 2018 (Executive Summary)" 〈https://www.armed-services.senate.gov/imo/media/doc/FY18%20NDAA%20summary2.pdf〉.

27 115th Congress (2017~2018). "H.R.535-Taiwan Travel Act" 〈https://www.congress.gov/bill/115th-congress/house-bill/535/all-actions?overview=closed#tabs〉

3) 동아시아 정세와 북중 관계에 대한 함의

동아시아에서 미중의 전략적 경쟁이 점차 치열해지는 구도는 북한에게 미중 사이에서 특유의 '시계추 외교'를 펼칠 수 있는 적합한 국제환경을 제공하였다. 역사적 경험으로 역내에서 중소/미중의 갈등과 경쟁이 치열해질수록 북한이 중국에게 가지는 전략적 가치는 증가하였다. 북한이 한반도에서 중국의 전략적 이익을 훼손하지 않는 한 중국 또한 대미 전략상 북한과의 우호협력 관계의 강화가 필요했다.

하지만 중국은 역사적 경험을 통해 북한의 '시계추 외교'를 깊이 이해하고 있다고 평가되며, 북한 외교의 이해를 바탕으로 한반도 비핵화 논의 과정에서도 자국의 이익을 비교적 잘 지켜내고 있다. 평창 동계올림픽 이후 한반도 비핵화 논의가 남·북·미 3자구도를 중심으로 흘러가자, 중국은 북중정상회담을 개최하며 북한과의 전략적 협력과 우호관계를 회복시켰다.

이후 북한을 통해 중국이 요구했던 '쌍잠정', 즉 북한의 핵과 미사일 실험의 잠정 중단과 한국과 미국의 합동 군사훈련의 잠정 중단을 결국 성사시켰다. 또한 세 차례의 북중정상회담을 통해 북한이 미국으로 급격히 기울어 한반도에서 미국의 전략적 지배력이 강화되는 것을 방지할 수 있었다.

이러한 중국의 대응은 비록 당시 북중 관계가 불만과 불신으로 가득한 채 냉각되어 있었으며, 평창 동계올림픽 이후 미국과의 관계 개선을 추구하고 있었지만 북한 '시계추 외교'의 특성상 중국과 등을 돌리지 않을 것임을 잘 이해하고 있었기 때문에 가능했다. 이후 남·북·미 3자

구도의 종전선언 구도가 부상하며 한반도 문제에서 중국이 배제되는 상황이 나타났었다. 하지만 이는 북한에게 중국과의 전략적 협력 공간을 확대시켜 주는 요인이 되었다. 이와 더불어 북중 간 협력 강화는 북한에게 북·미 협상에서 미국에 대한 협상력을 강화시켜 주는 결과를 만들어 주었다.

결과적으로 북한의 입장에서는 미국과의 한반도 비핵화 협상 과정에서 중국과의 우호 협력 관계를 과시하며 대미 협상력을 강화할 수 있었다. 중국 또한 한반도 비핵화 과정에서 북중 관계를 통해 대미 협상력을 증가시킬 수 있다는 북중 간 공동 이익의 공간이 존재했다. 중국은 북한의 미국 기울기 과정에서 북중 관계를 회복하고, 북한이 6·12 북미정상회담 이후 미국과의 협상에서 갈등을 표출하고 진전이 정체되어 있는 상황에 접어들자 북한과의 전략적 협력하에 남·북·미 3자 구도에서 남·북·미·중 4자구도로 종전선언 협상에 관련 당사국으로 참여하려는 의사를 표출했다.

4. 한반도 정세의 현안과 북중 관계

향후 북중 관계와 중국의 대(對)한반도 정책은 앞장에서 언급한 동아시아 전역에서 펼쳐지는 미중의 전략적 경쟁 구도에 많은 영향을 받을 것으로 보인다. 따라서 이 장에서는 한반도 정세의 주요 현안인 ① 종전선언, ② 북한의 핵 신고와 검증, ③ 대북제재에 관한 북중의 입장을 미중의 전략적 경쟁 구도하에서 살펴보고자 한다. 또한 이를 바탕으로 향후의 북중 관계를 전망해 보려 한다.

1) 종전선언

중국은 일관되게 주장해 왔던 '쌍궤병행'과 '쌍잠정' 중 북한의 핵·미사일 실험과 한미 연합훈련의 잠정 중지로 '쌍잠정'을 실현한 상태이다. 따라서 이제는 '쌍궤병행'의 달성을 목표로 '종전선언' 또는 '평화협정' 논의 과정에서 한반도의 비핵화가 진전되는 한편 유엔사의 해체와 주한미군의 철수 또는 감축, 그리고 미(美) 첨단 전략 무기들의 한반도 주변 전개 방지, 한미동맹의 약화 등을 추구하며 역내에서 미국의 군사·안보적 영향력이 약화되는 것을 목표할 것으로 전망된다.

중국은 한반도 비핵화에 대한 문제는 그간 주장해 온 대로 이는 북미 간의 직접 대화와 협상으로 해결되어야 한다는 입장이지만, 반면 '종전선언'과 '평화협정'의 문제는 한반도 정세에 관한 문제이므로 중국은 한국전쟁(항미원조 전쟁, 抗美援朝戰爭)에 참전했던 관련 당사국으로서 당연히 이들 논의에 참여해야 된다는 입장이다. 따라서 중국은 '종전선언'이 남·북·미 3자 구도로 진행되자 중국이 배제되는 듯한 모습에 불만을 표출하고 중국 참여의 당위성과 필요성을 주장해 왔다. 하지만 중국의 궁극적인 목표는 한반도 비핵화는 물론 평화협정 체결 이후 미국의 군사·안보적 영향력의 약화되는 것이므로 이를 위해 '종전선언'에 대한 참여는 유연성을 가지고 관망 중이다.

이러한 중국의 입장에 북한은 큰 이견을 나타내지 않고 있다. 특히 북한은 6·12 북미정상회담 이후 미국과의 협상에서 갈등과 이견이 표출되어 진전이 정체되어 있는 상황에 접어들자 종전선언에 관한 논의를 남·북·미 3자구도에서 남·북·미·중 4자구도의 전환을 통해 중국을 관련 당사국으로 참여시키려는 의사를 표명하였다.

2) 핵 신고와 검증

북미 간의 핵 협상에서 북한은 자발적 핵폐기 후 신고와 검증을, 미국은 선(先) 신고 후 폐기 조치 및 검증을 주장하고 있다. 이에 대한 북한의 입장은 2018년 11월 6일 정의용 국가안보실장이 운영위원회 국정 감사에서 김정은의 발언을 인용하여 밝힌 바와 같이 "북미 간 신뢰가 아직 구축되지 않은 상황에서 핵 물질·무기, 운반 수단의 리스트를 신고"하라는 것은 북한 입장에서 보면 "공격 목표 리스트를 제출하라는 것과 마찬가지"라는 시각에서 잘 나타나 있다. 즉, 북한은 미국과의 관계 개선과 신뢰 구축 이전에 자신들의 중대한 군사·안보적, 외교적 자산인 핵 능력을 신고할 수 없다는 생각이다.

이에 대해 중국은 기존의 입장대로 핵협상에 대해서는 근본적으로 북한과 미국 사이의 문제임을 견지하며 공식적으로는 한 발 물러서는 모습이다. 하지만 중국의 의도는 2017년 7월 4일 모스크바에서의 정상회담 후 중러 공동성명에서 나타난 한반도 비핵화 4단계 로드맵의 내용에서 엿볼 수 있다. 당시 시진핑 주석과 푸틴 대통령은 '쌍궤병행'과 '쌍잠정'에 바탕을 둔 한반도 문제의 평화적·단계적 해결 구상을 담은 4단계 로드맵을 공동성명의 형식으로 발표하였다.[28]

이와 더불어 핵 신고와 검증에 관한 중국의 공식입장은 2018년 10월 9일 모스크바에서 개최된 북·중·러 3국 외무차관급 회의의 공동보도문 내용에서도 다시금 확인된다. 당시 북·중·러는 미국의 선(先) 비핵화 조치 요구에 대해 '단계적·동시적 행동원칙'을 강조하고 있다. 단계적·동시적 원칙은 2018년 3월에 개최된 제1차 북중정상회담에서 발표된 이후 북·중·러 3국 외무차관급 회의에서도 다시 한번 강조되며 북중에 이어 러시아가 이에 대한 공동 보조를 취하고 있음을 알 수 있다.

하지만 이 사안에 대해 북중 사이 미묘한 이해 관계의 차이가 있어 보인다. 북한은 핵 신고와 검증을 통해 김정은 체제의 안전 보장과 제재 완화를 포함한 비핵화 각 과정에서의 단계별 보상 증가를 추구하는 반면, 중국은 북한의 핵 신고와 검증과정에서 미국의 한반도에서 미국의 군사·안보적 영향력이 약화되는 것에 더 많은 관심을 가지고 있는 것으로 생각된다.

28 The Ministry of Foreign Affairs of the Russian Federation. "Joint statement by the Russian and Chinese foreign ministries on the Korean Peninsula's problems" (July 4th, 2017). 중·러 공동성명의 내용을 살펴보면 1단계로 대화 여건을 조성하기 위해 '쌍잠정'을 제안하고, 2단계로 관련국들이 협상을 착수하며 무력 불사용, 불가침, 평화적 공존의 원칙에 대한 상호 확인 및 한반도 비핵화에 관한 결정을 주장하고 있다. 3단계로는 동북아 평화와 안보체계 구축을, 4단계로는 관련국 간의 관계 정상화를 언급하고 있다.

3) 대북제재

대북제재에 대한 중국의 기본적인 입장은 북한이 보여 준 비핵화 조치들에 호응해 국제 사회의 제재가 단계적으로 완화되어야 한다는 것이다. 이러한 대북제재에 관한 중국 정부의 공식입장은 2018년 10월 9일 모스크바에서 개최된 북·중·러 3국 외무차관급 회의의 공동 보도문의 내용에서 찾아 볼 수 있다.

북한에서 공개한 북·중·러 3국 외무차관급 회의의 공동 보도문 내용에 따르면 한반도에서의 비핵화 실현 및 평화체제 수립과 관련해 "단계적이며 동시적인 방법으로 전진되어야 하며 관련국들의 상응한 조치가 동반되어야 한다는 데 대해 공통된 인식을 가지었다"고 밝히고 있다. 또한 공동 보도문은 "3자는 조선민주주의 인민공화국이 의의 있는 실천적인 비핵화 조치들을 취한 데 대해 주목하면서 유엔 안보이사회가 제때에 대조선 제재의 조절 과정을 가동시켜야 할 필요성에 대하여 견해 일치를 보았다"고 기술하고 있다.

이외에도 공동 보도문에서는 "단독 제재"를 반대한다는 입장을 밝히고 있다. 이는 북한뿐 아니라 중국과 러시아 기업들을 겨냥한 미국의 독자 재제에 대해 북·중·러가 공히 불만을 표출하고 있으며 이에 대한 분명한 반대의 입장을 밝힌 것이다.

5. 맺음말: 전망과 한국의 대응 과제

결론적으로 현재의 북중 관계는 중국의 대미(對美) 전략을 기반으로 한 대(對)한반도 정책과 북한이 미중 사이에서 펼치는 '시계추 외교'가 한데 어우러진 결과이다. 한반도에 대한 중국의 전략적 접근은 북한을 통해 중국이 한미에 요구했던 '쌍잠정', 즉 북한의 핵과 미사일 실험의 잠정 중단과 한국과 미국의 합동 군사훈련의 잠정 중단을 성사시킴으로서 대화 국면의 초반을 자국이 의도한 구상대로 실현시켰다. 또한 2018년 세 차례의 북중정상회담을 통해 북한이 미국으로 급격히 기울어 단기적으로 한반도에서 미국의 전략적 지배력이 강화되는 것을 사전에 방지하였다.

이러한 중국의 대북 외교는 비록 북한이 중국과의 관계가 불만과 불신으로 가득한 채 냉각되어 있었으며, 평창 동계올림픽 이후 미국과의 관계 개선을 추구하고 있었지만 북한 '시계추 외교'의 특성상 중국과 등을 돌리지 않을 것임을 잘 이해하고 있던 외교 행보였다. 더욱이 남·북·미 3자구도의 종전선언 구도는 한반도 문제에서 중국이 배제되는 상황이 나타나고 이는 오히려 북한에게 중국과의 전략적 협력 공간을 확대시켜 주는 요인이 되었다. 이와 더불어 북중 간 협력강화는 북한에게 북미 협상에서 미국에 대한 협상력을 강화시켜 주는 결과를 만들어 주었다.

결과적으로 북한의 입장에서는 미국과의 한반도 비핵화 협상 과정에서 중국과의 우호 협력 관계를 과시하며 대미 협상력을 강화할 수 있었으며, 중국 또한 한반도 비핵화 과정에서 북중 관계를 통해 대미 협상력을 증가시킬 수 있다는 북중 간 공동 이익의 공간이 존재했다. 이러한 북중의 협력 공간은 이후에도 미중의 전략적 경쟁 구도하에서 계속해서 북중 관계를 연결시키는 고리의 역할을 할 것으로 평가된다.

다른 한편으로 최근 한반도 정세를 둘러싼 주요 현안들에 대해 북한과 중국은 대체로 비슷한 입장을 취하고 있다. 따라서 '촉진자'와 '소통자'의 역할을 담당해 온 한국의 입장에서는 ① 종전선언, ② 북한의 핵 신고와 검증, ③ 대북제재에 관해 미국과 북·중·러 사이에서 전략적 이익을 조율해야 하는 과제에 집중해야 될 것으로 전망된다. 하지만 한국이 마주할 또 하나의 민감한 과제는 비핵화 진전의 각 단계에서 논의될 미국에 대한 보상(북한)과 미국의 군사·안보적 영향력 감소 요구(중국) 사이에서의 미묘한 전략적 조율이 될 것이다.

4

국가이익관하의 중국의 대한반도 정책

| 팡슈위(方秀玉) ■ 푸단대학교 국제문제연구원 교수 |

| 주친(朱芹) ■ 푸단대학교 조선·한국연구센터 연구원 |

1. 머리말

어느 국가든 그 발전과 번영은 우선 안보가 확보되어야 한다. 한 국가의 안보 환경에 영향을 주는 국제, 국내 요소는 복잡 다변하다. 그러나 한 국가의 안보 환경에 대해 결정적 역할을 하는 것은 지정학적 요소이다. 한 국가의 지리적 위치는 그 주변의 안보 환경 수준을 결정하였고, 그 국가의 국제전략 구조 속의 지위를 결정하였으며 이는 한 국가의 안보 환경이 가지는 근본적인 특징으로 그 영향은 항구성을 가진다.

한반도는 대륙과 해양의 주변부로서 특수한 지정학적 가치를 가진다. 니콜라스 존 스파이크만(Nicholas John Spykman)의 '주변부 이론'으로 보면 한반도는 유라시아 대륙과 태평양의 연접 지역에 있으며 완충국, 교량국, 중심국의 성질을 가진다. 한반도 운명과 이 지역의 정세 역시 한반도 국가 자체와 관련 국가가 그 특수한 지정학적 지위를 어떻게 대하고 이용하는지에 따라 변화가 발생한다. 지정학적인 연고로 인해 몇 세기 동안 한반도는 지역과 전 세계 관계 차원에서 여러 차례 동요하였다. 그러므로 오랫동안 한반도는 아시아의 발칸 반도로 여겨졌다.[1] 그곳의 역사 발전 과정은 늘 국민들의 염원과 어긋났는데 이는 한반도를 둘러싼 대국 간의 지정학 정치 투쟁과 밀접한 관련이 있다. 역사적으로 이들 대국들은 서로 경쟁하였고 한반도를 상대방을 공격하는 기지로

1 [한]김대중, 『평화와 민주 건설: 김대중의 철학과 대화』, 세계지식출판사 1991년판, 173쪽.

만들거나 상대방을 저지하여 공격하는 완충 지대로 보았다.[2]

일본은 일찍이 여러 차례 한반도를 발판으로 유라시아 대륙으로 진군하였고, 제2차 세계대전이 끝났을 때 대국들의 한반도 문제에 대한 처리 및 한반도 전쟁[3] 등 일련의 사실은 한반도가 줄곧 대륙 국가와 해양 국가, 육권과 해권 두 종류 세력이 서로 투쟁하는 주변 지대였으며, 전략적 승리의 결정적인 역할을 갖고 있음을 증명하였다.[4] 대국 간 정치 권력 측면에서 보면 한반도는 중국, 미국, 일본과 러시아의 4대국 세력의 이익이 교차하고 충돌하는 중심점에 있다. 미·일·중·러는 각각 한반도의 동서남북 사각에 위치하여 한반도를 둘러싸고 불규칙한 권력 사각형을 형성하였다. 다른 역사 시기에 4대국은 다른 형식으로 한반도에서 각축하고 존재했다. 한반도라는 이 특수한 지정학적 역할 및 중국의 국가이익 추구는, 중국에게 필요한 것이 평화, 안정, 발전과 번영의 한반도이지 전쟁으로 예측하기 어렵고 분쟁으로 불안한 한반도가 아니라는 것을 결정하고 있으며, 이는 개혁개방 이래로 중국 역대 정부가 한반도 정책을 제정하는 근본적인 출발점이자 발판이다.

2 팡슈위(方秀玉), '한반도 미래추세 연구판단과 대응 건의', 『인민논단·학술첨단』, 2018년 제5기, 35쪽.

3 '조선전쟁'을 한국은 '6·25전쟁' 혹은 '한국전쟁'이라 부른다.

4 팡슈위(方秀玉), 『전후 한국외교와 중국: 이론과 정책 분석』, 상하이사서출판사 2011년판, 303쪽.

2. 국가이익관하의 중국의 대한반도 정책

국가이익은 외교와 국제관계에서 가장 지속적이고 가장 핵심적인 개념이다. 국가이익 추구와 국가이익 실현은 어느 국가든 외교의 출발점이자 입각점으로 여겨지고 외교의 목적이자 불변의 진리이다. '영원한 적도, 영원한 친구도 없으며 단지 영원한 국익만 있을 뿐이다'는 일찍부터 사람들이 신봉하는 외교의 '좌우명'이 되었다.[5] 그러나 한 국가의 외교는 국제관계의 실천 중 그 목적이 단일한 것이 아니다. 국가이익의 판단과 실현은 각국의 특정한 사상, 문화 전통, 국가 제도, 가치관과 이데올로기 등 요소와 분리할 수 없다. 예를 들어 20세기는 이데올로기가 주도한 세기였고, 두 개 진영의 구분은 국가이익에 의해서가 아니라 이데올로기와 가치관이 노선을 가른 것으로 이러한 이데올로기와 가치관의 대립은 거의 전체 세계를 망라했고, 반세기 넘게 지속되었으며 근본적으로 각국의 국익에 영향을 주었다. 이 사실은 자연스럽게 냉전 시기 중국의 대(對)한반도 정책에도 영향을 주었고 당시의 중국 국가이익에 반영되었다. 냉전이 종식된 후 시대의 변천과 중국 경제의 발전에 따라 중국의 국가이익 내포에는 이미 깊은 변화가 발생하였고, 이는 중국공산당 제18차 전국대표대회 이래로 특히 뚜렷하게 드러났다.

시진핑 주석을 핵심으로 하는 중국 최고 지도자층은 국제 체계 전환 추세와 중국 자체 실력 변화 등 특징에 착안하여 신시대 중국 국가이익

5 추수룽(楚樹龍), 『국제관계 기본이론』, 칭화대학출판사 2003년판, 34쪽.

의 근본 목표와 기본 내용을 확정하였다. 중화민족의 위대한 부흥인 중국몽을 실현하고 '2개의 100년' 분투 목표를 실현하는 것, 즉 중국 공산당 창당 100년에 도달했을 때 전면적인 소강 사회를 건설하고 신중국 건국 100년에 도달했을 때 부강, 민주, 문명, 화해, 아름다운 사회주의 현대화 국가를 건설하는 것은 신시대 중국이 추구하는 국가이익이 되었다. 이 중요한 논단은 중국 특색 사회주의 국가이익관에 대한 중요한 계승과 발전이고 그것은 현재와 미래 중국의 대내외 방침, 정책의 제정과 실시에 대해 중요한 지도적 역할을 갖는다. 매우 복잡한 국제 정세에 직면하여 중국 정부는 '총체적 국가 안보관을 고수하고 중국 특색 국가 안보의 길을 걷는다'고 제시하였으며 처음으로 중국의 '총체적 국가 안보관'이라는 이 전략적 관념을 갖고 있는 구상을 제시하였다.[6]

중국의 국가이익을 전체적으로 보면 주로 안보 이익, 발전 이익 및 국가의 존엄과 영예 등 구조적 내용을 포함하는데 그중 국가 안보 이익의 내용과 구조는 예로부터 분명히 변하지 않았고, 즉 주로 국가 주권과 영토 보전(국가 통일 포함)은 침범과 위협을 받지 않으며 이는 국가의 기본 수요이자 중국의 기본 안보 이익이며 다른 영역 안보를 실현하는 기초와 전제이다. 신중국 건국 후 시대 특징과 관념의 영향을 깊이 받아 중국은 오랜 기간 동안 대외 관계에서 경제 이익을 소홀히 하였다. 개혁개방 이후 이 상황은 크게 변하였다. 경제 이익은 중국 외교의 중요한 영역이 되었을 뿐 아니라 중국 외교는 국내 현대화 건설을 위해

6 소위 중국의 '총체적 국가 안보관'이란 정치 안보, 국토 안보, 군사 안보, 경제 안보, 문화 안보, 사회 안보, 과학기술 안보, 정보 안보, 생태 안보, 자원 안보, 핵 안보 등 풍부한 내용을 하나로 모은 국가 안보 체계이다.

양호한 국제 환경을 만드는 데 노력하였다. 중국 국력의 부단한 강화에 따라 중국 국가의 국제 이익, 즉 국가 영예와 존엄 역시 점차 국가와 국민이 관심을 가지고 추구하는 중점 목표가 되었다.

총괄적으로 말하면 국내외 많은 요소의 영향을 받아 2차 대전 후 중국의 국가이익은 건국 초기의 국가의 안보 이익이 국가의 가장 근본적 이익과 수요가 되었으며 나중에 점차 '국가 안보는 국가의 기본 이익 수요'에서 '국가 발전이 국가의 더 높은 이익과 목표'로 전환되었다. 이 관계의 변화는 주로 동아시아 지역 나아가 전 세계의 상대적으로 장기적인 평화 상태 덕분이다. 물론 국가이익에 어떤 변화가 발생하든 하나의 전제는 항구적 불변인데, 그것은 바로 국가의 생존, 국가의 주권 안보가 핵심 이익 중의 핵심이고 이 레드라인은 넘을 수 없다.

이상의 인지에 기초하여 우리는 중국의 한반도에서의 국가(와 국제) 이익의 구현에 대해 주로 다음 3개 방면으로 개괄한다.

첫째, 한반도의 평화와 안정 수호는 중국 국가 안보 이익의 추구이자 한반도와 동북아 관련 국가의 공동 이익의 추구이다.

한반도는 동북아의 핵심 지대에 위치하고 예로부터 아시아 대륙과 해양 국가를 연결하는 천연의 통로이자 대륙 역량과 해양 역량이 서로 교차하는 완충 지대이다. 한반도는 대륙 국가의 동향 방어의 최후의 방패이자 동시에 해양 국가의 서향 대륙 공격의 첫 번째 육상 기지이다. 근현대 이래로 한반도는 중·러·일·미 등 대국의 씨름판이 되었고 냉전 시기 미중 간의 경쟁과 대항이 여기에서 시작되었다. 냉전 후 한반도는 냉전 체제를 벗어나 힘겨운 전환을 시작했으며 많은 특수성을 가진 복잡한 갈등을 드러내었다. 현재는 북핵 문제가 가장 두드러져서 다시 미중 양국의 전략적 착안점이 되었다.[7] 미국의 당대 저명한 전략 이론가이자 지정학자인 즈비그뉴 브레진스키(Zbigniew Brzezinski)는 『거대한 체스판: 미국의 가장 중요한 지위와 지정학 전략』에서 한국을 '지정학적 지렛목 국가'로 정의하고 한국의 중요성은 그의 역량과 동기에서 오는 것이 아니라 그가 처한 민감한 지리적 위치와 잠재적 취약 상태의 지정학 전략에 대한 기사(棋士) 행위가 만든 영향에서 오는 것으로 여기에서는 '세력 균형' 이론의 사상을 포함하였다고 지적하였다.[8] 한반도의 특수한 지리적 위치와 지정학적 관계로 인해 한반도 문제는 시종 중국과 주변 대국의 관계에 영향을 미치고 있다. 그러므로 역사적 측면에서 분석하든 아니면 현실적 계기로 보든 간에 한반도는 몇 개 대국의 이익에 연루되어 있고 한반도 관련 민감한 문제의 해결은 반드시 모든 당사국이 밀접한 연계를 유지해야 하며 만약 그중 어느 한 국가의 이익에 손해를 끼치는 방식으로 문제에 접근한다면 문제의 순조로운 해결에 불리할 것이다. 이런 의미에서 한반도의 평화안정은 각국의 이익에 가장 부합한다. 중국은 한반도 평화와 안정 수호를 견지하고 그것을 한반도 사무를 처리하는 기본 준칙으로 삼는데 이는 중국 국가 안보 이익을 수호하기 위한 추구이자 한반도와 관련 국가 공동 이익을 수호하기 위한 추구이다.

7 팡슈위(方秀玉), 『전후 한국 외교와 중국: 이론과 정책 분석』, 상하이사서출판사 2011년판, 332쪽.

8 [미]즈그비뉴 브레진스키, 『거대한 체스판: 미국의 가장 중요한 지위와 지정학 전략』, 중국국제문제연구소 역, 상하이인민출판사, 2007년, 153쪽.

둘째, 북중, 한중 경제 무역 관계의 지속 가능한 발전 수호는 중국과 남북 양국 국가 발전 이익의 수요를 만족시키는 데 유리하다.

중국이 '나라를 흥하게 세우려면(站起来)' 안보가 필요하지만 오랫동안 태평하고 평안하게 '제대로 세우려면(站稳)' 발전이 필요하다. 경제 건설을 중심으로 하는 것은 흥국의 요점이고 경제의 지속적인 발전을 추진해야만 국가의 번영부강, 인민의 행복평안, 사회의 화합안정의 물질적 기초를 견고하게 지을 수 있다. 신중국 건국 이래 중국은 줄곧 경제 발전을 중시했다. 특히 중국 공산당 제18차 당대회 이래 중국 최고 지도자층은 실제 상황에 근거해 경제 발전의 신창타이(新常態, New normal) 진입이라는 중대한 판단을 내렸다. 신발전 이념을 가이드로 삼고 공급자 측 구조 개혁을 중심선으로 하는 정책 틀을 형성했고 안정 속 진보 추구라는 업무 총 기조를 관철했으며 중국 경제의 지속적이고 건강한 발전을 인도하였다.[9] 중국의 발전은 세계가 없이는 불가능하며 세계로 통하려면 중국 근린으로 통하는 길이 필요한데 한반도도 그중의 중요한 관문이다. 특히 글로벌 정치와 경제 판도 속 해양 지위의 상승 및 중국 해양 실력의 증강에 따라 한반도는 이미 단순히 중국 동북 문호 안보의 키가 아니라 중국이 해양과 세계로 통하는 포트이자 교량이다. 한반도는 중국에게 더 이상 전통적인 지정학상의 정치와 안보 의의에 국한되지 않고 중요한 지리 경제학적 가치를 갖는다. 돌이켜보면 남북 양자의 발전은 중국의 지지와 협력을 필요로 한다. 북중, 한중 경제 무역 관계의 지속

9 『시진핑의 사회주의 경제건설 관련 논술 발췌편집』(1), 중국 인민망, 2017년 6월 15일 http://theory.people.com.cn/n1/2017/0615/c148980-29340887.html (검색일: 2018년 8월 17일)

가능한 발전의 수호는 곧 중국 국가 발전의 수요이다. 중국은 줄곧 북중 무역의 균형 발전에 노력해 왔을 뿐 아니라 한중 무역의 긍정적 순환을 위해 노력했다. '일대일로' 이니셔티브하에 중국은 북한 내부 인프라 시설의 건설을 지원했을 뿐 아니라 한국 '유라시아 이니셔티브'와 '한반도 신경제 지도'와의 연결을 모색했으며[10] 더 나아가 한반도 경제 회랑이 한반도 하구와 연결되어 통하도록 했다.

셋째, 한반도 비핵화 고수와 국제 핵 비확산 체계 수호는 중국 국가 전략 이익의 한반도에서의 구체적인 구현이다.

중국이 '강해지려면(强起来)' '세우기(站起来)'와 '부유해지기(富起来)'를 기초로 하는 것 외에 '세계 평화의 건설자, 글로벌 발전의 공헌자'가 되어야 하고 책임을 지는 대국의 역할도 담당해야 하며 '국제 질서의 수호자'가 되어야 한다.[11] 중국은 한반도의 이웃 국가로 '친하게 성심껏 혜택을 주며 포용한다(親誠惠容)'는 이념하에 '이웃과 화목하고, 이웃을 안정시키고, 이웃을 부유하게 하는' 외교 정책을 실행해야 할 뿐 아니라 한반도 사무를 국제 질서와 국제 체계 속에 넣어 생각해야 한다.

북한 핵문제의 발발은 북한의 국가 안보와 정권 안정이라는 합리적 생존 수요에서 나온 것이자 북미 관계, 남북 관계의 적대와 군사 위협에서 나온 것이다. 하지만 북한은 국제 핵 비확산 체계를 위반하였고,

10 Ministry of Unification of the ROK, "Moon Jae-in's Policy on the Korean Peninsula",2017, http://www.unikorea.go.kr/eng_unikorea/policylssues/koreanpeninsula/goals/.

11 시진핑, 『전면적 소강사회 건설에 승리하고 신시대 중국 특색 사회주의 위대한 승리를 쟁취한다-중국공산당 제19차 전국대표대회에서의 보고』, 인민출판사, 2017년 10월 18일.

중국의 국가이익도 손상시켰으며 동시에 역내 평화와 안정에 손해를 끼쳤다. 중국의 국가 주권 안보의 안정을 수호하기 위해서 그리고 한반도와 동북아, 나아가 더 넓은 범위의 안보 안정을 위해 중국이 제시한 한반도 문제 해결은 반드시 '3개 고수'의 입장, 즉 한반도 비핵화 고수, 한반도 평화안정 고수, 대화 협상을 통한 문제 해결 고수가 필요하다. 중국 측은 한반도 핵문제의 본질은 안보 문제이고 대화를 통한 각국의 합리적 안보 관심의 균형적 해결이 있어야만 평화롭게 문제를 해결하는 근본적인 방법을 찾을 수 있다고 생각한다. 이를 위해 2016년 2월 17일 중국 외교부 왕이 부장은 한반도 비핵화와 한반도 정전 체제 전환을 병행하는 '쌍궤병행' 아이디어를 공개적으로 제시하였다. 2017년 3월 8일 중국 양회 기자간담회에서 왕이 부장은 이 생각을 거듭 천명하였고, 동시에 북한의 핵미사일 활동 잠정 중단, 대규모 한미 군사훈련을 잠정 중단하는 '쌍중단' 제안을 제시하였다.[12] 이것은 국제 핵비확산 체계를 수호하고 중국의 책임지는 대국의 이미지와 국정에 부합하는 전략적 포지셔닝도 수호하는 것이다. 중국은 비록 한반도 비핵화 목표에서 일관된 점을 갖고 있지만 한반도 비핵화로 나아가는 구체적 정책, 방법, 방식상에서 미국의 '최대의 압박'과 군사 위협과는 선명한

12 '쌍중단' 제안이란 중국이 북한은 핵미사일 실험을 중단하고 한미는 대규모 연합 군사훈련을 중단하여 한반도 형세의 완화와 한반도 문제의 정치적 해결을 추진하자 제의한 것을 가리킨다. 왕이:한반도 비핵화와 한반도 정전 체제 전환 병행추진[OL]. 중국외교부. 2016-2-17, http://www.fmprc.gov.cn/web/wjbz_673089/tp/t1341258.shtml '유엔 상주대표 류제이(劉結一)대사의 안보리에서 북한 핵실험 결의안을 통과시킨 후의 발언', 중국외교부, 2017년 9월 11일. http://www.fmprc.gov.cn/web/wjdt_674879/zwbd_674895/t1492146.shtml.(검색일: 2018년 8월 17일).

대비를 이룬다. 최근 몇 년 중국 정부는 한반도 정세의 복잡 다변함에 대하여 시기와 추세에 따라 합리적이고 객관적이며 공정한 해결 방안을 제시하였는데, 이는 중국과 한반도 관련 국가이익 수호에 대해서뿐 아니라 동북아 지역의 평화안정을 촉진하는 데도 긍정적인 역할을 한다.

3. 시대별 중국의 대(對)한반도 정책의 변화와 특징

중국과 한반도 관계의 변화는 매우 복잡한 국제 국내 요소의 영향을 받으며 주로 최고 지도자의 시대관과 변화된 다른 시대관하에서 시의 적절하게 조정된 중국 국가이익의 영향을 가장 많이 받는다. 다시 말해 중국의 한반도에 대한 시기별 정책은 주로 그 시기별 대외정책의 원칙을 따른다. 중국의 대한반도 정책은 도대체 몇 단계를 거쳤을까? 각 시기마다 어떠한 특징을 구현해 냈을까? 학자들의 다른 시각 및 기존 문서의 정리와 이해에 따라 그 구분 방법도 모두 다르다. 이에 대해 우리도 무리하게 통일할 필요는 없다.

지면의 한계로 이 글에서는 신중국 건국 후 중국의 대한반도 정책을 크게 아래 3가지의 역사 시기로 구분한다. 물론 만약 더 세분화할 필요가 있다면 매 역사 시기와 단계에서 몇 가지 다른 단계로 구분할 수 있다.[13]

13 선즈화(沈志華), '북중 관계의 역사 맥락 및 특징' 참고, 『국제전략연구』(약보)(International

첫째, '친북봉남(親北封南)'의 일방적 정책(1949년 신중국 건국~1972년 닉슨 방중)

신중국 건국 이후 중국 정부는 평화공존 5원칙을 기초로 한 외교 정책을 장기간 신뢰하였다. 물론 이 외교 정책은 최고 지도자의 시대관과 국제 질서의 변화에 따라 다른 형태를 드러내었다. 1950년대 초중기, 중소 양국은 우호동맹을 유지하였고, 미중 양국은 상호 적대하였다. 그러나 1956년 2월 소련 공산당 제20차 당대회 시작부터 국제 공산주의 운동과 국제 형세의 변화 및 국내 요소의 작용으로 인해 중소 관계는 의견 불일치와 논쟁에서 점차 파멸로 향해 갔다. 중소 대항이 고조된 배경하에서 미중 양대 적국의 사이에 오히려 미묘한 상호 접근이 잉태되었다. 중소·미중 관계의 변화는 특히 중소 관계의 변화는 이 시기의 북중 관계에 큰 영향을 미쳤다. 이 기간에 대국 관계 변화와 중국 문화대혁명의 영향으로 북중 관계에도 몇 차례 풍파가 출현하였지만 전체적으로는 여전히 전통적 우호 관계를 유지하였다. 이 시기 중국은 북한에 대량의 경제 원조를 제공하였을 뿐 아니라 북한과 동맹 조약을 체결하였다. 북한은 자신의 국가이익을 만족시키기 위해 중소 사이에서 극히 특수한 시기를 제외하고는 최대한 균형 관계를 유지하였다. 비록 사회주의 진영 내부에 여러 갈등과 불일치가 출현하였지만 전체적으로 말하자면 이 시기에 동북아 지역에서 형성된 것은 북·중·소의 '북방 삼각'과 한·미·일의 '남방 삼각' 양대 진영이 상호 대항하는 큰 구도였

and Strategic Studies Report)에서 전재, 2013년 제82기, 2013년 5월 31일, 1~4쪽; 팡전(龐朕), 양신위(陽鑫宇), '동맹에서 동반자로: 북중 관계의 역사변천', 『충칭사회주의학원학보』에서 전재, 2008년 제3기, 84~88쪽.

으며 중국의 한반도 정책 역시 대체적으로 '친북봉남'의 일방적 형태가 나타났다.

국가 법통 문제에서 중국은 북한을 한반도에서 유일한 합법 정부라고 승인하고 있으며 북한과 수교하고 한국은 한반도의 합법 정권으로 인정하지 않았다. 한반도 남북이 무력 통일에 집착하여 전쟁 상태로 빠져들었을 때 특히 미국은 유엔의 명의로 한반도 전쟁에 간섭하여 중국의 국가 영토 안보를 위협하는 상황에서, 중국은 중국 인민지원군을 파견하여 북한과 공동으로 미국에 저항하였으며 이를 위해 엄청난 희생을 치렀고 점차 북중 동맹의 길로 향해갔다.[14] 북중 간의 '혈맹' 관계가 형성된 것은 1920년대 북한 공산당과 중국 공산당 관계의 역사 유대 및 국제 공산주의 운동 구조 속의 '형제' 요소의 영향으로 거슬러 올라갈 수 있다. 이 밖에도 소련의 대아시아 지역 정치 안배와 북중 공동 항미의 역사 혈전의 정이 있다. 1961년 체결한 '조중 우호협력 및 상호 원조 조약'은 이 특수 관계에 법리적 근거를 더 마련해 주었다. 이 조약의 제2조에서는 "체약 쌍방은 모든 조치를 공동으로 취하여 어느 국가의 체약 쌍방 중 어느 일방에 대한 침략을 방지한다. 체약 일방이 어느 한 국가의 혹은 여러 국가 연합의 무장 공격을 받아 전쟁 상태에 처했을 때 다른 체약 일방은 반드시 지체 없이 전력을 다해 군사 및 기타 원조

14 한반도 전쟁 시기의 북중 관계에 대해 중국학계는 다른 관점을 갖고 있으며 그중 선즈화(沈志華)의 관점이 특히 뚜렷하다. 선씨는 한반도 전쟁 시기 쌍방은 전쟁 목표와 작전 방식에 대한 생각이 달랐기 때문에 북중 지도층 사이에 충돌이 자주 출현하였으며 관계가 매우 긴장되었다고 주장한다. 참고, 선즈화, '북중 관계의 역사 맥락 및 특징', 『국제전략연구』(약보)(International and Strategic Studies Report)에서 전재, 2013년 제82기, 2013년 5월 31일, 2쪽.

를 지원한다"고 규정하고 있다.[15] 이는 법률상에서 북중 안보 공유, 리스크 공동 부담을 결정하고 있어 양국 우호 관계사에 있어서도 중요한 이정표이다. 한반도 통일 문제에서 중국은 북한의 자주평화통일 방안을 지지하고 유엔과 어떠한 외래 세력의 간섭도 반대하였다. 남북이 유엔에 가입하는 문제에 있어서 역시 결연하게 북한의 입장을 지지하였다. 중국의 유엔 안보리 상임이사국 지위 회복을 쟁취함과 동시에 북한의 단독 유엔 가입을 지지하고 한국의 유엔 가입은 반대하였다.

둘째, '친북화남(親北和南)'의 완화 정책(1972년 닉슨 방중~1992년 한중 수교)

이 시기 한반도에 대한 정책은 중국은 여전히 북한이 한반도 유일의 합법적 정부라는 승인을 고수하였고 북한의 한미와의 관계 개선과 북미 관계 정상화를 지지하였다. 1975년 미국이 제시한 '남북교차승인' 안건에 대해 북한의 반대 입장을 무조건 지지하여[16] 북미 수교의 좋은 기회를 놓쳐 버렸다. 남북이 유엔에 가입하는 문제에서 역시 북한과 일치를 유지하였고, 한국이 1973년 제시한 남북 양자 유엔 동시 가입 방안에 반대하였다. 1991년에 이르러 북한의 입장에 변화가 생겼을 때

15 조중우호협력 및 상호원조조약, https://baike.so.com/doc/5382342-5618696.html.(검색일: 2018년 8월 18일).

16 '남북교차승인' 안건, 1975년 9월 22일 미국 국무장관 키신저(Henry Kissinger)가 제시하였다. 즉, 중소가 한국과 수교함과 동시에 미일이 북과 수교한다. 그러나 북한은 결연하게 반대했고 결과 없이 끝이 났다. 주친(朱芹). 북미 관계 정상화의 가능성 경로 및 중국 주변 외교에 대한 영향[J] 참고. 세계경제와 정치논단, 2015(1), 75~76쪽; Zhu Qin. "Can the United States and the DPRK Achieve Normalization in the Case of Trump Phenomenon?" *A Quarterly Fudan Journal of the Humanities and Social Sciences*, No.3, 2017, p.333.

비로소 남북 양자 유엔 동시 가입에 동의하였다.

비록 한중 관계 발전이 많은 요소의 장애에 직면해 있지만 1972년 닉슨의 방중 이후 중국의 대외 정책은 '두 주먹으로 사람을 치던' 것을 '미국과 연합, 소련에 저항'으로 전향하였고 대(對)한국 외교에도 새로운 변화가 발생하였다. 1982년 중국 정부의 독립자주 외교 정책의 발표는 중국의 대한국 정책의 실질적 변화를 의미하고, 이 방침은 외교상에서 한중 관계 정상화의 최대 장애물을 제거하였다. 1983년 발생한 중국 민항기 납치 사건은 양국 정부가 직접 교섭하는 길을 열었다.[17] 1988년 취임한 한국 노태우 대통령은 '북방 외교'를 추진하고 한중 수교를 모색했으며 중국 역시 긍정적인 반응을 보였다. 한반도 통일 문제에서 북한의 '고려 민주 연방 공화국' 자주평화통일 방안을 지지하지만 한국의 '한민족 공동체 통일 방안'에는 반대하였으며[18] 남북 대화협상을 지지하고 자주평화통일을 실현하며 두 종류 평화 방안의 연결과 조정을 지지했다. 중국 측은 노태우 대통령이 선포한 한반도 비핵화에 대해 환영을 표했고 동시에 일련의 사건을 통해 한중 관계의 진일보 개선을 위한 돌파구를 찾았다.

17 팡슈위(方秀玉), 『전후 한국외교와 중국: 이론과 정책 분석』, 상하이사서출판사, 2011년, 427쪽.

18 "Korean National Community Unification Formula", Ministry of Unification of the ROK, http://www.unikorea.go.kr/eng_unikorea/policylssues/unificationformula/ 주친(朱芹).북미 관계 정상화의 가능성 경로 및 중국 주변 외교에 대한 영향[J].세계경제와 정치 논단, 2015(1), 80쪽.

셋째, '남북 동시 중시'의 균형 정책(1992년 한중 수교~현재)

1992년 국제 구도는 냉전에서 벗어났을 뿐 아니라 신시대를 향했고 한중 관계 역시 새로운 국면을 맞이했다. 1992년 8월 24일 한국과 중국은 '공동 성명'을 체결하고 대사급 외교 관계를 상호 승인하고 수립하였으며 중국의 대한반도 정책은 '친북'에서 점차 '남북 동시 중시(南北幷重)'의 균형 정책으로 조정되었다. 그러나 한반도의 냉전 구조와 냉전 사유의 잔여 사상 및 북중 관계 변화의 진통 때문에 중국과 한반도 남북 사이의 관계는 냉탕과 온탕을 오가는 파동도 출현하였다. 간단하게 말하면 1992~2000년·2012~2015년 사이에는 '남열북냉', 2016~2018년 사이에는 '남북병냉', 2018년에는 '남냉북열'의 경향이 처음으로 나타났다. 이 시기 중국의 한반도 정책은 주로 4개 방면에서 다소 조정되었다. ① 남북 양자가 한반도 합법 정부임을 승인하고 북중 관계는 우여곡절 중 열기가 더해졌고 한중 관계는 상승하던 중 반락하였다. ② 한반도 자주평화 점진 통일을 지지하고 어떠한 외부 세력의 간섭과 급진적 통일 조치를 반대한다. ③ 북에 원조하고 남과 협조하며 원조 중에 북중 경제 무역 평등 호혜로 전향하고 경쟁 중에 한중 경제무역 협력 호혜를 심화한다. ④ 남북 안보 요구를 배려하고 남북 안보의 자기이익 극대화에 반대한다.

한중 수교는 북중 관계에 심각하게 영향을 주었다. 이는 북중이 8년간 상호 정상 방문을 하지 않았던 데에서 드러나며 2000년이 되어서야 북한 지도자 김정일이 처음으로 중국을 방문했고, 북중 관계는 겨우 만회되기 시작했다. 그러나 북한이 핵 보유를 모색하고 국내 경제는 '고난의 행군'을 겪고 있으며 중국이 비동맹 외교 정책 실시를 고수하고 유엔의 제재 결의안을 결연하게 지지하였기 때문에 2012년에 이르러 북중 관계는 다시 싸늘해졌다. 중국 국내는 '북한 부담론', '북한 포기론'의 여론으로 시끄러웠다. 2018년 3월 '시김회(시진핑-김정은 회담)'가 조용하게 개최되고서야[19] 북중 전통 우호 관계는 다시 확인되었다. 중국 측은 북에게 '5가지 전력 지지'와 '불변의 3가지'를 표명하였다.[20] 북한 측은 '북중 우의 발전을 고금동서에 일찍이 없었던 특수 관계로 발전시켰다'고 '시김회'를 높이 평가하였다.[21] 북중은 '혈맹'에서 우여곡절의 관계를 거쳐 다시 전통 우호 관계를 되살리는 전환과 진통을 겪었다. 이와 동시에 한중 관계 역시 점차 고조되어 전면적 협력 동반자 관계를 전략적 협력 동반자 관계로 격상하였다. 박근혜 정부 시기 한중 양국 정부 우호 관계는 단계적 고지에 도달했다. 그러나 한국에 '사드' 시스템 배치는 나아가 한중 FTA의 실현과 경제무역 관계의 정상적인 전개에도 영향을 끼쳤고, 한중 관계는 다소 반락하기 시작했다.[22]

19 '시진핑과 김정은의 회담 개최', 신화망, 2018년 3월 28일, http://www.xinhuanet.com/2018-03/28/c_1122600292.htm;"Peace and Prosperity on the Korean Peninsula-The Leaders of the two Koreas hold hands", the Ministry of Unification, ROK, April 27, 2018, http://www.unikorea.go.kr/eng_unikorea/news/news/?boardId=bbs_0000000000000033&mode=view&cntId=54393&category=&pageIdx=.(검색일: 2018년 7월 12일) .

20 '왕이와 북한 이용철 외상 회담 개최', 중국외교부사이트, 2018년 5월 2일, http://www.fmprc.gov.cn/web/zyxw/t1556221.shtml; '시진핑과 북한 노동당 김정은 위원장 회담 개최', 중국외교부사이트, 2018년 6월 19일, http://www.fmprc.gov.cn/web/zyxw/t1569948.shtml. (검색일: 2018년 7월 12일)

21 [중국주재 조선대사관 연회 마련]. [조선중앙통신], 2018.7.14, http://www.kcna.kp/kcna.user.article.retrieveNewsViewInfoList.kcmsf#this. (검색일: 2018년 7월 12일).

22 주친(朱芹), "한반도 역내 공공재: 북핵과 '사드'를 초월한 종합 고려", 『동북아논단』, 2017년 제2기, 49쪽.

4. 중국의 한반도 문제에서의 역할

중국의 한반도 정책은 중국의 국가이익을 구현하고 보호, 유지할 뿐 아니라 중국의 외교 영향력을 높이고 강화하며 중국이 한반도에서 대체할 수 없는 중요한 역할을 부담하도록 한다. 중국이 책임지는 대국 이미지는 한반도 사무에서 '운명, 책임, 이익'이라는 3가지 방면에서 두드러지게 나타난다.

첫째, 중국은 한반도 평화와 안정 수호를 고수하고 한반도 문제의 정치적 해결 입장을 견지한다.

한반도의 평화와 안정 수호는 중국의 국가이익에 부합할 뿐 아니라 한반도의 국가이익과 국민의 기원에 더욱 부합한다. 근대 시기에 일본이 일찍이 한반도를 식민통치하여 한반도는 나라도 집안도 망하고, 국민들은 의지할 곳을 잃고 떠돌게 되었으며 한민족의 자존과 감정을 상하게 하였다.[23] 나아가 중국 역시 일본의 잔혹한 행위에 유린당했다. 이 비통한 역사 교훈의 시각은 중국과 한반도 국가 양자가 뗄 수 없는 '운명 공동체'임을 일깨워 주었다. '성문에 불이 나니 연못의 물고기가 화를 입는다', '순망치한' 등의 표현은 과언이 아니라 시의적절했다. 역사상 한반도가 당한 어떠한 외래 침입도 거의 모두 중국(중원 왕조)과 고락

23 팡슈위(方秀玉), '한반도 미래 추세 연구판단과 대응 건의', 『인민논단·학술첨단』, 2018년 제5기, 36쪽.

을 함께했다. 한반도의 평화와 안정은 중국의 국가 안보 운명과 서로 연관되어 있다.

오늘날의 한반도 문제에서 두드러진 것은 북한 핵·미사일 문제이다. 미국 트럼프(Donald Trump) 대통령은 취임 후 부드러움과 강함을 모두 실시했고, 북한과 접촉함과 동시에 강압정책을 '최대의 압박'으로 업그레이드하였으며[24] 한반도를 거의 '포화' 속에 떨어뜨릴 뻔했다. 북미는 비록 협상과 대화를 통한 북한 핵·미사일 문제의 정치적 해결을 배제하지 않고, 비록 북한에 대해 '4No'의 약속을 하였으나[25] 여전히 외교적 압박, 군사위협, 경제봉쇄와 불리한 여론 형성 등의 수단으로 북한을 더 많이 압박하여 여러 차례 한반도를 전쟁의 임계점에 부닥치게 했다. 북미가 통제 불능에 빠져들었을 무렵 중국은 양국이 냉정하도록 호소하고 양자 관계를 중재하였으며 한반도 '평화안정, 대화협상, 비핵화' 3원칙을 결연하게 고수하고[26] 심지어 '전쟁을 끝내기 위해 전쟁을

24 "Joint Statement between the United States and the Republic of Korea", the *Whitehouse of the United States*, June 30,2017, https://www.whitehouse.gov/briefings-statements/joint-statement-united-states-republic-korea/.(검색일: 2018년 7월 12일).

25 2017년 4월 27일 미국 당시 국무장관 틸러슨(Rex Tillerson)은 대북정책 상에서 '3 No, 1 시도'를 제시하였다. 즉, 미국은 북한 정권 교체를 시도하지 않고, 북한 체제 붕괴를 추구하지 않으며, 남북 간 재통일을 가속화하지 않고, 한반도 비핵화를 시도한다. 이 후 미국 정부는 이를 '4No'로 개선하였다. 미국은 북한 정권 교체를 시도하지 않고, 북한 체제 붕괴를 추구하지 않으며, 남북 간 재통일을 가속화하지 않고, '38선' 이북으로의 공격을 하지 않는다. 참고, Rex Tillerson, "Interview with Steve Inskeep of NPR", *U.S. Department of State*, April 27, 2017, https://www.state.gov/secretary/20172018tillerson/remarks/2017/04/270531.htm ; "North Korea Policy", *U.S. Department of State*, Sept. 12, 2017, https://www.state.gov/p/eap/rls/rm/2017/09/274003.htm.(검색일: 2018년 7월 12일).

26 왕이, '발전 중인 중국과 중국외교-왕이의 미국전략과 국제문제 연구센터에서의 강연', 2016. 2. 16, 중국외교부사이트, http://www.fmprc.gov.cn/web/wjbzhd/t1343410.shtml

하려는' 동작까지 취하였다. 중국은 북미 충돌 확대를 억제하고 한반도 문제를 정치적으로 해결하는 '완충기'와 '안정장치'로서 각 측이 합의에 도달하도록 노력하였다. 다행인 것은 북미가 적시에 브레이크를 밟아 방향을 틀었고 2018년 6월 12일 싱가포르에서 역사적인 북미 정상회담을 실현하고 한반도 비핵화와 북미 신형 관계 등에 대해 공감대를 형성하였다.[27] 물론 이에 대해 한국의 문재인 정권 역시 매우 중요하고 긍정적인 역할을 하였다.

둘째, 중국은 한반도의 자주평화통일을 적극적으로 지지한다.

한반도 통일 문제는 남북 양측 정부 수립에 따라 파생된 문제이다. 한반도 통일을 지지하는 것은 중국 역대 정부의 불변의 정책이다. 한반도 전쟁이 끝난 후 중국은 줄곧 한반도의 자주협상, 평화통일의 흔들림 없는 지지자였으며 그를 위해 적극적으로 모든 협력 조치를 취하였다. 일찍이 1954년 한반도 문제를 토론한 제네바 회의에서 저우언라이 총리는 중국 정부의 한반도 통일 문제 관련 원칙 입장을 분명히 밝혔고, '북한이 제기한 한반도 자유선거, 한반도 평화통일은 한반도 국민 스스로의 일이며 모든 외국 군대는 반드시 먼저 한반도에서 철수해야 한

(검색일: 2018년 7월 30일)

27 "Joint Statement of President Donald Trump of the United States of America and Chairman Kim Jong Un of the Democratic People's Republic of Korea at the Singapore Summit", *the Whitehouse*, June 12, 2018, https://www.whitehouse.gov/briefings-statements/joint-statement-president-donald-j-trump-united-states-america-chairman-kim-jong-un-democratic-peoples-republic-korea-singapore-summit/. (검색일: 2018년 7월 30일).

다' 등의 주장에 찬성하였다.[28] 한반도 자주평화통일을 지지하기 위해 1958년 중국은 항미원조 지원군 전체를 북한에서 철수하였고 이는 주한미군이 줄곧 한반도 남부에 체류하는 것과는 선명한 대비를 이루었다. 이후 중국 역대 정부는 각종 장소에서 여러 차례 중국은 한반도 남북 쌍방이 제시한 일련의 자주평화통일 방안 협력에 찬성한다고 성명하였고 여러 차례 남북 사이의 중대한 의견 차이를 중재하는 데 노력하였다. 총괄하면 한반도 자주 협상, 평화통일 지지는 중국이 역내 중요 국가로서의 일종의 책임이고 분열, 대치, 불안한 한반도는 군비 경쟁이 격화할 뿐이며 심지어 동북아 지역의 평화와 안정에 영향을 준다. 이는 분명 중국의 국가이익에 부합하지 않는다.

셋째, 중국은 한반도의 경제 발전과 번영을 위해 적극적인 공헌을 하길 원한다.

한반도와 중국은 관계가 매우 밀접하여 정치 안보상에서뿐만 아니라 경제무역 발전에서도 그러하다. 한반도의 대륙·해양 주변 지대라는 위치는 한반도가 해양 국가와 대륙 국가 양쪽 방향으로 연결되는 편리를 누릴 수 있도록 만들었고 한반도와 중국의 경제 무역상의 쌍방향 수요, 이익 공유 역시 결정하였다. 한국이 제시한 '유라시아 이니셔티브'와 '한반도 신경제 지도구상'의 실시는 중국과의 협력 없이는 불가능하다. 한국은 중국 시장이 필요할뿐더러 중국을 거쳐 유라시아 대륙으로

28 저우언라이 외교부장 1954년 4월 28일 제네바 회의에서의 발언, 류진즈(劉金質), 양화이성(楊淮生) 책임편집, 『중국의 북한과 한국에 대한 정책문건 집성』, 중국사회과학출판사, 1994년, 722쪽.

통하는 교통 허브가 필요하다. 마찬가지로 중국의 '일대일로' 이니셔티브 역시 6대 경제 회랑 밖의 중국-한반도 경제 회랑과의 연결이 필요하고[29] 한반도 항구의 도움을 빌려 해양으로 나아가야 한다.

중국 '일대일로' 이니셔티브의 중국-한반도 경제 회랑 결여는 주로 한반도 핵 문제의 영향을 받아 남북 대치와 교통의 두절 탓이며 그리고 남북 발전 불균형에도 원인이 있다. 이를 위해 중국은 북미/남북 관계 정상화를 위해 노력하고 북미 관계 정상과 호전을 추진하며 남북 교류와 협력 추진을 위해 노력하고, 한반도에서 전쟁과 위험이 발생하지 않고 비핵화를 실현하도록 노력하며 한반도 평화체제화와 영구화를 추진한다. 이는 중국의 '현달하면 천하를 구제한다'는 정서에 부합하며 '이웃과 화목하고, 이웃을 안정시키고, 이웃을 부유하게 하는' 중국의 주변 외교 정책에도 부합한다. 사실상 중국은 한반도 발전과 번영의 공헌자이자 공동 건설자이고 한반도는 중국 발전과 굴기의 조력자이자 공유자이다.

29 6대 경제 회랑은 중국이 '일대일로' 연선국가와 함께 계획한 경제벨트로 신유라시아 대륙교, 중국-몽골-러시아, 중국-중아시아-서아시아, 중국-인도차이나반도, 중국-파키스탄, 방글라데시-중국-인도-미얀마 등 6개 국제 경제협력 회랑을 가리킨다. 육상은 연선 중심 도시를 지지대로 하고 해상은 중점 항구를 노드로 하여 공동으로 원활하고 안전하며 효율이 높은 국제운수 대통로를 만든다. 중국국가발전개혁위원회, 외교부, 상무부, '실크로드 경제벨트와 21세기 해상 실크로드 공동 건설 추진 비전과 액션' 참고, 2015년 3월 28일, http://www.mofcom.gov.cn/article/resume/n/201504/20150400929655.shtml.

5. 맺음말

국가이익은 국가 대외정책의 기본 원칙이고 어느 국가든 대외 정책 제정은 모두 최소의 국가 자원을 이용해 최대의 국가이익을 실현하는 원칙을 따르고 정책 자본금과 정책 수익은 정책 제정과 정책 실시에 반드시 고려해야 하는 문제이다.[30] 중국의 한반도 정책은 중국 국가이익을 기초로 하고 동시에 한반도 국가이익과 안보, 발전 관심을 고루 돌보고 평화 발전의 전략적 포지셔닝을 고수하며 남과 북을 동시에 중시하는 외교 정책을 고수하고 한반도 평화와 안정의 기본 원칙을 수호한다. 그러나 매우 복잡한 원인으로 인해 중국의 한반도 정책은 일련의 도전에 직면할 것이다. 옛 문제는 해결되었지만 새로운 문제가 계속해서 생길 것이다. 예를 들어 핵·미사일 문제를 제외하고도 남북 발전 불균형 문제 또 미국의 중국 굴기에 대한 억제 등이 있다. 특히 미국 요인은 중국의 대한반도 정책에 간과할 수 없는 영향을 가진다. 미국은 권력이동 이론을 굳게 믿고 중국의 굴기는 필연적으로 미국의 패권에 도전할 것이며 '미국이 중국을 제어하는 데 가장 좋은 착안점은 그 주변 지역에 있으며 예를 들어 중국이 핵심 이익을 갖는 한반도에 있다'고 생각한다.[31] 물론 중국의 한반도 정책과 원칙 입장은 외부 요소의 도전

30 위안쉐저(袁學哲), 황펑즈(黃鳳志), '21세기 초 중국 한반도 정책의 다원적 주시', 『랴오닝대학학보』, 2012년 제5기, 147쪽.

31 [미]Andrew Nathan, Robert Ross, 『The Great Wall and The Empty Fortress: 중국의 안보에 대한 추구』, 커슝(柯雄) 등 역, 베이징: 신화출판사, 1997년, 84쪽.

과 방해로 인해 퇴행적 변화는 발생하지 않을 것이며, 중국은 더 흔들림 없는 정력과 영향력으로 계속해서 한반도 문제에서 건설적인 역할을 할 것이며, 한반도 관련 각 측과 함께 노력하여 공동으로 한반도 형세가 완화되도록 추진할 것이다. 한반도 인근 국가로서 중국은 시종 한반도 비핵화 목표를 고수하고 국제 핵 비확산 체계를 결연하게 수호하며 동북아 평화와 안정을 결연하게 수호할 것이다.

〈역자: 김성아〉

5

한반도 통일과 중국

| 궁커위(龚克瑜) ■ 상하이국제문제연구원 아태연구센터 부주임 |

* 이 글은 2015년 통일부에서 주최한 한반도 통일 관련 세미나에서 발표한 글을 수정·보완하였다.

한반도가 분단된 지 70년이 넘었다. 그동안 한반도 쌍방은 끊임없이 통일을 추구하면서 이를 위해 큰 대가를 치르기도 했지만 지금도 여전히 통일의 방식, 절차 등 여러 측면에서 커다란 이견을 보이고 있다. 물론 그 배후의 대국 간 전략 대결도 통일에 영향을 미치는 중요한 요인이다. 그러한 맥락에서 한반도의 이웃인 중국의 입장, 역할 및 영향에 대해 특히 이목이 집중되어 왔다. 일각에서는 독일과 한반도 통일을 비교하면서 '독일의 통일은 구소련의 승인을 받았지만 한반도는 중국의 지지를 얻지 못했다'고 주장하기도 한다.[1]

박근혜 정부가 여러 차례 통일 문제를 공식적으로 언급하면서 한국 국내에서 통일 대박, 통일준비위원회 드레스덴 구상 등 통일 논의 열풍이 일어났고 이는 중국에서도 작지 않은 이슈가 되었다.

중국은 타이완 문제로 인해 한반도 문제에 깊이 공감하며 통일을 염원하고 있다. 2013년 박근혜 대통령의 방중 당시 시진핑 주석은 "중국은 '한반도 신뢰 프로세스' 구상을 환영하며 남북한이 관계 개선을 통해 화해 협력을 실현하고 최종적으로 자주평화통일을 이루는 것을 지지한다"는 점을 분명히 하고 '자주적이고 평화로운' 통일을 지지하는 입장을 재차 천명했다.[2]

서구 사회의 시각에서 보면 중국의 대답은 간결한 외교적 수사에 불과할 뿐 명확하고 구체적인 방안은 제시하지 않은 채 '한반도의 현상

1 "1년짜리 외교장관들이 통일을?" 『조선일보』, 2014년 1월 15일.

2 President Xi Jinping, Comprehensively Promote Mutually Beneficial Cooperation Push Forward China-ROK Relations for Greater Development, http://www.fmprc.gov.cn/eng/wjb/zzjg/yzs/xwlb/t1054787.shtml

유지'를 더 선호하는 것처럼 비춰질 수도 있다. 한반도 통일 문제는 중국 국내에서 여전히 비교적 민감한 사안인 만큼 필자 역시 중국 정부를 대변할 수는 없으며 다만 학술 연구의 관점에서 한반도 통일과 중국을 분석하고자 한다.

1. 머리말

중국은 한반도 통일을 일관되게 지지해 왔다. 중국은 남북한이 궁극적으로는 통일되겠지만 문제의 관건은 언제, 어떤 방식으로 얼마나 많은 비용으로 통일될 것인지, 통일 이후의 'Unified Korea'의 국민 생활이 더 개선될 것인지에 관한 문제라고 생각한다.

1) 무력 통일(전쟁 방식)

한국전쟁은 무력이 통일 문제를 해결하는 해답이 아니며 한반도의 혼란은 재앙적 결과를 초래할 뿐임을 입증했다. 북한과 한국 모두 평화적인 방식으로 통일을 이룰 것임을 밝혔고, 주변 대국들도 전쟁 반대 입장을 분명히 했다.

중국은 한반도 통일 과정에서 무력이 사용되는 것을 원치 않으며 한미 양국의 일방적인 군사 개입을 반대하고 외과수술식 정밀 타격(북한의 군사, 핵시설 등), 고강도 타격(목표물에 대한 융단 폭격, 리비아 모델)도 반대한다.

2) 흡수통일(합병 방식)

한국은 독일의 통일 모델을 채택할 경우 엄청난 대가가 따를 것을 잘 알고 있기에 한국이 먼저 도발해 북한을 병탄하지는 않을 것이다. 다만 한반도에는 다양한 돌발 사태가 발생할 가능성이 여전히 남아 있고 또 한국의 다양한 우위를 고려한다면 북한에서 급변하는 사태가 생길 경우 한국이 이를 기회로 북한을 통일할 가능성은 있다. 중국은 돌발 사태가 발생해 관련국들에 돌이킬 수 없는 심각한 타격이 가지 않도록 경각심을 갖고 가능한 많은 조치를 취할 것이다.

3) 점진적 통일(평화 방식)

점진적 통일 방식은 한반도의 공통된 민족 이익이자 기대이며, 세계 및 아태지역 전체의 평화와 안정이라는 시대정신에도 부합한다. 통일 이론, 역사적 실천 그리고 현실적 상황을 모두 감안할 때 가장 실행 가능한 방식이기도 하다.

중국의 시각에서 보면, 한반도는 내부적으로는 사회제도, 이데올로기, 가치관의 차이 등 요인의 영향을 받고, 외부적으로는 동북아의 복잡한 안보 환경과 주변 대국들의 정책적 영향을 받기 때문에 평화적 방식은 복잡성, 차별성, 모순성, 다변성 등의 특징을 보일 것으로 전망된다. 따라서 남북한이 분단되어 공존하는 국면은 일정 기간 동안 유지될 것으로 보인다.

2. 한반도의 통일이 중국에 미치는 영향

한반도의 통일 방식에 따라 중국의 편익과 리스크가 달라진다.[3] 이 글은 한반도 통일이 점진적 평화통일의 방식이라 가정하고 이를 전제로 한반도 통일이 중국의 정치, 경제, 사회 등에 미치는 편익과 리스크를 분석하고자 한다. 남북한의 평화롭고 점진적인 통일 과정은 중국에 다음과 같은 이점이 있다.

1) 통일된 한반도는 중국의 주변 안보 환경에 유리하다

한반도는 특수한 지리적 위치 및 역사적, 현실적 맥락에서 중국의 정

3 Kiejoon Pak, "China's Cost-Benefit Analysis of a Unified Korea: South Korea's Strategic Approaches", The Journal of East Asian Affairs, Fall/winter 2012, Vol. 26, No. 2.

치, 군사, 경제 안보와 밀접한 연관을 가진다. 역사적으로 보면 한반도가 통일되었을 때 중국과의 관계가 안정적이었고 중국 동북 지역의 안전도 보장되었다. 한반도가 분열이나 혼란 상태에 있을 때 중국의 안보가 위협 받았고 전쟁에 연루되기도 했다.[4]

근대 이후, 중국은 동북아 지역에서 발발한 4차례의 대규모 전쟁에 휘말리면서 막대한 피해를 입었는데, 이 4차례의 전쟁은 모두 한반도의 혼란 및 분열과 관련이 있다. 첫 번째는 1894년의 갑오중일전쟁으로, 중일의 조선 쟁탈전에서 중국이 전패해 중조 종번 관계를 포기하고 일본에게 영토와 배상금을 내어 준 사건이다. 두 번째는 1904년의 러일전쟁으로, 중국이 개입되지는 않았지만 중국 영토에서 전쟁이 벌어져 중국 동북 지역이 전쟁의 피해를 크게 입었다. 세 번째는 1931년에 시작된 항일전쟁이다. 일본 침략자들의 만행으로 중국은 전례 없는 고난을 겪었는데 당시 조선은 일본이 중국을 침략하는 전초 기지이자 전쟁 물자와 병력의 집결지였다. 네 번째는 중국이 수십만 명의 희생을 치른 1950년의 한국전쟁이다. 중국에 막대한 손실을 입힌 4차례의 전쟁은 모두 조선이 자주성을 잃고 분열되거나 점령당했기 때문에 발발한 것이다.

통일된 한반도가 자주적이고 독립된 국가로서 내전의 위험이 사라지게 된다면 중국도 전쟁에 휘말릴 우려가 없어질 것이다. 또한 한반도가 중국 대륙을 공격하는 전초 기지로서의 역할을 하지 않는다면 강대국 간 세력 결합과 충돌 지점이 되지 않기에 한반도는 자주, 평화와 안정을 되찾게 될 것이다.

4 张琏瑰, "朝鲜半岛终将统一", 『当代亚太』, 2004年 第5期

2) 한반도가 통일되면 중국 변경 지역이 상대적으로 안정될 것이다

중국은 오랫동안 '탈북자' 문제로 골치를 앓았다. 동서 독일과 달리 북한은 동서부가 해안이고, 남부는 경계가 삼엄한 비군사 지역이기 때문에 '탈북자'들은 대부분 중국을 거쳐 한국으로 가게 된다. 중국은 '탈북자' 중 대다수는 정치적 박해보다는 생계에 쪼들리는 경제적 이유가 크다고 보고 유엔 난민법을 적용할 수 없다는 입장을 고수해 비정부 조직의 비난을 받고 있다. 다른 한편 중국은 대체로 '탈북자'들을 동정하기는 하지만 북한과의 관련 협의 및 북한 측의 강력한 요구로 인해, 특히 '탈북자'의 증가로 인한 동북 지역의 치안 불안을 고려해 부득이하게 조치를 취하고 있다.

간혹 일부 '탈북자'들이 '위험을 감수하고' 중국 내 대사관이나 영사관에 강제로 진입하는 사건이 발생하기도 하는데, 이와 같이 한국을 최종 목적지로 하는 '불법 입국자'들로 인해 중국과 무관한 사건이 외교 사건으로 비화되어 중국의 외교 자원을 낭비하고 있다. 이로 인해 중국은 '탈북자' 문제가 난민화, 국제화, 정치화되는 것을 원치 않고 있다.[5]

한반도가 통일되면 '탈북자' 문제는 사라질 것이고 한반도 내에 정치적 이견으로 억압 받는 사람들이 있다 하더라도 이는 한반도 내부에서 해결할 수 있는 사안이다. 관련 비정부 조직들도 중국의 국경 도시에 머무르면서 '탈북자'를 돕거나 그들이 '위험을 감수하도록' 부추길 이유가 없어지게 된다.

5 중국외교부, 소위 '탈북자' 문제의 난민화, 국제화 반대. 2012년 2월 29일.

3) 중국은 더 이상 북한 편들기로 비난받지 않을 것이다

중국은 종종 북한과 한국 사이에 끼어 남북한과의 관계 설정에 어려움을 겪고 있다. 서방 국가들은 중국을 북한의 최대 지원국이자 동맹이라 믿으면서 중국이 북핵 문제의 해결에서 더 큰 역할을 하고 북한의 핵실험과 미사일 발사에 압력을 행사하기를 기대하고 있다. 또한 서방 국가들은 북중 관계를 '혈맹' 또는 '형제와 동지'라고 보면서 중국이 유엔 제재 결의안을 엄격히 집행하지 않고 북한에 '숨통을 열어 준다'고 생각하고 있다. 연평도, 탈북자 등 문제의 해결 과정에서도 중국은 북한을 감싸면서 중립적이고 균형된 입장을 취하지 않는다고 비난을 받는 등 북한을 대신해 누명을 썼다.

2012년 북한의 제3차 핵실험 이후 국제 사회는 중국에 대해, 중국이 여전히 북한에 대한 영향력을 갖고 있는가? 중국은 북한의 거듭되는 도발에 강경책을 펼칠 것인가? 중국은 유엔 제재 결의안을 엄격히 집행할 것인가? 중국이 대북정책을 재고할 가능성이 있는가? 등의 의구심을 갖게 되었다. 한반도가 통일되면 중국의 외교는 이도 저도 못 하는 딜레마에서 벗어날 것이다. 즉 북한과 한국 사이에서 복잡 미묘한 방식으로 모종의 균형을 이루려고 고민하지 않아도 된다. 그렇게 되면 국제 사회의 비난과 압박도 사라질 것이고 중국의 외교 공간도 더 넓어질 것이다.

4) 한반도가 통일되면 중국은 북한에 대규모 지원을 하지 않아도 되며 이는 동북3성의 발전에도 유리하다

동북3성은 한때 '공화국의 장남'이라는 칭호도 있었지만, 개혁개방 이후의 경제 발전 과정에서 연해 지역과의 격차가 점차 커지면서 '노후 공업기지'로 전락하게 되었다.[6] 이에 중국은 '동북진흥'의 슬로건을 내걸고 랴오닝성연해경제벨트(辽宁沿海经济带), 창지투지역경제통합(长吉图区域经济一体化), 하다치산업회랑(哈大齐工业走廊), 옌룽투통합(延龙图一体化) 등 일련의 프로젝트를 추진하고 있다. 다만 한반도 정세가 불안정한 데다 북한의 핵미사일 도발 이후 국제사회의 봉쇄와 제재로 인해 외국 투자자들이 동북3성에 대한 투자에 관망 태도를 보이고 있어 동북3성 진흥사업이 어려움을 겪고 있다. 또 북한이 폐쇄적인 환경에 처하면서 한중 양국도 육로로 차단되어 동북아 지역의 교통, 에너지 통로가 인위적으로 단절되는 등 동북 지역의 발전을 제약하는 걸림돌이 되고 있다.

한반도 통일은 중국의 대외 개방전략 추진에도 유리하게 작용할 것이다. 연해와 내륙의 개방을 확대 및 가속화한다는 중국의 신시대 개방정책에 따라 동북 지역을 동북아 개방의 중요한 거점으로 만들어 동북아 각국과의 협력을 강화하고 중국의 대외 개방 균형 발전을 촉진하는 데 도움이 될 것이다.

한반도 통일은 동북 지역의 전면적 진흥에도 도움이 될 것이다. 새로운 역사적 시기에 '인진라이(引进来)'와 '저우추취(走出去)'를 결합해 '두

6 大公网, 东北三省: 失落的"共和国长子", 2014年 12月 2日.

개의 시장과 자원'을 충분히 활용하여 글로벌 분업 시스템에 참여해 산업 구조를 최적화하고 역내 협력 발전을 촉진하게 되면 동북 지역의 경제발전 방식의 전환에 유리할 것이다.[7]

한반도 통일은 동북 지역의 경쟁력 확보에도 도움이 된다. 지정학적 우위를 충분히 발휘하고 동북 지역의 대외 개방 수준을 높여 경제의 지속적인 발전을 촉진해 종합 실력과 국제 경쟁력을 한층 강화하게 되면 동북 지역이 동북아 역내 협력에 참여하고 건설적인 역할을 하는 데 도움이 될 것이다.

한반도 통일은 정치적 상호 신뢰와 우호적인 관계를 돈독히 하는 데 도움이 될 것이다. 동북3성 및 네이멍구 자치구의 육지 국경선은 8,676킬로미터, 해안선은 2,920킬로미터로 중국의 동북아 역내 개방에서 중요한 전략적 지위를 갖고 있다. 동북 지역과 주변국 간의 우호관계 및 협력을 강화하는 것은 평화안정, 평등신뢰, 협력상생의 지역환경 조성에 유리하다.[8]

한반도 통일은 주변국과의 호혜공영에도 유리할 것이다. 동북 지역은 중국의 공업, 에너지 및 원자재 기지로 풍부한 자원을 보유하고 있다. 중국이 대외 개방 확대를 통해 주변 국가와 자원 및 가공 산업의 협력을 강화한다면 경제무역 관계를 긴밀히 하여 공동 발전을 촉진할 수 있을 뿐만 아니라 우위를 상호보완하고 협력을 실현함으로써 '일대일로'의 이념을 진정으로 실현할 수 있다.

7 吉炳轩, 深度开发国内国际两种资源两个市场, 黑龙江日报, 2010年 12月 9日.

8 『中国东北地区面向东北亚区域开放规划纲要(2012~2020年)』 참고.

한반도 통일이 이뤄지면, 동북 지역의 발전과 '통일된 한반도 국가'와의 협력은 중국의 대외 개방 및 역내 협력의 모범이 될 수 있다. 중국의 동북아 역내 경제 협력 경쟁력은 더 높아질 것이며 동북 지역의 발전은 소기의 목표치를 훨씬 뛰어넘을 것이다.

5) 한반도의 평화통일은 중국인들의 양안 평화통일에 대한 염원을 자극할 것이다

중국은 '국가통일, 민족단결'이라는 한반도와 동일한 염원과 목표, 역사적 과업을 안고 있다. 한반도의 평화로운 통일은 타이완 문제의 해결에 긍정적인 영향을 미칠 것이다. 물론 한반도 문제와 타이완 문제는 모두 국가 분열의 범주에 들어가긴 하지만 그 뿌리와 성격은 상이하다. 한반도의 분단은 대국 간의 경쟁으로 인해 비롯된 것이고 양안 분열은 중국 내전으로 인한 것이다. 또한 한반도는 두 개의 독립된 국가가 통일을 이루는 것이고, 중국 대륙과 타이완은 국가 내부적으로 통일을 이루는 것이다. 지리적으로 보면 남북한은 단지 '38선'으로 떨어져 있지만 양안은 타이완 해협을 사이에 두고 떨어져 있다. 집정 이념을 보면 남북한은 모두 통일을 최고 목표로 상정하고 '하나의 국가'를 인정하고 분열을 반대하지만, 타이완의 경우 '타이완 독립', '2개의 중국', '하나의 중국과 하나의 타이완' 등 여러 가지 잡음이 존재하고 있다.

한반도 통일 이후 남북한은 정치 제도적 차이를 극복하고 경제 및 생활 수준 격차를 줄이고 역사, 문화 인식 차이를 극복하기 위해 노력할 것이다. 이는 양안 중국인들의 평화통일에 대한 염원을 자극해 주권 수호, 조국 통일의 의지를 굳히고 '타이완 독립파'를 타격할 것이다.

남북한의 평화롭고 점진적인 통일 모델은 중국에도 시사하는 바가 클 것이다. 시범 효과와 실행 과정에서의 경험 교훈은 양안이 평화롭고 점진적인 방식으로 자주적으로 타이완 문제를 해결해 중국의 통일 대업을 실현하는 데 도움이 될 것이다.

3. 한반도 통일에 따른 중국의 리스크 분석

물론 남북한의 평화롭고 점진적인 통일과정에서 중국이 받을 리스크 역시 만만치 않음을 부인할 수 없다.

1) 중국은 한반도에서의 특수한 역할을 상실하게 될 것이다

만약 북한이 흡수통일된다면 중국의 동맹보호 능력이 질의를 받게 될 것이고 국제 이미지와 위상에 손상을 입는 것은 물론, 이데올로기 도전에도 직면하게 될 것이다.

북한과 중국의 관계는 평범하지 않으며 북한은 매우 중요한 지정학적 가치를 지니고 있다. 또한 양국의 유사성과 역사 문화의 상통성, 이데올로기의 동일성, 그리고 한국전쟁에서 어깨를 나란히 하고 싸운 경험으로 인해 북중 양국은 국가, 정당, 인민 사이에 뿌리 깊은 특별한 감정을 공유하고 있다.

물론 북중 관계가 순탄일로였던 것은 아니지만 북한이 중국의 오래된 '준동맹' 국가인 것은 부정할 수 없으며 흔히들 이를 '순치상의(脣齒相依)', '형제이자 동지'의 관계로 표현한다.

시진핑 총서기 취임 이후에도 중국은 '북중 간 전통적 우의를 높이 중시하며 북한과 함께 장기적이고 거국적 견지에서 북중 전통 우의를 수호하고 공고히 하고 발전시킬 것'이라 천명했다.[9]

한반도 통일 이후, 북한이 더 이상 독립 국가로 존재하지 않게 되면 북중 간의 전통적 우의는 점차 퇴색될 것이고 북한의 '전략적 장벽'으로서의 완충지대 역할도 사라지게 될 것이다.

중국은 오랜 기간 동안 독특한 지위와 남북한과 모두 수교했다는 이점을 바탕으로 적극적으로 대화 협상을 권장하는 외교 활동을 함으로써 한반도의 긴장을 완화하고 6자회담을 추진하는 등 긍정적이고 특수한 역할을 수행해 왔다.

특히 대북관계에서, 중국은 스스로 북한에 대한 영향력이 없다고 주장해 왔지만 실제로는 매우 중요하고 특수한 영향력을 행사해 왔다. 중국 인민지원군이 한국전쟁에 참여하지 않았다면 그 후과는 상상하기 어려웠을 것이다. 지금까지도 북한은 중국의 식량, 에너지 지원에 크게

9 http://www.fmprc.gov.cn/mfa_chn/gjhdq_603914/gj_603916/yz_603918/1206_604114/xgxw_604120/t1220263.shtml

의존하고 있다.

북중 양국은 고위급 교류, 당 교류, 군사협력 등 다양하고 원활한 교류 채널을 갖고 있으며 베이징은 남북, 북미 사이에서 '우회 소통(曲线救国)'의 루트가 되고 있다.

6자회담 기간 중국은 주최국으로 활동했을 뿐 아니라 합의문 초안을 작성하고 회의가 교착 상태에 빠질 때마다 재치 있게 중재하여 사태를 회복시켰다. 이에 대해 미국도 중국의 여유 있는 일처리를 칭찬하고 북핵 문제의 해결에서 중국과 협력할 것을 희망했다. 이로 인해 당시 일부 학자들은 북핵 문제와 타이완 문제를 연계해, 미국이 타이완 문제에서 중국을 도와야 중국이 북핵 문제에서 미국을 도울 수 있다는 주장을 제기하기도 했다.

한반도가 통일되면 남북 긴장 국면은 역사의 뒤안길로 사라질 것이고 중국과 북한의 특수한 관계도 과거가 될 것이다. 한국과 미국은 더 이상 북한 관련 사안으로 중국의 도움이 필요 없게 될 것이며 그로 인해 중국의 역할이 크게 약화될 수밖에 없다.

중국은 6자회담을 계기로 '책임지는 지역 대국', '조화로운 세계', '평화굴기'의 이념을 행동으로 보여 주며 세계 무대의 중앙으로 나아갔다. 한반도가 통일되면, 특히 북한이 한국에 흡수통일된다면 중국의 동맹 보호 능력이 질의를 받게 될 것이며 중국의 정치적 신뢰도가 훼손될 수 있다. 이와 같은 피해는 통계적으로는 계산이 안 되지만 중국에게는 큰 의미가 있는 것들이다. 어떤 중국 지도자도 정치적 입지를 위태롭게 할 수도 있는, 북한을 잃었다는 비난에 직면하기는 싫을 것이다.

2) 중국은 우방국과 중요한 전략 완충지대를 잃게 될 것이다

중국인들은 1950년 한국전쟁에 참전한 중요한 목적 중 하나가 전쟁이 중국 영토로 확산되는 것을 막기 위함이었다고 생각하는데 실제로 당시 중국 지원군의 슬로건도 '보가위국(保家卫国)'이었다. 따라서 한반도 통일 이후 미군이 압록강변에 주둔하게 된다면 중국인들은 한국전쟁에서 희생된 수많은 지원군들의 피가 헛되이 흘렀다고 여길 것이다.

북중 국경은 압록강, 도문강과 백두산을 포함해 1400여 킬로미터에 달하는데 들쑥날쑥한 매우 복잡한 지형을 갖고 있다. 가장 좁은 곳은 '북중 국경 한 발자국(中朝边境一步跨)'이라는 곳으로 양국 간 거리가 1m도 안 되어 방어가 어려운 지형이다. 다만 북중 관계가 우호적이기에 중국은 동북 변방에 최소한의 군사력만 배치해 왔다. 한반도가 통일되면, 특히 북한이 한국에 흡수통일된다면 중국은 한국이 주도하는 강대한 '한반도 국가'에 직면할 수밖에 없다. 중국은 강력한 한미 동맹과 직접 대면해 미군과 강을 사이에 두고 바라봐야 할 수도 있다. 이는 중국 동북 지역의 국방비가 급격하게 상승하는 것을 의미하며 중국은 국방 예산과 군비 지출, 심지어 전반적인 국방 배치도 등을 대대적으로 조정해야 할 수 있다.

한국 경제학자들에 따르면 중국 국방 지출은 이로 인해 매년 1%씩 증가할 것이며, SIPRI의 2012년 통계에 따르면 이 1%는 16.6억 달러에 해당할 것으로 추산된다. 이는 단지 군비 지출에 대한 예측일 뿐이고 현실적으로 16.6억 달러를 더 지출하는 것이 지금보다 더 좋은 국방 효

과를 거둘 수 있을 것이라고는 장담할 수 없다.[10]

3) 중국은 대북 투자 우선권을 잃게 될 것이다

중국의 신의주, 나진 선봉, 황금평, 위화도 등 개발 지역에 대한 투자는 한반도 통일이라는 불확실성 때문에 막대한 경제적 손실을 입을 수 있다.

경제적 측면을 보면, 사회주의 시장의 소실, 북한의 경제난, 서방 국가의 대북제재 등 요인으로 중국은 북한의 가장 중요한 무역 파트너가 되었고 북한의 대중국 무역 의존도는 매년 높아지고 있다. 중국의 식량, 에너지 지원이 북한의 일상 경제를 지탱해 주고 있으며 그 외에도 중국은 북한의 도로, 항만, 전기통신, 공장, 수리공사 등 인프라를 개선해 주고 있다.

중국 동북지역의 지린성과 랴오닝성은 각자 대북 개발계획을 제정하고 북중 간 '일교양도(一桥两岛)' 사업에서 협력하고 있다. 이를 위해 중국은 고속도로와 압록강 제2대교를 건설하고 나진, 선봉에 있는 해운 부두를 임차했다. 또 정부와 민간 차원에서 기업과 상인들이 북한의 저렴한 노동력과 풍부한 광물자원을 두고 자본을 투자하고 있다.

한반도 통일, 특히 북한이 한국에 흡수통일된다면 북중 양국의 특수관계는 사라지고 기존에 중국만 접근할 수 있던 상업 활동들은 국제사

10 "SIPRI: Global Military Expenditure Reduced for the First Time in 15 years", http://www.dsti.net/Information/News/81536

회, 특히 한국에 개방되어 중국 기업은 경쟁력을 상실하게 될 것이다. 한반도가 통일되면 한국의 대북 투자는 국내 투자가 되어 리스크가 적어지고 지리적 우위가 뚜렷해질 것이다. 따라서 한국이 점차 주도적 지위를 차지하게 되면서 기존의 북중 협력 사업들은 주변화될 것이다.

현재 중국의 대북 투자는 주로 북한의 인프라 건설과 광물 자원에 집중돼 있다. 지린성 상업청은 북한정부와 철광 채굴사업 계약을 체결해 함경북도 무산 철광의 50년 채굴권을 따냈다. 중국 오광그룹(五矿集团)도 계약을 통해 용등탄광 50년 채굴권을 넘겨 받았다. 중국은 구리, 몰디브덴 광산 채굴에서도 북한과 협력하고 있다. 한국 상회의 보고서에 따르면 2006년 중국의 대북 투자 중 70%가 자원개발 사업에 집중돼 있으며 총 2.7억 달러 상당의 광물 자원을 사들인 것으로 추정된다. 중국은 이외에도 신의주, 나진 선봉, 황금평, 위화도 등 개발 지역 사업에도 많은 투자를 하고 있다.

한국은 일찍이 이에 대해 우려와 불만을 표해 왔다. 북한은 경제난을 해소하기 위해 무연탄, 철광석 등 자원을 중국에 판매하고 중국으로부터 원유, 기계, 전자제품, 식량 등을 수입하고 있는데, 이는 사실상 중국이 값싼 물건으로 북한의 광물 자원을 교환하고 있다는 것이다. 이와 같이 채굴권을 '훌러덩' 중국에 넘기는 '마구잡이식 개발'은 자원 유실과 낭비를 초래하고, 북중 간 광산 개발 협정은 향후 '남북경제공동체'의 장애가 될 것이라는 것이다. 한국은 "이러한 개발이 지속된다면 북한은 중국의 한 개 성(省)으로 전락할 것!"이라 우려하고 있다.[11]

11 环球时报, 韩媒:朝鲜将会被中国"采掘一空", 2011年 10月 18日.

한반도 통일, 특히 북한이 한국에 흡수통일된다면 이러한 사업들은 한국 측의 중단 또는 재평가에 직면할 것이며 중국의 기존 대북 투자는 불확실성이 커져 단기적으로 막대한 경제적 손실을 입게 될 것이다.

4) 중국은 한반도의 민족주의 정서에 직면할 수 있다

북중 국경 구분은 느슨한 편인데, 중국은 북한을 배려하는 차원에서 압록강의 도서, 백두산 천지의 대부분, 황해 경제수역 등을 북한에 양보했다. 한국과 중국은 국경을 접하지는 않았지만 이어도(Socotra Rock) 및 경제수역 분쟁이 있다. 일부 한국인들은 '간도(间岛)'를 잊지 못하면서 '간도협약'을 해결되지 않은 문제로 간주하고 있다.[12] 한국 외교통상부는 "일본이 한국 외교주권을 강탈한 1905년의 〈을사조약〉은 무효하며 따라서 일본이 일방적으로 청나라와 체결한 '간도협약'도 무효화되어야 한다"[13]고 밝힌 바 있다. 특히 2002년 중국이 발표한 '동북공정' 사업에 '고구려 문제'가 포함되면서 한국의 항의를 받은 바 있다. 한국은 중국이 역사를 이용해 현실적 이익을 지키려고 하고 있으며 학술을 이용해 정치를 한다고 항의했다.[14]

12 http://news.ifeng.com/world/detail_2011_09/20/9328331_0.shtml

13 环球网, 韩国称清日『间岛协约』无效 涉及中国延边自治州主权, 2011年 9月 20日.

14 2003년 12월 9일, 한국 고대사학회, 한국고고학회, 한국근현대사학회 등 17개 학회가 서울 역사박물관에서 "중국이 고구려사를 중국 역사에 편입하는 역사왜곡 중단"을 요구하는 공동성명 발표.

한반도가 통일되면 민족주의 정서가 고조되어 중국에 새로운 영토 및 영해 요구를 제기할 수 있다. 예컨대 '간도협약' 폐지를 요구하면서 간도 지역의 주권을 주장할 수도 있고 대륙붕 경계, 경제수역 분할, 도서 소유권, 어업 지역 분할 등 해양 권익 관련 사안에서 분쟁이 발생할 수 있다.

중국에는 한민족과 뿌리를 같이 하는 약 200만 명의 조선족이 살고 있다. 이들 중 일부는 한국에 대한 동경과 경향성을 보이는데 한반도가 통일되면 이들이 동북지역에서 조선족들의 분열 운동을 조장해 타이완, 티베트, 신장 등 민족 문제에 부정적인 영향을 미칠 수 있다.

4. 맺음말

단기적으로 보면 평화롭고 점진적인 한반도 통일은 중국에 미치는 충격과 영향이 이익보다 클 것이며, 그 과정에서 발생하는 어떤 번복 또는 리스크든 중국에 손실을 입힐 것이다. 그러나 장기적으로 보면 한반도가 평화롭고 점진적으로 통일되는 것이 정치, 경제, 안보 등 모든 면에서 실보다는 득이 클 것이다.

물론 한반도 통일 과정에 한국 주도의 통일, 주한미군, 북미 관계, 미중 관계 등 불확실한 요인들이 여전히 많이 남아 있음을 지적할 필요가 있다. 또한 통일 이후의 한반도는 친중인가, 친미인가 아니면 중립인가? 그때의 미중 관계는 전략적 상호신뢰 관계인가, 전략적 상호의심 관계인가? 등의 문제도 남아 있다.

이러한 요인들은 직간접적으로 중국의 국가 이익에 영향을 줄 것이며 최종적으로 득보다 실이 큰 국면이 나타날 수도 있다. 이는 일부 중국학자들이 현상을 유지할지언정 한반도 통일을 외면하는 이유이기도 하다.

비용-편익 분석법은 한반도 통일의 득과 실을 주관적이고 분명하게 보여 주는데, 주목해야 할 점은 모든 비용과 편익이 수치로 계산되는 것이 아니라는 것이다. 편익이 많더라도 전쟁 또는 혼란과 같이 비용이 많이 든다면 중국은 받아들이기 어려울 것이다. 비용편익 분석의 결과와 상관없이 중국은 한반도 통일을 지지할 것이지만 그 적극성 정도는 관련 변수와 중국의 국가 이익에 대한 영향에 의해 결정될 것이다.

중국은 한반도에 전쟁, 혼란, 급변사태, 핵무기가 없기를 희망하며, 남북한이 급진적인 무력 흡수통일이 아닌 교류협력과 대화를 통한 점진적인 통일을 이루기를 희망한다. 중국이 한반도 통일 문제에서 어느 정도의 영향력을 가지고는 있지만 한반도 통일의 주체, 시기와 방법에 영향력을 행사하지 않을 것이다.

따라서 한국은 한반도 통일에 대한 중국의 우려를 해소해 주는 한편 한반도 통일의 긍정적 요인들을 증가시켜야 한다. 특히 중국과 한반도 통일을 어떻게 연계할 것인지를 고려해 볼 필요가 있다. 과거의 역사적 실패를 반성하면서 경험과 교훈을 되새기고 한중 관계를 넘어서서 평화롭고 안정적인 지역 질서의 재건을 위해 노력해야 한다.

〈역자: 최소령〉

[제2부]

한반도를 둘러싼 동아시아 국제관계

6. 전통시대 유교문명권 국제질서의 시사점

7. 중미 관계와 동아시아 질서

8. 중국의 부상과 미국 외교정책의 패러다임 변화

9. 한반도와 동아시아에서 러시아의 역할과 영향

10. 한일 관계와 동아시아

11. EU의 북핵정책 진화와 역할 분석

6

전통시대 유교문명권 국제질서의 시사점

| 권선홍 ■ 부산외국어대학교 외교학과 명예교수 |

* 이 글은 필자의 기존 연구(2015, 2017)의 일부를 수정·보완하였다.

1. 머리말

널리 알려진 바와 같이 근대 이후 서구열강이 비서구지역으로 침략·정복과 확대·전파를 하면서 결국 전 세계가 서구국제사회에 편입되어, 오늘날과 같은 단일한 세계 국제사회가 등장하게 되었다. 그 과정에서 서구인들의 가치관이나 규범·제도 나아가 생활 방식 등, 곧 '문명기준'이 전 세계적으로 보편화하여 갔으며, 오늘날에는 전통기준 대신 서구 문명기준이 당연한 것으로 여겨지고 있다.[1] 그에 따라 전통시대 유교 문명권에 대해서도 근대 서구기준으로 접근하는 것이 오히려 당연시되는 상황이다.

근대적 의미의 국제관계는 서구에서 출발하였다. 즉 중세의 기독교 보편주의질서를 붕괴시키고 세속국가들이 출현하면서 시작되었다. 특히 영토 주권을 핵심으로 한 국민(민족)국가를 국제관계의 유일한 행위자로 규정하게 되면서, 국가보다 더 상위의 어떠한 권위체도 인정하지 않는 이른바 '무정부 상태'를 당연한 전제로 삼고 있다.[2] 국제정치학의 주도적 이론인 현실주의에서는 어느 국가든 무정부 국제사회에서 자국 생존을 위해서는 다른 국가들과 끊임없는 권력추구 경쟁이 불가피

1 서구국제사회의 전 세계적 확대과정에서 중동지역의 이슬람-아랍어문명권, 남아시아의 힌두-산스크리트어문명권 그리고 동아시아의 유교-한자문명권이 차례로 붕괴되고 그에 흡수·편입되어 갔다. 문명기준에 대해서는 Gerrit W. Gong, *The Standard of 'Civilization' in International Society* (Oxford: Clarendon, 1984) 참조.

2 김경원, 『전환시대의 생존전략』(서울: 삶과꿈, 2005), 46, 88쪽; Hedley Bull, *The Anarchical Society* (New York: Columbia University Press, 1977).

하며, 이러한 국제관계의 본질은 보편적이고 영속적이며 불변적이라고 주장한다.[3] 그러나 서구사회에서도 중세와 근대의 차이에서 보듯이, 시대와 장소에 따라 국제관계의 내용과 관념의 변화가 적지 않았다는 사실에 유의할 필요가 있다.[4]

오랜 인류역사에서 본다면 국제관계는 매우 다양한 형태로 존재하

3 Tim Dunne & Brian C. Schmidt, "Realism", in John Baylis, Steve Smith & Patricia Owens (eds), *The Globalization of World Politics*, 6th ed. (Oxford: Oxford University Press, 2014), Chap. 6; Kenneth N. Waltz, *Theory of International Politics* (Reading, MA: Addison-Wesley, 1979). 제1차 세계대전을 전후하여 영미권을 중심으로 출발한 국제정치학은 무엇보다 서구중심주의와 몰역사주의라는 점에서 비판을 받고 있으며, 여기에 무정부지향성과 국가중심주의, 현재주의 등이 함께 문제점으로 지적되고 있다. Yale H. Ferguson & Richard W. Mansbach, *Polities: Authority, Identities, and Change* (Columbia: University of South Carolina Press, 1996), pp.21~27; Yongjin Zhang, "System, empire and state in Chinese international relations", *Review of International Studies*, Vol. 27, Special Issue (2001), p. 43; Barry Buzan & Richard Little, *International Systems in World History* (Oxford: Oxford University Press, 2000), pp.18~22.

4 이러한 주장의 대표적 연구는 다음을 들 수 있다. 이용희, 『일반국제정치학(상)』(서울: 박영사, 1962); 이용희, 『한국민족주의』 노재봉 (편)(서울: 서문당, 1977); Adda B. Bozeman, *Politics and Culture in International History* (Princeton: Princeton University Press, 1960); Adam Watson, *The Evolution of International Society: A Comparative Historical Analysis* (London: Routledge, 1992); Christian Reus-Smit, *The Moral Purpose of the State* (Princeton: Princeton University Press, 1999); Buzan & Little (2000); Raymond Cohen & Raymond Westbrook (eds), *Amarna Diplomacy: The Beginning of International Relations* (Baltimore: Johns Hopkins University Press, 2000); Anja V. Hartmann & Beatrice Heuser (eds), *War, Peace and World Orders in European History* (London: Routledge, 2001); Stuart J. Kaufman, Richard Little & William C. Wohlforth (eds), *The Balance of Power in World History* (New York: Palgrave, 2007); Richard Ned Lebow, *A Cultural Theory of International Relations* (Cambridge: Cambridge University Press, 2008); Shogo Suzuki, Yongjin Zhang & Joel Quirk (eds), *International Orders in the Early Modern World* (London: Routledge, 2013); Jakub Grygiel, "The Primacy of Premodern History", *Security Studies*, Vol. 22 (2013), pp.1~32.

여 왔으나, 대체로 수단 차원에서 권위형과 강제력형으로, 구조 측면에서 상하차등의 수직형과 상호대등의 수평형으로 나누어 볼 수 있다. 이와 관련하여 이용희는 강제력형의 전형으로 "권위관념이 서로 다른 나라 사이의 국제관계" 곧 '근대국가 이후의 국제관계'를 들고 있다. 강제력형의 근본적 특징은 "어디까지나 배타적이며 적대적"이고 또한 "'내'·'남'이 첨예하게 구별되는 차별관"이며, 무엇보다 국제권위가 통용되지 않으므로 국제관계의 핵심이 주로 강제력에 있다고 하였다. 반면에 권위형 국제관계는 '동일 권위관념에 의하여 규정되는 경우'로, 그 권위는 '본질상 초국가적이 아닐 수 없다'고 하였다. 원래 "권위형에 있어서의 권위는 초국가적인 권위로서 국가 간의 서열·결합·연결을 이룩하는 매개체의 역할을 담당"하였으나,[5] "강제력형의 국제관계에 있어서는 거연히 전투적이요 파괴적인 성격을 발휘하여 자못 그 독이 맹렬하다"고 지적하였다.[6] 한마디로 권위형 국제관계는 '배타적이며 적대적

5 권위형과 강제력형에 대해서는 이동주(용희), 『국제정치원론』(서울: 장왕사, 4288[1955]), 270~271쪽 참조. 이용희는 중세시대의 기독교사회나 이슬람교사회 그리고 불교·유교문명권과 같은 권위형의 경우 "국제관계가 동일 권위관념에 의하여 규정되는 경우인데, 이러한 정치권위는 본질상 초국가적이 아닐 수 없으며, 또 따라서 권위가 타당하는 범역은 한 개의 초국가적인 국제사회를 형성한다. 그러므로 이러한 국제권위가 통용하는 국제사회에 있어서 나라가 지니고 있는 성격은 유아독존적 근대국가와는 전연 유형이 다르지 않을 수 없으며, 또 형식으로는 서로 마치 형제자매 국가인 양하다. 그리고 국제권위가 지배하는 국제사회 속의 국가관계 혹은 국제정치는 본질상 계층적이며 서열적인 정치관계에서 이루어지며, 따라서 주권사상 같은 정치신화가 용납될 여지가 없다"고 지적하였다. 이동주(용희)(4288[1955]), 270쪽.

6 이용희는 강제력형 국제관계에 대하여 "권위관념이 서로 다른 나라 사이의 국제관계이다. 하기는 국제권위가 지배하는 문명권이라 하여도, 그것이 다른 문명권 혹은 권(圈) 밖의 다른 나라에 대한 관계는 결국 이 형에 귀착한다. 이 형의 근본적인 특색은 다름 아니라 어디까지나 배타적이며 적대적이요, 그리고 「내」「남」이 첨예하게 구별되는 차별관이었다. 무

인 세계를 전제'로 하는 것이 아니라, 무엇보다 '초국가적 정치권위 아래 계층적이고 서열적인 정치관계'를 당연시하였으며, 따라서 주권 같은 개념도 존재하지 않았던 것이다.

근대 주권국가들 간의 무정부적이며 상호대등의 수평형 국제관계가 상하차등의 위계적이며 수직형 국제관계와는 이분법적으로 양립불가능하고 상호배타적이라기보다는, 오히려 양립가능하며 상호병존관계라고 보는 것이 역사적 사실에 더 가깝다. 즉 국제관계에서의 '위계성'과 무정부 상태는 상호배타적이라기보다는 상호공존 관계라고 보는 것이 타당하다.[7] 한마디로 국제관계의 역사는 '불평등'의 역사이며,[8] '위계성'은 근대 이전에서는 물론 근대 이후 국제관계에서도 핵심적 특성이라 하겠다.[9]

룻 권위는 그 권위가 통용 아니 되는 고장에서는 아무런 적극적인 위력을 발휘할 수 없다. 따라서 권위관념이 다른 나라 또는 문명권 사이의 관계는 자연히 「힘」의 남은 반면(半面) 곧 강제력에 귀결될 것"이라고 강조하였다. 이동주(1955), 270~271쪽.

7 Watson(1992), pp.3~4, 13~18; Jack Donnelly, *Realism and International Relations* (Cambridge: Cambridge University Press, 2000), pp.85~89, 96; Edward Ingram, "Hegemony, Global Reach, and World Power", in Colin Elman & Miriam Fendius Elman (eds), *Bridges and Boundaries* (Cambridge: MIT Press, 2001), p. 230; John M. Hobson, "What's at stake in 'bringing historical sociology back into international relations'?" in Stephen Hobden & John M. Hobson (eds), *Historical Sociology of International Relations* (Cambridge: Cambridge University Press, 2002), p.18; Richard Little, "The English School and World History", in Alex J. Bellamy (ed.), *International Society and its Critics* (Oxford: Oxford University Press, 2005), p.56; Feng Zhang, "How hierarchic was the historical East Asian system?" *International Politics*, Vol. 51, No. 1(2014), pp.2~3.

8 Robert W. Tucker, *The Inequality of Nations* (New York: Basic Books, 1977), p.3.

9 David A. Lake, *Hierarchy in International Relations* (Ithaca: Cornell University Press, 2009), Preface; John M. Hobson, "The Twin Self-Delusions of IR: Why 'Hierarchy' and Not 'Anarchy' Is the Core Concept of IR", *Millennium*, Vol. 42, No. 3 (2014), pp.557~575.

전통시대 유교문명권의 국제관계는 권위형의 대표적 사례로서, 그 역사적 실상을 올바로 알고 제대로 평가하기 위해서는 실제 상황은 물론이고, 그에 못지않게 중요했던 정신문화 측면의 이해가 필수적 과제이다. 즉 물질적 요인과 함께 관념적 요인도 함께 고려해야만 한다. 예컨대 기독교나 이슬람문명권을 이해하기 위해서는 해당 종교사상에 대한 이해가 필수적이듯이, 유교문명권의 경우도 마찬가지라 하겠다. 특히 물질적 이익을 무엇보다 중시하는 근대와는 달리, 중세에는 어느 문명권이든지 명분이나 관념을 중시하였기 때문이다.[10] 따라서 유교사상 특히 그 핵심인 천도[天道, 또는 천리(天理)]나 예(禮) 차원에서 접근하는 것이 무엇보다 핵심적인 선행 과제라 하겠다.[11] 이러한 관점에서 본

이성시 역시 "전근대의 왕조국가 간의 관계"에서는 "원래 '대등'한 것이 있을 수 없"었다고 지적하였다. 이성시, 『만들어진 고대』 박경희 옮김(서울: 삼인, 2001), 31쪽. 한 일본학자도 내셔널리즘 권위자 어네스트 겔너의 말을 인용하여 "전근대사회란 고정적이고 계층적이며 국제적인 사회"라고 강조하였다. 木村 幹(기무라 간), 『조선/한국의 내셔널리즘과 소국의식』 김세덕 옮김(서울: 산처럼, 2002), 25쪽.

10 예컨대 김상준의 지적대로 "중세 유럽의 귀족들은 그들의 '명예(honor)'를 위해 기꺼이 죽었고, 유학자들은 그들의 '이름(名)'을 위해 분연히 목숨을 바쳤"던 것이다. 즉 명예를 근본원리로 삼는 사회에서는 '불명예보다는 죽음'을 선택하였고, '생존'도 중요하였지만 '부차적'인 목표였었다. 김상준, "예의 기원과 유교적 안티노미", 김상준 외, 『유교의 예치이념과 조선』(고양: 청계출판사, 2007), 45쪽; Lebow(2008), 162~164쪽. 이처럼 중세인들은 실리보다는 명분이나 명예를 중시하였던 것이다. 조동일, "책봉체제", 『문명권의 동질성과 이질성』(서울: 지식산업사, 1999a), 63, 95쪽. 유럽에서도 중세에는 신이 자연법칙과 인간의 정치세계·사회질서까지도 절대적으로 지배하였으나, 근대가 되면서 신과 인간이 분리되어 신의 영역은 인간 내면의 도덕적인 부분에만 국한되어가는 이른바 세속화(secularization) 과정으로 나아갔음은 잘 알려진 사실이다. 따라서 서구의 세속화 관점에서는 인간 행위에서 종교나 윤리 도덕 등 관념의 중요성을 경시하려는 문제점이 있다. 이와 관련하여 Daniel Pipes, "Understanding Islam in Politics", *Middle East Review*, Vol. 16, No. 2 (Winter 1983/4), pp.4~7 참조.

11 조동일, "책봉체제", 『문명권의 동질성과 이질성』(서울: 지식산업사, 1999a); 이상익, "유교

다면 문화주의 측면만을 과도하게 강조하고 있다는 비판을 받는 페어뱅크류의 조공체제론에서도 그러한 노력은 제대로 이루어지지 않고 있을 뿐만 아니라,[12] 수정주의 접근에서는 그 문제점이 더욱 크다고 여겨진다. 후자의 경우에는 무엇보다 청대를 주 연구대상으로 삼고 있으며,[13] 또한 청대 중국과 몽고·중앙아시아나 동남아시아 또는 유럽 등 주로 비유교문명권과의 관계에 치중하고 있다. 그에 따라 조공체제는 단순히 상징적인 것일 뿐, 현실적으로는 별다른 중요성이 없다거나 아예 그 존재를 부정하기도 한다.[14]

사상과 전통시대 동아시아 국제질서", 권선홍 외(2015), 170~171쪽; 木村 幹(2002), 35쪽.

12 John K. Fairbank & Ssu-yu Teng, "On the Ch'ing Tributary System", *Harvard Journal of Asiatic Studies,* Vol. 6 (1941), pp.135~246(reprinted in John K. Fairbank & Ssu-yu Teng, Ch'ing Administration: Three Studies [Cambridge, MA: Harvard University Press, 1960], pp.107~218); John K. Fairbank, "Tributary Trade and China's Relations with the West", *Far Eastern Quarterly*, Vol. 1 (1942), pp.129~149; John K. Fairbank (ed.), *The Chinese World Order: Traditional China's Foreign Relations* (Cambridge, MA: Harvard University Press, 1968). 조동일은 페어뱅크가 편찬한 책이 무엇보다 외교관계의 실제 상황 측면에서만 다루고 정신문화적 의의를 밝혀 고찰하는 작업은 하지 못하였으며, 또한 책봉·조공관계의 전형이라 할 명대를 고찰대상으로 삼지 않았으며, 나아가 다른 문명권들과의 비교를 하지 않았다고 비판하였다. 조동일, "연구 방향전환을 위한 구상", 『하나이면서 여럿인 동아시아 문학』(서울: 지식산업사, 1999b), 63쪽.

13 잘 알려져 있듯이 청조는 유목민이자 이적으로 여겼던 만주족이 세운 왕조로, 통치의 필요상 유교를 수용하였으나 정통성 있는 유교 왕조로 보기는 어렵다. 청에 관한 최근 연구로는 石橋崇雄(이시바시 다카오), 『대청제국 1616~1799』, 홍성구 옮김(서울: 휴머니스트, 2009); 구범진, 『청나라, 키메라의 제국』(서울: 민음사, 2012); Pamela Kyle Crossley, *A Translucent Mirror: History and Identity in Qing Imperial Ideology* (Berkeley: University of California Press, 2002) 등이 있다.

14 청나라와 유럽국가들 관계를 연구하는 윌스가 대표적이다. John E. Wills, Jr. *Pepper, Guns, and Parleys: The Dutch East Indian Company and China, 1662-1681* (Cambridge: Harvard University Press, 1974), pp.204~206; idem, *Embassies and Illusions* (Cambridge: Harvard University Press, 1988), Chap. 1. 그 외에 James L. Hevia, *Cherishing Men from*

전통시대 유교문명권의 국제관계에 관한 기존연구에서 많은 성과를 이루고 있으나,[15] 문제점도 적지 않다고 본다. 무엇보다 서구학자들은

Afar (Durham: Duke University Press, 1995), Chap. 1; Diana Lary (ed.), *The Chinese State at the Borders* (Bancouver: UBC Press, 2007); Anthony Reid & Zheng Yangwen (eds), *Negotiating Asymmetry: China's Place in Asia* (Honolulu: University of Hawai'i Press, 2009); John E. Wills, Jr. (ed.), *Past and Present in China's Foreign Policy: From "Tribute System" to "Peaceful Rise"* (Portland, Maine: MerwinAsia, 2010); James L. Hevia, "Tribute, Asymmetry, and Imperial Formations: Rethinking Relations of Power in East Asia", in Wills (ed.)(2010), pp.61~73; John E. Wills, Jr. (ed.), *China and Maritime Europe, 1500-1800* (Cambridge: Cambridge University Press, 2011); Yuan-kang Wang, "Explaining the Tribute System: Power, Confucianism, and War in Medieval East Asia." *Journal of East Asian Studies* Vol. 13, Issue 2 (2013), pp.207~232 등을 들 수 있다. 이에 대한 소개로는 David C. Kang(康燦雄), *East Asia before the West: Five Centuries of Trade and Tribute* (New York: Columbia University Press, 2010), pp.12~13 참조.

15 최근 연구로는 김한규, 『천하국가』(서울: 소나무, 2005); 방향숙 외, 『한중외교관계와 조공책봉』(서울: 고구려연구재단, 2005); 여호규 외, 『한국고대국가와 중국왕조의 조공·책봉』(서울: 고구려연구재단, 2006); 이삼성, 『동아시아의 전쟁과 평화 1』(파주: 한길사, 2009); 이익주 외, 『동아시아 국제질서 속의 한중 관계사』(서울: 동북아역사재단, 2010); 김한규, 『동아시아 역사상의 한국』(서울: 세창출판사, 2015); 권선홍 외, 『전통시대 동아시아 국제질서』(부산: 부산외국어대학교출판부, 2015); 이춘식, 『조공과 사대』(부산: 산지니, 2016); 김경록, 『조선초기 한중군사관계사(상·하)』(서울: 국방부 군사편찬연구소, 2017) 동북아역사재단 북방사연구소 편, 『조선시대 한중 관계사』(서울: 동북아역사재단, 2018); 동북아역사재단 한국외교사편찬위원회 편, 『한국의 대외관계와 외교사: 조선편』(서울: 동북아역사재단, 2018); 백영서·정상기 엮음, 『내일을 읽는 한·중관계사』(서울: 알에이치코리아, 2019); 高明士, 『天下秩序与文化圈的探索』(上海: 上海古籍出版社, 2008); 黃松筠, 『中國古代藩屬制度研究』(長春: 吉林人民出版社, 2008); 邊土名朝有, 『明代册封體制と朝貢貿易の研究』(東京: 岩波書店, 2008); 柳岳武, 『傳統与變遷: 康雍乾之淸廷与藩部屬國關係研究』(성도: 巴蜀서사, 2009); 宋成有, 『東北亞史研究導論』(北京: 世界知識출판사, 2011); 李揚帆, 『涌動的天下: 中國世界觀變遷史論(1500~1911)』(北京: 知識産權출판사, 2012); 周方銀·高程 (編), 『東亞秩序: 觀念,制度与戰略』 (北京: 社會科學文獻출판사, 2012); 檀上 寛, 『明代海禁 = 朝貢システムと華夷秩序』(京都: 京都大學학술출판회, 2013); 萬明, 『中國融入世界的步履: 明与淸前期海外政策比較研究』 수정판(北京: 故宮출판사, 2014); 李雲泉, 『萬邦來朝: 朝貢制度史論』 수정판(北京: 新華출판사, 2014); 王小紅·何新華, 『天下體系』(北京: 光明日報출판사, 2014); 韓昇, 『東亞世界形成史論』 增訂版(北

물론 국내학자들도 대부분 근대 서구시각에서 접근하고 있기 때문이다. 이와 같은 문제점에 대하여 일찍이 이용희는 "왕왕 우리는 과거의 선인의 행적을 자주적으로 비판한다 하면서, 과거의 체제와는 수화(水火)의 관계에 있는 유럽의 가치관과 입장에 서서 보는 일이 많다"고 우려하면서 "우리 역사를 유럽 역사의 기준과 개념 도구를 사용해서 정리하려는 것도 위험천만"이라고 지적하였다.[16] 조동일 역시 "국가주의를 위해서 봉사하는 것을 최대의 명예로 여기는 근대의 학문 범위"를 벗어나 "근대인의 편견을 시정하고 세계사의 중세를 정당하게 인식하

京: 中國方正출판사, 2015); 陳尙勝, 『中國傳統對外關係硏究』(北京: 中華書局, 2015); 石元夢, 『明淸朝貢體制的兩種實踐(1840年前)』(北京: 知識産權출판사, 2015); 程妮娜, 『古代東北民族朝貢制度史』(北京: 中華書局, 2016); 柳岳武, 『淸代藩屬體系硏究』(北京: 人民출판사, 2016); 檀上 寬, 『天下と天朝の中國史』(東京: 岩波書店, 2016); 莫翔, 『"天下—朝貢"體系及其世界秩序觀』(北京: 中國社會科學출판사, 2017); 王元周 (編), 『中華秩序的理想,事實与想象』(南京: 江蘇人民출판사, 2017); 陳康令, 『禮和天下: 傳統東亞秩序的長穩定』(上海: 復旦大學출판사, 2017); 何新華, 『淸代朝貢制度硏究』(北京: 中國書籍출판사, 2020); Takeshi Hamashita(濱下武志), *China, East Asia and the Global Economy*, ed. by Linda Grove & Mark Selden (London: Routledge, 2008); Anthony Reid & Zheng Yangwen (eds), *Negotiating Asymmetry: China's Place in Asia* (Honolulu: University of Hawai'i Press, 2009); Kang(康燦雄)(2010); Zheng Yongnian (ed.), *China and International Relations* (London: Routledge, 2010); Barry Buzan & Yongjin Zhang (eds), *Contesting International Society in East Asia* (Cambridge: Cambridge University Press, 2014); Robert Kong Chan, *Korea-China Relations in History and Contemporary Implications* (New York: Palgrave, 2018) 등이 대표적이다.

16 이용희, "사대주의", 『한국민족주의』, 노재봉 (편)(서울: 서문당, 1977), 171, 185쪽. 나아가 그는 동아시아세계 즉 "천하는 곧 중국이라고 생각"하는 것이야말로 "바로 현대의 사고방식이며 비전통적인 생각"이고 "천하를 중국으로 해석하고 천하의 예법은 중국이란 나라의 예법이라고 생각하는 것이 바로 유럽적"이라며, 선인들의 머릿속에 있던 '천하'라는 관념에는 "그런 것을 넘는, 폐쇄적 국가개념을 넘어 한 문화세계, 자기도 포함되는 어떤 국제사회 관념이 나라 관념에 묻어 있"었다고 강조하였다. 이용희(1977), 173쪽.

는 연구를 수행해야 한다"고 주장하였다.[17] 즉 유럽중심주의와 근대지상주의라는 기존 관념의 청산이 무엇보다 필요하다고 역설하고 있다.[18] 한편 대만학자 감회진도 '동아시아세계'를 제대로 이해하기 위해서는 우선 근대 이래의 '민족국가'적 개념 또는 일본학자들이 말하는 '일국사'적 관점을 극복해야 한다고 역설하고 있다.[19] 요컨대 유교문명권의 국제관계를 물과 불 또는 얼음과 숯 관계에 있는 서구기준으로 접근한다면, 이를 제대로 이해하기도 어렵거니와 정당한 평가를 하기는 더욱 어렵다고 본다.[20] 무엇보다 근대인의 편견과 우월감을 시정하고,[21] 좀 더 균형시각을 구비할 필요가 있다고 여겨진다.

유교문명권의 형성과 발전과정에서 중국이 주도적인 역할을 하여 왔음은 물론이지만 다른 구성국들 모두의 참여하에 함께 이루어졌으

17 조동일(1999a), 15, 18쪽.

18 조동일(1999b), 4쪽.

19 甘懷眞, 『皇權,禮儀与經典詮釋』(上海: 華東師範大學출판사, 2008), 366~367쪽. 그는 근대 이후 동아시아지역에서 민족국가와 민족문화 관념이 등장하면서 중국은 하나의 민족국가이고 '중국문화'는 중국의 민족문화이며 그에 상대하여 '한국/한국문화'·'일본/일본문화'를 당연시하게 되었고, 구체적으로 '중국유학'·'한국유학'·'일본유학'을 말하고 있지만, 근대 이전에는 이러한 민족국가 개념도 없었으며 유교 역시 어느 국가의 특정한 사상이라는 생각이 별로 없었다고 지적하였다.

20 역사학자인 정옥자도 "가장 배제되어야 할 점은 현재적 가치관의 일방적 적용과 결과주의 내지는 공리주의적 가치판단"이라면서 "당시대의 가치관에 입각하지 않고는 그 시대를 정확히 파악할 수도 이해할 수도 없는 것이니, 우선 그 시대에 대한 올바른 이해에 다다른 이후에 평가가 이루어져도 결코 늦지 않을 것"이라 하였다. 정옥자, 『조선후기 조선중화사상 연구』(서울: 일지사, 1998), 68~69쪽.

21 조동일은 책봉체제를 제대로 알기 위해서는 "독립국과 종속국을 각기 절대적인 것으로 보는 근대 주권론에서 벗어나야 한다"면서, 중세시대는 "이상과 현실이 서로 어긋나는 이원론의 시대였다"고 지적하였다. 조동일, 『공동문어문학과 민족어문학』(서울: 지식산업사, 1999c), 27~28쪽.

며, 이들 '나라'는 각각 별개의 역사공동체를 형성하여 독자적인 역사를 전개하면서 동시에 다른 '나라'들과 더불어 동아시아'세계'라는 한 차원 높은 역사공동체를 형성하여 공동의 운명과 문화를 서로 나누었던 것이다.[22] 즉 유교문명권은 공통성·보편성과 함께 이질성·독자성을 공유하면서, '하나이면서 여럿'인 세계였음을 유의해야 한다.[23] 한마디로 유교문명은 그 구성 국가들 모두가 참여하여 만들어낸 '공동창조물'이자 '공동유산'이었던 것이다.[24]

이 글에서는 전통시대 유교문명권의 국제질서에서 장래 동아시아 지역의 안정과 평화를 위해 계승·발전시킬 만한 요소들을 찾아보고자 한다. 이러한 목적을 위해 기존의 국가보다는 문명권 차원에서, 근대보다는 중세 시각에서 접근해 보고자 한다. 또한 중국과 조선 관계에만 국한하지 않고 중국과 월남, 유구 및 일본 관계와도 비교하고, 나아가 유교문명권의 국제관계를 다른 문명권들의 경우와도 비교해 볼 필요가 있다.

22 김한규, "전통시대 중국 중심의 동아시아 세계질서", 『역사비평』 통권 50호(2000), 283쪽.

23 조동일(1999b); 山室信一, 『여럿이며 하나인 아시아』, 임성모 옮김(서울: 창비, 2003); 堀敏一, 『중국과 고대 동아시아세계』, 정병준 외 옮김(서울: 동국대학교출판부, 2012); 李永晶, "從'天下'到'世界': 東亞儒學秩序原理的過去与未來", 許紀霖·劉擎 (編), 『新天下主義』(上海: 上海人民출판사, 2014), 28~31쪽 참조.

24 그러나 근대 이행기에 일본이 처음으로 유교문명권에서 이탈하였다. '탈아입구(脫亞入歐)'를 주장한 福澤諭吉은 '인의예지'는 "外見의 虛飾"에 지나지 않으니 버려야 하고 고래의 구습에 사로잡혀 있는 조선과 중국 두 "惡友를 사절"해야 한다고 주장하여, 유교문명의 내용을 부정하고 나아가 문명권의 외연을 파괴하는 데 앞장섰다. 조동일, 『세계·지방화시대의 한국학 6: 비교연구의 방법』(대구: 계명대학교출판부, 2007), 391쪽.

2. 중세 유교문명권 국제질서의 개관

중세의 최대 특징은 씨족적이며 신화적 정치사상과 지역 국가적 특성이 강조되던 고대나 특수적이며 국가주의적 특성의 근대와는 다르게, 하나의 보편 종교가 각 문명권을 독점하였으며 따라서 보편적이고 초국가적인 권위가 동시에 개별 국가의 정치를 정당화하는 정치권위로서 관념되었다는 사실이다. 이는 무엇보다 중세의 각 문명권에서 '초국가적 문명권의식'이 탄생하였고, 또한 하나의 통일제국이 등장하였기 때문이다. 즉 세계국가의 출현과 이를 정당화하는 유일한 국교의 등장으로 말미암아 고대는 사라지고, 새로운 역사의 전환이 이루어지게 되었다.[25] 예컨대 중세 유럽에서는 단일한 기독교세계의 단일한 제국이라는 관념이 지배하여, 제국은 명분상 '신의(神意)'에 의한 보편적 정치체 곧 '기독교 공화국(*Respublica Christiana*)'으로 존재하였으며, 사실상의 지배가 어떠하든 간에 그 보편성과 통치의 명분이 유지되었던 것이다.[26] 즉 '모든 권력은 오직 신으로부터만 유래된다'는 원칙하에 종교 가치가 인간의 모든 행동을 규제해야 하는 것으로 여겼다. 그리하여 종교는 정치로부터, 정치는 도덕 등으로부터 분리되어 있지 않았으며, 적

25 이용희, 『정치와 정치사상』(서울: 일조각, 1958), 2편 1~2부. 또한 조동일도 고대는 자기중심주의, 중세는 보편주의, 근대는 민족주의가 각각 그 특징이라 지적하였다. 이에 대하여 조동일(1999a) 참조.

26 이용희(1962), 113, 270, 280쪽. 또한 장-바티스트 뒤로젤, 『유럽의 탄생』, 이규현·이용재 옮김(서울: 지식의 풍경, 2003), 2~3장 참조.

어도 공적 영역에서의 인간 행위는 기독교 이외의 다른 어떤 규범에 의해서도 판단될 수 없다고 생각하였다.[27]

그뿐만 아니라 기독교의 일신론이란 특성은 천상에 오직 한 분의 신만이 존재하는 것과 마찬가지로 지상에도 단 한 명의 군주가 있어야 한다는 관념을 강화시키고 이를 정교화하는 데 크게 기여하였다. 이로부터 '하나의 신', '하나의 제국', '하나의 교회'라는 사실이 당연시되고 또한 강조되었던 것이다. 예컨대 중세 기독교사상의 토대를 제공하였다는 아우구스티누스(St. Augustine, 354~430)는 『신국론』에서 "왕과 신민은 '신의 은총'과 신의 섭리에 따라서 존재하는 것이다. 또한 국가는 어느 의미에서 신의 도성을 위한 보조 역할을 하는 것이며, 통치 권력은 신을 경배하기 위하여 사용되어야 하는 것"[28]이라고 강조하였다. 한편 교

27 W. 울만, 『서양중세정치사상사』, 박은구·이희만 옮김(서울: 숭실대학교출판부, 2000), 제1장; 김필년, 『시련과 적응』(왜관: 분도출판사, 2001), 48~53쪽; Walter Ullmann, Medieval Political Thought (Harmondsworth: Penguin Books, 1975), Chap. 1. 또한 J.B. 모랄, 『중세 서양의 정치사상』, 박은구 옮김(서울: 탐구당, 1983); 이경구, 『중세의 정치이데올로기』(서울: 느티나무, 2000); G.R. 에번스, 『중세의 그리스도교』, 이종인 옮김(서울: 예경, 2006); 로널드 디버트, 『커뮤니케이션과 세계질서』, 조찬수 역(서울: 나남출판, 2006); 김경희, 『근대국가 개념의 탄생』(서울: 까치, 2018) 참조.

28 지동식·이장식·김규영 외 편역, 『서양중세사상사론』(서울: 한국신학연구소, 1981), 198, 216쪽; 강치원, "신정적 왕권과 대관식에 관한 연구", 『사학지』, 제16집(1982), 13쪽에서 재인용. 또한 아우구스티누스는 세속의 지상국가를 인간 원죄로 인하여 불가피하게 만들어진 부자연스럽고 과도기적인 비상국가로 이해하며, 방어할 가치가 없는 것으로 보았다. 즉 국가는 전적으로 교회에 봉사해야 하며, 궁극적으로는 신국을 지향해야 한다고 주장하였다. 이는 중세 서구사회를 지배하는 사상이 되었다. 박종대, "중세의 평화관", 서강대 철학연구소 (편), 『평화의 철학』(서울: 철학과 현실사, 1995), 76~86쪽; 최상용, 『평화의 정치사상』, 2판(서울: 나남, 2006), 63~76쪽; F. Parkinson, *The Philosophy of International Relations* (Beverly Hills: Sage, 1977), pp.14~16.

황 겔라시우스(Gelasius) 1세(492~496)는 '교황에게는 권위(*auctoritas*)를, 황제에게는 단순한 권력(*regia potestas*)'을 각각 부여하였는데 '권위'는 단순한 '권력'에 비해 우월한 상위 개념으로, 권력은 권위에 의해 수립된 것의 집행을 의미한다고 하였다.[29] 또한 중세에는 정치의 목적이 각 문명권에서 이상적으로 여겼던 즉 덕성스러운 인간을 만드는 것이었으며, 국가의 목적도 윤리적·종교적 또는 형이상학적인 목적을 추구하는 것이었다.[30] 따라서 그 당시 군주의 최대 의무는 '신의 평화(*pax Dei*)' 내지 '기독교 공동체의 평화와 안전'을 유지하는 것이었으며,[31] 이처럼 정치는 종교에 예속되어 있었고 국가이익보다는 종교적 명분을 더 앞세웠던 것이다.[32] 그뿐만 아니라 중세 서구의 법은 만드는(*made*) 것이라기

29 울만(2000), 43쪽.

30 강정인·엄관용, 『군주론』(파주: 살림, 2005), 2장; Mark V. Kauppi & Paul R. Viotti, *The Global Philosophers* (New York: Lexington Book, 1992), p. 152. 정치관념에 관하여는 이용희(1962), 48~50쪽 참조.

31 이용희(1962), 120~123쪽; 울만(2000), 60, 150쪽; Garrett Mattingly, *Renaissance Diplomacy* (Boston: Houghton Mifflin, 1955), pp.48~51, 109~118; F.H. Hinsley, *Sovereignty*, 2nd ed. (Cambridge: Cambridge University Press, 1986), pp.65~66; Robert Jackson, *Sovereignty* (Cambridge: Polity, 2007), pp.33~38 등 참조.

32 곽차섭, 『마키아벨리즘과 근대국가의 이념』(서울: 현상과인식, 1996), 20~23쪽. 한편 동방기독교문명권에서도 황제의 조언자이자 주교였던 카이사레아의 에우세비우스(Eusebius of Caesarea)도 왕권신수설을 기초로 이상적인 정치체제로서 그린 것은 '전제군주의 단독통치'였다. 그는 "하늘나라에서 전능한 하느님 한 분이 백성을 다스리는 것과 같이, 지상에서도 지고한 황제 한 사람이 정의를 관리해야 한다. 지상의 황제는 그의 원형이라고 할 수 있는 하늘나라의 신으로부터 권력을 받는다. 황제는 하늘나라 지배자의 그림자 혹은 대리인이다. 그러므로 그리스도교 황제는 신의 권능뿐만 아니라 인간에 대한 신의 자비와 보호까지도 구현한다. 황제의 임무는 제국을 야만족들과 불신자들로부터 보호하고 교회와 제국 내에서 평화를 증진시키는 것"이라 주장하였다. 이러한 사상을 배경으로 비잔틴 교회와 국가 사이의 결합은 말할 수 없을 정도로 강력했으며, "국가란 하나의 유기적인 통일체로서 세속적 권력과 종교적 권력이 합쳐져 만들어진 것으로 생각했"던 것이다. 그뿐만 아

보다는 발견되는(*found*),[33] 즉 신에 의해 주어진(*given*) 것이었다. 나아가 중세 유럽에서는 주권국가들이 등장한 근대와는 달리, 공적인 것과 사적인 분야 그리고 국내적인 것과 국제적인 분야가 명확하게 구분되지 않았다.[34] 이와 같은 '하나의 신, 하나의 제국, 하나의 교회'가 모토인 신 중심의 사상과 '보편적이고 위계적인 기독교공동체'가 붕괴되고, '인간 중심의 사상'과 '영토를 기반으로 하는 다수의 주권국가들'의 성장 그리고 '국가이성주의(*Raison d'État*)'에 기반한 '국가이익'관념이 등장하면서 근대가 시작되었음은 널리 알려진 사실이다.[35]

니라 엄격한 위계질서를 갖고 있었는데, 최정상에는 '지상에서 신의 대리인'으로서 절대적 권력을 행사하였던 황제가 있었으며, 그다음으로는 일반 총대주교, 그 밑으로 성직은 주교, 사제 또는 감독, 집사의 3가지 주요 품급으로 구성되었고, 그 밑으로는 낮은 품급이 있었다. 그러나 현실세계에서는 종교상의 이론과는 달리, 황제와 총대주교 간의 갈등이나 대립이 발생하기도 하였음은 물론이다. 울만(2000), 34~39쪽; 메리 커닝엄, 『비잔틴제국의 신앙』, 이종인 옮김(서울: 예경, 2006), 3~4장; Garth Fowden, *Empire to Commonwealth: Consequences of monotheism in late antiquity* (Princeton: Princeton University Press, 1993), pp.85~97.

33 George H. Sabine, *A History of Political Theory*, 4th ed. (Hinsdale, Ill: Dryden Press, 1973), pp.196~99.

34 Joseph R. Strayer, *On the Medieval Origins of the Modern State* (Princeton: Princeton University Press, 1970), pp.27~83; J.L. Holzgrefe, "The Origins of modern international relations theory", *Review of International Studies*, Vol. 15, No. 1 (1989), pp.11~12; Henry Kissinger, *Diplomacy* (New York: Touchstone, 1994), Chap. 3; John Gerard Ruggie, *Constructing the World Politics* (London: Routledge, 1998), pp.145~147, 179~184; Hendrik Spruyt, *The Sovereign State and Its Competitors* (Princeton: Princeton University Press, 1994), Chap. 3; Benno Teschke, *The Myth of 1648* (London: Verso, 2003), pp.65~67.

35 이용희(1962), 119~120, 123~124쪽; 프리드리히 마이네케, 『국가권력의 이념사』, 이광주 옮김(서울: 민음사, 1990), 서론; 김경희(2018), 제2부; 전재성, 『주권과 국제정치』(서울: 서울대학교출판문화원, 2019), 3~5장; Kauppi & Viotti(1992), Chaps. 7~8; Rodney Bruce Hall, *National Collective Identity* (New York: Columbia University Press, 1999), Chap. 4.

중세의 또 다른 특징은 상하 위계질서였다는 사실이다.[36] 예컨대 기독교문명권의 경우, 인간의 양심이나 신앙 등 영적 문제를 다루는 교회는 교황과 대주교-주교 등의 위계구조로 되어 있고, 나머지 세속문제는 신의 권위가 신성로마 황제에게 위탁된 것으로 인정되었는데 봉건제에서 알 수 있듯이 황제와 국왕-지방 영주 등의 상하 위계질서로 이루어졌던 것이다.[37] 교황은 신의 이름을 빌려 국제평화의 수립이나 조약·협정 위반에 대한 정신적 제재 그리고 외교 교섭상의 중재개입·거중조정 등에 이르기까지 지대하고도 결정적인 영향력을 행사하였다. 예컨대 교황의 인준이나 윤허가 없으면 세속 군왕 간의 전쟁 행위나 평화 교섭 또는 국제회의 등 일체의 공식 활동은 국제적 정당성이나 공신성을 부여받지 못하는 것으로 인식되었다.[38] 이와 같은 중세시대의 여

마키아벨리(1469~1527)가 종교에 종속되어 있던 정치의 독자성을 주장하고, 군주에게도 기존의 윤리도덕적 규범으로부터 벗어나 '이익 지향적으로 행동'하길 요구하면서 근대 정치학이 시작되었다고 평가된다.

36 고대 근동사회도 매우 위계적인 구조로 이루어졌다. Raymond Cohen & Raymond Westbrook (eds), *Amarna Diplomacy: The Beginnings of International Relations* (Baltimore: Johns Hopkins University Press, 2000) 참조. 예컨대 고대 이집트의 왕(Pharaoh)은 스스로 '신의 아들'이며, 모든 사람은 자신에게 복종해야 하고 온 세상이 자신의 영역이라 하였다. 바빌로니아의 나람신(Naramsin)도 자신을 '우주의 왕'이라 불렀으며, 아시리아 왕 역시 자신을 '세계의 왕'이며 '만민의 태양'이라 불렀다. Hugh Nibley, "The Hierocentric State", *The Western Political Quarterly*, Vol. 4, No. 2 (1951), pp.231~234.

37 이용희(1962), 104~110쪽; Frank M. Russell, *Theories of International Relations* (New York: Appleton-Century-Crofts, 1936), Chap. 6; Hinsley(1986), Chap. 3; Jeremy Larkins, *From Hierarchy to Anarchy: Territory and Politics before Westphalia* (New York: Palgrave, 2010), Chaps. 4~5.

38 김홍철, 『외교제도사』(서울: 민음사, 1985), 104, 116쪽; R. F. Wright, *Medieval Internationalism* (London: Williams & Norgate, 1930), pp.18~50, 109~115; Arthur Nussbaum, *A Concise History of the Law of Nations* (New York: Macmillan, 1954), pp.17~22. 한편 박상섭은 중

러 특징은 다른 문명권들에서도 유사하였다. 이슬람문명권의 경우, 이슬람이 '종교이자 국가'라는 전통적 정교일원론이 불변의 신앙이었다. 즉 모든 권위의 궁극적 근원은 바로 신이며, 따라서 무슬림에게 절대신의 법 곧 샤리아(Shari'a)는 지상의 공동체나 국가보다 우선하고 앞서서 존재하는 것이었다. 이처럼 이슬람사회는 샤리아의 구현과 그 확대를 목적으로 하는 종교사회로서, 이슬람의 이상은 단순히 세속적인 국가·정부에 의하여 도달되는 것이 아니라 초국가적인 이슬람 영도자(이맘이나 칼리파)에 의하여 달성되는 것으로 여겼다.[39] 또한 하늘에 '하나의 신'이 존재하듯이 지상에도 원칙적으로 '오직 하나의 칼리파(khalifa)'만이 존재하는 것으로 여겼다. 따라서 각국은 '명분상' 동등한 것이 아니라 군주의 호칭에서 알 수 있듯이, 종주국을 중심으로 하는 상하위계적인 세계였다. 즉 예언자 무함마드의 대리인이자 이슬람권 전체의 유일한 존재인 칼리파는 이슬람 신도공동체의 세속적인 것과 종교적인 양면을 동시에 통치하고 관장하는 수장으로, 술탄이나 지방 군주들보다 상위에 있다고 인식하였다.[40]

세 서구사회에서 "최상위에는 교황과 황제가 있고, 다음 수준에 각 지역의 군주들, 그리고 그 밑에 지방귀족들이 위계질서를 이루면서 병존하는 독특한 정치질서는 13세기 중엽 이후 15세기에 이르기까지 서유럽을 지배했던 토마스 아퀴나스의 정치이론에 의해 지지되었다. 기독교적 우주관에 아리스토텔레스의 정치사상을 접목한 이 토미즘(Thomism)은 다양한 권위체들의 위계질서로 구성되는 조화로운 단일세계의 모습을 제시했는데, 이 사상은 유럽의 각 지역에서 출현한 영토 군주의 승리와 함께 붕괴되기 시작했다"고 지적하였다. 박상섭, 『국가·주권』(서울: 소화, 2008), 197쪽.

39 이용희(1962), 74~76쪽; 앤 램톤, 『중세 이슬람의 국가와 정부』, 김정위 옮김(서울: 민음사, 1992), 서론, 제2장; 손주영, 『이슬람 칼리파制史』(서울: 민음사, 1997), 제1~2장.

40 이용희(1962), 233쪽. 또한 손주영(1997); Thomas W. Arnold, *The Caliphate* (Oxford: Clarendon, 2000[1924]); Patricia Crone & Martin Hinds, *God's Caliph: Religious authority*

유교문명권 역시 중세의 다른 문명권들과 같이 상하위계적이었으나, 유교사상을 기반으로 사대자소의 예적(禮的) 질서로 규정되었으며 책봉·조공관계로 제도화되었다. 물론 시대에 따라 그 특징과 차이가 존재하였으나, 사상이나 제도의 본질적 변화는 없었다고 하겠다. 예컨대 사대의 예는 단순히 대국의 압력이나 위협으로 인한 불가피한 수단이거나 현실적 실리를 추구하는 정책을 넘어, 유교문명권의 '예치질서'의 일부분이었으며 따라서 하나의 '당위'로 여겼으며 이러한 명분적 사대에 대해서는 하등의 굴욕을 느끼지 못하였던 것이다.[41] 또한 책봉과 조공은 유교문명권의 핵심적 예규범으로 인식하고 이를 지속적으로 준행하여 나갔다고 하겠다. 유교문명의 핵심인 예규범은 권력의 정통성을 제공해 주고 나아가 유교 예치질서를 유지 존속시켜 주는 기능을 수행하였던 것이다. 요컨대 유교문명권의 국제관계는 예를 기반으로 하였으며, 기본 예규범을 지켜 나가면 별다른 간여도 받지 않는 것이 원칙이었다.[42]

in the first centuries of Islam (Cambridge: Cambridge University Press, 1986); Sohail H. Hashmi (ed.), *Islamic Political Ethics: Civil Society, Pluralism, and Conflict* (Princeton: Princeton University Press, 2002) 참조.

41 이용희(1962), 71~74쪽; 이용희(1977), 143~169쪽; 조동일(1999a), 11~50쪽; 권선홍(2015), 2~3장; 黃枝連, 『天朝禮治體系硏究(上中下卷)』(北京: 中國人民大學出版社, 1992, 94, 95). 1880년대에 처음으로 김옥균, 윤치호 등 개화파 인사들이 사대에 대해 부정적 평가를 하기 시작하였다. 권선홍(2015), 82~83쪽. 당시 근대 서구국제질서를 수용하던 일본에서 사대는 '독립'의 반대말로 여기며, 가장 비난받아 마땅한 악덕으로 평가되기 시작하였다. 강동국, "'사대주의'의 기원", 『일본공간』 5(2009), 138~162쪽.

42 중국이 조공국들에게 요구한 것은 주로 '예와 분수를 지키라[安分守禮]'는 것이었다. 이용희, 『미래의 세계정치』(서울: 민음사, 1994), 53~55쪽; 권선홍(2015), 122~135쪽 참조.

3. 유교문명권 국제질서의 시사점

장래 동아시아지역의 안정과 평화를 위해 전통시대 유교문명권의 국제질서에서 계승·발전시킬 만한 요소들로서 평화지향성과 호혜성, 나아가 동문의식(同文意識) 내지 공동체의식을 강조하려 한다.

1) 평화지향성(平和指向性)

첫째로 유교문명권은 매우 평화지향적이었다는 점을 들 수 있다.[43]

43 물론 이러한 유교평화론에 대한 반론도 제기되고 있으며, 이에 대한 재반론도 있는 상황이다. 대표적 반론자인 존스턴은 명대의 전략문화를 분석한 결과, 전통시대 중국이 유교를 기반으로 전쟁에 매우 부정적이며 무력은 불가피한 상황이 아니면 자제해야 하는 군사문화였다는 기존 연구와는 달리, 일관되게 공격적인 무력 사용의 경향을 보여 주었다고 주장한다. 즉 유교적인 공맹(孔孟)패러다임의 영향력은 표면적이고 미약한 반면에, 강력한 현실정치패러다임이 주로 작동하였으며 결코 평화적이지 않았다고 주장한다. Alastair Ian Johnston, *Cultural Realism: Strategic Culture and Grand Strategy in Chinese History* (Princeton: Princeton University Press, 1995); 민병희, "전근대시기 동아시아 국제질서와 평화: 국제관계학적 접근에 대한 역사학적 비판", 『역사문화연구』 49(2014), 188~191쪽. 또한 왕원강은 유교 영향력이 가장 강하고 '순수하였던' 한족 왕조 송·명 양대 시기를 대상으로 분석하여, 송·명대 모두 유교문화는 영향력을 끼치지 못하고 별다른 변수로 작용하지 않았다고 결론지었다. 즉 송·명대 중국의 행동은 구조적 현실주의이론에서 말하는 행동양식과 일치한다고 주장하였다. Yuan-Kang Wang(王元康), *Harmoy and War: Confucian Culture and Chinese Power Politics* (New York: Columbia University Press, 2011); 민병희(2014), 191~194쪽. 존스톤의 반론에 대한 재반론으로 李曉燕, "中國明代戰略文化与儒家文化的一致性研究", 『世界經濟与政治』 2008년 제10기, 66~76쪽; 朱中博·周雲亨, "中國戰略文化的和平性: 『文化現實主義』再反思", 『當代亞太』 2011년 제1기, 36~51

우선 유교사상을 본다면, 일찍이 공자(孔子)는 "예를 실천하는 데에는 조화로움이 중요"[44]하다면서, "먼데 사람이 복종하여 오지 않으면 문덕을 닦아서 (그들이) 오게 하고, 이미 온 뒤에는 편안하게 해주어야 한다"[45]고 강조하였다. 『중용』에서는 "먼데 사람들을 어루만져 주는 것"과 "제후들을 품어주는 것"[46]을 강조하고 있으며, 『예기』에서도 "유학자는 충과 신을 갑주로 삼고 예와 의를 방패로 삼고 인을 이고 행동하며 의를 품고 살아간다"[47]고 하였다. 또한 한나라 동중서(董仲舒)는 "가까운데 사람을 친애하여 먼데 사람을 오게 한다"[48]고 하였고, 후한 초기 하휴(何休)도 "오는 사람은 막지 않고 가는 사람은 쫓지 않는다"[49]고 하였다. 이러한 유교의 원칙과 이상은 후대에도 큰 영향을 주었음은 물론이다. 한마디로 유교문명권에서는 "병기(兵器)는 흉기(凶器)"라면서, 대체로 전쟁을 부정적으로 여겼다.[50]

쪽 등이 있다. 유교평화론에 대한 반론은 무엇보다 유교문명권 밖에 있는 북방 이민족과의 관계를 대상으로 하였다는 점에 본질적인 문제가 있다. 즉 유교규범은 기본적으로 문명권 내에서만 적용되고 외부와의 관계에서는 원칙적으로 적용되지 않았으며, 이러한 원칙은 다른 문명권에서도 보편적인 것이었다. 이용희(1962), 52쪽; 권선홍(2015), 73~79쪽 참조.

44 『論語』 학이편 12장: 禮之用 和爲貴.

45 『論語』 계씨편 1장: 遠人不服則修文德以來之 旣來之則安之.

46 『中庸』 20장: 凡爲天下國家有九經曰(…) 柔遠人也 懷諸侯也 (…) 柔遠人則四方歸之 懷諸侯則天下畏之.

47 『禮記』 儒行: 儒有忠信以爲甲胄 禮義以爲干櫓 戴仁而行 抱義而處.

48 『春秋繁露』 王道 및 十指篇: 親近以來遠.

49 『春秋公羊傳』 隱公 2년 (何休) 注 : 王者不治夷狄 錄戎者 來者勿拒 去者勿追.

50 유교를 국교화한 조선 역시 "병기는 흉하고 전쟁은 위험하다[兵凶戰危]"라고 하며, 기본적으로 '침범해 오면 부득이 응전하되 물러가면 추격하지 않는다'는 방어정책을 취하였다. 정약용은 당시 유학에 대한 이해 수준이 높고 예의와 문물을 갖춘 일본에 대해 걱정할 것이 없다고 하였다. 정약용의 일본인식에 대하여 하우봉, 『조선후기 실학자의 일본관 연구』

다음으로 명·청 왕조는 대체로 방어적인 수비를 기본정책으로 내세웠다. 예컨대 명 태조 주원장은 원나라가 침략 전쟁을 일삼고 일찍 멸망한 역사에서 교훈을 얻어, 다른 나라가 중국을 침범하지 않는 한 기본적으로 우호관계를 유지하고자 하였다. 즉 그는 『황명조훈』에서 자손들에게 다음과 같은 간절한 훈계를 남겼다.

> 사방 여러 이적(夷狄)들은 모두 산으로 막히고 바다로 떨어져 있는 한쪽 구석에 궁벽하게 살아가고 있다. 그 땅을 얻는다 하더라도 공급을 하기에 부족하고, 그 사람들을 얻는다 하더라도 명령하고 부리기에 부족하다. 만일 그들이 자신의 역량을 알지 못하고 우리 변경을 침범하고 소요를 일으키면 곧 그들에게 매우 큰 불행이 될 것이다. 그러나 그들이 중국에게 환란을 끼치지 않는데도, 우리가 군사를 일으켜 경솔하게 침범하는 것도 또한 매우 큰 불행이다. 나는 후세 자손들이 중국의 부강함을 믿고 일시적인 전공을 탐내어 이유 없이 군대를 일으켜 인명을 살상하지 않을까 염려하여, 간절히 그 불가함을 적는다.

그러면서 구체적으로 '정벌해서는 안 되는 나라[不征之國]'로 조선·일본·유구·안남 등 15개국을 열거하였다.[51] 즉 외국이 중국 변경을 침범

(서울: 일지사, 1989), 190~210쪽; 김문식, 『조선후기 지식인의 대외인식』(서울: 새문사, 2009), 359~365쪽 참조. 어느 일본학자는 "유교의 역사를 꿰뚫어 변하지 않았던 것 중의 한 가지는 힘의 부정, 무력의 경시"라고 지적하였다. 島田虔次, 『주자학과 양명학』, 김석근·이근우 옮김(서울: 까치, 2001), 80쪽.

51 『明太祖實錄』 권68, 洪武 4년 9월 辛未: 海外蠻夷之國 有為患於中國者 不可不討, 不為中國患者 不可輒自興兵. 古人有言 地廣非久安之計 民勞乃易亂之源. (…) 朕以諸蠻夷小國阻山

해 오면 당연히 물리쳐야 하지만 침범하지 않는 한 경솔하게 침략 전쟁을 해서는 안 된다고 훈계하였다. 이는 후대에도 지대한 영향을 주었음은 물론이다.

조선도 유교 명분에 충실하였으니, 예컨대 조선에 왔다가 돌아가는 명나라 사신을 전송하면서 쓴 글에서 권근(權近)은 다음과 같은 소망을 드러내었다.

> 생각하건대, 옛날 성인들이 중국을 다스릴 적에 많은 나라를 세우고 제후들과 친하며, 큰 나라는 작은 나라를 돌보고 작은 나라는 큰 나라를 섬기며[大以字小 小以事大] 각기 그 정성을 다하게 한 것은 먼 나라나 가까운 나라나 모두 화목하게 하려 한 것이었다. 삼가 생각하건대, 황명이 만방을 어루만져 주매 인이 깊고 덕이 두터워, 무릇 천지 사이에 있는 동물이나 식물 따위도 모두 그 은택에 젖었다. 그러므로 해외에 있는 우리나라도 누구든 똑같이 사랑해 주시는[同仁] (황제의) 덕화를 입게 되어, 신임하는 은전과 애도하는 책명으로 처음과 끝을 바르게 하는 것이 갖추어지게 되었으니, 천명을 즐기고 작은 나라를 돌보

越海 僻在一隅. 彼不為中國患者 朕决不伐之. 惟西北胡戎 世為中國患 不可不謹備之耳. 『皇明祖訓』 祖訓首章; 『明會典』 권105, 禮部63 朝貢1 東南夷 상: 四方諸夷皆限山隔海 僻在一隅 得其地不足以供給 得其民不足以使令. 若其自不揣量 來撓我邊 則彼爲不祥, 彼既不爲中國患 而我興兵輕伐 亦不祥也. 吾恐後世子孫倚中國富彊 貪一時戰功 無故興兵 致傷人命 切記不可. 但胡戎與西北邊境 互相密邇 累世戰爭 必選將練兵 時謹備之. 호융 즉 몽골은 경계의 대상으로 여겨 '부정지국'에 포함되지 않았다. 또한 김경록(2017), 335쪽; 林常薰, "明代 國際關係의 기틀: 洪武帝의 15개 不征諸夷國 구상과 그 형성과정", 『韓中關係研究』 6:3(2020), 221~234쪽; 萬明(2014), 52~59쪽 참조.

는 어짊이 지극하도다.[52]

즉 큰 나라와 작은 나라가 각기 그 정성을 다하여 모두 화목하게 지내고, 황제의 덕화를 칭송하였던 것이다. 후일 인조(仁祖)는 "강국도 약한 나라에 대해 거만하게 대해서는 안 되는 법"[53]이라 하였다.

끝으로 전쟁 빈도수에서 근대 서구사회와는 비교가 안 될 정도로 적었다는 사실에서 잘 드러난다. 일찍이 이용희는 17세기 100년 동안 유럽에서 완전 무전쟁 상태는 불과 7년간이었으며 근대 전후기의 유럽 주요 국가들이 2년 중의 1년은 전시 환경 중에 있었다고 추정되는데 반하여, 한국의 경우 유럽에 비하면 11분의 1에도 못 미친다고 지적하고 있다.[54] 홀스티도 서구사회에서는 전쟁을 영웅시하였다며, 1648~1713년까지 22차 전쟁이 일어나 3년에 한 번 전쟁이 일어났고, 1715~1814년에는 36차 전쟁으로 2.85년에 한 번, 1815~1914년은 31차 전쟁으로 3.3년에 한 번 전쟁이 일어났다고 하였다.[55] 최근의 한 연

52 『陽村集』 권16, 序類 送行人段公祐使還詩序; 『국역양촌집』 Ⅲ(민족문화추진회, 1978), 40~41쪽: 予惟昔聖人之莅中國也 建萬國親諸侯 大以字小 小以事大 各盡其誠 所以致遠近之洽和也 欽惟皇明撫有萬邦 仁深德厚 凡在天地之間 動植之類咸濡其澤 故我海外之邦 獲被同仁之化 寵典懋册 所以正終始者旣備 樂天字小之仁至矣.

53 『조선인조실록』 권34, 15년 1월 2일 임인: 强國之於弱國 亦不當慢以待之. 한편 중종 연간에 조광조는 야인 속고내를 불의에 엄습하여 사로잡자는 조정 중론에 대하여, 도와 인의 등 유교명분을 내세워 반대하였다. 『조선중종실록』 권34, 13년 8월 17일 갑신.

54 이용희(1962), 125~126쪽.

55 Kalevi J. Holsti, *Peace and War: armed conflicts and international order 1648~1989* (Cambridge: Cambridge University Press, 1991), pp.47~49, 66, 84, 142. 전쟁사에 관한 권위자 하워드는 "8세기와 18세기에 이르는 천 년의 기간 동안 유럽사회는 다른 어떤 사회보다 호전적이었으며, 그러한 호전성이 결과적으로 유럽의 세계지배를 가져온 주요한 요인

구에서도 아편전쟁 이전 약 500년간 동아시아 국가 간에 6차례의 전쟁이 있었다면서, 상대적으로 평화로웠다고 강조하였다.[56] 이와 관련하여 이용희는 유교문명권의 경우 "힘보다는 권위(權威)에 의존하는 면이 강하였고, 따라서 평화를 유지하는 경향도 그만큼 컸다"고 하면서 "'서계적(序階的) 국제주의'라고 할 수 있지 않을까"[57]라며 적극 평가하였다.

2) 호혜성(互惠性)

둘째로 중국과 조공국 관계는 대체로 호혜적이었다는 점이다. 우선 유교사상을 본다면, 위에서 언급한 『중용』 9경장에서도 "제후들을 품어주는 것"을 강조하고 있다.

> 무릇 천하 국가를 다스리는 데 9가지 원칙이 있다. (…) 제후들을 품어주는 것이다. (…) 제후들을 품어주면 천하가 경외하게 된다. (…) 끊어

들 중 하나가 된다"고 지적하였다. 마이클 하워드, 『평화의 발명』, 안두환 옮김(서울: 전통과현대, 2002), 21쪽.

56 Kang(2010), Chap. 5. 그는 명의 안남침략(1407~1428)과 일본의 조선침략(1592~1598)은 유교문명권 국가 간 전쟁으로, 청의 중국침략(1618~1644), 청의 조선침략(1627, 1637), 청의 신강침략(1690~1757), 아편전쟁(1839~1841)을 포함하여 1368년부터 1841년까지 6차례 전쟁이 있었다고 하였다. 그러나 여기에 1609년 일본 薩摩藩의 유구침략과 1788년 청의 안남침략도 포함시켜야 한다. 한편 켈리는 청왕조가 유교권 국가들에게는 매우 평화적이었으나, 비유교권에 대해서는 힘의 비대칭을 전형적으로 이용하였다고 지적하였다. Robert E. Kelly, "A 'Confucian Long Peace' in pre-Western East Asia?" *European Journal of International Relations*, Vol. 18, No. 3 (2011), pp.407~430.

57 이용희(1977), 166~169쪽.

> 진 대를 이어주고 무너진 나라를 일으켜 주며, 어지러운 것을 다스려 주고 위태로운 것을 붙잡아 주며, 조근과 빙문을 때에 맞춰서 하고, 보내는 예물은 후하게 하고 받는 공물은 적게 하는 것이 제후들을 품어주는 방법이다.[58]

이처럼 '후하게 주고 적게 받는다'는 '후왕박래(厚往薄來)' 또는 물건보다 인정을 중시하는 '물박정후(物薄情厚)'[59]의 유교 원칙과 이상은 후대에도 큰 영향을 주었음은 물론이다. 이처럼 유교에서는 "예(禮)를 귀하게 여기고 재물(財物)을 천하게 여기며 (…) 예를 먼저하고 재물을 뒤로 한다"[60]라며, 재물보다는 예가 중요하다고 강조하였던 것이다.

다음으로 명·청대 황제들도 그러한 정책을 취했다고 하겠다. 예컨대 명 영락제(永樂帝)는 멀리서 온 이적에게 세금 부과하는 문제에 대해 그 이익을 뺏더라도 얼마나 얻겠냐며 오히려 천조 체면을 크게 손상시킬 거라면서 반대하였다.[61] 청 옹정제(雍正帝)도 "천조(天朝)가 어찌 작은 나라와 이익을 다투겠는가"라며 조공국을 후대하였다.[62] 본래 중국은 조

58 『中庸』20장: 凡爲天下國家有九經曰 (…) 懷諸侯也 (…) 懷諸侯則天下畏之 (…) 繼絶世 擧廢國 治亂持危 朝聘以時 厚往而薄來 所以懷諸侯也.

59 『小學』 外篇권6, 實敬身: 會數而禮勤 物薄而情厚.

60 『禮記』 향음주의: 貴禮而賤財 (…) 先禮而後財.

61 『明太宗實錄』 권24, 永樂 원년 10월 갑술: 商稅者 國家以抑逐末之民 豈以爲利! 今夷人慕義遠來 乃欲侵其利. 所得幾何 而虧辱大體萬萬矣. 또한 『明宣宗實錄』 권82, 宣德 6년 8월 을미: 朕體天心以御天下 豈忍利人之災困人于危; 『明神宗實錄』 권307, 萬曆 25년 2월 을해: 天朝不利一民一土 참조.

62 『淸世宗實錄』 권31, 雍正 3년 정월 경자삭: 天朝豈宜與小邦爭利? (…) 貪利倖功之擧, 皆不可爲訓. 또한 『淸高宗實錄』 권315, 乾隆 13년 5월 임자: 豈有以天朝之大, 與荒徼小國爲難

공물의 종류와 수량도 지정하였는데, 대체로 공물은 그 나라의 토산물로 하도록 하였고 토산물이 아니면 진상하지 못하게 하였다.[63] 조공 물품도 수량보다는 그 정성과 공경을 중시하였던 것이다.[64]

이러한 원칙은 조선에서도 수용·적용되었다. 예컨대 세종(世宗)은 "왜인과 야인이 바치는 토산물을 예조 낭청(郎廳)이 객관에 나아가서 객인들과 더불어 같이 앉아서 장인(匠人)으로 하여금 간품(看品)하여 좋고 나쁜 것을 분간해 물리치는 것은 값을 계산하고 이익을 다투는 것과 같다"면서 "먼 나라 사람을 대접하는 뜻에 어긋남이 있으니"[65] 고치라 하였다. 성종 연간에 대마도주에게 답한 서계에서도 "이제 대마도주가 능히 변통하여 의(義)를 지키고 정성껏 우리나라를 섬기어, 무릇 교유하는 것은 명을 들으면 의심하지 않고 곧 행하며 또 스스로 위축하지 아니하고 생각이 있으면 모두 아뢰니, 내가 매우 가상하게 여긴다"는 왕의 명을 전달하면서 "이제 후하게 가고 박하게 와서 해마다 여러 만금을 소비하여도 아끼지 않는 것은, 어찌 앉아서 창고에 쌓은 것을 소비하는 것이 아까운 줄 모르겠느냐? 우리 전하께서 특별히 피차의 백성을 생각하여 일시동인(一視同仁)한 까닭"[66] 운운하였다. 더욱이 서구

之理? 참조.

63 錢實甫(1959), 25쪽; Fairbank and Teng(1941), 171쪽.

64 예컨대 『明太祖實錄』 권88, 洪武 7년 3월 계사: 其所貢方物不過表誠敬而已; 『明太祖實錄』 권89, 홍무 7년 5월 임신: 自今 寧使物薄而情厚 毋使物厚而情薄; 『明宣宗實錄』 권63, 宣德 5년 2월 계사: 自今貢獻 惟以土物效誠而已.

65 『조선세종실록』 권65, 16년 7월 11일 병술: 倭野人進上土宜 禮曹郎廳進客館 與客人同坐 令匠人看品知重 分善惡而退之 似乎計價爭利 有違待遠人之意.

66 『조선성종실록』 권20, 3년 7월 17일 임자: 今對馬島主能通變守義 事大以誠 凡於所諭 聞命卽行 無有疑貳 又不自阻 有懷悉陳 予甚嘉之. (…) 凡今厚往薄來 歲費鉅萬而無所惜者 寧不

의 조공 관계는 대체로 정복과 피정복 관계였으며, 조공에 대해서도 그에 상응하는 회사품(回賜品)이 없는 일방적 행위가 일반적이었던 점과 대비된다고 하겠다.[67]

중국과의 조공 관계에서 어느 쪽이 손해였는지에 대하여, 한중관계사 연구 1세대 학자인 전해종은 청과의 관계에서 조선 측의 손실이 컸다고 주장하였다. 즉 청이 조선 측에 내려준 물품은 조선의 세폐(歲幣)와 방물(方物)에 비해 10분의 1에 미달하여, 조선에게는 "경제적 이득은 커녕 막대한 손실을 초래하였"으며 경제적으로 "매우 불리한 것"이라 지적하였다.[68] 이에 대하여 이용희는 힘에 의한 사대의 경우에 조공은 착취이거나 가혹한 공부(貢賦)였다고 하겠으나, 명분 관계인 경우에는 여러 이익이 조공국에 있었던 것이 대체의 실정이라고 하였다.[69]

당시의 평가를 보면, 예컨대 조선 세종은 "또 들으니, 내가 사대의 예를 지나치게 한다고 말한다는데, 지금 명나라가 사신을 보내오고 상을 주고 하는 일이 없는 해가 없을 정도로 예우가 융숭함이 일찍이 없었다"[70]라고 하여, 명의 대우가 매우 후하다고 지적하였다. 정조 원년에

知坐費儲廩之爲可靳也哉? 惟我殿下特念彼此人民 一視同仁故耳.

67 張雙智, 『清代朝覲制度研究』(북경: 學苑출판사, 2010), 6장; Joseph Chan, "Territorial Boundaries and Confucianism", in Daniel A. Bell (ed.), *Confucian Political Ethics* (Princeton: Princeton University Press, 2008), p.77. 또한 Abraham I. Pershits, "Tribute Relations", in S. Lee Seaton & Henri J. M. Claessen (eds.), *Political Anthropology* (The Hague: Mouton Publishers, 1979), pp.149~154 참조.

68 전해종(1970), 59~112쪽, 특히 85, 99, 112쪽.

69 이용희(1977), 160~161쪽. 조선은 청과 전쟁을 통해 조공관계가 수립되었으며, 세폐는 전쟁배상금의 성격이 있다고 하겠다. 양국관계가 호전되면서 청은 이를 점차 삭감해 주었다.

70 『조선세종실록』 권40, 10년 윤4월 18일 기해: 又聞議者 以予爲過於事大之禮 方今上國遣

청나라에 사절로 갔던 이압은 (북경에 이르는) 연로로부터 사절 숙소에 머무르기까지 중국이 지급하는 여러 물품과 상사(賞賜)하는 물품들을 "모두 계산하면 우리나라 방물(方物) 수보다 훨씬 많다[遠過]"[71]고 지적하였다. 정조 역시 사대에서는 "신라와 고려 이래로 행해 오던 일인 데다가 대국에서 우리 사행을 접대하고 상으로 하사하는 것이 매우 넉넉하여 그 비용을 계산하면 곧 서로 비등"하지만, 일본과의 교린에서는 '무용지물이나 얻을 뿐 일방적으로 손해'를 보고 있다고 통탄하였다.[72]

한편 조선과 대마도 관계를 보면, 대마도가 진상하는 물품보다 조선의 하사품이 많았던 것이 통례였다. 예컨대 1764년 통신정사로 일본에 다녀온 조엄(趙曮)은 "그들이 바치는 것은 우리가 주는 것에 비교하면 10분의 1밖에 안 된다"[73]고 지적하였다. 따라서 중국과 조공국 간의 경제적 손익문제는, 다른 한편으로 소책봉관계 예컨대 조선과 야인·대마도와의 관계까지 함께 고려해야 전체적 실상을 알 수 있다고 본다. 이러한 점들을 고려한다면 조공국은 경제적으로 이익을 보았지 별다른 손해는 없었다고 하겠다.

使賞賚 無歲無之 其眷遇之隆者無他.

71 李押, 『燕行記事』 문견잡기 하, 『국역 연행록선집』, Ⅵ(민족문화추진회, 1976), 311~312쪽.

72 정조, 『弘齋全書』 권167, 日得錄7: 我國財力之困 專由事大交隣二事. 然事大則自羅麗以來所行之事且大國之接待與賞賜於使行者甚優 計其所費 直相當 而至於日本 則公然坐饋 嶺南半道財物 盡入倭納 其所得者 不過鏡片屛帖無用之物 事之無實 莫加於此 思之不勝絶痛. 노대환, 『동도서기론 형성과정 연구』(서울: 일지사, 2005), 68쪽.

73 조엄, 『해사일기』 계미년 10월 28일, 『국역해행총재』, Ⅶ(민족문화추진회, 1975), 66쪽; 이원식, 『조선통신사』(서울: 민음사, 1991), 122, 329쪽.

3) 동문의식(同文意識)

끝으로 유교문명권의 동문의식 내지 공동체의식이 적지 않았다는 점이다. 이는 무엇보다 유교문명권의 상류층인 사대부계층에서 "문화적인 동류의식이 한문(漢文)을 매개하여 동문의식으로 나타났던" 것이라 하겠으며, 중세의 보편적 특징이기도 하였다.[74] 유교문명권의 동문의식은 『중용』에서 "지금 천하가 수레는 바퀴 폭이 같고 책은 글자가 같으며 행위는 윤리가 같다"[75]고 하여, 행위 규범과 문물제도의 공유와 그로 인한 유대 의식을 잘 표현하고 있다.[76] 또한 유교문명의 중심지에서 건너온 인물이나 그 자손이 자국의 건국시조(建國始祖)가 되어 왕조

74 이용희(1958), 95쪽. 이러한 점은 "유럽의 귀족사회에서도 매한가지였"으니, "19세기만 하더라도 유럽의 귀인·문사들은 나라를 넘어서 국제적인 사회를 형성하는 면이 있었다"고 하였다. 이용희(1977), 186쪽. 국제정치학의 대가 모겐소의 지적대로, 서구사회에서도 특히 1789년 프랑스혁명을 계기로 귀족주의사회가 민주주의사회로, 보편적이며 초국가적인 도덕규범·행동기준이 국가적 행동기준으로 대체됨으로써 이전까지 대외정책의 운용에 규제를 가할 수 있었던 국제도덕이 퇴조되어 갔으며, 아울러 기독교권의 군주와 귀족들을 결합시켜 주던 국제도덕이 작용되었던 귀족 중심의 사해동포주의적 국제사회도 붕괴되어 갔다. Hans Morgenthau, *Politics among Nations*, 6th ed. (New York: Alfred A. Knopf, 1985), pp.260~270.

75 『中庸』 제28장: 今天下 車同軌 書同文 行同倫.

76 이러한 동문의식은 훈민정음 창제 당시 최만리 등이 "예로부터 九州 안에 풍토는 비록 다르나, 지방의 말에 따라 따로 문자를 만든 것이 없고 오직 몽고·서하·여진·일본과 西蕃이 각기 그 글자가 있으나, 이는 모두 夷狄의 일이므로 족히 말할 것이 없다[自古九州之內 風土雖異 未有因方言而別爲文字者 唯蒙古西夏女眞日本西蕃之類 各有其字 是皆夷狄事耳 無足道者]"면서, 문물과 禮樂이 중국에 비견되는 조선이 "이제 따로 언문을 만드는 것은 중국을 버리고 스스로 이적과 같아지려는 것[今別作諺文 捨中國而自同於夷狄]"으로서 "어찌 문명의 큰 흠절이 아니겠는가[豈非文明之大累哉?]"라며 반대한 데에서도 잘 나타나 있다. 『조선세종실록』 권103, 26년 2월 20일 경자.

를 창건하였다는 기록이 한국이나 월남·유구·일본 모두 공통적이었다. 예컨대 일본은 중국 고대의 현인 태백(泰伯)의 후예라는 주장이 있고,[77] 조선의 기자(箕子)나 월남의 염제(炎帝) 신농씨(神農氏)후예설도 이와 유사한 사례이다.[78]

그뿐만 아니라 중국 황제는 '천하부모(天下父母)'이며, 황제도 천하 만민을 "모두 자신의 적자(赤子)"라 하였다. 조선이나 유구·월남도 자국 인민이나 땅이 천조(중국)의 소유라든가 또는 천조로부터 받았다고 하면서 황제를 부모에 비유하기도 하였다. 예컨대 임란 당시 선조는 "중국은 부모와 같고 우리나라와 일본은 똑같이 외국으로 자식과 같은 것"이라며 "우리나라는 효자이고 일본은 적자(賊子)"라 하였다.[79] 유구도 "폐국은 누대에 걸쳐 위로부터 책봉을 받아 오랫동안 외번(外藩) 노릇을 해 왔고 국주(國主)로부터 신민(臣民)에 이르기까지 천조의 적자(赤子)가 아닌 자가 없다"[80]며, 중국의 외번임을 강조하였다. 나아가 "폐국이 바다 바깥에 고립하고 있다고는 하나, 원래 조선·월남과 함께 천조의 속국(屬國)이 되어 대대로 조공을 해 왔다"며, 같은 조공국들에 대해서 강한 유대감[與國意識]을 보여 주었다.[81] 안남 역시 "신의 인민과 토지

77 조동일(1999b), 166~185쪽. 德川幕府 시대 유학자 林羅山과 그의 아들 鵝峯, 양명학의 대가 中江藤樹와 그의 제자 熊澤蕃山 등이 '태백도래설'·'태백후예설'을 주장하였다. 물론 그에 반대하는 주장도 있었다. 朱雲影(1981), 309~313쪽; 盛邦和, 『東亞: 走向近代的精神歷程』(杭州: 浙江人民출판사, 1995), 273쪽.

78 조동일(1999b), 115~157, 185~191쪽; 朱雲影(1981), 324~329, 338~343쪽.

79 『조선선조실록』 권37, 26년 4월 4일 무자: 設使以外國言之 中國父母也 我國與日本 同是外國也 如子也. 以言其父母之於子 則我國孝子也 日本賊子也.

80 박훈, "유구처분기 유구 지배층의 자국인식과 國際觀", 『역사학보』, 186 (2005), 158쪽.

81 박훈(2005), 159쪽.

는 (중국) 조정에서 받았다"[82]라거나 "신의 본국 토지와 인민은 모두 천조의 소유"[83]라 하였다. 정유재란 때 왜군에 잡혀갔던 조완벽은 안남까지 다녀왔는데, 안남 유생들이 그에게 "귀국은 예의지방으로서 우리나라와 동체(同體)"[84]라고 하였다.[85] 월남사절로서 1831년 청나라에 갔던 이문복(李文馥)은 '동문(同文)의 나라'가 다섯이라며, 중국과 월남·조선·일본·유구를 들고 있다.[86] 조동일의 지적대로, 중세인(中世人)들은 개별 국가의 자국인이면서 동시에 '황제의 적자(赤子)', 즉 동아시아인이기도 하였던 이른바 이중국적의 소유자들이었던 것이다.[87]

나아가 유교에서는 '사해동포주의(四海同胞主義)' 주장도 적지 않다.

82 『明憲宗實錄』 권91, 成化 7년 5월 경자: 惟臣之人民土地 受于朝廷.

83 『明世宗實錄』 권221, 嘉靖 18년 2월 계축: 臣本國土地人民皆天朝所有.

84 『芝峯集』 卷23, 雜著 趙完璧傳: 儒生等又請致于其家 盛酒饌以餉之 因言貴國乃禮義之邦與鄙國同體. 한영우, 『실학의 선구자 이수광』(서울: 경세원, 2007), 226쪽.

85 월남은 내정이나 주변의 다른 나라들에 대해서는 '대남국(大南國) 대황제'라고 칭하며 중국과 동등한 존재임을 과시하기도 하였으나, 다른 한편 중화의 '주변국'이라는 의식이 강하여 스스로를 중화제국의 '동생'이라 칭하며 중화문명을 동경하고 스스로를 중화와 동일화함으로써 자신의 아이덴티티를 확립하려 하였다. 木村 幹(2007), 74쪽. 월남은 이처럼 중화문명에의 소속감과 동질성을 추구하기도 하였는데, 이에 대해서는 인하대 한국학연구소 (편)(2013); Liam C. Kelley, *Beyond the Bronze Pillars: Envoy Poetry and the Sino-Vietnamese Relationship* (Honolulu: University of Hawai'i Press, 2005) 참조.

86 최귀묵, "월남의 중국 使行文獻 자료 개관 및 연구 동향점검", 『大東漢文學』 34집(2011), 144~145쪽.

87 중세인들은 책봉하는 쪽의 상징적 지배와 책봉 받는 쪽의 실질적 지배에 이중으로 소속되었는데, 문명권인 곧 동아시아인이 아닌 자국인으로만, 다시 말해 이중국적이 단일국적으로 바뀌면서 근대가 시작되었던 것이다. 조동일(1999a), 101쪽. 한편 李滉이 일본에 보내는 답서에서 "귀국의 백성도 또한 우리 백성[貴國之赤子 亦吾之赤子]"(『퇴계집』 권8, 書契修答 禮曹答日本國左武衛將軍源義淸)이라 하였고, 대마도주가 보내온 서계에서도 "대마도 한 주가 귀국(조선)의 신하가 아님이 없다[大凡對馬之一州 無非貴國之臣]"(『조선성종실록』 권48, 5년 10월 6일 무자)고 하였다.

예컨대 『논어』에서 "(사람을 대함에 공손하고 예의가 있다면) 사해 안의 사람이 모두 형제"[88]라 하였으며, 순자(荀子)도 "사해 안이 한집안 같다"[89]고 하였다. 또한 송대 장재(張載)는 "천하 만민은 내 동포이고 천하물건은 내 동류"[90]라 하였고, 명대 왕양명(王陽明)은 "성인의 마음은 천지 만물과 한 몸이 되고자 한다"면서 "천하를 한집안처럼 보고 중국을 한사람처럼 본다"[91]고 주장하였다. 즉 유교라는 가치관을 공유하면서 "민족의 차이를 넘은 연대감을 낳았"[92]던 것이다.

위에서 언급한 중세문명의 한 특성처럼, 유학자들은 대체로 국가보다는 보편적인 유교규범을 더 중시하고 강조하였다. 명말청초의 대학자 고염무(顧炎武)는 "나라가 망하는 것[亡國]과 천하가 망하는 것[亡天下]이 있다"면서 "망국은 (정치적으로) 왕조의 교체를 말하는 것이고 망천하는 (도덕적으로) 인의가 막히고 땅에 떨어져서 사람들이 금수의 지경에 빠지는 것을 말한다"라고 하면서, 왕조의 흥망은 있을 수 있으나 유교·중화문명의 가치상실 즉 망천하는 하찮은 필부라도 그 책임을 면치 못한다면서 유교·중화가치의 보존에 모두 책임을 져야 한다고 주장하였다.[93] 이처럼 유학자들이 가장 두려워하고 경계한 것은 특정 왕조의 멸

88 『論語』 안연 5장: 四海之內, 皆兄弟也.

89 『荀子』 왕제: 四海之內若一家.

90 張載, "西銘", 소공권(1998), 844쪽.

91 소공권(1998), 930쪽: 夫聖人之心以天地萬物爲一體 (...) 大人者以天地萬物爲一體者. 其視天下猶一家 中國猶一人焉.

92 土田健次郎, 『유교를 아십니까』, 성현창 옮김(서울: 그물, 2013), 6쪽.

93 顧炎武, 『日知錄』, 윤대식 옮김(서울: 지식을 만드는 지식, 2009), 103~105쪽; 황원구, 『중국사상의 원류』(서울: 연세대학교출판부, 1976), 87~88, 198~200쪽.

망보다는 인륜도덕 즉 예로 대표되는 유교·중화문명의 몰락이었던 것이다. 유교는 보편 문명의 성격이 강하였는데, 중화의 실체 역시 '예'라고 보았으며 이미 언급한 바와 같이 중국을 '문명의 중심'으로 여겼기 때문이다.[94] 이는 조선의 유학자들도 마찬가지였다. 예컨대 요순(堯舜)과 우(禹)·탕(湯)·문왕(文王) 등 '이제삼왕(二帝三王)'에서 이상적인 정치사상을 찾았으며,[95] 황제는 "큰 중국을 통일하여 예의의 주인이 된 분"[96]으로 여겼다. 되풀이하지만 유교문명권에서 '국가는 망할 수 있어도 도(의리)는 망할 수 없다', "차라리 나라가 무너질지언정 대의를 저버릴 수 없다",[97] "나라가 망할지라도 어찌 불의로써 살기를 도모하랴",[98] "군신의 분수는 나라보다 중대하고 천지의 경상(經常)은 나라의 보전보다 중대하다",[99] "나라는 없어질 수 있고 백성은 버릴 수 있으나, 군신의

94 배우성은 중화란 "인류문명의 정수이자 버릴 수 없는 가치"라 하였으며, 우경섭도 유교는 "보편적 문명기준에 따라 무력충돌의 가능성을 최대한 배제하고 중국 더 나아가 동아시아 세계의 문화적 통합을 이루고자 하는 이상"을 내포하였다고 지적하였다. 배우성, 『조선과 중화』(서울: 돌베개, 2014), 프롤로그; 우경섭, 『조선중화주의의 성립과 동아시아』(서울: 유니히스토리, 2013), 총설.

95 『조선왕조실록』에서도 '이제삼왕'의 정치를 따르라거나 요순의 도를 본받고 실행하라는 주장이 많이 보인다. 예컨대 태조 7년 12월 17일 기미; 태종 3년 3월 3일 경진, 13년 7월 5일 임오; 중종 12년 11월 9일 신사, 14년 4월 29일 임진 등 참조. 고려 말에 이제현이 '이제삼왕'을 이상적인 군주상으로 처음 제기하였고 한다. 김인호, 『고려후기 사대부의 경세론 연구』(서울: 혜안, 1999), 187~193쪽. 또한 김충렬, 『고려유학사』(서울: 고려대학교출판부, 1984), 210~213쪽 참조.

96 『毅菴集』 卷6, 書 答崔勉庵(戊戌11月17日): 盖以皇帝者 本是統中國之大而作禮義之主也.

97 『조선광해군일기』 권161, 13년 2월 11일 계축: 寧以國斃 不忍負大義.

98 『조선인조실록』 권15, 5년 2월 10일 정미: 國雖亡 豈以不義圖存乎?

99 『조선선조실록』 권177, 37년 8월 24일 임인: 君臣之分 重於有國 天地之經 大於保邦. 또한 국왕 선조도 "인간이 인간으로서의 가치를 지닌 까닭은 오륜이 있기 때문[人之所以爲人者 以其有五倫也]"이라며 "만일 여기에 죄를 얻으면 금수와 같을 뿐이니 비록 종묘사직이

의리는 저버릴 수 없고 천지의 원칙은 어지럽힐 수 없다"[100]는 것이 유학자들의 신념이자 가치기준이었던 것이다.[101] 따라서 앞서 인용한 '천하'에 대한 이용희의 설명이나 중국은 유교문명의 중심이란 인식[102] 등에서 본다면, 사대의 예나 정성은 개별 중국 황제에 대해서라기보다는 '유교예치질서(儒敎禮治秩序)'를 대표하는 황제 즉 '의주(義主)'에 대한 존숭이었다고 보아야 할 것이다.[103]

한마디로 유교문명권의 국가들은 서로 기본적인 예의와 분수를 지

중요하고 국가가 크다고 하더라도 외물(外物)에 지나지 않는다[若於此焉得罪 則禽獸而已 雖宗社之重 國家之大 不過外物]"라 하여, 인륜도덕이 종묘사직이나 국가보다 더 중요하다고 지적하였다. 『조선선조실록』 권104, 31년 9월 22일 갑진.

100 『조선선조실록』 177권, 37년 8월 23일 신축: 國家可無 人民可去 而君臣之義 不可以紊 天地之經 不可以亂.

101 예컨대 위정척사파의 대표 李恒老는 "서양이 도를 어지럽히는 것이 가장 우려스럽다[西洋亂道最可憂]"며 "우리들은 마땅히 천지를 위하여 마음을 세우고 이 도를 밝히기를 불 끄는 것처럼 서둘러야 한다[吾人正當爲天地立心 以明此道 汲汲如救焚]"면서, "국가의 존망은 오히려 그다음 일[國之存亡猶是第二事]"이라고 강조하였다. 『華西集』 雅言제12, 洋禍, 頁17. 또한 유인석은 개화파의 자주독립론을 비판하면서 '명분을 모르고 참람하게 황제를 칭하는 각국들과 같은 대열에 서기보다는 중화의 신방(臣邦)이 되는 것이 명분도 바르고 영광스러운 일'이라고 주장하였다. 그러면서 중원에 진정한 '義主'가 들어서기를 기다려야 한다고 하였다. 『毅菴集』 권37, 雜著 病狀記語, 頁4-5; 이상익(1997), 136쪽; 배우성(2014), 553-57쪽. 한편 실학자 崔漢綺도 "고금을 통해 국가의 흥폐존망은 무상하였으나 人道는 끊임없이 계승"된다면서 "어찌 국가의 흥망성쇠를 인도의 존폐와 비유할 수 있겠는가"라며, 인도의 존속이 국가의 존망보다 우선한다고 주장하였다. 『明南樓全集』 권1, 明南樓隨錄; 叢成義(2000), 74~75쪽 재인용.

102 권선홍(2015), 67~72쪽.

103 黃枝連(1992), 149, 164쪽; 石元蒙, 『明清朝貢體制的兩種實踐: 1840年前』(북경: 知識產權출판사, 2015), 54~55쪽. 이용희도 명분이라는 본래 의미의 사대에서는 조선이 직접적으로 섬긴 것은 명나라 자체가 아니라 천자를 섬기는 독특한 관계였다며, 이러한 점에서 영연방에서 군왕을 섬기는 것과 비슷하다고 지적하였다. 이용희(1994), 53~54쪽.

키면서 즉 각기 그 도리를 다하면서,[104] 이른바 '천하'라는 큰 나라 속에 제후의 나라인 '국(國)'이 포함되는 즉 단순한 상하라기보다는 대소국가들이 '상호 포함[大小相抱]'되는 독특한 관계였던 것이다.[105] 일찍이 『주례(周禮)』에서는 "작은 나라와 큰 나라가 서로 연결되어 있다"[106]고 하였으며, 『예기』에서도 "천하를 한집안으로 여기고 중국을 한사람으로 여긴다"[107]라고 말했다. 명나라 영락제(永樂帝)가 일본국왕에게 보낸 새서(璽書)에서도 "큰 나라와 작은 나라가 상하 서로 연결되어 있다"[108]고 하였다. 이처럼 유교에서는 "개인·가족·국가를 처음의 것이 다음의 단계로 통합되고 하나의 원리가 각 단계로 파동적으로, 동심원적으로 확대되어 가는 과정"[109]으로 보았던 것이다. 즉 '천하'는 제후국의 '국'보다 "한 계단 높은 통일성 가치를 대표"했으며, "각 제후국을 초월하는 더욱 큰 세계"였던 것이다.[110] 조선 말기의 이항로는 공리(公理)라는 것이 "하늘로 땅을 품고 양으로 음을 품어주며 큰 나라로 작은 나라를 돌보아 주고 어진 사람으로 어리석은 사람을 길러 주는 것으로서, 천리

104 『조선인조실록』 권34, 15년 정월 23일 계해; 『淸太宗實錄』 권33, 崇德 2년 정월 갑자: 臣方以誠信事陛下 陛下亦以禮義待小邦 君臣之間 各盡其道.

105 이용희(1977), 147, 156, 165, 173, 173~177쪽; 黃枝連(1992), 129쪽. 한편 이용희는 유교문명권의 국가형태가 근대 서구와는 전혀 다르기 때문에 주권이라는 근대적 개념으로는 도저히 이해할 수 없는 독특한 형태라고 하면서, 장차 도래할 세계평화를 지향하는 국제주의 사회를 상정하는 경우에 암시하는 바가 없지 않은 것 같다고 적극 평가하였다.

106 『周禮』 夏官 직방씨: 凡邦國大小相維.

107 『禮記』 禮運: 以天下爲一家 以中國爲一人.

108 『明太宗實錄』 권193, 永樂 15년 10월 을유: 大邦小國 上下相維.

109 이영찬, "유가의 국가론: 이기론을 중심으로", 최석만·이영찬 외, 『유교적 사회질서와 문화, 민주주의』 (광주: 전남대학교출판부, 2006), 161쪽.

110 陳來(2014), 114~126쪽.

(天理)와 인사(人事)의 당연한 것"[111]이라 하였는데, 이는 유교문명권의 국가 간 관계를 적절히 표현한 것이라고 여겨진다.

4. 맺음말

우선 유교문명권의 국제관계를 제대로 이해하려면 무엇보다 서구중심주의와 근대지상주의라는 기존 관념에서 벗어나 문명권 차원에서 그리고 역사적 맥락에서 접근할 필요가 있으며, 무엇보다 유교사상 특히 천도나 예에 대한 파악이 선행적 핵심과제라 하겠다. 유교문명의 핵심인 예규범은 권력의 정통성을 제공해 주고 나아가 유교 예치질서를 유지 존속시켜 주는 기능을 수행하였던 것이다.

다음으로 사대의 예는 단순히 대국의 압력이나 위협으로 인한 불가피한 수단이거나 현실적 실리를 추구하는 정책을 넘어 유교문명권의 '예치질서'의 일부분이었으며 따라서 하나의 '당위'로 여겼고, 이러한 명분 사대에 대해서는 하등의 굴욕을 느끼지 못하였던 것이다. 책봉은 하늘로부터 천명을 받아 온 천하를 다스리는 천자로부터 왕권의 정통성과 국왕 지위를 공인하는 중세시대의 보편적 의례행위였다. 이처럼

111 『華西集』 雅言권9, 嚮背제27, 頁25: 何謂公理 以天包地 以陽包陰 以大字小 以賢養愚 天理人事之當然也; 『화서집』, 김주희 역(서울: 대양서적, 1973), 293쪽.

책봉과 조공은 유교문명권의 핵심적 예규범으로 인식하고 이를 지속적으로 준행하여 나갔던 것이다.

끝으로 유교문명권의 국제관계는 '위계적'이나 무엇보다 '평화적'인 관계였다. 즉 유교사상의 영향, 명·청대의 대외정책 나아가 전쟁 빈도수에서 보더라도 평화적이었다고 본다. 또한 유교의 후왕박래(厚往薄來) 원칙하에 국가 간의 관계에서도 상호 호혜적(互惠的)이었다. 나아가 공동체의식도 상당하였다고 여겨진다. 즉 유교문명권에서도 하나의 거대한 유기체적 문명공동체를 중시하고 '동문의식(同文意識)'으로 상징되는 공동체의식을 공유하였는데, 이를 밝혀내어 장차 지역협력체로 나아가는 소중한 토대로 적극 계승·발전시킬 필요가 있다고 판단된다. 또한 이를 중세 및 근대의 장점과도 접목함으로써 보편가치와 공동번영을 함께 추구해 나가야 할 것이다.

7

중미 관계와 동아시아 질서

| 타오원자오(陶文钊) ■ 전 중국사회과학원 미국연구소 연구원 |

1. 머리말

미중 양국은 아시아태평양 지역에 함께 위치하고 오바마 대통령은 취임 이후 미국은 태평양 국가라고 반복하여 말해 왔다. 미국은 아태지역에서 전통적 의미의 이익을 취할 수 있기 때문에 2차 대전 중에는 중국과 동맹을 맺고 싸웠으며, 일본 파시즘과의 전쟁에서 승리하기 위해 거대한 희생을 치르는 등 탁월한 공헌을 하였다. 아태지역에서 미국의 존재와 이익은 부정할 수 없는 것이다.

중국은 동아시아에 위치한 국가로 그 영토와 국토 면적, 인구가 아시아 대륙에서 가장 크며 개혁개방 이후 경제가 빠른 속도로 발전하여 왔다. 중국은 국제관계에서 영향력이 날로 커지고는 있으나 아직은 아태지역에서 주로 영향력을 발휘하고 있다.

미중 관계는 아태 평화와 안정의 기초이기 때문에 국제사회에 대한 양국의 책임은 동 지역의 평화, 안정을 위한 책임에서 먼저 구현된다. 또한 아태지역은 오늘날 세계에서 경제 성장 속도가 가장 빠르고 잠재력이 가장 큰 지역이자 핫이슈가 많은 지역으로 미중 양국은 아태지역에서의 이해 관계가 가장 조밀하고 상호작용도 가장 빈번하다. 21세기의 동아시아가 어떤 모습일지는 대체적으로 미중 관계의 상황에 달려 있다.

최근 미중 양국의 학자들은 공통적으로 미중 관계 안에서 경쟁적 요인이 부각되고 있다고 느낀다. 그 이유는 미국의 전략기획 분야의 많은 사람들이 중국을 미국의 패권 지위에 대한 도전자로 인식하고 있기 때문이다. 전임 국무부 부장관 스타인버그(James Steinberg)와 저명 학자 오핸런(Michael E. O'Hanlon)은 "최근 중국 경제의 주목할 만한 성장 및 중국 군비와 작전 능력의 급격한 상승으로 인해 중국은 미국의 전략적 주도 지위 논쟁의 초점이 되었다. 70년대 말 양국 관계 정상화의 최초 단계부터 미국의 양당 대통령의 일관된 정책적 표현은 미국은 강대하고 번영한 중국을 환영하며 미중 관계는 제로섬 게임이 아니라는 것이었다. 그러나 이러한 관점은 현재 미국 정계 지도자와 학자들의 도전을 받고 있다. 그들은 소련 해체 이래로 처음으로 미국의 주도적 지위에 대한 도전을 구체적으로 구상하고 있다고 생각한다. 그리고 중국 국력의 성장에 따라 더 뚜렷한 사상 파벌이 출현하였다. 중국의 부상은 미국의 주도적 지위 및 미국의 안보에 직접적인 도전을 형성하였고, 때문에 미국은 반드시 중국의 능력을 견제해야 한다"고 저술하였다.[1] 미국의 권위 있는 싱크탱크 외교학회가 2015년 발표한 기명 보고서에서도 "현재와 미래 수십 년 동안 중국은 미국에게 가장 실질적 의미를 가진 도전자일 것이다"라고 하였다.[2] 중국의 외교 정책은 확실히 변화가 있다. 과거에는 도광양회를 강조하였고 현재는 유소작위에 더 치중하고 있다. 과거에는 주변 관계에서 선린(善鄰)을 강조하였고 현재는 선린과 국가 주권 수호를 같이 강조한다. 그래서 미국뿐 아니라 국제적으로도 어떤

1 James Steinberg, Michael E. O'Hanlon, Strategic Reassurance and Resolve. U.S.-China Relations in the Twenty-First Century (Princeton University Press,2014), p.65.

2 Robert Blackwill and Ashley Tellis, "Revising US Grand Strategy Toward China", file://C/Uses/lenovo/AppData/Local/Microsoft?Windows?Temporaty%20Internet%20Files/Contennt.IE5/5097WJUK/China_CSR72.pdf

사람들은 중국이 외교상에서 날이 갈수록 '기세등등'하게 변하고 있다고 생각한다. 일부 미국 학자들은 중국이 제안한 '일대일로', 아시아인프라투자은행(AIIB) 등을 "중국이 지역과 전 세계 제도 틀 방면에서 일련의 대체 제도를 만들고 있고, 다른 종류의 국제질서를 구축하려고 모색하고 있다"고 해석한다.[3] 미국은 중국이 자신들의 패권 지위에 도전하는 것을 우려하고 있고, 중국은 미국이 현행 아태 질서에 도전해 주도적 지위에 오르려는 것을 우려하고 있다.

2. 미국의 아태 주도권 재건 노력

2011년 말, 2012년 초 오바마 정부는 아태 '재균형' 전략을 내놓았고 반테러 전쟁을 끝냈으며 미국의 전략적 무게 중심을 아태지역으로 전향하였다. 이 전략의 실시에는 엄청난 배경이 있으니 그 목적 중 하나는 중국의 부상에 대한 균형과 견제를 강화하고 미국의 아태지역에서의 주도권을 재건하는 것이다.

냉전이 끝나고 아버지 부시 정부 이래로 역대 정부의 정책은 다소 달랐으나 미국의 아태 질서관은 기본적으로 변하지 않았는데 이것은 바로 미국을 축으로 하는 3개 동심원이다. 가장 안쪽 원은 미국의 동맹

3 미국학자 데이비드 샴보(David Shambaugh)와의 인터뷰, 2015년 4월 30일

체계로 미국과 일본, 한국, 필리핀, 호주, 태국의 동맹 체계는 의심할 바 없이 미국이 주도하는 지역 질서의 '골간'이며 미국의 주요 역량이다. 바깥쪽에 가까운 원은 개도국, 신흥 경제체로 구성되고 그것은 미국과 동반자 관계로 중국, 인도, 인도네시아, 베트남 등이 이 원에 있으며 이 들 국가는 미국이 연대하고 쟁취해야 하는 대상이자 어쩌면 미국이 견제를 해야 하는 경쟁의 대상이다. 이 두 개의 원은 분명히 아직은 모든 국가, 모든 문제를 포괄할 수는 없어서 가장 바깥 원이 필요하고 이것이 바로 현존하는 지역 안보 및 경제 체제로 APEC, 동아시아정상회의, 아세안지역포럼, 메콩강 하류 이니셔티브 등이 있다. 이것은 미국 학자들이 다년간 흥미진진하게 이야기한 '허브 앤 스포크(hub and spoke)' 구조로 모든 국가는 미국을 둘러싸고 회전하고 있으며 미국이 지역 사무의 주도자이다. 비록 냉전이 끝나고 역대 대통령들은 지역 질서에 대해 일부 다른 주안점이 있었으나 이 '허브 앤 스포크' 구조와 미국의 축 지위는 변한 적이 없다. 오바마 정부는 아들 부시가 임기 중에 중국 굴기(崛起)에 밀려 그리고 너무 많은 자원을 중동에 투입하느라 동아시아, 특히 동남아를 소홀히 하게 되어 미국의 동 지역에서의 영향력은 하락하고 중국의 영향력은 상승하여 권력 구조가 균형을 잃었다고 생각했다. 그래서 오바마 정부는 체계적인 조치를 취하여 '재균형'을 진행했다.

첫째, 동맹 체계를 강화하였다. 이러한 동맹의 미국에 대한 가장 중요한 역할은 미국이 동 지역의 '주재국(resident country)'이 되게 하고 미국이 직접적으로 지역 사무에 참여할 수 있게 하는 것이다. 미국은 한미 동맹을 이용해 한반도의 정세에 대응하고, 미호 동맹을 이용해 남태평양과 인도양에서 가능한 사태에 대처하였으며 미일 동맹에 대해서는 특별한 의의를 부여했다. 클린턴, 아들 부시, 오바마 임기 내에 미일 동맹은 세 차례 조정을 하였으며 부단히 동맹의 적용 범위를 확대하고 동맹의 지위를 제고하였으며 집단적 자위권 해금을 추진하였고 민주, 공화 양당 정책의 고도의 일치성을 과시하였다. 미국은 미영 특수 관계의 견본으로 미일 동맹을 만들기를 원했고, 미일 동맹이 아태지역에서 영향력을 발휘할 뿐 아니라 전 지구적인 영향력을 갖게 되길 바랐으며 미국이 경찰이라 한다면 일본은 바로 경찰 보조라고 여겼다. 일본 방면에서 민주당이 집권했던 짧은 시기 특히 2009년, 2010년 하토야마 유키오 집권 시기에 일찍이 '균형 외교'의 시도가 있었고 미국에 대한 모종의 분열 경향을 표현하였으나 미국의 탄압을 받았다. 현재의 아베 정권은 일본이 '전후시기'를 끝내려면, 심지어 유엔 안보리의 상임이사국이 되려면 반드시 미국에 의지하고 미일 동맹에 의지하여 '배를 빌려 바다로 나가야 한다'는 것을 알고 있다. 오바마의 '아태 재균형' 전략은 일본에게 '설 자리'를 제공하였고, 일본이 그것에 적극적으로 협력하는 것은 조금도 이상한 점이 없었기에 양국의 이익은 고도로 일치했다. 2015년 4월 아베가 미국을 방문하고 새로운 방위협력 지침이 발표되었다. 이어서 일본은 다시 신안보법을 성립하고 일본의 집단적 자위권은 공식적으로 해금되었으며 평화헌법은 공중에 뜨게 되었다.

둘째, 미국은 규칙의 제정권을 확고히 장악해야 했다. 미국의 절대 다수의 사람들은 중국의 굴기를 억제할 수 없음을 알고 있다. 미국은 중국을 발전하게 할 수 있으나 그 발전은 반드시 미국이 제정한 규칙 내에서 이루어져야 한다. 오바마 정부는 TPP를 통해 지역 경제 규칙의 제정권을 독점하려고 시도하고 지역 경제의 틀을 구축했다. 국내 법률을 개정하여 지역무역 규칙으로 전환하고 다시 지역무역 규칙을 통해 다자무역 협상을 비틀어 움직이는 것은 미국의 일관된 방법이다. 미국이 발기한 TPP 협상은 현재의 동아시아 공동체보다 더 넓고 더 엄격한 기준을 제시했고 환경보호, 근로 기준 모두 국제무역과 연결되어 있다. 동 지역에서 이미 합의한 자유무역지대와 현재 협상 중인 역내 포괄적 경제 동반자협정(RCEP)은 기준의 수준이 낮고 TPP는 높으므로 이는 의심할 여지없이 양자의 경쟁 의미가 분명함을 보여 주려는 것이다. 힐러리 클린턴은 '미국의 태평양 세기'라는 연설에서 미국은 새로운 동반자들에게 미국과 함께 규칙을 기반으로 한 지역 및 전 세계 질서를 만들고 참여하기를 요구한다고 말했다.[4] 2012년 1월에 발표한 신전략 문건 역시 "우리는 계속해서 규칙을 기반으로 한 국제질서를 촉진할 것이고 안정을 확보하고 신흥 역량의 평화굴기, 경제 발전 및 건설적인 방위 협력을 격려할 것임"을 강조했다.[5] 2011년 11월 하와이 APEC정상회의에서 오바마는 후진타오 주석에게 중국은 반드시 규칙을 준수해야 한다고 말했다. 얼마 후 동아시아정상회의에서도 원자바오 총리에게 같은 말을 반복하였다. 2012년 2월 시진핑이 미국을 방문했을 때 그는 다시 같은 의미를 강조하였다. 2015년 연두 교서 및 기타 연설에서도 그는 "반드시 우리가 규칙을 써야지 중국에게 규칙을 쓰게 할 수는 없다"

4 Hillary Clinton, "America's Pacific Century", November 10, 2011. www.state.gov/secretary/rm/2011/11/176999htm.

5 U.S. Department of Defense, "Sustaining Global Leadership: Priorities for 21st Century Defense". www.defense.gov/news/Defense_Strategic_Guidance.pdf.

고 거듭 주장했다.[6] 이 규칙을 제정하는 권리는 바로 미국의 주도적 지위의 구현이고 미국은 그것을 절대 놓지 않을 것이다.

셋째, 동 지역 내 다른 국가의 굴기를 지지하여 중국과 균형을 맞춘다. 어떤 미국 학자는 중국과 균형을 맞추는 가장 좋은 방법은 다른 대국의 굴기를 지지하는 것으로 여기에서 다른 대국은 인도라고 솔직하게 말한다.[7] 냉전이 끝난 이후의 대통령인 클린턴, 아들 부시, 오바마 세 명 모두 인도를 매우 중시하였고 인도의 굴기가 전 세계 전략 균형 재건에 귀한 기회를 제공한다고 여겼다. 오바마 정부의 아태 '재균형' 전략은 협의의 동아시아에만 국한된 것이 아니라 서태평양, 남태평양과 인도양을 하나의 큰 지정학적 전략 개념으로 결합하여 고려한 것으로 소위 '인도-태평양 지역'이다. 이 지정학적 전략 배경하에 인도의 전략적 중요성은 대대적으로 제고되었다. 오바마 정부는 미인 관계가 21세기에 가장 중요한 양자 관계라고 말하며, 미국의 핵심적인 양자 관계 중 하나이자 21세기의 성격을 결정하는 동반자 관계로 미인은 '천연의 맹우'라 표현하고 미국은 '인도가 안정적이고 평화로우며 번영한 아시아에서 지도자 역할을 발휘하는 것을 환영하고 격려하며' 인도가 '동쪽을 바라보고', '지도자 역할을 발휘'하는 것을 격려하고 재촉하였다.[8] 미국은 여전히 미인의 방위 관계를 특히 중시한다. 2014년 8월

6 President Obama: "Writingthe Rules for 21st Century Trade, "http://www.whitehouse.gov/blog/2015/02/18/president-obama-writing-rules-21st-century-trade.

7 Ashley J. Tellis, "Balancing without Containment: A U. S. Strategy for Confronting China's Rise", *The Washington Quarterly*, Fall, 2013.

8 Barack Obama: "The President's News Conference With Prime Minister Manmohan Singh of India", November 24, 2009. Online by Gerhard Peters and John T. Woolley, The

9일 미국 헤이글 국방장관이 인도를 방문하여 '미인 군사무역과 기술 협력 계획'을 적극 권장하고 미인 간의 군사 협력을 단순한 매매 관계에서 공동 생산, 공동 개발과 기술의 자유 교류로 전환하여 인도가 강대한 자급자족의 국방산업 기초를 마련하도록 도와주고 구체적으로 수십 개의 협력 항목을 제시하였다.[9] 2015년 6월 초 미국 카터 국방장관이 인도를 방문하여 문서에 정식으로 서명하고 양국 10년 방위기본협정을 갱신하였고 해상안보협력, 합동훈련, 정보공유, 반테러 및 확산방지 등을 포함한 향후 10년 양자 군사협력의 청사진을 제작하였으며 양국은 또한 제트 엔진, 항공모함 설계와 건조 및 기타 영역의 협력 토론을 가속화하는 데 동의했다.

그러나 인도는 비동맹 운동의 발기국으로 예로부터 독립자주의 외교 전통을 가지고 있다. 게다가 인도 지도자는 국가 이익에 대해 현실적인 인식을 갖고 있다. 중인 양국의 공동 이익은 의견 차이보다 훨씬 크다. 인도 지도자는 쉽게 미국에게 낚여 미국의 작은 파트너가 되지는 않을 것이다.

넷째, 중국과 이웃 국가의 영토분쟁, 특히 해상 영토분쟁에 개입한다. 중일의 댜오위다오(센카쿠열도) 분쟁과 중국과 일부 동남아 국가의 남중국해 분쟁에 대해 미국은 "주권에 대해서는 입장을 갖지 않는다"

American Presidency Project. http://www.presidency.ucsb.edu/ws/?pid=86929 ; John Kerry, "Remarks on U.S._ India StrategicPartnership", New Delhi, India, June 23, 2013, http://www.state.gov/secretary/remarks/2013/06/211013.htm

9 "Chuck Hagel's Remarks to the Observer Research Foundation", August 9, 2014, http://www.defense.gov/transcripts.aspx?transcriptid=5478.

고 밝혔고 평화적 방식을 통해 해결해야 한다고 주장하며 미국이 '공평한 태도를 취하는' 것처럼 말했다. 그러나 실제적으로 미국은 서태평양상의 군사 우위를 유지할 수 있도록 두 개의 분쟁을 이용하여 중국의 주의력을 중국 동해, 남중국해로 돌리길 바랐다. 과거 수년간의 경영을 통해 중국은 주변 국가와 선린 관계를 구축했기에, 미국이 아시아 대륙에서 중국을 견제하려면 위에서 언급한 인도 지지 외에 할 수 있는 일이 거의 없다. 미국은 해상을 더욱 중시해서 서태평양을 중시한다. 미국에는 일종의 근본주의 같은 견해가 있다. 미국은 전통적으로 해양 국가이고 중국은 전통적으로 대륙 국가이다. 바로 이러한 관점에 기초하여 어떤 학자들은 동아시아 '육해분리'의 구상을 제시하였는데, 즉 중국은 대륙 동아시아를 주도하고 미국은 해양 동아시아를 주도한다는 것이다. 이 '육해분리'의 구상에서 남중국해는 반드시 미국의 세력 범위 내에 포함되어야 하고 일본과 동남아 국가 역시 미국의 세력 범위에 속해야 한다. 중국은 물론 이 구분을 수용하지 않는다. 중국은 대륙 국가이자 해양 국가로 중대한 해양 이익을 갖고 있다. 신보수파 학자 카플란은 "현재 동아시아 지역에서 중국을 대표로 하는 대륙세력과 미국을 대표로 하는 해양세력이 서로 대치하고 있다"고 표현했다.[10]

10 Kaplan, Robert, "The Geography of Chinese Power", Foreign Affairs, May/June 2010.

3. 중국의 아태 질서관

중국 외교의 근본 목적은 4개 현대화, 지속 가능한 발전을 위한 유리한 국제 환경 특히 주변 환경 조성이다. 중국의 아태 질서관은 대체적으로 아래의 몇 가지 방면을 포함한다.

첫째, 동반자 관계 구축을 추진한다. 냉전이 끝난 후 동반자 관계를 찾는 것은 국제관계에서 보편적인 현상이 되었고 이는 중국의 이념에도 부합한다. 동반자 관계는 동맹 관계와는 달라서 그것은 배타적이지 않으며 제3국을 겨냥하지 않고 상호방위 의무를 지지 않으며 남에게 강요하지도 않는다. 동반자 관계의 결성은 주로 국가와 국가 사이의 협력을 추진하기 위해서이고 상호 도움을 청하기 위해서이다. 중국은 군사 동맹을 맺지 않고 정치 동맹 역시 맺지 않는다. 중국은 이 외교 체제를 능숙하게 운용하고 동반자 관계 건설을 잘 풀어내었다. 현재 중국은 거의 모든 주변 국가와 대국이든 소국이든 상관없이 활력이 넘치는 동반자 관계를 구축하였다.

둘째, 지역 공동체 건설을 추진한다. 오랜 시간 동안 아세안은 동아시아 지역 공동체 프로세스의 주도자였다. 냉전이 끝나고 아세안은 자신을 핵심으로 하는 대국 균형 구조를 구축하는 데 노력했고, 즉 기존의 대국에 의존하던 것을 균형적 이용으로 전환하였고 대국 사이에서 완충, 균형과 조화의 역할을 하였다. 아세안지역포럼(1994), 아세안 10개국+한·중·일 체제(1997), 동아시아정상회의(2005) 모두 아세안을 핵심으로 하는 지역 공동체 프로세스의 산물이다. 동아시아의 공동체는 소국 그룹이 대국을 이끄는 독특한 운영 체제로 독일, 프랑스가 유럽 공동체 프로세스를 추진한 것과는 다르다. 이는 일종의 새로운 다자주의로 냉전 후 국제정치 민주화의 동 지역에서의 생동감 있는 구현이다. 그러나 어떤 미국학자는 이러한 방식을 인정하지 않고 동아시아 공동체에는 유럽 공동체와 북미 공동체의 전략적 비전이 결핍되어 있다고 비평한다. 이번 세기 이래로 중국 경제의 발전에 따라 중국은 공동체 추진 방면에서 중요한 촉진제 역할을 하였다. 2002년 11월 중국과 아세안은 2010년 자유무역지대 건설을 결정하였다. 자유무역지대를 실시한 2010년부터 중국은 아세안의 최대 무역 동반자가 되었다. 중국-아세안 자유무역지대의 추진을 받아 일본, 한국, 인도, 호주, 뉴질랜드 역시 각각 아세안과 자유무역지대 합의를 달성하였다. 동북아에서는 한중 자유무역지대가 구축되었는데 한중 양국이 모두 무역 대국이기 때문에 이 자유무역지대는 동아시아와 아태지역 경제 공동체를 강력하게 가속화할 것이고 아시아 공동체 구축을 추진할 것이다. 중일 자유무역지대 협상 역시 진행 중이다.

셋째, 중국은 역사 발전의 조류에 순응하고 신안보관을 제시한다. 2002년 7월 아세안지역포럼에서 중국대표단이 '중국의 신안보관 관련 입장 문건'을 제출한 이래로 중국 지도자는 여러 차례 '신안보관'의 정책 주장과 이념을 상세히 해석하였다. 2014년 5월 아시아 교류 및 신뢰 구축회의(CICA)에서 시진핑 주석은 다시 '공동, 종합, 협력, 지속가능한 아시아 안보관'을 제시하였고 "지역의 안보와 협력의 새 틀을 구축하고 함께 건설하고 함께 누리며 함께 승리하는 아시아 안보의 길을 걷기 위해 노력하자"고 제창하였다.[11] 중국의 최근 브릭스개발은행, 아시아 인프라투자은행 발의, '일대일로' 구상 제기는 바로 이러한 협력 상생의 신안보관의 구현이다. 이것이 바로 다극화와 국제정치 민주화의 대세가 아시아 안보 구조에서 구현된 것이다. 물론 균형 잡히고 지속가능한 안보 구조를 구축하는 것은 하루아침에 되는 일이 아니고 지역의 새로운 안보 질서의 구축은 길고 지루하며 점진적으로 심화해야 하는 변화발전 과정이다. 그간 여러 관념, 역량, 이익의 융합, 성쇠, 교체가 충만하였고 각종 역량은 모두 현존하는 질서 속에서 자신에게 유리한 부분은 수호하고 자신에게 불리한 부분은 개혁하고자 하였으나 미중이라는 양대 역량의 게임이 아태 안보 질서의 미래를 결정할 것이다.

4. 충돌과 대치를 피할 수 있는 미중

최근 들어 미국에서 그리고 국제적으로 미중이 '투키디데스의 함정'에 빠질 수 있다는 토론이 끊이지 않는다. 시 주석은 한 담화에서 세상에는 원래 '투키디데스 함정'이란 것이 없지만 대국 사이에 전략 오판이 다시 발생하면 스스로 '투키디데스 함정'을 만들 수 있다고 말하였

11 시진핑: '아시아 안보관을 적극적으로 수립하여 안보협력의 신 국면을 함께 만들자 -아시아 교류 및 신뢰구축회의 제4차 정상회의 상의 연설'(2014년 5월 21일, 상하이), http://news.xinhuanet.com/world/2014-05/21/c_1110796357.htm

다.[12] 오바마 역시 그는 '투키디데스 함정'이라는 표현에 찬성하지 않는다고 말했다.[13] 중국의 신형 대국 관계에 관한 정의의 제1조는 바로 '대항하지 않고 충돌하지 않는다'이다. 그러나 미국과 중국에는 여전히 이것이 가능한지 의심하는 사람들이 있다. 필자는 가능하다고 생각한다. 여기에서는 3가지 측면에서 간단히 분석하고자 한다.

첫째, 오늘날의 시대는 평화와 발전의 시대이다. 이 시대에는 두 가지 가장 기본적인 특징이 있는데 바로 세계 경제의 글로벌화와 국제 정치의 다극화이다. 개도국 집단이 굴기하고 세계의 부와 권력의 분배가 균형의 방향으로 발전하고 있다. 세계 경제의 글로벌화는 각국 간의 경제상의 상호 의존도가 날로 깊어지도록 만들어 현재 점차 인류 이익 공동체를 형성하고 있으며 1998년 동아시아 금융위기와 2008년 세계 금융위기가 부정적인 면에서 이 점을 실증했다. 인류가 직면한 전 지구적 도전은 글로벌 거버넌스를 외치고 있으며 G20 정상회의와 올해 12월 파리에서 개최되는 기후정상회의가 바로 단적인 예이다. 힐러리 클린턴 전 국무장관이 "미중 양국이 세계의 모든 문제를 해결할 수는 없다. 그러나 나는 중국과 미국 없이는 어떠한 전 지구적 문제도 해결될 수 없다고 생각한다"[14]고 말한 것처럼 중미 양국의 협력은 전 지구적 도전

12 시진핑: '워싱턴주 현지 정부와 미국 우호단체 연합 환영 연회상의 연설', 2015년 9월 23일 http://news.xinhuanet.com/world/2015-09/23/c_1116656143.htm

13 Xi, Obama have three-hour-long talk on ties in Blair House, September 24, 2015, http://www.xinhuanet.com/english/2015-09/25/c_134660461.htm

14 Hillary Clinton, "Remembering the Nixon Trip and U.S.-China Relations Today", March 7, 2012, https://china.usc.edu/hillary-clinton-remembering-nixon-trip-and-us-china-relations-today-march-7-2012

에 대응하는 데 매우 중요하다.

둘째, 중국의 발전은 장기적이고 안정적인 국제환경, 특히 주변 환경이 필요하다. 시 주석은 미국에서도 중국의 현대화 건설은 국제협력 덕분이고 현행 국제체제 덕분이며 물론 미국과의 협력도 포함된다고 말했다. 개혁개방이 시작되고부터 미국과의 관계 정상화는 덩샤오핑 개혁개방 대전략의 중요한 일환이었다. 이후 여러 지도자 모두 미중 관계를 매우 중시했으며 그것을 중국 외교정책의 우선 방향으로 삼았다. 중국의 민족 부흥과 중국몽 실현의 목적은 미국의 패권 지위를 대체하기 위해서가 아니라 전체 중국 국민이 모두 행복한 생활을 하게 하기 위해서이다. 중국은 역량도 안 되고 미국의 패권에 도전하고 싶은 마음도 없다. 덩샤오핑 선생이 말한 '영원히 우두머리로 나서지 않는다'는 여전히 우리의 정치적 유훈이다. 중국은 비동맹 정책을 고수하고 동반자 관계만 맺지 동맹 관계는 맺지 않는다. 중국의 국방정책은 방위 성격의 것이다.

셋째, 수십 년간 역대 미국정부 역시 중국과의 충돌과 대항을 강구하지는 않았으며 중국과 협력의 호혜공생 관계 구축을 바랐다. 미국은 중국의 국제체계 진출에 대해 기본적으로 배척하는 태도를 취하지 않았다. 중국은 개혁개방 이후 매우 빠르게 국제통화기금(IMF), 세계은행 등 많은 국제기구 중의 회원 지위를 회복하였다. 중국이 세계무역기구에 가입하는 과정은 복잡했고 오래 걸렸으나 결국 미국 양당의 지지를 받았고 2000년 미국의 대중 항구적 정상무역관계(Permanent Normal Trade Relations, PNTR) 입법은 미중 관계 중 실질적 의미를 가진 돌파구였다. 중국의 국제 체계 진출은 현행 국제체계의 합법성을 대대적으로 증가시켰다. 미중 경제무역 관계는 미국이 자본, 상품과 노무를 포함한 모든 것의 가격을 낮추는 데 도움을 주었고 미국의 낮은 인플레이션 유지를 도왔으며 미국 소비자의 지출을 줄여 주었다. 중국은 여전히 미국 국채 최대 해외 보유국이며 미국의 안정적인 금융을 위해 중요한 도움을 제공하였다. 미중 양국은 현재 확실히 '너 안에 내가 있고 내 안에 네가 있어'로 서로 떼려야 뗄 수 없다.

물론 신형 대국관계 구축은 미중 관계의 일종의 선택으로 그것은 가능성을 갖고 있으나 필연적이지는 않다. 그리고 또 다른 선택이 있는데 그것은 대항과 충돌이다. 후자를 피하려면 양국은 협력을 확장해야 하고, 건설적으로 의견 불일치와 민감한 문제를 관리하고 통제해야 한다.

5. 협력 상생의 지역 신질서 구축

2015년 9월 하순 시진핑 주석은 미국 국빈방문 기간에 미국 측에 중국몽을 알기 쉽게 해석해 주었고 중국의 발전 방향을 설명하였다. 그는 중국은 "각국과 함께 협력 상생을 핵심으로 하는 신형 국제관계를 구축하고 협력으로 대항을 대체하고 상생으로 독점을 대체하며 건설적 파트너 관계의 신사고를 수립하여 공동 발전의 새로운 전망을 열고 안보를 공유하는 새로운 국면을 만들고자 한다"고 강조하였다. 그는 "중국은 현행 국제체계의 참여자, 건설자, 공헌자이다. 우리는 유엔 헌장 취지와 원칙을 핵심으로 하는 국제질서와 국제체계를 결연히 수호할 것이다. 세계의 많은 국가 특히 광대한 개도국이 모두 국제체계가 더 공정하고 합리적인 방향으로 발전하기를 바라는데 이는 다시 시작하거나 새로 시작하는 것이 아니라 시대와 더불어 발전하고 개혁하고 개선하는 것이다. 이는 세계 각국과 전 인류의 공동 이익에 부합한다", "중국의 발전은 국제 사회 덕분이고 중국 역시 전 세계 발전을 위해 공헌해야 한다"고 말했다.[15] 시진핑이 여기에서 설명한 원칙은 아태지역의 신질서 구축에도 완전히 적용할 수 있는 것이다.

미국의 아시아 운영의 여러 해 동안 특히 그의 동맹체계는 아직 약화되는 기세를 보이지는 않았다. 일부 아시아 국가는 중국의 장기적 전략 의도에 대해 아직 의심하고 있으며 그들은 기존의 질서를 깨고 싶어 하지 않기 때문에 향후 상당히 오랜 시간 동안 아태지역은 기존 질서와 신질서 요소의 복합체일 수밖에 없다. 중국이 현존 질서 중의 어떤 핵심적인 부분, 예를 들어 미국의 동맹 체계를 바꾸려는 강행을 시도하지 않아야 하고, 미국이 중국의 굴기를 막으려는 강행을 시도하지 않아야 구질서에서 신질서까지 평화로운 이행(移行)을 실현할 수 있다. 이 양자는 공존할 수 없는 것도 아니고 '너만 있고 나는 없는 것'도 아니며 상호 융합하고 서로 스며들며 상호 작용해야 하는 것이다. 또한 이것은

15 시진핑: '미중 성장 주지사 포럼에서의 담화', 2015년 9월 22일http://news.xinhuanet.com/finance/2015-09/23/c_1116653149.htm ; '워싱턴주 현지 정부와 미국 우호단체 연합 환영회 상의 연설', 2015년 9월 23일http://news.xinhuanet.com/world/2015-09/23/c_1116656143.htm.

완만하고 장기적인 변화 발전의 과정이고 역내 각국 모두 이러한 변화 발전을 위해 공헌할 것이며 자연적으로 미중 양국의 관계는 여전히 결정적인 역할을 할 것이다.

미중 간의 경쟁이 현재 두드러지게 보이지만 양국 관계가 경쟁만 있고 협력은 없다고 말하지는 않는다. 안보 방면에서 양국은 여전히 협력하려 하는데 부각된 문제가 바로 한반도 핵문제이다. 한반도 비핵화를 실현하고 동북아의 평화와 안정을 수호하려면 미중 양국은 반드시 협력해야 하며 물론 관련 국가와 협력을 진행해야 한다. 경제상에서 40년의 개혁개방을 통해 중국경제는 이미 국제체계에 깊숙이 융합되어 들어갔고 미국, 한국, 일본 및 기타 동아시아 국가와 모두 고도로 상호 의존하며 진정으로 서로 떼려야 뗄 수 없는 상황에 도달했다. 만약 한 측이 다른 국가를 제재하고 무역전쟁을 벌이려고 한다면 '적군 천 명을 이기려고 아군 팔백을 잃을 수밖에 없다' 심지어는 '적군 팔백을 이기려고 아군 천 명을 잃게 된다'. 비전통적 안보 위협 방면에서 미중 양국은 여전히 협력해야 한다. 중국은 미국을 충분히 존중해야 하지만 실제에 부합하지 않는 환상을 가질 수도 없다. 미국이 중국의 근본 이익을 해치는 조치에 대해서는 결연하게 반격해야 하고 동시에 대화를 모색하도록 노력하고 최대한 대화와 협상의 방법을 통해 둘 사이의 의견 차이, 분쟁을 화해, 축소, 보류하고 모든 성의와 노력을 다해야 한다. 경쟁과 게임 과정 중에 양국은 상호 적응하고 상호 순응하며 상호 타협해야 한다. 상당히 긴 시간을 통해 미중 상호 작용의 새로운 모델을 형성할 것이다. 미국의 대중 정책에 대한 강경파라 해도 중국과 정면 충돌하자고 주장하지 않으니 미국과 전략의 패를 드러내 보이는 유혹은 거절해야 한다. 새로운 역내 질서를 구축하는 과정이 협력 상생의 과정이 되게 하려면 미중 양국이 노력하고 역내 각국이 노력해야 한다.

〈역자: 김성아〉

8

중국의 부상과 미국 외교정책의 패러다임 변화

| 민병원 ■ 이화여자대학교 정치외교학과 교수 |

1. 머리말

지난 수십 년간의 역사를 거슬러 오늘날 미중 관계는 점점 불안정한 상태로 치닫고 있다. 남중국해를 둘러싼 미중 간의 안보 이슈도 심각한 상황으로 전개되고 있으며, 양국 사이의 보복관세를 통한 무역분쟁이 본격적인 궤도에 올라서고 있는 양상이다. 미국은 중국을 환율 조작국이라고 비난하면서 관세 부과 또는 인상을 통한 적극적인 대응에 나서고 있으며, 이에 대한 중국의 입장도 강경하다. 아직까지 두 나라 사이의 본격적인 '무역전쟁'이 개시되었다고 보기는 어렵지만, 빠른 시일 내에 이러한 대치 국면이 완화되리라고 기대하기는 힘들다. 탈냉전기에 들어와 점차 영향력이 쇠퇴하고 있는 미국이 동아시아에서 빠르게 정치적, 경제적, 군사적 영향력을 확장해 가고 있는 중국의 도전에 대하여 어떻게 대응할 것인가에 대한 국제사회의 관심이 점점 커지고 있는 이유가 여기에 있다.

2015년 9월 오바마 미국 대통령과 시진핑 중국 국가주석의 정상회담에서 남중국해의 영유권 갈등과 북한 핵, 공중 충돌 방지 대책과 중국 내 인권문제 등 동아시아의 현안과 더불어 사이버안보, 기후변화 대책, 경제협력, 신형 대국관계 등 다양한 글로벌 차원의 안건이 포괄적으로 논의된 바 있다. 현안별로 양국이 이해 관계를 달리하는 경우도 있었고 일치하는 경우도 있었지만, 무엇보다 관심을 끌었던 점은 두 정상 사이에 오고간 미래의 동아시아 세력 판도에 관한 언급이었다. 시진핑 주석은 '태평양'이라는 미국과 중국 사이의 공간이 양국을 모두 수용할 만큼 넓으며, 양국 간에 분쟁 가능성을 충분하게 통제할 수 있다는 점을 강조했다. 그리하여 두 나라가 충돌과 갈등을 피하고 상호 존중과 협력 공영을 기반으로 한 '신형 대국관계'로 나아가야 한다는 점을 부각시켰다. 오바마 미국 대통령은 이에 대하여 보편적 규범과 인권을 기반으로 한 공정한 경쟁이 우선시되어야 한다고 언급함으로써 시진핑 주석의 견해와는 다른 입장을 표명하였다.

당시 정상회담을 통해 상호 간에 협력 관계를 구축하는 일이 중요하다는 인식을 공유하기는 했지만, 오바마와 시진핑 사이에 오고간 미묘한 입장의 차이는 오늘날 미중 관계의 차원을 넘어 국제관계 전반에 걸쳐 중요한 시사점을 던져 준다. 빠른 속도로 성장해 온 중국의 위상이 동아시아 주변 국가들과 미국의 관점에서 어떻게 받아들여지고 있는지, 그리고 그들의 대응책이 어떻게 전개될 것인지를 가늠할 수 있는 시금석이 되고 있기 때문이다. 특히 시진핑 주석이 2014년 초 '투키디데스 함정(Thucydides Trap)'을 언급한 이래로 2015년 미국 방문 시에도 이를 반복했다는 점은, 부상하는 강대국으로서 중국이 미국의 반응을 매우 주목하고 있다는 방증 사례이기도 하다.[1] 21세기에 들어와 동아시아 지역에서 새로운 세력 관계를 요구하고 있는 중국의 시각에서 기존의 헤게모니 국가인 미국이 어떤 반응을 보이는가에 관심이 쏠리지 않을 수 없기 때문이다.

1 시진핑은 2014년 다보스 포럼에서 중국의 평화로운 부상에 대해 언급하면서 이것이 스파르타와 아테네 사이의 관계처럼 강대국 간의 전쟁으로 이어질 수밖에 없다는 '투키디데스 함정'을 피해야 한다는 점을 역설하였다. Nicolas Berggruen and Nathan Gardels, "How the World's Most Powerful Leader Thinks." *The Huffington Post* (Jan. 21, 2014).

2016년 미국 대통령 선거에서 트럼프가 당선되면서 이러한 미중 간의 권력 구도는 더욱 심각한 양상으로 치달아 왔다. 일각에서는 '투키디데스 함정'의 비유를 내세우면서 중국의 성장이 궁극적으로 미국과의 헤게모니 갈등으로 이어질 수밖에 없다는 암울한 진단을 내리고 있기도 하다.[2] 이 글에서는 미중 간의 관계를 이해하고 전망하는 데 있어 무엇보다 중요한 요소 중의 하나로서 미국의 '국가 대전략(grand strategy)'에 초점을 맞춘다. 국가 대전략은 강대국들의 대외 정책을 규정하는 독트린과 원칙을 총칭하는 것으로서, 군사적 옵션과 불확실성에 대응하는 외교적 가이드라인, 지도자와 정부의 성격, 그리고 동맹국을 포함하는 거대한 외교적 패러다임이다.[3] 이러한 점을 고려하여 이 글에서는 오늘날의 미중 관계를 가늠하는 데 이와 같은 미국 국가 대전략이 어떤 방식으로 작용할 것인지를 역사적 흐름 속에서 짚어 보고 이를 21세기 미국 외교정책에 적용해 본다.

2 Graham Allison, *Destined for War: Can America and China Escape Thucydides's Trap?* (Boston: Houghton Mifflin Harcourt).

3 Williamson Murray, "Thoughts on Grand Strategy", in Williamson Murray, Richard Hart Sinnreich and James Lacey, eds. *The Shaping of Grand Strategy: Policy, Diplomacy, and War* (Cambridge: Cambridge University Press, 2011), pp.1~3.

2. 강대국 갈등의 구조: 역사와 현황

2015년 시진핑 주석이 언급했던 '투키디데스 함정'은 그레이엄 앨리슨(Graham Allison) 교수의 주도하에 하버드대학교 벨퍼 센터(Belfer Center)에서 이루어지고 있는 연구 프로젝트에 그 기원을 둔다. 앨리슨 교수에 따르면, 강대국 사이의 관계는 권력 갈등으로 이어질 수밖에 없으며, 2,500년 전 그리스에서 벌어졌던 펠로폰네소스 전쟁과 마찬가지로 한 국가의 성장은 다른 국가의 불안을 야기함으로써 전쟁의 원인을 제공한다는 것이 투키디데스 함정의 핵심 논리이다. 이 연구는 지난 500년간 이루어진 16건의 세력 전이 중에서 12건이 전쟁으로 귀결되었다는 점을 강조하면서, 비극을 피하기 위해서는 헤게모니 국가나 도전국 모두 엄청난 노력을 기울여야 한다는 점을 주장했다.[4] 국제 정치의 역사 연구로부터 추론된 이러한 결론은 오늘날 중국의 부상과 그것이 미국의 헤게모니에 대해 미치는 영향을 분석하는데 원용될 수 있는데, 이러한 은유를 아주 단순하게 현재의 상황에 대입한다면 중국의 부상과 도전이 종국에는 미중 간의 '전쟁'으로 이어질 것이라는 추정이 가능하다.

그런데 '투키디데스 함정'이라는 은유의 이면에는 보다 복잡한 국제 정치적 논리가 자리 잡고 있다. 투키디데스 함정은 국가 간의 갈등이 빚어낼 수 있는 대규모의 분쟁과 위험성에 대한 상징으로서, 새롭게 부

4 Graham Allison, "The Thucydides Trap: Are the U.S. and China Headed for War?" *The Atlantic* (Sep. 25, 2015).

상하는 국가가 기존의 지배국가에 도전함으로써 위기를 촉발시킬 것이므로 이를 견제 또는 봉쇄해야 한다는 필요성을 함축하고 있다. 이러한 은유가 특히 미국에서 활발하게 사용되고 있다는 점은 바로 중국의 부상에 대해 미국인들의 관심이 얼마나 큰가를 잘 보여 준다. 특히 투키디데스 함정의 논리는 미국과 중국 사이의 힘의 관계가 상호 간의 노력만으로 풀어 나가기 쉽지 않다는 인식을 배경에 깔고 있다. 이러한 인식은 협력이나 선의에 기반을 둔 국가들의 '의도'와는 상관없이 '힘'의 모양새에 따라서 갈등과 분쟁의 양상이 결정될 수밖에 없다는 점에서 비관적인 시각을 대변한다.

이와 같이 투키디데스 함정은 '힘의 논리'를 강조한다는 점에서 현실주의 국제 정치 이론의 핵심 전제를 공유한다. 그리하여 이 함정의 은유는 경합하는 두 강대국 사이에 부득불 헤게모니를 위한 다툼이 일어날 수밖에 없으며, 그러한 다툼에서 어느 한쪽은 이기고 다른 쪽은 질 수밖에 없는 운명에 처해 있음을 함축한다. 이는 현실주의 또는 신현실주의에서 내세우고 있는 세력균형(balance of power) 이론의 주요 테제와 같다. 세력균형 이론에 따르면 국제 정치는 끊임없는 '경쟁' 체제로서, 상호 간에 경쟁을 모방하고 사회화함으로써 지속적인 세력균형 패턴을 유지한다.[5] 투키디데스 함정도 두 초강대국 사이에 일어나는 견제와 균형의 논리하에 매우 단순한 형태의 세력균형 패턴이 나타날 수밖에 없다는 결론으로 이어진다. 결국 이 논리에 따르면 기존의 헤게모니

5 Kenneth N. Waltz. *Theory of International Politics* (Reading: Addison-Wesley, 1979), p. 128.

국가인 미국은 떠오르는 도전 국가 중국과 불가피하게 헤게모니를 위한 전쟁을 치를 수밖에 없다는 비관적 예측이 가능하다.[6]

투키디데스 함정은 결국 '구조'의 덫이다. 강대국들 사이에 평화적 공존이 어려운 것은 시스템적 상황에서 비롯되는 구조적 이유 때문이라는 것이다. 이는 곧 개별 국가 차원에서 아무리 선한 의도를 가지고 있다 하더라도 상대방과 불가피하게 경합적인 관계로 치닫는 수밖에 없으며, 궁극적으로 전쟁을 통해 승부를 가려야 하는 운명적인 요소와도 같다. 이러한 상황에서 개별 국가 차원의 '정책'은 거의 도움이 되지 않는다. 경쟁하는 두 나라 모두 상대방의 진정한 '의도'를 알 수 없기 때문에 최악의 시나리오를 전제로 한 전략을 구상해야 한다. 그로 인해 경쟁하는 초강대국은 일종의 '안보 딜레마(security dilemma)'에 빠질 수밖에 없다.[7] 즉 국가들은 자신들의 안보를 위해 최악의 상황을 가정한 공격적 행동을 취하지만, 바로 그러한 공격성으로 말미암아 의도했던 안보를 확보하는 데 실패하게 된다. 이와 같이 행위자들의 '의도'가 무엇이든 간에 '의도하지 않았던 결과'를 맞이할 수밖에 없는 상황이야말로 투키디데스 함정이 지니고 있는 '구조적' 측면이라 할 수 있다.

강대국 관계가 구조적 요인에 의해 결정된다는 것은, 개별 국가 차원의 의도와 정책이 주어진 운명을 바꾸기 어렵다는 의미를 함축한다. 미국과 중국에 서로 간에 협력을 위한 노력을 기울인다 하더라도 궁극적

6 Zhiqun Zhu, *US-China Relations in the 21st Century: Power Transition and Peace* (London: Routledge, 2006), pp.15~16.

7 Robert Jervis, *Perception and Misperception in International Politics* (Princeton: Princeton University Press, 1976), pp.64~67.

으로 정해진 대결 구도를 쉽사리 벗어날 수 없는 것이다. 시진핑은 이와 관련하여 '전략적 오산'이 있어서는 안 된다는 점을 명백하게 언급했지만, 긴장 관계에 놓인 두 국가 사이에 상대방에 대한 '두려움(fear)'을 완전하게 제거하기는 어렵기 때문이다. 투키디데스는 이러한 인과관계를 잘 표현한 바 있는데, 그에 따르면 아테네의 국력이 성장하면서 스파르타가 느낄 수밖에 없는 공포심은 전쟁을 불가피하게 만드는 주된 요인이었다.[8] 한 국가의 국력이 증가한다는 것은 자신감을 가지고 과거의 부당한 역사를 바로잡고자 하며, 자신의 위상에 대해 민감하게 반응하면서 새로운 권력 관계를 반영한 신질서를 요구할 것이기 때문이다. 변화에 대한 이러한 요구는 상대방으로 하여금 공포감을 느끼게 하고, 기존의 시스템에 부과되는 변화의 압력을 부담으로 받아들이게 되는 것이다.

두 강대국 사이의 권력 관계 변화가 시스템의 안정성을 위협하는 또 다른 이유로서 상대방의 권력을 견제하면서 현재의 균형을 유지하려는 '인식(perception)'을 꼽을 수 있다. 하지만 투키디데스 함정에 관한 시진핑의 언급은 역사의 흐름이 '다극화(multipolarity)'를 향해 나아가야 하며, 그동안 미국이 일방적으로 주도해 온 국제체제의 '변환(transformation)'이 요구된다는 뜻으로 풀이된다. 그동안 시진핑 정부에 의해 제창되어 온 '신형 대국관계'는 바로 이러한 다극화의 요구와 더

8 투키디데스가 설명하고 있는 분쟁의 불가피성은 그 이면에 감정적 요인이 자리 잡고 있다는 점으로부터 기인한다. 펠로폰네소스 전쟁 당시 아테네와 스파르타의 지도자들은 상대방으로 하여금 자신을 무시하지 말 것을 요구했는데, 이는 곧 그들 사이의 전쟁이 '명예(honor)'의 전쟁이기도 했음을 잘 말해 준다. Leon Whyte, "The Real Thucydides' Trap." *The Diplomat* (May 6, 2015).

불어 현상의 변화를 꾀하려는 '수정주의(revisionism)' 성향을 대변한다. 시진핑의 진정한 의도가 무엇인지에 상관없이, 중국의 성장에 대한 대응책을 고민해 온 미국의 관점에서 이러한 '다극화' 및 '수정주의'의 요구가 지극히 불편한 것으로 간주될 수밖에 없으며, 그로 인해 강력한 미국의 대응을 촉발시키는 요인으로 작용한다. 신(新)전통 현실주의(neo-traditional realism) 국제 정치 이론에 따르면, 국가는 언제나 '현상유지(status quo)'에 만족한다고 가정할 수 없다. 왜냐하면 새롭게 떠오르는 강대국들은 단순한 안보 차원의 목표를 뛰어넘어 권력 기반을 강화하고 기존의 질서를 재편하려는 경향을 보이기 때문이다.[9] 중국의 신형대국관계론에 대하여 그동안 미국이 미온적인 반응을 보여 온 것도 바로 이러한 인식의 차이에서 비롯되었다고 할 수 있다.

한편 구조에 대한 인식은 주변 환경에 따라 의도하지 않은 방식으로 변형되거나 왜곡되기도 한다. 강대국 지도자들이 상대방에 대해 갖는 우려와 편향성이 서로 대립하는 동맹 사이의 구조적 관계를 통해 확산 또는 증폭되는 경우가 많기 때문이다. 예를 들어 아테네와 스파르타는 각자 지지 세력으로서 여러 약소국들을 포함하는 동맹 체제를 유지하고 있었는데, 강대국으로서 싸움에 휘말릴 의사가 없었다 할지라도 약소 동맹국들 간의 관계가 악화됨으로써 어쩔 수 없이 전쟁에 휘말리는

9 Randall Schweller, "Neorealism's Status-Quo Bias: What Security Dilemma?" *Security Studies*, Vol. 5, No. 3(1996), pp.91~92. 이런 특징을 보이는 국가를 '수정주의(revisionist) 국가'라고 부른다. 만약 새롭게 부상하는 중국이 상당한 수준의 권력 재분배를 요구할 경우 미국은 중국을 '수정주의 국가'로 볼 것이며, 이는 자연스럽게 중국에 대한 봉쇄 또는 강경책으로 이어질 것이다.

'연루(entanglement)' 현상의 피해자로 전락하였고 모두가 막대한 피해를 입고 말았다.[10] 이러한 역사적 교훈은 미중 관계에도 그대로 적용될 수 있는데, 만약 센카쿠/조어도 영유권을 둘러싸고 중국과 일본 사이에 무력 충돌이 발생할 경우, 미중 양국 지도자의 평화적 해결 의지에도 불구하고 두 나라는 동맹을 지지하거나 또는 보호하는 차원에서 원치 않는 분쟁, 즉 투키디데스 함정에 빠질 가능성이 농후하다.[11]

이렇듯 투키디데스 함정의 비유는 21세기에 들어와서도 국제 정치의 핵심적인 단면을 보여 주는 데 있어 중요한 역할을 수행하고 있다. 이것은 갈등과 전쟁이라는 결말로 이어지는 경로를 설명한다는 점에서 비관주의적 현실주의의 테제로 간주될 수 있다. 또한 행위자 차원의 노력에도 불구하고 '구조'에 의해 어쩔 수 없이 갈등의 악순환에 빠질 수밖에 없는 거시적 관점 역시 투키디데스 함정의 특징이다. 이러한 현실주의적 프레임의 이면에는 상대방에 대한 불신과 공포라는 감정적 요인이 작용하며, 그로 인한 상승작용(escalation)이 자연스럽게 분쟁과 갈등을 증폭시키는 결과를 초래한다. 이 과정에서 강대국들이 주변 동맹국들과의 관계에 연루되면서 원치 않는 전쟁에 끌려 들어가는 현상도 나타날 수 있다. 이러한 특징 역시 무정부 상태에서 생존 가능성과 안보를 극대화하기 위한 국가들의 본능적인 노력으로부터 비롯된다. 이런 점에서 투키디데스 함정은 전통적인 현실주의 이론의 '안보 딜레마' 구조와 크게 다르지 않다 하겠다.

10 Allison, "The Thucydides Trap" (2015).

11 *Economist*, "Small Reefs, Big Problems" (July 25, 2015), pp.21~22.

3. 트럼프 행정부의 외교 정책과 미중 관계: 쟁점

오늘날 트럼프 행정부는 프랭클린 루스벨트 이래로 지속되어 온 미국의 글로벌 리더십 역할에 전격적인 방향 전환을 꾀하고 있다. 미국의 국가 이익은 이제 '제로섬(zero-sum) 게임'의 논리 위에 대단히 좁은 범위에서 규정되고 있으며, 이에 따라 여타 강대국들과 약소국들의 전략적 선택에도 커다란 변화가 일고 있다. 무엇보다도 강대국의 외교 정책이 크게 변화하고 예측 불가능한 미래의 그림자가 짙게 드리우면서 많은 나라들은 '헤징(hedging)' 전략을 채택하기 시작하고 있다. 냉전 시대와 같이 분명한 리더십과 정치적 전선이 아직 그려지지 않았을뿐더러 권력자원의 배분이 빠른 속도로 이루어지고 있기 때문이다. 이런 상황에서 미래의 운명에 영향을 줄 수 있는 정치적, 외교적 선택을 미리 정하는 일은 재앙으로 이어질 가능성이 크다. 특히 강대국들 간의 관계가 불안정하고 예측 불가능할 경우 중간 규모의 국가들 또는 약소국들이 전략적 선택을 자제해야 할 필요성이 커진다. 이런 점에서 전통적인 미국의 우방국가들, 특히 일본, 한국, 대만, 필리핀뿐 아니라 동남아시아의 여러 나라들, 예를 들어 인도네시아, 미얀마, 싱가포르, 베트남 등이 한층 적극적으로 헤징 전략을 채택하고 있는 상황은 이상할 것이 없다.[12]

12 Stewart Patrick, "Trump and World Order: The Return of Self-Help", *Foreign Affairs* (March/April, 2017), pp.53~54.

이처럼 트럼프 행정부가 동아시아를 포함한 국제 정치의 판을 뒤흔들기 시작하면서 전 세계에서 주변 국가들의 헤징 양상이 가속화되고 있다. 무엇보다도 글로벌 차원의 위상이 강화되고 있는 중국을 겨냥한 미국의 적극적인 공세가 본격화되면서 동아시아 중견국과 약소국들이 미국의 전통적인 대전략에 대한 신뢰감을 상실하기 시작했다. 적어도 오바마 행정부 2기만 하더라도 '피벗(pivot)' 또는 '재균형(rebalancing)'을 지향하는 외교 정책의 밑그림을 통해 적절한 수준에서 견제와 균형을 추구하려는 노력이 지속되었다. 하지만 트럼프 행정부에 들어와 이러한 방향성은 걷잡을 수 없는 방식으로 중국의 '도전'을 적극적으로 견제하고 있다. 안보 영역에서는 사드(Thaad) 배치 이후 한반도를 둘러싸고 미중 간에 전략적 대치국면이 강화되고 있으며, 북한 핵문제를 둘러싼 '6자회담'의 메커니즘도 아직 제대로 가동되지 못하고 있는 상황이다. 남중국해에서 벌어지고 있는 두 나라의 '위신(prestige)' 대립은 더욱 심각하다. 이와 같은 미중 간 '힘의 대결' 구도 속에서 동남아시아 국가들은 더욱 '헤징' 전략에 집착할 수밖에 없다. 미국과 중국 사이의 긴장 완화를 위한 장치가 조속하게 마련되지 않을 경우 이 지역에서 우발적 분쟁이 일어날 가능성은 상존한다.

트럼프 행정부 초기의 외교 정책에서 일관성을 지닌 거대 전략이 명확하게 드러나고 있는지에 대해서는 학자들 사이에 의견 차이가 존재한다. 적어도 아직까지는 트럼프 행정부가 지구적 차원의 거대 전략을 구상하고 있는 것으로 보이지 않는다는 것이 다수의 의견이다. 미국의 외교 정책은 외견상 눈길을 끄는 트럼프 대통령의 변덕스러운 '레토릭(rhetoric)'보다는 그것을 실현하는 과정에서 '절차적(operational)' 고려에 따라 자주 변경되고 있는 것으로 알려지고 있다.[13] 트럼프는 선거기간 중, 그리고 취임 초기에 '미국 우선(America First)'의 구호를 자주 천명했는데, 이는 이전 정부의 '자유주의적 국제주의'보다는 미국의 오랜 '고립주의' 전통으로 돌아갈 것이라는 분위기를 풍기는 것이었다. 하지만 취임 이후 트럼프의 외교 정책은 상당한 수준의 불확실성을 보이고 있는데, 이는 일관성을 지닌 거대 전략이 없는 상황에서 그때그때 상황에 따라 정책을 입안하고 집행하고 있기 때문이다. 이런 점에서 트럼프 행정부가 이전의 민주당 정부와 본격적인 '단절'을 추진하고 있다고 보기도 어렵다.

예를 들어 트럼프 행정부는 멕시코 불법 이민자들을 막기 위한 국경 전략에서는 매우 고립주의적인 성향을 보여 왔다. 그 연장선상에서 이루어지고 있는 북미자유무역협정(NAFTA) 재협상 노력이라든가 환태평양 경제동반자협정(TPP) 탈퇴 선언, 한미 FTA 재협상 요구 등도 이와 같은 '미국 우선'의 고립주의를 대변한다고 볼 수 있다. 하지만 안보 분야에서는 여전히 과거 정부의 국제주의 전략으로부터 크게 벗어나고 있지 않은데, 북한 핵문제라든가 북대서양조약기구(NATO)를 대하는 자세를 보면 대단히 공세적인 성향을 보이고 있다. 한편 리비아나 시리아, 그리고 중동 지역의 갈등에 대응하는 트럼프 행정부의 입장은 여전히 모호하기 짝이 없다.[14] 미국 정부의 재정적인 여건을 고려하여 북극해

13 Peter Dombrowski and Simon Reich, "Does Donald Trump Have a Grand Strategy?" *International Affairs*, Vol. 93, No. 5 (2017), p.1016.

14 Dombrowski and Reich (2017), pp.1036~1037.

문제에 대하여 자제(restraint) 전략을 추구하면서도 남중국해 문제에서는 공세적인 입장을 보이고 있다. 다시 말해 트럼프 행정부 초기의 외교 전략은 아직까지 일관성 있는 모습을 보이고 있지 않으며, 상황에 따라 대단히 가변적인 양상을 보이고 있다.

전후 미국 외교 정책의 흐름을 살펴보면, 냉전이 종식된 1990년대 초반 이후 미국의 거대 전략이 큰 변화를 겪고 있다고 보는 견해도 존재하지만, 경험에 비추어 볼 때 이러한 견해는 상당한 정도로 과장되어 있음을 알 수 있다. 다시 말해 미국의 거대 전략과 외교 정책은 지난 20~30년간 크게 바뀌지 않았으며, '미국 우선주의'라는 목표를 유지해 왔다는 점에서만 꾸준하게 일관성을 유지해 왔다고 보아야 한다. 미국은 자신들이 추구하는 '자유주의(liberalism)' 질서를 대외적으로 전파하려는 입장을 지녀 왔으며, 이를 방해하는 위협요인에 적극 대처하겠다는 의지를 표명해 왔다.[15] 1940년대 후반부터 세계의 '경찰'로서 공산주의의 확산을 막기 위한 노력을 꾸준하게 기울여 왔고, 1950년 NSC-68을 통해 본격적으로 '봉쇄(containment) 정책'을 개시한 이래로 미국은 자신들의 이익과 가치를 보호하기 위한 적극적이면서 국제주의적인 외교 정책 전통을 꾸준하게 유지해 온 것이다.

이런 역사적 흐름을 고려할 때 지금까지 트럼프 대통령의 외교 정책은 예상했던 것보다는 전통적인 미국 외교의 틀에서 크게 벗어나지 않고 있다고 평가할 수 있다. 대통령 선거운동 기간의 레토릭이 대단히

15 Hal Brands, "American Grand Strategy in the Post-Cold War Era", in Russell W. Glenn, ed. *New Directions in Strategic Thinking 2.0* (Canberra: ANU Press, 2018), pp.134~135.

공세적이었던 것에 비해, 당선 이후 외교 정책을 수립하고 집행하는 과정에서 정치권 내의 다양한 세력과 여론으로부터 견제를 받기도 하거니와 미국의 국가 이익을 위해 다양한 고려를 하지 않을 수 없기 때문이다. 다만 정책 결정자로서 트럼프의 성향과 스타일이 독특하다는 점에서 미국 행정부의 전통적인 양식보다는 그의 개인기에 의해 외교의 방향이 크게 좌우되어 왔다고도 할 수 있다.[16] 이런 점들을 종합적으로 고려할 때, 현재 미국의 외교 정책 방향이 트럼프라는 개인적 차원의 특성에 의해 결정되기보다는 냉전기와 탈냉전기를 거치면서 오랜 시간 누적되어 온 미국 사회의 불만과 대안적 노력이 트럼프 행정부를 통해 구현되고 있다고 보는 것이 타당할 것이다.

그럼에도 대외 관계와 외교 정책의 스타일에서 트럼프 행정부는 여러 가지 면에서 이전 행정부에 비해 두드러진 차이를 드러내고 있다는 점을 무시할 수 없다. 가장 먼저 트럼프 행정부는 세계질서에 대한 미국 외교의 '프레임'을 재구성했다는 점을 언급할 필요가 있다. 제2차 세계대전 이후 미국 외교는 세계질서를 안정적으로 유지하는 데 초점을 맞추어 왔고, 그와 같은 헤게모니 역할에 대하여 국제사회는 체제 수호자로서의 '정당성'을 부여해 왔다. 헤게모니로서 미국이 주도해 온 전후 질서는 자유무역과 동맹, 국제기구 등 국제 정치의 역사에서 가장 발전된 모습을 구현해 왔다. 하지만 트럼프 행정부는 이러한 구질서하에서 미국이 체계적으로 착취당해 왔다는 점을 부각시키면서 세

16 Hal Brands, "The Unexceptional Superpower: American Grand Strategy in the Age of Trump", *Survival*, Vol. 59, No. 6 (2017), p.14.

계질서의 '제로섬(zero-sum)' 속성을 더 강조하고 있다. 이러한 모습은 특히 경제외교 분야에서 두드러지게 나타나고 있는데, 세계무역기구(WTO)의 다자간 협상을 비판하면서 그에 대한 대안으로 추진하던 양자간, 다자간 자유무역협정(FTA)의 구도마저 뒤흔든 것이 대표적 사례이다. 최근까지도 미국은 북미자유무역협정(NAFTA)과 한미자유무역협정(KORUS)의 개정을 촉구하여 이를 성사시켰으며, 스스로가 추진해 온 TPP 협상에서는 아예 탈퇴를 선언한 바 있다.

트럼프 행정부의 이러한 행보는 동맹국 외교에서도 크게 다르지 않은 상황이다. 전통적으로 미국 외교는 '자유 세계(free world)'라고 불리는 유럽과 동아시아의 동맹국들에 대한 무한 신뢰를 바탕으로 해 왔다. 미국은 이 지역의 동맹국들이 '공통의 신념(common faith)'을 지닌 영원한 우방이라는 점을 언제나 강조했다. 하지만 트럼프 행정부에서는 NATO와 한미동맹에 대하여 미군 주둔비용 부담 증가 등을 강력하게 요구하면서 그동안 미국이 이러한 조건에서 불평등한 부담을 걸머져 왔다는 점을 강조하고 있다. 우방이라고 하더라도 이제는 공평하게 부담을 나누어 져야 한다는 것이 새로운 미국 외교의 구호가 되어 왔다.

이러한 변화로 말미암아 민주주의와 인권의 가치에 대한 미국의 공약이 대폭 후퇴하고 있다는 평가가 내려지고 있다. 냉전 시대 이후 미국의 외교는 자신들이 중시하는 이러한 가치를 수호하기 위한 외교를 전면에 내세워 왔지만, 트럼프 행정부는 오늘날의 미국이 더 이상 이러한 임무를 수행할 역량을 갖추고 있지 못하며, 따라서 미국의 시급한 임무는 미국 자신의 안보와 번영을 구현하는 데 국한되어야 한다고 강조한다. 이런 까닭에 시리아의 화학 무기 사용에 대한 미사일 공격을 제외하고는 전 세계 곳곳에서 벌어지고 있는 인권 위반 행태에 대하여 매우 모호한 입장을 보이고 있다. 이제 미국은 국제사회가 갖추어야 할 특별한 가치를 수호하는 전위대의 역할을 더 이상 떠맡으려 하지 않고 있는 것이다. 오히려 미국은 민족주의와 주권 관념에 치중함으로써 초국가적 과제를 의도적으로 등한시하는 양태조차 보이고 있다. 그리하여 트럼프 행정부와 미국 외교에 대한 국제사회의 신뢰도는 지속적으로 하락해 왔다. 무엇보다도 미국 스스로가 주도해 온 파리협약이나 TPP에서 탈퇴함으로써 국제사회에 대한 약속을 내팽개치는 결과를 초래하고 말았다.[17]

이와 같은 행태는 미국 외교의 '소프트파워 결핍(soft power deficit)'으로 이어지고 있다. 미국은 제2차 세계대전 이후 지속적으로 자유세계의 가치를 보호하기 위해 노력해 왔다고 자부해 왔는데, 1940년대 말의 마셜플랜(Marshall Plan)과 평화봉사단(Peace Corps)은 냉전기에 지구촌의 절반에 대한 책임감을 여실히 보여 주었다. 하지만 트럼프 행정부에 들어와 더 이상 적극적인 관여와 지원에 관심을 기울이지 않고 있다. 군사력을 포함한 미국의 하드파워에는 오히려 투자를 늘리면서도 자국의 소프트파워와 대외적인 이미지가 하락하는 데에는 별 관심이 없는 상황이다.[18]

이와 같은 전반적인 상황을 고려할 때 지금까지 트럼프 행정부의 외교적 관심사는 다음 세 가지 방향으로 전개되어 왔다. 첫째는 '미국 우

17 Brands (2017), pp.14~22.

18 Brands (2017), pp.26~27.

선주의(America First)'로서, 외교 정책의 방향성을 대변하는 가장 핵심적인 모토이다. 이것은 안보나 경제 등 여러 영역의 세부적인 계획으로 이어지는 트럼프 정부 차원의 국가전략 가이드라인으로 자리 잡고 있다. 그 이면에는 그동안 미국이 수행해 온 헤게모니의 역할이나 '다자주의(multilateralism)'의 구호에 집착하는 대신 미국의 직접적인 이해관계에 집중하겠다는 의지가 자리 잡고 있다. 따라서 아시아태평양 경제 공동체(APEC)나 동남아시아국가연합(ASEAN) 등의 다자기구에 대한 미국의 공약이 대폭 약화될 것으로 전망된다. 둘째로 이러한 미국 우선주의의 자연스러운 결과로서 기존에 미국이 연관되어 있는 자유무역협정에 대한 재협상을 추진하고 있는데, 최근 NAFTA와 한미 자유무역협정에 대한 재협상이 마무리된 것도 이런 맥락에서 해석할 수 있다. 안보 분야에서도 미국은 지속적으로 비용 분담을 요구해 왔는데, NATO 회원국들의 비용 부담 요구와 더불어 한미, 한일 간에 미군 주둔 비용을 더 부담하도록 요구하면서 특히 사드 배치 비용을 전가시키려는 태도를 보여 왔다.[19]

19 William Choong, "Trump and the Asia-Pacific: Managing Contradictions", *Survival*, Vol. 59, No. 1 (2017), pp.181~182.

4. 미국의 국가 대전략과 그 복합성: 전망과 과제

오늘날 미중 관계를 이해하고 진단하기 위해서는 냉전기 이후 미국의 국가 대전략이 어떤 형태로 구축되어 왔는지를 먼저 살펴볼 필요가 있다. 미국은 20세기에 들어와 과거의 대영제국을 대체하는 헤게모니 국가로 떠오르기 시작했으며, 냉전기를 거치면서 세계를 관리하기 위한 국가 대전략(grand strategy)을 구현해 왔다. 가장 대표적인 국가 대전략으로서 '봉쇄정책'을 꼽을 수 있는데, 이것은 1940년대부터 소련과 중국을 포함하는 공산주의 진영의 영향력 확산을 막는 데 국가적 총력을 기울이기 위한 하나의 외교 정책 가이드라인이었다. 이후에도 미국은 다양한 국가 대전략과 독트린을 통해 미국의 국가이익을 수호하기 위한 노력을 기울여 왔는데, 국제 정치의 상황이나 국내 정치의 변화에 따라 서로 다른 양상을 보이곤 했지만, 미국의 국가이익 보호라는 궁극적인 지향점에서는 동일한 것이었다.

한 나라의 외교 정책은 단기적으로 특정한 행정부가 채택하고 있는 목표와 방향, 가이드라인을 가리키는 것으로서, 행정부가 지향하는 가치와 국가이익의 개념에 따른다. 미국의 경우 매 4년 또는 8년마다 정권이 교체되거나 지속되는 경우 외교 정책의 방향을 독트린 형태로 제시하기도 하지만 그보다 장기간에 걸친 전략적 목표를 제시하는 경우도 있다. 이러한 장기적, 전략적 목표는 좁은 범위의 군사적 전술(tactics)이나 작전(operations), 전략(strategy)보다도 넓은 대상을 포괄하며, 이런 점에서 국가의 나아갈 길을 가리키는 거대한 '프레임워크'로서 의미를 지닌다고 할 수 있다. 여기에서는 미국의 국가 대전략이 19세기 이후 어떤 유형을 보여 왔는지를 개괄적으로 살펴보고 이를 바탕으로 트럼프 행정부의 대중국 정책을 진단해 보고자 한다.

1) 미국 국가 대전략의 유형

미국의 국가 대전략은 그동안 크게 4가지 유형을 보여 왔는데, ① 고립주의(isolationism)전략, ② 관여(engagement)전략, ③ 봉쇄(containment)전략, 그리고 ④ 롤백(roll-back)전략으로 구분할 수 있다. 이러한 서로 다른 유형은 독립적으로 또는 다른 유형과 복합적으로 사용되었으며, 정권과 정치 엘리트의 성향에 따라서, 그리고 국제체제의 변화에 맞춰서 적절한 방식으로 운용되어 왔다. 미국 국가 대전략의 첫 번째 유형인 고립주의전략은 미국의 오랜 정치적 전통을 대변하는 것으로서, 냉전기와 탈냉전기에 추구하던 헤게모니의 역할을 포기하고 다른 국가에 대한 개입을 최소화하는 데 주안점을 둔다. 이러한 전략은 19세기 말까지 미국이 서부 개척 등 국내 발전에 집중하면서 유럽의 문제에 거의 관여하지 않았던 역사의 유산이라고 할 수 있다. 20세기 초에 두 차례의 세계대전을 겪으면서 이러한 전통은 자유주의적 국제주의(liberal internationalism)에 그 자리를 내어 주고 말았지만, 최근 트럼프 행정부의 외교 정책은 상당한 정도로 국제주의에서 멀어지고 있는 양상을 보이고 있다.

국제 정치에서 '고립'이라는 용어가 외교 정책에 도입된 것은 본래 영국의 중립적 외교, 그리고 세력 균형을 추구하기 위한 '화려한 고립(splendid isolation)'이라는 표현에서 비롯되었다. 이러한 전략은 대외적인 문제에 대하여 지나치게 약하거나 지나치게 강한 대응을 자제하면서 적절한 수준의 균형을 모색하겠다는 목적을 지닌 것이었다.[20] 이와 같은 목적이 달성되기 위해서는 스스로의 의지에 따라 고립될 수 있어야 했는데, 19세기의 영국이나 20세기의 미국은 유럽의 구대륙으로부터 분리되어 있다는 지정학적 특성으로 말미암아 유럽 구대륙의 국가들과 달리 고립주의전략을 손쉽게 구사할 수 있었다.

19세기의 미국은 자국에 대한 위협을 최소화하면서 안보를 극대화하기 위한 목표를 수립하되, 전통적인 유럽식 외교를 벗어나려 하였다. 따라서 지나치게 해외 문제에 개입하지 않도록 경계하면서 독립 선언문이나 헌법에 이러한 정신을 대폭 반영하였다. 이런 점에서 건국 이래로 미국이 취해 온 고립주의는 '적극적(positive)' 차원의 것이었다. 미국은 국가이익과 국제관계 사이에서 적절한 균형점을 찾기 위한 정치적 '중용(prudence)'을 지키고자 노력했는데, 이러한 기조는 미국의 서부 개척이 완결되고 20세기 초반 세계대전에 얽혀들면서 자의반 타의반 무너지게 된다. 이후 미국은 점차 '국제주의(internationalism)'의 물결에 휩쓸리게 되었고, 이와 더불어 상호의존(interdependence)과 복잡성(complexity)의 국제 정치 속에서 고립주의전략을 더 이상 선택할 수 없

20 Colin Dueck, "Strategies for Managing Rogue States", *Orbis*, Vol. 50, No. 2(2006), pp.229~230.

는 지경에 이르게 된다.[21]

하지만 미국의 고립주의 전통은 21세기에 들어와 새롭게 관심을 끌고 있다. 냉전이 종식되면서 미국이 군사력 차원에서는 세계 최고의 위상을 차지해 왔지만, 경제력과 여타 분야의 영향력에서는 상대적으로 입지가 줄어들어 가고 있기 때문이다. 다시 말해 미국이 세계의 다양한 문제에 관여하기에는 역량이 부족하다는 인식이 커지고 있는 것이다. 이러한 추세는 1970년대부터 시작되어 지금까지 계속되고 있지만, 미국과 주요 강대국들 사이의 협조 체제가 작동하면서 미국의 위상이 급격하게 하락하는 현상을 지연시키고 있을 따름이다. 트럼프 행정부의 일방적인 무역 및 안보 정책은 이러한 추세를 적극 반영하고 있다. 이런 점에서 지금의 미국 외교 정책은 상당할 정도로 '고립주의' 회귀 성향을 보이고 있다. 물론 완전한 형태의 고립주의를 상정할 수 없지만, 냉전 시기와 같은 적극적인 전략이나 개입 정책은 더 이상 기대하기 어려운 것이 현실이다.

미국 국가 대전략의 두 번째 유형은 '관여(engagement)전략'인데, 이것은 다루기 까다로운 국가를 대상으로 한 외교적 선택으로서 자주 활용된다. 미국은 전통적으로 적대국가를 다루는 데 있어 상업적, 외교적 접촉을 유지하거나 정치적, 경제적인 고립주의 정책을 동시에 구사함으로써 자신의 목표를 달성하는 관여전략을 수립해 왔다. 이런 점에서 이 전략은 무력 충돌을 회피하면서도 상대국에 대한 적극적인 외교를

21 Eric Nordlinger, *Isolationism Reconfigured: American Foreign Policy for a New Century* (Princeton: Princeton University Press, 1995), pp.34~35.

도모한다는 점에서 냉전기와 탈냉전기 미국외교의 중요한 선택지로서 자리매김해 왔다. 이 전략은 최소한 상대국과의 갈등이나 마찰이 진행 중임에도 지속적으로 접촉을 유지하며, 이를 통해 협력, 통합, 상호의존 등의 패턴을 만들어 낸다는 점에서 긍정적 동기를 통한 협력지향적 갈등해소 전략이라고 할 수 있다.[22]

1970년대 초반 닉슨 행정부가 중국과의 외교 관계를 개선하면서 이전의 봉쇄정책 기조를 뒤엎었던 사례는 대표적인 관여전략에 해당한다. 특히 레이건 행정부 당시 고르바초프의 소련을 대상으로 외교적 접촉과 협상을 반복하면서 소련을 안으로부터 붕괴시킨 것도 일종의 관여전략이라고 볼 수 있다. 이와 같은 관여전략의 바탕에는 경제적 상호의존과 평화적 교류가 궁극적으로 적대국 또는 상대국가의 변화를 유발함으로써 외교적 목표를 달성하는 데 도움을 줄 수 있다는 '자유주의(liberalism)' 신조가 깔려 있다.[23] 이러한 전략은 비록 적대국가라 할지라도 지속적인 교류와 상호작용을 통해 협력적인 관계를 구축할 수 있다는 것을 전제로 한다. 미국이 이와 같은 관여 정책을 채택하던 시기에는 무력시위나 갈등 대신에 외교와 협상을 주요한 정책 수단으로 삼았다.

관여전략은 무력 사용의 위험이 크거나 제재(sanctions) 조치가 실패한 경우에 효과적으로 구사될 수 있다. 냉전 초기의 미국이 소련에 대하여 강력한 봉쇄정책을 통해 갈등과 긴장이 최고조에 달했던 반면,

22 Richard Haass and Meghan O'Sullivan, "Terms of Engagement: Alternatives to Punitive Policies", *Survival*, Vol. 42, No. 2(2000), pp.113~135.

23 Dueck (2006), pp.225~226.

1980년대 말까지 빈번한 상호작용과 데탕트 분위기를 통하여 공산 진영을 내부로부터 무너지도록 하는 데 결정적인 영향을 미친 것도 바로 이러한 관여전략이라고 할 수 있다. 관여전략은 상대국의 존립을 위협하지 않으면서도 일정한 수준의 협력을 도모한다는 점에서 현실적인 대안으로 꼽힌다. 냉전기에 남아프리카 공화국의 인종차별적인 아파르트헤이트 정책을 겨냥하여 국제사회와 미국의 적극적인 관여전략을 채택함으로써 중장기에 걸쳐 결국 이를 포기하도록 만드는 데 성공한 것도 일종의 관여전략에 해당한다.[24] 이런 역사를 돌이켜볼 때, 21세기에도 미국이 자신의 위상을 위협하는 중국에 대하여 적극적인 관여전략을 채택할 가능성이 높다. 또한 미국은 이라크, 북한, 시리아, 리비아 등 미국의 이익과 위신에 위협을 제기한다고 간주하는 나라들에 대하여 때로는 봉쇄정책이나 무력대응을 통해, 때로는 관여정책을 통해 미국의 요구사항을 관철해 왔다.

세 번째 유형인 봉쇄전략은 제2차 세계대전 이후 미국이 본격적으로 헤게모니의 지위에 오르면서 채택한 국가 대전략으로서, 1940년대 후반에 그 모습을 드러냈다. 전쟁 당시 미국과 소련은 히틀러에 맞서기 위한 연합국이었지만, 종전을 맞이하면서 두 초강대국은 유럽과 아시아에서 이데올로기적 차이를 기반으로 한 세력 대결을 시작하였다. 미국 정부는 케넌(George Kennan)의 경고와 트루먼 독트린(Truman Doctrine)을 출발점으로 소련의 영향력과 공산주의 확산을 막기 위한 '봉쇄'의 개념을 정립하였고, 이후 중국의 공산화와 한국전쟁, 베트남전쟁을 거

24 Haass and O'Sullivan (2000), p.119.

치면서 미국 외교 정책의 본격적인 목표로 '봉쇄'를 내세우게 되었다.[25] 1950년 초에 발간된 'NSC-68'은 이러한 미국 외교의 전환점을 잘 드러낸 문서였다. 이후 미국은 수십 년에 걸쳐 공산주의의 확산을 막는 '세계경찰'의 역할을 자임해 왔다.

이와 같은 봉쇄전략은 20세기 이전에도 작동해 온 세력균형의 연장선상에서 이해할 수 있다. 17세기 이후 유럽의 강대국들은 어떤 한 나라의 힘이 커져서 기존의 균형을 무너뜨릴 경우 동맹을 통해 이를 견제하려는 성향을 보여 왔다. 이처럼 강대국 사이에 권력 관계의 안정을 추구하려는 성향을 '세력균형'이라고 불렀는데, 봉쇄전략은 적어도 미국의 시각에서 이러한 세력균형을 도모하기 위한 것이었다.[26] 미국이 겨냥한 봉쇄정책의 대상은 우선적으로 소련과 동구권의 공산주의 국가들이었지만, 동아시아에서는 무엇보다 중국이 주된 대상이었고 베트남과 한국 등 주변 지역에 확산된 공산주의 이데올로기 역시 주요한 위협으로서 봉쇄의 대상이었다. 미국은 냉전 초기에 소련과 공산주의 국가들을 힘으로 압도하는 데 주안점을 두었고, 이러한 성향은 핵무기를 포함한 군비경쟁과 적대적 외교, 그리고 양극화 구도로 이어졌다.

미국의 봉쇄전략 전통은 트루만 행정부 이후 아이젠하워 시기에도 지속되었고, 1960년대의 케네디와 존슨 행정부 시기에는 베트남을 포

25 John Lewis Gaddis, *Strategies of Containment: A Critical Appraisal of American National Security Policy during the Cold War* (Oxford: Oxford University Press, 2005), pp.24~25.

26 물론 이러한 견해는 미국의 일방적인 입장을 반영한 것이었는데, 여기에는 '안정'과 '균형'을 추구한다는 과거의 세력균형 목표 대신에 소련 또는 공산주의 이데올로기를 '위협'으로서 인식하고 이를 타파해야 한다는 편견이 자리 잡고 있었다. 이런 점에서 봉쇄정책은 전통적인 세력균형 정책과 차별화된다고 할 수 있다.

함하여 중국 등 동아시아 지역에서 공산주의 확산을 방지하는 데 이 전략을 구사하기도 했다. 1980년대에 들어와 레이건과 부시(George H. W. Bush) 행정부 시기에도 미국은 공산권을 겨냥한 적극적인 봉쇄정책을 유지했지만, 앞서 언급하였듯이 대화와 상호작용을 포함한 적극적인 관여정책을 동시에 추진하기도 했다. 2000년대에 들어와 한동안 '테러와의 전쟁'에 몰두하던 미국은 오바마 행정부 2기 이후 '재균형(rebalancing)' 정책을 통해 중국을 견제하는 데 집중하기도 했는데, 이 봉쇄전략의 일환으로 해석할 수 있다. 이러한 맥락에서 오늘날 트럼프 행정부의 대중국 정책 역시 상당한 정도로 중국의 영향력 확대를 견제하려는 목적을 지니고 있다는 점에서 '봉쇄'의 한 유형으로 분류할 수 있다. 다만 과거와 같이 단순한 이데올로기적 대립에 그치기보다 복잡한 인식과 복합적 전략을 구사하고 있다는 점에서 냉전기의 봉쇄정책과 차별화된 양상을 보이고 있다.

미국 국가 대전략의 네 번째 유형은 '롤백(roll back)'인데, 이것은 적대국을 밀어붙이는 전략으로서 경우에 따라서는 무력분쟁으로 이어질 수 있는 위험한 선택을 동반한다. 미국은 냉전기에 중남미 국가들에 대하여 이와 같은 롤백전략을 구사하곤 했다. 1980년대 레이건 행정부는 미국의 이해관계에 배치되는 국가들에 대하여 군사력 행사도 마다하지 않았는데, 예를 들어 1983년 그레나다(Grenada) 침략이나 1984년 니카라과 정부 전복 기도 등이 대표적인 사례에 해당한다. 롤백전략은 봉쇄전략에 비하여 한층 더 과격한 대응을 동반하는데, 경우에 따라서는 상대국의 정부를 전복시키거나 내전을 유발하기도 한다. 냉전기와 탈냉전기에 걸쳐 미국은 세계 여러 지역에서 롤백전략을 구사하곤 했는

데, 중남미 지역을 포함하여 미국의 군사적 개입이 용이한 국가 및 '불량국가(rogue states)'로 낙인 찍힌 국가들을 대상으로 해 왔다. 특히 9·11 테러 이후에는 아프가니스탄과 이라크에 대규모의 군대를 보내 정부 전복을 시도하였고, 그 후유증은 지금도 계속되고 있다.

1950년의 한국전쟁 역시 미국이 추구했던 롤백전략의 대표적인 사례였지만, 중국의 개입으로 말미암아 성공을 거두지 못했다. 당시 미국은 북한 정권을 붕괴시키려 했지만 당시 상황에서 이는 중국이나 소련과 핵전쟁까지 초래할 수 있는 위험한 선택임에 분명했다. 트루먼 행정부는 결국 이를 포기하고 휴전을 선택했지만, 냉전기에 걸쳐 세계 곳곳에서 미국은 공산국가의 정부를 전복시키려는 롤백전략을 수시로 구사했다. 1960년대의 쿠바 카스트로정부 전복 기도나 베트남 전쟁은 이와 같은 롤백전략이 결국 실패로 돌아간 경우였지만, 칠레나 파나마, 그레나다 등에 대한 미국의 침공과 개입은 전형적인 롤백전략의 양상을 보였다.[27] 이런 점에서 1980년대 미국 외교 정책의 가이드라인이 되었던 '레이건 독트린(Reagan Doctrine)'은 일종의 '간접 롤백(indirect rollback)'의 일환으로 볼 수 있다.[28]

냉전기 양극화의 상황에서 미국이 구사했던 롤백전략이 초강대국간의 전쟁으로 이어질 수 있는 위험한 선택이었다는 점에는 의심의 여지가 없다. 그런 까닭에 아이젠하워, 레이건, 부시 행정부를 거치면서

27 William M. LeoGrande, "Rollback or Containment? The United States, Nicaragua, and the Search for Peace in Central America", *International Security*, Vol. 11, No. 2 (1986), pp.89~120.

28 Dueck (2006), pp.227~229.

롤백전략은 실제로 미국의 의지를 반영한 대안이라기보다 하나의 위협적인 '레토릭(rhetoric)'으로서 작동했다. 봉쇄정책이 상대국을 대상으로 하여 오랜 시간에 걸친 '소모전략(strategy of exhaustion)'을 추진하는 것인 데 비하여, 롤백정책은 상대국을 '제거(annihilation)'함으로써 결정적인 승리를 도모한다는 점에서 분명 고도의 위험을 동반한 선택이었다. 따라서 롤백전략은 대부분 소규모의 독재정권이나 좌파정부에 대하여 사용되었고, 규모가 큰 나라에 대해서는 극도로 신중하게 적용될 수밖에 없었다.

오늘날 트럼프 행정부의 외교 정책에서도 부분적으로 롤백전략의 요소가 포함되어 있지만 그것이 충분하게 구체화되지 않고 있는 것도 바로 이러한 위험성 때문이다. 북한 핵문제에 대하여 트럼프 행정부와 미국의 보수 여론에서는 군사적 옵션을 포함한 적극적인 대응을 암시하는 견해를 자주 표명했지만, 이것이 강력한 군사력을 보유한 북한에 대하여 효과적으로 작동할 것인지에 대해서는 의문이 제기되고 있다. 마찬가지로 미중 관계에서도 이와 같은 롤백전략이 구현되기에는 여러 가지 조건이 미흡하다. 우선 중국은 지나치게 거대한 까닭에 정부를 전복시키는 수준의 대안을 구사하기가 불가능하다. 미국 입장에서는 다양한 선택지가 소진되기 이전에 이처럼 위험성이 큰 롤백전략을 선택할 이유가 없을 것이다.

2) 미국 국가 대전략의 복합성과 트럼프 행정부

이상의 논의에서 살펴본 바와 같이, 20세기 이후 미국의 국가 대전략은 크게 4가지 유형으로 구분해 볼 수 있다. 여러 차례의 전쟁과 이데올로기적 대립을 통해, 그리고 미국의 선거결과와 행정부 성격에 따라 이러한 대전략의 유형과 성격은 다양한 방식으로 채택되어 왔다. 이와 같은 역사적 유형화를 통해서 오늘날의 미중 관계를 가늠 짓는 미국의 국가 대전략은 어떻게 규정할 수 있을까? 아직까지 '트럼프 독트린'이라고 부를 수 있는 외교 정책의 큰 그림은 공식적으로 제기되고 있지 않은 상황이다. 그럼에도 불구하고 2017년 출범한 트럼프 행정부 초기부터 전개된 미국 외교 정책의 흐름과 선택에는 몇 가지의 뚜렷한 방향성이 나타나고 있다. 미국의 국가 대전략 역사와 관련하여 이러한 방향성을 분석해 보면 다음과 같은 몇 가지의 패턴을 구분해 낼 수 있다.

트럼프 행정부의 국가 대전략을 규정 지을 수 있는 가장 큰 특징 중의 하나는 그것이 상당한 정도로 복합적인 양상을 보이고 있다는 점이다. 앞서 언급한 4가지의 대표적인 국가 대전략 유형은 대부분의 경우 두세 가지가 혼합되어 나타나는 양상을 보이거나 두 가지 이상의 유형 사이에서 명확한 경계선 없이 구분이 어려운 경우도 종종 나타나기 때문이다. 예를 들어 이라크 전쟁의 경우만 하더라도 미국은 후세인 정부에 대한 '봉쇄'와 더불어 '간접적 롤백' 전략을 동시에 구사했다. 두 가지 옵션이 상황에 따라 유연하게 적용된 것이다 1990년대 초 이후 북한에 대한 미국의 전략도 복합적인 모습을 보여 왔는데, 클린턴 행정부 때에는 관여전략과 봉쇄전략이 동시에 추진되다가 다양한 외교적 노력과 압박, 대화를 통한 '기본합의(Agreed Framework)'에 도달한 바 있다. 이란의 핵문제에 대해서도 미국은 유럽연합 및 국제기구와 협력하면서 봉쇄와 관여전략을 동시에 추진하였고, 2015년 마침내 합의에 도달하였다. 물론 이러한 합의에 대하여 트럼프 행정부는 재협상이 필요하다는 강한 압박을 가해 왔지만, 미국의 외교 정책이 행정부의 성격과 외부 환경에 따라 수시로 바뀌고 있다는 점만큼은 분명하다고 하겠다.

이렇게 볼 경우 미중 관계의 방향을 결정짓는 미국 국가 대전략은 단순하거나 단일한 유형에 국한될 것으로 보기 어렵다. 탈냉전기에 들어와 '불량국가'로 낙인찍힌 국가들에 대한 미국의 전략을 보면 대체로 '봉쇄'전략을 근간으로 하면서 억지(deterrence), 군사적 위협, 동맹국 동원, 확실한 공약 등의 여러 수단들을 동시에 활용하고 있음을 알 수 있다. 다시 말해 미국은 다양한 형태의 제재(punishments)와 보상(rewards)을 결합한 일종의 '혼합(hybrid)' 전략을 수시로 구사하고 있으며, 그 내용도 사안과 상황에 따라 자주 변하고 있다.[29] 이러한 특징은 탈냉전기 이후 국제 정치가 대단히 복잡하고도 예상하기 어려운 방향으로 전개되고 있다는 점을 고려할 때 그리 특이하다고 볼 수 없다. 하지만 냉전기를 전후로 한 국가 대전략이 미국과 같은 강대국의 정책적 선택을 분명하게 예측할 수 있도록 해 주는 가이드라인의 역할을 수행해 왔던 것에 비해 오늘날의 복잡성은 그만큼 국가 간 외교문제를 다루기가 힘들어진다는 점을 잘 드러내고 있는 것이다.

트럼프 행정부 시기의 국가 대전략에 있어 눈에 띄는 또 하나의 특징

29 Dueck (2006), p.240.

은 상당한 수준의 위험성을 동반하고 있다는 점이다. 이것은 전략적 선택이 혼합적 성격을 띤다는 앞의 논의와 밀접하게 연관된 것이기도 하고, 협상가로서 트럼프 대통령의 성격과도 연결되어 있다. 지금의 미국 행정부는 안보이슈나 무역이슈 등을 다루는 데 있어 상대국을 코너로 몰아붙이는 압박전술을 구사하곤 하는데, 이처럼 강경해 보이는 입장을 상대방이 자칫 오해할 경우에는 돌이킬 수 없는 재앙으로 이어질 수 있다. 이러한 관계는 시리아를 둘러싼 미국과 소련의 관계에서도 관찰되며, 특히 북한이나 중국을 압박하는 트럼프 행정부의 외교에서 자주 드러나고 있다. 경제적 측면에서는 미국의 전통적인 동맹국들조차 예외가 아니다. 캐나다와 멕시코는 NAFTA 재협상을 둘러싸고 미국과 신경전을 벌이다가 최종적으로 양보했고, 한국도 비슷한 상황을 겪어야만 했다. 미국과 중국 사이에 관세전쟁이 벌어지고 있는 현상도 그리 이상한 일은 아닐 것이다.

하지만 안보이슈에서는 사안이 그리 만만찮다. 왜냐하면 우발적 사건이 언제라도 무력대결로 이어질 수 있으며, 이러한 가능성은 한반도 DMZ나 센카쿠열도, 남중국해 등 동아시아의 위험지대(flash points)에서 상존한다. 그럼에도 동아시아 지역에는 유럽과 같은 분쟁해결 또는 조정을 위한 메커니즘이 존재하지 않는다. 작은 분쟁이 언제라도 큰 분쟁으로 확산되기 용이한 지정학적 상황에 놓여 있는 것이다. 이런 점에서 트럼프 행정부의 위험을 동반한 선택은 동아시아 국가의 지도자들에게 상당한 부담으로 작용하고 있다. 국가 대전략의 역사를 돌이켜볼 때, 트럼프 행정부는 중국의 부상에 대하여 동아시아 지역에서의 미국의 이해관계를 위협하는 중대한 도전으로 받아들이고 있다. 이런 추세는 지난 오바마 행정부 시기부터 지속되어 온 것이지만, 트럼프 시기에 들어와 더욱 공세적이면서 예측 불가능한 방식으로 전개되고 있다는 특징을 보인다. 무엇보다도 트럼프 행정부의 국가 대전략은 중국에 대한 '봉쇄'와 '관여'를 혼합적으로 활용하고 있지만 점차 전자로 무게중심이 이동하고 있다. 물론 이러한 강경책은 최악의 경우에 선택할 수 있는 '롤백'의 가능성을 그 바탕에 깔고 있다고 할 수 있다. 또한 트럼프 행정부는 무역과 경제적 교류의 측면에서 미국 우선주의를 전면에 내세움으로써 부분적으로 고립주의전략을 지향하고 있기도 하다. 이처럼 지금까지의 트럼프 행정부는 뚜렷한 국가 대전략의 방향성을 결여하고 있음에도 상당히 복합적이면서 예측 불가능한 방식으로 외교문제에 대응해 왔다고 볼 수 있다.

5. 맺음말: 정책적 함의

오늘날 동아시아는 세계의 어느 지역보다도 긴장과 갈등의 기로에 서 있다. 이 지역은 유럽과 더불어 냉전의 최전선으로 꼽혀 왔지만, 유럽의 냉전이 종식된 지 30여 년이 흐른 지금도 동아시아 지역은 냉전의 유산으로부터 자유롭지 못한 상황이다. 제2차 세계대전이 종료되면서 일본을 점령한 미국은 1951년 샌프란시스코 평화협정을 서둘러 체결함으로써 제2차 세계대전의 문제를 불완전하게 마무리하는 단초를 제공했다. 여기에 결정적인 영향을 미친 변수가 한국전쟁이었는데, 당시 미군을 대규모로 수용할 수 있는 일본 내의 기지를 구축하고 장차 공산주의의 확산을 막기 위한 외교적 노력의 성과가 샌프란시스코 협정이었다. 미국과 일본 양측에서 많은 논란이 있었지만, 미국의 덜레스(Dulles) 국무장관과 일본의 요시다 시게루 수상은 서로의 이해관계를 보장하는 선에서 이 협정에 합의하였다. 무엇보다도 미국은 일본 내에 군사기지를 설치하기로 하였고, 그 대가로서 미국은 일본에 대한 안전보장을 제공하는 데 합의하였다. 그 결과는 미일동맹으로 나타났다. 1951년 9월 일본은 48개과 평화협정을 체결하였는데, 이와 같은 미일 합의를 바탕으로 협약에서는 극동군사법정을 설치한다는 조항 이외에 일본에 대한 전쟁 책임을 묻는 내용은 거의 포함되지 않았다.

하지만 샌프란시스코 평화회담에는 태평양 전쟁의 가장 큰 피해를 입은 중국이 배제되었고, 소련, 폴란드, 체코슬로바키아 등의 공산권 국가들은 참여했으나 서명을 거부함으로써 반쪽짜리 협정으로 전락하고 말았다. 미국의 덜레스 국무장관과 영국의 외무장관 모리슨(Morrison)이 의견 차이로 말미암아 중국과 대만을 이 협상에 초대하지 않기로 합의했던 것이다. 이러한 불완전한 협상의 대가로 일본은 자국 본토에 미군 기지를 설치할 수 있도록 허용하였고, 오키나와의 주권을 유보하는 데 합의하였다. 일본의 자국 안보를 미국에 의존하기로 한 결정은 주권국가로서 불리한 것이었음에도 당시 요시다 정부는 경제 우선의 방침을 정하고 안보 무임승차정책을 적극 추구하였다. 또한 일본으로서는 중국과 소련이라는 양대 공산주의 국가들과의 평화협정을 제대로 체결하지 못하게 됨으로써 이후 냉전기를 거치면서 영토 및 무

역문제 등에서 지속적인 갈등을 초래해 왔다.[30]

이와 같이 역사적으로 평화체제가 미완성 상태로 남아 있는 동아시아 지역에서 미국의 위상은 지난 70여 년 동안 상당한 무게감을 지녀왔다. 그리고 지난 30여 년간 개혁과 개방을 통해 국력을 키워온 중국의 위상이 미국과의 세력 배분에 변화를 요구해 왔다. 이처럼 '수정주의(revisionist)' 국가로서 중국은 이제 미국으로서 더 이상 무시하거나 회피할 수 없는 도전국으로 인식되고 있으며, 미국의 보수적인 여론과 학계에서는 '투키디데스 함정'의 비유를 통해 다가올 대결 구도를 점치고 있기도 하다. 동아시아의 미래가 이들 두 강대국의 대결 여부에 달려 있다는 진단도 내려지고 있다. 이런 상황에서 2017년 트럼프 행정부의 출범은 20세기를 거치면서 미국 행정부가 선택해 왔던 몇 가지의 국가 대전략 옵션들, 즉 고립주의전략, 관여전략, 봉쇄전략, 롤백전략의 혼합적인 모습을 모두 드러내 왔다. 이처럼 동아시아의 현재는 대단히 불확실한 상황에 처해 있다는 점을 염두에 두고, 이 글은 미국의 국가 대전략의 유형과 흐름에 대한 논의를 바탕으로 그 성격을 진단하였다.

이와 같은 분석을 바탕으로 하여 이 글에서는 다음과 같은 세 가지의 정책적 함의를 추론하려 한다. 첫째, 미중 간의 갈등에 역사적, 구조적으로 영향을 미쳐 온 불완전한 샌프란시스코 체제를 완전한 형태로 재구성하는 외교 어젠다를 적극적으로 추구할 필요가 있다. 이와 같은 작업을 통해 동아시아에 본격적인 평화구상을 구축할 수 있는 근본적인

30 Sayuri Guthrie-Shimizu, "Japan, the United States, and the Cold War, 1945~1960", in Melvin P. Leffler and Odd Arne Westad, eds. *The Cambridge History of the Cold War*, Volume 1: Origins (Cambridge: Cambridge University Press, 2010), pp.251~253.

여건을 조성할 수 있을 것이다. 둘째, 미국이 바라보는 중국은 '수정주의' 성향의 국가에 해당하지만, 이웃 국가인 한국이 이러한 인식을 반드시 공유할 필요가 없다. 특히 미국이 냉전기에 추구해 온 봉쇄정책이나 롤백정책 등을 미중 관계에 적용하기는 오늘날의 국제정세를 고려할 때 지나치게 비현실적이기 때문에 이와는 다른 형태의 시나리오를 상정하면서 우리의 입장을 정할 필요가 있을 것이다. 미중 관계를 이해하는 데 있어 한국이 미국 내의 대중국 담론에 과도하게 의존하지 않도록 균형을 잡아야 할 것이다. 셋째, 그동안 국제 정치의 이론과 담론을 지배해 온 현실주의나 자유주의 패러다임을 넘어서 동아시아 내부에서 충분한 의미를 갖는 새로운 강대국 관계의 담론을 구축할 필요가 있다. 여기에는 한국과 같은 중견국의 위상과 역할을 고려한 새로운 논의가 포함되어야 할 것이며, 그럼으로써 복잡해지는 국제정세 속에서 한국이 무엇을 할 수 있는가에 대한 방향성을 제공할 수 있는 어젠다를 설정해야 할 것이다.

9

한반도와 동아시아에서 러시아의 역할과 영향

| 구웨이(顾炜) ■ 상하이사회과학원 국제문제연구소 연구원 |

21세기 이래 러시아는 북한과 한국 사이에서 전체적으로 균형 외교 정책을 실행하고 어느 한쪽으로 편향되지 않았다. 6자회담 시기 다소 주변화된 역할로 보인 것과는 다르게 최근 북한 핵문제 및 한반도와 전체 동아시아 지역의 평화와 발전 문제에서 러시아의 역할이 상승 추세를 보이고 있다. 이는 러시아의 전략 목표, 외교 정책과 관련이 있을 뿐 아니라 지역 정세의 객관적 변화의 결과이기도 하다. 러시아는 두 갈래 경로를 통해 자국의 동아시아 지역에서의 영향을 강화하였는데 첫 번째 경로는 자국의 대국적 면모를 발휘하는 것이고, 두 번째 경로는 중국과 전략적 협력을 전개하는 것이다. 러시아의 정책과 역할은 동아시아 정세의 발전에 영향을 줄 것이다.

1. 러시아 외교 속의 한반도와 동아시아

중국과 유사하게 러시아의 주변 지역 역시 복잡성을 갖고 있으며 이웃 국가가 많을 뿐만 아니라 민족, 종교, 언어, 문화 등이 선명한 다양성을 갖고 있고, 게다가 많은 화제와 핫 이슈가 존재하고 있어 지역과 국제 형세의 발전에 영향을 주고 있다. 한반도는 바로 러시아 주변 지역 중 하나로 동아시아 지역에 위치하고 있으면서 러시아가 고도로 중시하는 주변 지역이기도 하다.

역사적으로 보면 한반도는 냉전의 '살아 있는 화석'으로 오늘날까지

이어져 오고 있으며 소련 및 러시아 안에서의 역할은 무시할 수 없다. 만약 냉전 발발과 미소 패권 쟁탈이라는 큰 배경이 아니었더라면 한반도는 아마도 분열로 향하지 않았을 것이다. 최초로 이 분열을 정착시킨 결과인 한국전쟁은 만약 소련이 배후에서 지지하지 않았다면 이 전쟁을 둘러싸고 겪은 모든 기승전결을 처음부터 다시 썼을 것이다. 이러한 이전의 역사와 경험은 러시아와 한반도 사이의 연결을 끊을 수 없게 만들었다.

현실 속에 존재하는 연결도 마찬가지로 밀접하다. 한반도의 평화와 안정은 러시아 동부 지역의 안보 및 전체 동아시아 지역의 형세와 관련된다. 한반도에서의 어떠한 긴장 사태도 모두 북한과 한국 두 국가의 일만이 아니라 동아시아 지역의 중국, 러시아, 일본 그리고 소위 역외대국인 미국을 포함한 관련 국가와 모두 직접적인 관계가 있다. 이 국가들은 상당 정도 모두 새로운 '한반도 전쟁'에 말려들길 원하지 않고 정세의 발전이 통제 가능한 범위 내에 있길 바라므로 각국은 모두 의견 차이를 관리하고 통제하기 위해 노력한다. 이 역시 이전에 각국이 북한 핵문제를 둘러싸고 6자회담을 원하고 한자리에 앉아서 회의를 진행할 수 있었던 중요한 원인이다. 각국은 분명 모두 자신의 이웃 국가에서 새로운 핵 국가가 나오는 것을 바라지 않고 이 핵 국가와의 관계가 어떻든 간에 새로운 핵 국가의 출현은 자국 안보에 대한 심각한 위협일 뿐 아니라 지역의 평화와 안정을 파괴할 수 있다. 그러므로 각국은 북한 핵문제를 적절하게 처리해야 하고 공동으로 동아시아 지역의 안보와 안정을 수호해야 한다.

비록 북한이 북핵 문제 6자회담 탈퇴를 선포하고 난 후 러시아의 북핵 문제에 대한 영향은 채널 부족으로 인해 한동안 거의 희박해졌지만, 북한이 여러 차례 핵실험을 진행함에 따라 북핵 문제는 다시 점차 동아시아 갈등 투쟁의 초점이 되었다. 이는 한반도 문제에 대한 러시아의 지위를 상승시켜 주었다. 각 측이 북한에 대해 거의 아무런 대책도 없는 상황에서 러시아는 경제 교류를 통해 북한과의 연계를 유지하고 있고, 여전히 북한과 대화를 진행할 수 있었기 때문이다. 그리고 군사 측면에서 볼 때 러시아는 거의 유일하게 북한의 미국 군사 위협 저항을 원하고 도와줄 수 있는 국가이며, 그 군사 저력은 한반도와 동아시아 지역에서의 존재와 영향력을 유지할 수 있을 뿐 아니라 한반도 부근 해역에서 미국과 해상과 공중에서 대결을 진행할 수도 있어 이는 의심할 여지없이 북한이 어느 정도 어떤 안위와 안전감을 얻을 수 있게 하였다. 그러므로 한반도 및 동아시아 지역과 러시아 외교의 관련과 상호작용은 우선 안보 영역에 집중된다.

경제와 사회 발전 영역에서 한반도 및 동아시아 지역의 러시아에 대한 중요성도 마찬가지로 부각되었다. 극동 지역 개발과 러시아 전체 경제의 발전 촉진이든, 러시아의 동아시아 지역 경제 협력 참여 등 문제이든 러시아는 모두 한반도의 평화와 안정을 필요로 할 뿐 아니라 한국, 중국, 일본 등 동아시아 지역 국가의 투자와 협력도 필요로 한다. 그러므로 한국, 북한과의 경제무역 협력은 러시아가 동아시아와 아태지역 국가와 협력하는 데 중요 구성 부분으로 한반도의 평화와 안정은 러시아 협력 공간의 확장과 연장에 관계될 뿐 아니라 그것이 순조롭게 아태지역과 협력을 전개할 수 있는가와도 긴밀히 연계된다. 특히 2014년 이후 동아시아 지역 및 한반도의 중요성이 러시아의 주변 외교에서 제고되었다.

우크라이나 위기 이후 러시아 외교의 서진(西進)은 거의 가로막혔다. 러시아와 서구 국가의 관계는 냉전 종결 이후 가장 낮은 곳으로 떨어졌고, 구미 등 서방 국가가 잇따라 러시아에 대해 제재를 실시하고, 우크라이나 동부 정세의 불안정 역시 상당 정도 러시아 서부 국경 불안정에 영향을 미쳤고, 이것들은 모두 러시아 외교의 서쪽으로의 공간 확장을 제한되게 만들었다. 설상가상으로 경제 제재와 유가 폭락은 루블의 심각한 평가절하를 초래하여 러시아 경제를 위기에 빠지게 만들었다. 서진하던 외교가 장애물을 만난 후 러시아는 그 남쪽의 중아시아 국가와 이란을 대표로 하는 중동 국가와 양호한 발전 관계를 유지하였으나 이들 국가는 경제적으로 러시아에 더 많은 지지와 도움을 주기엔 어려웠다. 그러므로 외교상의 곤란 국면을 타파하든 아니면 경제상의 곤경을 벗어나든 간에 러시아는 동진 외교를 강화해야 했고, 이는 중국, 한국 등을 포함한 동아시아 국가와 적극적으로 협력을 전개해야 했다. 바로 한 러시아 학자가 말한 것처럼 "러시아의 아시아 정책은 러시아의 유럽 정책의 보충이 되어서는 안 되고 반대로 아태지역이 제공하는 광활한 공간을 이용해야 러시아가 독립적인 새로운 게이머가 될 것이다."[1]

이를 주관적으로 보면 러시아는 한반도, 동아시아 지역 국가와의 관계를 증진해야 하고, 한반도라는 지역의 문제에서 영향력을 강화하며 동아시아 지역 사무에서의 활약도를 확장할 필요가 있음을 의미한다.

1 Б. Каусикан, Удастся ли бесконфликтный переход? Восточная Азия в процессе стратегической трансформации. http://www.globalaffairs.ru/number/Udastsya-li-beskonfliktnyi-perekhod-16930.

그러므로 비록 러시아가 여러 차례 발표한 대외 구상 문건에서 한반도의 러시아 외교에서의 중요성 순서 배정에서 뚜렷한 변화가 없더라도(한반도 문제에 대한 토론은 통상 모두 아태지역의 전체 발전을 토론한 후 진행되었다) 전체적으로 봤을 때 한반도와 동아시아 지역의 러시아 외교 속의 지위는 최근 몇 년 사이 대폭 상승하였다. 게다가 북핵 문제의 이슈성 때문에 한반도 및 동아시아 지역은 현재 및 향후 러시아 외교의 중점 방향 중 하나가 될 것이다.

2. 한반도와 동아시아에서 러시아의 전략 목표

한반도와 동아시아 지역의 러시아 외교에서의 지위를 평가한 후 러시아의 한반도와 동아시아 지역에서의 전략 목표는 더욱 뚜렷해졌다. 전체적으로 봤을 때 러시아의 전략 목표는 다차원, 다원성, 실용성 등의 특징을 갖고 있다.

첫째, 러시아의 한반도와 동아시아 지역에서의 전략 목표는 양자, 지역, 전 세계 등 여러 차원에서 관련된다.

먼저 양자 차원에서 러시아는 21세기 들어서 실행했던 정책을 계속할 것이다. 즉, 북한과 한국 사이에는 균형외교를 채택하고 북러 양자 관계와 한러 양자 관계의 발전을 중시한다. 북한과의 양자 관계는 북한에 대한 영향을 유지하고 대북 무역을 통한 직접적 경제 수익 획득 등에 치중하고 동시에 러시아 역시 북한에 압력을 가하고 북한의 핵 계획과 미사일 계획에 반대한다. 한국과의 양자 관계는 한국투자 유치, 경제, 혁신 등 영역에서의 협력 전개 등 방면에 치중한다. 다음으로 지역 차원에서 러시아의 주요 목표는 한반도와 동아시아 지역의 평화와 안정을 유지하는 것으로 러시아는 군사 수단을 이용해 한반도 등 동아시아 지역의 핫이슈를 해결해서는 안 되고 외교와 정치적 수단을 통해서만 협상 해결할 수 있다고 생각한다. 마지막으로 양자와 지역 이 두 가지 차원의 목표를 실현한 후 러시아의 세계적 차원의 전략 목표는 한반도를 미국과 대화하고 협력을 전개하는 중요한 아젠다 중 하나로 삼아 러시아의 대미 관계의 발전을 움직이고 동아시아 지역을 러시아 외교의 중점 지역으로 삼아 더 큰 외교 공간과 더 강력한 영향력을 모색한다. 여기에서 러시아는 자국 외교의 동진을 활성화할 수 있을 뿐 아니라 만약 추진이 적절하다면 러시아 전체 외교 정세의 전환도 추진할 수 있으며, 자국의 핵 비확산, 국제 안보 등 아젠다 영역에서 영향력을 유지하여 세계 대국의 지위를 드러내고 수호한다.

둘째, 한반도와 동아시아 지역에서 러시아의 전략 목표는 여러 영역에 관계되고 다원성 특징을 보인다.

국가 이익은 통상 다원성을 가지는데 대국은 능력이 뛰어나기 때문에 다원화된 이익을 실현하기 위해 다양한 수단을 이용할 수 있으며, 그러므로 비록 한반도처럼 면적이 크지 않은 지역이라 할지라도 러시아의 국가 이익 및 여기에서 확정된 전략 목표 역시 마찬가지로 선명한 다원성의 특징을 갖는다. 이러한 다원성은 정치, 경제, 군사 등 3개 영역에서 표현된다. 정치 목표에서 보면 러시아는 한반도와 동아시아 지역에서 정치 영향을 수호해야 한다. 러시아는 1990년대 소련 해체 초기에 실행했던 한국에 '편향'되었던 외교 정책으로 돌아갈 수 없다. 왜냐하면 이전의 이러한 한 국가에 편향된 정책은 한반도에서 러시아 영향력의 현저한 하락을 야기했고 심지어 러시아의 전체 동아시아에서의 영향력까지 위협했기 때문이다. 러시아는 균형 정책을 취해야 하며 동시에 북한과 한국에 대한 영향을 유지하여 그의 지역 사무에서의 발언권을 수호해야 한다.

경제 목표에서 보면 러시아는 북한, 한국, 일본 등 국가와 경제무역 협력을 전개해야 할 뿐 아니라 전략적 협력 동반자인 중국과의 경제 협력도 공고히 하고 확대해야 한다. 동아시아와의 경제무역 연계는 실제 무역량을 제고하고 경제 수입을 늘릴 수 있을 뿐 아니라 동아시아 국가를 유치하여 대러 투자 강화, 극동 지역에 개발 참여, 러시아와의 과학 혁신 분야 협력 전개 등을 할 수 있다. 이 외에 동아시아 각국과의 경제무역 협력 강화는 남진 통로를 개통할 수 있고, 아세안과의 경제 협력을 연결하여 러시아 대외 경제 협력의 수직방향 발전 벨트가 되고, 러시아의 아태 경제 협력 전반에 대한 참여도를 높일 수 있다.

군사 목표에서 보면 러시아는 핵 대국 중 하나로서 핵 확산을 방지하는 문제에서 책임과 이익을 갖고 있으므로 한반도가 군사 대치와 충돌로 가는 것을 방지해야 할 뿐 아니라, 북한의 핵 계획을 반대하고 미국의 한반도에서의 사드 시스템 배치를 반대하며 한반도의 군비 경쟁 출현과 핵 비확산 체계의 안정을 위협하는 것을 방지해야 한다. 동아시아 지역은 원래 형세가 복잡하였고 한반도 문제, 중일 역사 문제 등이 모두 지역 불안정을 유발할 수 있는데 동아시아의 충돌은 분명히 러시아의 이익에 부합하지 않는다.

셋째, 러시아의 한반도와 동아시아 지역에서의 전략 목표는 매우 실용적으로 실용주의 특징을 갖고 있다.

냉전 시기와는 다르게 러시아는 과거 농후한 이데올로기 색채를 포기했고, 한반도 문제에서 융통성 있고 실용적인 외교 정책을 채택하였으며 실현하려는 전략 목표 역시 매우 실용적이고 명확하다. 러시아는 어떤 이데올로기의 수요에서 남북 양국 중 어느 한편을 결정하여 사이가 가까워지려 하지 않을 것이며, 러시아와 한반도 관계를 결정하는 데는 러시아의 국가 이익만 있다. 마찬가지로 러시아는 일본의 경제적 투자가 필요하다고 하여 쿠릴열도 문제에서 양보를 하지는 않는다. 러시아는 자국의 이익 수요에 근거하여 한반도 정책과 동아시아 지역 정책을 결정해야 한다. 2014년 이후 러시아 경제의 뚜렷한 하행 추세는 러시아가 외부 투자와 경제 협력 추진을 절실히 필요로 하게 만들어 한국과의 경제무역 교류가 매력적인 대상이 되었다. 그러나 이것이 러시아가 북한과의 관계를 포기하게 만들지는 않을 것이며 북한과의 경제무역 협력 역시 러시아에 직접적인 경제 수익을 가져다줄 수 있어서(비록 이러한 수익이 한국보다 적은 것은 분명하지만), 러시아는 한쪽에 신경 쓰다 다른 쪽을 잃거나 하나로 편향되지는 않을 것이다. 러시아 전략 목표의 실용성 역시 기본 원칙에 대한 고수에서 구현된다. 러시아는 자국 주변에 새로운 핵 국가 혹은 핵 지역의 출현을 방지하는 문제에서 신념을 지키고 원칙을 고수하며 북한의 핵 계획에 반대하고, 미국의 한반도 사드 배치 역시 반대한다. 그러므로 러시아의 한반도와 동아시아 지역에서의 전략 목표는 실용적인 것으로 현재의 국가 이익 수요에 부합한다.

3. 한반도에서 러시아의 정책과 역할

러시아는 한반도에서 전략 목표를 실현하기 위해 반드시 일정한 역할을 하여야 하고 자국의 한반도 정책 실행을 통해 상응하는 영향과 작용을 발휘해야 한다. 여기에서 우리는 문제 하나를 제기한다. 러시아는 중간에 있는 균형자인가 아니면 편파적으로 줄 서는 자인가?

북핵문제 6자회담이 한창 진행 중일 때 상당히 많은 관점들은 회담에 참여한 6개국이 실제로는 양대 대립 입장을 지닌 소위 '진영'으로 나뉘었고 한국·일본·미국이 한 측, 중국·러시아·북한이 또 다른 한 측이라고 생각했다. 오늘날 중국과 러시아가 공동으로 한반도 문제의 군사적 해결을 반대할 때 사람들은 러시아가 다시 편향형 정책을 취했고 북한을 지지하는 한 측에 서 있다고 쉽게 생각했다. 그러나 이러한 견해는 실제와 맞지 않으며 러시아 입장의 핵심을 파악하지 못한 것이다.

북한의 핵 개발 계획을 반대하는 입장에서 보면 러시아는 실제로 국제 사회와 함께 대립면에 서 있었고, 북핵 개발 계획과 미사일 계획을 반대하고 북한의 군사 개발 공간을 제한하였는데, 이는 의심할 바 없이 한국에 대한 지지이다. 그러나 군사 목표에서 러시아는 역시 한국의 미국 사드 체계 배치에 반대하고 한반도 비핵화의 입장을 유지하였는데, 이는 실제로 북한에 유리한 입장이다. 그러므로 러시아가 북한과 한국 사이에서 취한 것은 균형 정책으로 한반도 비핵화를 고수하고 핵무기와 한반도의 핵시설 존재를 반대한다.

그러나 러시아는 국제사회의 제재 때문에 북한을 포기하지는 않았고 오히려 기회를 타서 북한에 대한 자국의 영향력을 유지하고 강화하였다. 2017년 4월 러시아는 극동 항구 블라디보스토크에서 북한 나진항에 이르는 항로를 신설하고 화물선 역시 '만경봉호'라 이름 짓고 러시아에서 북한으로 수출하는 공업용품과 수산품의 수송을 책임지게 하였다. 이는 엄격한 제재를 받아 극도로 곤궁해진 북한에게는 엄청난 지지였다. 푸틴은 2017년 10월 연례 발다이 클럽 회의에서 러시아는 북한을 구석으로 몰아붙이고 무력으로 위협하는 것에 반대하며 북한은 주권 국가로 반드시 대화로 한반도 문제를 해결해야 한다고 밝혔다.

현재 러시아의 여러 표현으로 보면 러시아는 향후 한동안 남북 사이에서 균형 정책을 취하고 스스로 중간에 있는 균형자의 역할을 유지할 것이다. 앞에서 말한 것처럼 전체 외교 구성에서 보면, 러시아는 한반도의 평화와 안정이 필요하고 한반도에서 자신의 전략 목표를 실현하기 위해 노력하고 미국의 대북 강경 정책에 반대할 것이다. 2017년 4월 유엔 안보리에서 거행된 대북 결의안 토론과 표결에서 러시아와 중국은 함께 미국이 제안한 대북 군사 행동 결의안에 반대표를 던졌다. 이는 러시아가 자신의 안보리 상임이사국 신분을 이용해 한반도에서 가능한 군사 충돌에 반대한 것이다. 러시아 외교장관은 미국 국무장관과의 전화 통화에서 이미 여러 차례 러시아의 한반도 문제에 대한 입장을 설명하였고 한반도 긴장 고조를 허용하지 않는다고 밝혔다. 2017년 6월 러시아 외교부 차관은 러시아는 이미 한반도 문제 해결의 '로드맵'을 제정하였고 동반자 국가와 협동하여 이 '로드맵'의 실시를 추진할 준비를 하였다고 밝혔다.[2] 이 태도 표명은 러시아의 한반도 문제에 관한 적극적인 태도와 명확한 입장을 보여 준 것이다.

러시아는 또한 각종 장소를 이용해 중재를 펼쳤다. 2017년 10월 각국 의회연맹 총회 개최 기간에 러시아는 한국, 북한 각각과 회담을 진행하였고 양자가 총회 기간에 대화를 진행할 것을 제안하였다. 러시아의 제안에 대해 한국은 북한과 대화를 하기를 원한다고 밝혔으나 북한은 아직 대화할 준비가 되지 않았다고 밝히고 러시아에 북한 최고 지도자 김정은의 친서를 전달했다.[3] 러시아의 더 큰 목표는 어쩌면 미국과 북한 사이에서 모종의 중개 역할을 하는 것이다. 2017년 11월 미국 트럼프 대통령이 중국 방문 기간에 러시아에 북한 문제 해결 협조를 호소했을 때, 러시아는 이에 대해 적극적으로 반응하고 트럼프가 북한 문제에 대해 러시아와 협력을 제시한 것은 러시아 측 입장에 부합한다고 밝혔으며 푸틴 대통령은 북한 문제는 모든 관련국과의 밀접한 협력이 필요하다고 말하였다.[4]

그러므로 전체적으로 보면 러시아는 편파적으로 줄 서는 자가 아니라 경제무역 협력 성과를 높이고 한반도 정세 통제불능 방지 등 자신의 이익 실현을 위해 '균형형' 한반도 정책을 취하였고 동시에 북한, 한국과의 연계를 유지하고 있다. 그러나 그 정책의 특징은 전과 다름없이

2 '러시아는 이미 한반도 문제 해결 '로드맵'을 제정했다고 말한다', http://world.huanqiu.com/hot/2017-06/10906600.html

3 '러시아는 국제사회가 남북 양자 대화를 위해 조건을 마련해야 한다고 호소한다.', 신화망, 2017. 10. 19, http://news.xinhuanet.com/world/2017-10/19/c_1121825402.htm

4 '한반도가 비핵화를 실현하도록! 미중 '한반도 핵문제 합의' 달성에 외신 관심', 환구망, http://world.huanqiu.com/exclusive/2017-11/11369902.htmlqq-pf-to=pcqq.c2c°

명확하여 다른 구체적 문제 영역에서는 다른 정책을 취하였고 입장은 원칙성, 실용성, 융통성의 유기적 결합을 고수하였다. 러시아의 모든 선택의 핵심은 러시아 자신의 전략목표와 국가 이익이다.

4. 러중 관계와 러시아의 동아시아에 대한 영향

한반도가 동아시아 갈등의 초점이자 핫스팟이지만 동아시아 지역의 전체 문제를 포괄할 수는 없다. 그러므로 한반도는 러시아의 동아시아 정책에서 단지 그중의 일부 내용만을 차지한다. 러시아는 동아시아에서 더 웅대한 목표가 있으며 자국이 더 적극적인 작용을 발휘할 수 있기를 바란다. 이런 적극적인 작용에는 3개 차원의 특징과 요구가 있으며 최근의 동아시아 정세 발전에서 분명하게 표현된다.

첫째, 러시아는 동아시아 사무에서 간과되거나 주변화될 수 없다. 러시아는 유라시아를 가로지르는 지리적 속성 때문에 동아시아 지역의 중요 구성 부분임이 틀림없고 그러므로 동아시아 사무에서 간과될 수 없으며 배제될 수도 없다. 이는 '최저선' 성질의 요구로, 즉 가장 낮은 목표상에서 러시아는 동아시아에서의 실질적 존재를 유지하려 하는데 이는 있어도 되고 없어도 되는 역할이 아니다. 이는 일단 주변화 추세가 출현하면 러시아는 매우 빠르게 조치를 취해 이 추세를 억제할 것이라는 의미이다. 2018년에 들어 북한 외교의 활약이 두드러지고 동계올림픽이라는 기회로 한국과 스포츠 외교를 진행하고 민족 감정을 증진하였으며, 김정은은 중국을 방문한 후 트럼프와 역사적 회담을 실현하였다. 전 세계의 주목을 끈 이러한 외교 활동에서 러시아가 다시 주변화되는 추세가 보이자 러시아는 경시되는 것을 방지하기 위해 매우 빠르게 반응하였다. 푸틴 대통령은 2018년 6월 22일 모스크바에서 한국 문재인 대통령을 만나 러시아의 한반도 문제에 대한 개입을 유지하였다.

둘째, 러시아는 동아시아에서의 영향력을 확대하기 위해 노력한다. 동서 균형 발전의 수요든 아니면 동아시아의 러시아에 대한 전략적 가치든, 러시아는 자국의 동아시아에서의 작용을 고도로 중시하고 동아시아 지역에서의 영향력을 확대하기 위해 반드시 노력해야 할 뿐만 아니라, 자국의 동아시아 사무에서의 활약 수준도 제고해야 한다고 생각한다. 이는 '수량' 성질의 요구로, 즉 러시아의 동아시아에서의 영향 작용은 반드시 점차 증량을 실현해야 한다. 2011년 러시아는 공식적으로 동아시아 정상회의의 신규 회원이 되었고 제도적으로 동아시아 협력에 참여하기 시작하였다. 2014년 러시아는 동아시아 정상회의 참석자의 격을 장관급에서 총리급으로 승격시켰으며 메드베데프 총리가 4년 연속 동아시아 정상회의에 참석하였다. 가입하여 회원이 되고 다시 중시 수준으로 높인 것은 러시아의 자국 영향력 증강에 대한 추구를 보여준다.

셋째, 러시아는 동아시아 지역에서 일정한 주도 역할을 모색하기 위해 노력할 것이다. 그저 동아시아 사무의 참여자가 되는 것은 분명 러시아의 주요 목표는 아닐 것이며 최저 기준을 유지하며 역할의 증량을 실현하고 난 후에 러시아는 여전히 '질' 방면의 제고, 즉 동아시아 지역에서 주도자 역할과 지역 협력 프로세스의 추진을 모색하기 위해 노력할 것이다. 2015년 9월, 러시아 극동 블라디보스토크에서 제1차 동방경제포럼이 개최되었다. 러시아가 동방경제포럼을 창설한 취지는 포럼을 플랫폼으로 하여 극동개발을 위한 동아시아 지역 국가 투자를 유치하고 동아시아 국가와의 경제 협력을 강화하는 것이었다. 그러나 러시아는 형세의 발전에 따라 포럼 규모와 영향력을 확대하는 동시에 포럼의 의제를 경제 영역에서 정치 영역까지 확장하려는 뜻이 있었다. 2016년 9월 일본 아베 신조 총리와 한국의 박근혜 대통령이 직접 제2차 동방경제포럼에 참석하였다. 2017년 9월 한국 문재인 대통령, 몽골 바툴가 대통령과 일본 아베 신조 총리 모두 동방경제포럼 전체 회의에 참석하였고 푸틴 대통령과 회담을 진행하였다. 현재 김정은이 2018년 9월에 개최될 동방경제포럼에 참석할 가능성이 있다는 소식이 있으며[5] 만약 최종적으로 실현된다면 동방경제포럼은 한층 더 '정치화'되고 지역화 될 것이며 러시아의 역내 영향력을 높일 것이다. 이로써 우리는 러시아가 부단히 동방경제포럼의 영향력을 높이고 '정치화'와 동시에 동방경제포럼을 동아시아 지역 협력을 추진하는 중요한 플랫폼으로 만들려는 뜻이 있음을 볼 수 있다.

러시아는 상술한 목표를 실현하고 적극적으로 자국의 동아시아 지역에서의 영향과 역할을 발휘하기 위해 러시아는 주로 두 갈래 경로를 갖고 있는데, 첫 번째 경로는 러시아 자신의 영향력을 발휘하는 것이고

5 '푸틴의 김정은 방러 초대', 중신망, 2018년 6월 15일, http://news.cri.cn/2018-06-15/cebfa7af-d061-aa87-fb4b-902b3ea94317.html

두 번째 경로는 러중의 전략적 협업을 통하는 것이다. 동아시아 정상회의 참석, 동방경제포럼 주최 등은 모두 러시아가 자신의 영향력을 발휘하는 방식이자 첫 번째 경로의 실천이다. 두 번째 경로는 마찬가지로 매우 중요하며 러중의 전략적 협업은 동아시아 지역의 평화와 안정에 도움이 된다.

우선 러중의 동아시아 지역에서의 전략적 협업은 높은 수준의 러중 관계의 기초 위에서 구축할 수 있다. 냉전 후 20여 년의 발전은 러중 관계가 높은 수준을 유지하며 안정적으로 발전되게 했고 양국은 전 세계, 지역, 양자 등 여러 차원에서 전면적인 전략적 협업을 전개하였다. 러중의 전면적 전략적 협력의 일부분으로서 러중의 동아시아에서의 협력은 미국의 전략적 압박에 공동 대응할 수 있고 지역 핫이슈를 해결하는 데 긍정적 의의를 가진다. 2017년 7월 러시아와 중국은 한반도 문제에 대해 밀접하게 협력하고 최선을 다해 핵문제를 포함한 한반도 문제의 일괄적 해결을 추진하고, 동북아의 항구적 평화와 안정을 실현할 것이라는 내용의 공동성명을 발표하였다.[6] 이는 러중 양국이 한반도 문제를 둘러싸고 전개한 지역 차원의 전략적 협력이다.

다음으로 러중의 동아시아 지역에서의 전략적 협력은 서로의 장점을 발휘할 수 있다. 러시아의 동아시아 경제 협력 참가는 중국의 동아시아 경제에서의 우위의 도움을 받아 협력 수준을 높일 수 있다. 예를 들어 중국-아세안자유무역지대는 이미 건설되어 10년 가까이 운행되

6 '중국 외교부와 러시아 외교부 한반도 문제 관련 공동성명', http://www.mod.gov.cn/topnews/2017-07/05/content_4784666.htm°

었고 러시아에 경험을 제공할 수 있다. 중국이 전개한 21세기 해상 실크로드 건설에 러시아가 참여할 수 있다. 러시아와 아세안 사이에는 정상회담 체제가 있어 러시아가 제시한 대유라시아 협력 동반자 관계 구축은 중국과의 협력을 통해 한층 더 동남아 지역과의 경제적 연계를 강화할 수 있다. 중국 역시 러시아의 군사와 전략 영역 우위의 도움을 받아 동아시아에서의 안보 협력을 강화할 필요가 있다. 예를 들어 한국의 사드 체계 배치 반대와 지역전략 안정 수호 방면에서 양국은 공동의 이익이 있다. 그러므로 러중의 동아시아에서의 전략적 협력 전개는 상호 보완적 효과를 실현할 수 있다.

마지막으로 러중의 동아시아에서의 전략적 협력은 3자 협력 체제 구축 방식을 통해 전개할 수 있다. 러중 협력을 기초로 제3자 국가를 더해 3자 협력 체제를 구축하는 것은 동아시아 지역 협력에 활력과 동력을 더할 수 있다. 2014년 러중과 몽골은 러·중·몽 3국 정상회담 체제를 가동하여 2018년까지 4차례 개최하였고 러·중·몽 3자 협력을 추진하였다. 러중 양국은 한국과 3자 협력 체제를 구축할 수도 있으며 동 체제는 경제와 정치 측면에서 지향성이 풍부한 협력을 전개할 수 있으며 각 측의 이익 수요를 실현할 수 있다. 한국은 경제 방면에서 독특한 우위가 있고 한중은 함께 러시아 극동 개발에 참여하고 자금과 기술 방면의 이중 투입을 증대할 수 있어 러시아에게 강한 매력으로 다가온다. 한중 양자로 말하자면 비교 우위를 발휘할 수 있고 각자 경제 이익의 실현을 공동 촉진하여 협력의 효과를 높일 수 있다. 경제 협력을 전개함과 동시에 한·러·중 3국은 북한 핵문제에 대해 입장을 조정하고 공동 대응할 수 있으며 한중 양국은 반드시 러시아가 북한에 대한 영향력을 발휘하도록 노력해야 하며, 3국은 북한과 미국이 지속적으로 관계를 완화하도록 추진하고 계속해서 북핵 문제를 협상으로 해결하도록 함께 노력한다. 이는 3국의 공동 이익에 부합할 뿐 아니라 지속적으로 3자 협력을 전개할 수 있는 중요한 기초이다.

5. 맺음말

현재 형세의 발전을 보면 외부 세계는 북한 지도자의 행위에 대해 판단하고 예측하기 어렵다. 북한은 2018년 상반기의 왕성한 외교 활동을 통해 한국, 미국과의 대화를 실현하였고 동아시아 지역 정세는 마치 모종의 완화와 긍정적 변화를 맞이한 것 같았다. 그러나 미국은 여전히 불시에 태도가 반전될 수 있는 뉴스를 터트리고 트럼프 정책의 예판하기 어려움과 다변성을 고려하면 한반도와 동아시아 정세에 새로운 변화의 출현을 배제하지 못한다.

그래서 현재 시기 동아시아 지역 6개 국가의 한반도 문제를 둘러싼 영향력과 지위에는 새로운 분화가 출현하였다. 미국과 북한은 여전히 한반도 문제의 핵심이자 갈등의 당사자이다. 러시아는 한반도 문제에 대한 고도 중시 및 북한이 제재를 받은 후에도 여전히 북한과 실질적인 연계를 유지하고 있는 현실을 통해 자국의 한반도 문제상에서의 영향력과 발언권을 확대하였다. 러시아와 중국, 한국은 함께 한반도 문제

방향에 영향을 주는 두 번째 그룹을 구성하였다. 이런 변화를 감안하여 중국과 한국은 반드시 러시아의 현재 영향력을 중시해야 하고 한반도 문제상에서 한·러·중의 3자 협력 전개를 추진하고 3자 대화와 협력 체제를 구축해야 한다.

2018년 9월 개최될 제4차 동방경제포럼은 러시아의 동아시아에서의 영향력 확장과 주도자 역할 발휘에 중요한 기회가 될 것이다. 러시아는 좋은 기회를 포착하여 한반도 문제 해결을 추진하며 동아시아 지역에서의 영향력을 높일 것이다. 그러므로 동아시아 각국은 러시아의 정책과 동향에 관심을 가져야 한다.

〈역자: 전현정〉

10

한일 관계와 동아시아

| 이명찬 ■ 동북아역사재단 명예연구위원 |

1. 한·중·일 3국의 상호인식

현재 동아시아 나아가 세계질서 변화를 추동하는 가장 큰 요인으로 중국의 부상을 꼽는 것은 상식이 되었다. 중국의 경제 성장과 기술적 진보로 미중 간 경제적 격차가 빠르게 축소되고 이에 따른 세력전이(power transition)가 발생하면서 양대국 간 경쟁과 갈등의 향배를 놓고 전문가 사이에 격렬한 논쟁이 전개되고 있다.

한국, 일본, 중국, 미국 4개국의 상호인식 조사를 위해 2015년 상반기 한국의 동아시아연구원(EAI), 미국의 시카고 국제문제평의회(CGGA), 일본의 언론 NPO, 중국의 Horizon Research Consulting Group 등 4개 기관은 공동으로 동일한 설문지를 작성하여 상호 국민 인식조사를 하였다.[1]

한·중·일·미 4개국 여론조사의 결과를 소개하면, 한국과 일본, 중국과 일본 사이 불신의 정도가 높으며, 한국의 중국 경사론과 일본 경시론, 일본의 한국 경시론 등 그동안 정책의 수준에서 거론됐던 인식이 대중 수준에서도 그대로 재현되고 있다. 또한 중국 인식에 대한 한일 양국 간 현격한 차이의 존재, 한국의 경우 한미동맹과 미국의 아시아 재균형에 대한 강력한 지지 등이 드러나고 있다.[2] 한·중·일·미 4개국

1 이 연구조사의 부분적 소개는 동아시아연구원 "강력한 동맹 관계, 분열된 여론: 한중일미 공동여론조사" (2015.10.22) http://eai.or.kr/type_k/panelView.asp?bytag=p&catcode=+&code=kor_report&idx=14146&page=1

2 이 여론조사의 시점이 2015년 10월이어서 사드 배치를 둘러싸고 급랭한 한중 관계를 반영하고 있지는 않지만, 2017년 11월 시점에서 다시 한중 관계가 원상회복의 조짐이 보이면서, 한중일미 4국관계의 현실과 여론조사 내용이 크게 벗어나지 않을 것이다.

여론조사는 몇 가지 의미 있는 결과를 보여 주고 있다. 첫째, 정부 정책 수준에서 논란이 되어 온 한국의 중국 경사론이 대중의 수준에서 확인되었다. 둘째, 이는 미국으로부터 중국으로의 경사가 아닌 일본으로부터 중국으로의 경사로 해석될 필요가 있다. 왜냐하면, 한국의 한미동맹 지지와 미국의 아시아 재균형 지지는 굳건한 것으로 판명되었기 때문이다. 셋째, 중국에 대한 한일 간 인식의 차, 그리고 역사 문제로 인한 한일 간 상호 정체성의 괴리는 중국 경사의 요인인 동시에 보다 크게는 한일 관계 악화의 주요 원인으로 고려되어야 한다. 특히 한국 국민들 사이에서 일본 정체성의 변화, 즉 군국주의화와 국가주의화의 우려는 일본에 대한 위협 인식을 확대하는 결과를 가져온 것으로 해석된다. 한일 관계의 악화를 군사적 위험으로 연결하는 대중 수준의 인식이 재현되는 것은 특정한 안보적 이슈에서의 대립이라기보다는 대립적 정체성 구성의 결과라 볼 수 있다. 여론조사 내용을 좀 더 자세히 살펴보자.[3]

1) 대중국 인식의 괴리

한·미·중·일 4개국은 중국의 점증하는 영향력에 대해서는 서로 다른 견해를 보인다. 중국은 미국과 안보 경쟁을 벌이며 불가피한 충돌로 갈 것이라는 부정적 견해와 그 반대로 향후 미래를 G2로 표현하며 부

3 여론조사에 대한 분석 부분은 손열, "중국경사론과 한일 관계"『한일협력』(한일협력위원회, 2016. 春) 참조하였다.

상하는 중국이 책임 있는 대국으로서 국제사회에 공헌하고 지역 질서의 안정을 위해 노력할 가능성을 평가하는 견해로 나뉜다. 전자는 강대국들이 서로의 전략적 의도를 확신할 수 없으므로 배반의 위험을 경계하고 상대적 이득에 민감하며 미래의 경쟁과 충돌을 염두에 두고 대처한다는 공격적 현실주의에 근거하고 있다. 후자는 미중 관계가 상호 정보 증가와 협력의 제도화에 따라 배반의 방어기제가 마련되고 상대적 이득에 대한 고려가 감소하며 안보 딜레마가 점진적으로 악화할 가능성이 있다는 방어적 현실주의에 기초하고 있다.

중국이 과연 국제적으로 책임 있는 행동을 취할 것인가에 관한 판단은 4개국 사이에 괴리를 보였다. 미국인의 81%, 일본인의 77%, 한국인의 87%가 미국이 국제적으로 책임 있는 국가라 보지만, 중국인의 반수 이하(46%)가 그렇지 않다고 대답하고 있다. 한편 중국에 대해서는 미국인의 35%, 일본인의 17%가 책임 있는 대국으로 보아, 중국의 국제적 역할에 대해 부정적 평가를 하였지만, 중국인의 90%와 한국인의 71%가 중국의 국제적 역할에 대해 긍정적 평가를 하고 있다. 중국의 향후 영향력에 대한 평가와 마찬가지로 중국의 국제적 책임 역할에 대해서도 미국과 일본이 한편, 중국과 한국이 다른 편에서 상반된 평가를 하고 있다.

보다 직접적으로 중국의 신뢰성에 대해서 미국 국민의 46%가 중국을 신뢰한다고 대답했지만, 중국 국민의 34%가 미국을 신뢰한다고 답하였다. 양 국민의 서로에 대한 불신이 신뢰보다 높다는 뜻이다. 일본 국민의 9%만이 중국을 신뢰하고 한국에 대해서는 15.6%가 신뢰한다는 결과였다. 중국은 일본에 대한 신뢰도가 8.9%에 불과했지만, 한국에 대해서는 56.3%의 신뢰도를 보여 주었다. '미국과 일본 vs. 중국과 한국'의 구도를 다시 한번 확인할 수 있다. 이상의 결과에서 주목되는 결과는 한국의 중국 경사론이다. 요컨대, 중국에 대해서는 한국과 일본 간에는 상당한 인식의 차가 존재한다.

한국의 중국 중시 성향을 엄밀히 설명하기는 쉽지 않다. 다만 한중 경제적 상호의존의 심화 현상, 즉 한국의 수출 25% 이상이 중국 시장으로 향하고 있는 현실, 한국의 대외직접투자(FDI) 최대 유입국이며, 특히 이런 현상이 비대칭적 의존이어서 한국의 중국 중시 경향이 가중되는 것으로 이해할 수 있다. 나아가 중국 중심 천하질서 속에서 자소사대 관계를 맺어온 역사적 전통도 한국의 중국 중시 성향의 구조적 원인으로 꼽을 수 있다. 역사 문제를 이유로 한일 관계가 악화하면서 역사를 매개로 친중적 경향이 강화된 것으로 파악할 수도 있다. 일본은 이를 반일 역사동맹으로 부르기도 한다.

한국 외교에 더욱 우려스러운 사안은 중국을 둘러싼 이슈를 놓고 "미일 vs. 한중"의 대립 구도가 형성되는 것이다. 다행히 한국 국민의 대미 인식은 그 어느 때보다 친밀한 것으로 나타나고 있다. 한·미·일 삼국 국민들 대다수는 아태지역에서 미군의 주둔 유지에 긍정적인 답을 보였고(한국의 61%, 일본의 53%, 미국의 64%), 한반도 유사시 미국의 개입에 대해서도 압도적인 지지를 보내고 있다(91%). 71%의 한국 국민은 미국이 한국에 '대단히 중요한 국가'이며, '어느 정도 중요'하다는 비율(26.8%)을 합치면, 무려 97.8%의 국민이 미국을 중시하고 있다. 한편, 중국에 대해서도 59.7%가 '대단히 중요'하고 37.9%가 '어느 정도 중요'하다고 답하여 합치면 97.6%로 일본보다는 확연히 높은 수준으로 중국을 중시하고 있다. 요컨대, 한국은 미국과 중국을 동시에 중시하고 있으며 오히려 중국 경사론은 일본과 중국 사이에서 중국으로의 경사로 해석될 수 있다고 할 것이다.

2) 일본과의 정체성 갈등

한일 관계는 상대방을 경시하는 수준을 넘어 신뢰의 위기에 처해 있다. 미국과의 동맹 구조 속에서 한일 양국이 서로 안보 딜레마를 겪지 않고 있음에도 불구하고 불신의 골이 깊은 까닭은 역사 문제 때문이다. 역사 인식 문제로 양국이 대립하면서 서로의 정체성을 대립적으로 구성해 온 결과이다.

상대국의 사회 체제에 대한 인식으로서, 일본 국민의 55.7%는 한국이 민족주의적이고, 33.6%는 국가주의적이란 인상을 받고 있다. 반대로 한국 국민의 56.9%는 일본이 군국주의적이고 34.3%는 국가주의적이라고 답하고 있다. 한일 양국은 아시아를 대표하는 민주주의 체제이고 평화 국가임에도 불구하고 양국의 교차인식은 이와 달리 군국주의와 국가주의, 민족주의로 그려지고 있다. 한국이 일본을 군국주의로 보는 한 양국 간 군사적 협력은 어렵고, 일본이 한국을 민족주의의 기저에 반일 민족주의가 자리하고 있다고 보는 한 본격적인 양자 협력은 어려울 수밖에 없다. 다시 말해 협력적 한일 관계를 추구하는 데 있어서 대중의 지지를 얻기 어려운 상황인 것이다.

특히 일본의 국가 정체성을 군국주의로 보는 한국 대중의 시각은 놀랍게도 아시아 분쟁의 원인으로 한일 관계를 꼽는 데에서 그대로 드러나고 있다. 일본 국민의 22.6%가 한일 관계의 분쟁 가능성을 상정하는 반면 한국민의 경우 54%란 과반수가 군사적 충돌이 가능하다는 시각을 갖고 있다. 일본 국가의 군사적 정체성을 우려하는 것으로 이는 여전히 평화주의적이라는 일본인의 자기 인식과 극명히 대조된다고 할 것이다.

여론이 외교 정책에 미치는 영향이 특히 한일 관계에서 현저한 현상이라 보면, 한일 관계의 전도가 밝지 않음을 강하게 시사하고 있다. 따라서 한일 관계의 회복을 위해서는 여론의 향배에 귀를 기울이는 것이 아니라 여론을 적극적으로 변화시키는 정책적 노력이 긴요하다고 볼 수 있다. 그 출발점은 양국의 정체성에 대한 오해를 해소하는 일이고, 이는 학자나 지식인, 언론인의 과제라 할 수 있다. 일차적으로 양국 정부는 정체성 대립의 근원인 역사 인식의 갈등을 국내 정치로부터 해방시키는 정치적 결단을 내리고 이 과제를 민간 연구자에 환원해야 한다.

2. 군사력의 역할과 네 가지 국가 노선[4]

필자는 일찍이 일본의 정체성에 대한 한국 국민의 오해를 해소하기 위한 연구자로서 노력의 하나로 일본의 외교 안보 정책을 이해하기 위

4 이 부분은 다음을 참조하였다. "출처: 이명찬, 2007, "일본의 외교·안보정책에 나타난 '네 가지 노선' : 일본의 외교·안보정책의 이해를 위한 분석틀", 『국제·지역연구』(서울대학교 국제학연구소)

한 분석 체계로서 '네 가지 노선' 가설을 제시한 바 있다.[5] 이 가설에 의하면, 일본의 정체성은 군국주의와는 거리가 멀지만, 아베 정권의 출범이 그러한 오해의 소지를 산출하고 있다는 것을 보여 준다. '네 가지 노선' 가설은 '재군비'를 둘러싼 헌법 논쟁이나 '미일동맹'의 강화 또는 폐기 여부 및 동맹의 형태 등의 쟁점에 대한 인식을 둘러싸고 '네 가지 선택사항'으로 분기한 '상호 배타적인 정책의 패키지' 및 그것을 지향('의도')하는 정치 그룹이라 정의하고, 또 그 정치 세력을 정부 정책의 형성에 직접·간접적으로 참가하는 행위자로 간주한다. 그리고 이 네 가지 정치 그룹을 '군사력의 역할'이나 '바람직한 국가상'에 대해 생각을 달리해 분기했다는 것에 주목하고, 각각의 정치 세력을 '평화국가' 노선, '통상국가' 노선, '보통국가' 노선, 그리고 '권력국가' 노선이라 분류, 명명하였다. 이러한 네 가지 노선을 구분하는 군사력의 세 가지 역할은 다음과 같다.

전쟁은 다음 〈표 1〉에서 분류한 바와 같이, '자위전쟁'·'제재전쟁'·'침략전쟁' 등의 세 종류로 분류할 수 있다. 이를 전제로 하여 군사력의 역할을 대략 구분하면, 밖으로부터의 침략에 대항하여 자국의 영토를 지키는 '자위전쟁'의 수단인 '순수 군사적인 측면'과, 외교의 수단으로서의 '정치적 측면'이 있다. '정치적 역할'에는 또한 두 개의 측면이 있다. 우선, 평화적 측면이다. 즉, 자국의 군대를 국제 연합 헌장에 근거하는 집단 안전보장의 활동-침략 전쟁을 일으킨 국가로부터 '힘에 의한 평화'의 회복·유지를 도모하는 유엔의 군사적 활동-에 참여시키는 것

5 이명찬, 2007, "일본의 외교·안보정책에 나타난 '네 가지 노선' : 일본의 외교·안보정책의 이해를 위한 분석 틀", 『국제·지역연구』(서울대학교 국제학연구소)

을 통해서 국가의 명예를 높이고자 하는 외교의 수단으로서의 측면이다. 이것은 국제연합군, PKF(평화유지활동군), 다국적군에 의한 '제재전쟁'과 같이 세계평화의 공공재적 수단으로서의 측면을 가리킨다. 군사력의 '정치적 역할'로서의 또 다른 측면은 권력적 측면이다. 즉, 일국이 자국의 신념, 주장을 관철하려고 자의적 판단에 근거해, 군사력을 권력 외교의 수단으로 사용하려는 '침략전쟁'의 측면이라 하겠다.(〈표 1〉 참조)

〈표 1〉 군사력의 역할과 네 가지 국가 노선

군사력의 다양한 역할		내용	평화 국가	통상 국가	보통 국가	권력 국가
순 군사적 측면 (자위전쟁)		자국의 영토를 외부의 침략으로부터 지키는 자위적 수단	×	○	○	○
정치적	평화적 측면 (제재전쟁)	세계평화의 공공재적 수단 (유엔군, PKF, 다국적군)	×	×	○	○
정치적	권력적 측면 (침략전쟁)	자기의 신념이나 주장을 관철하고자 하는 권력 외교의 수단	×	×	×	○

〈그림 1〉 군사력의 역할과 국가노선

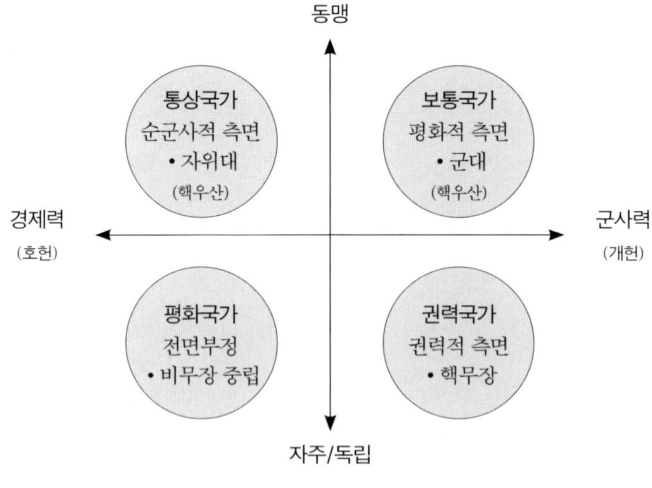

〈표 2〉 각 노선과 외교 · 안보 정책

<table>
<tr><th colspan="5"></th><th>평화국가</th><th>통상국가</th><th>보통국가</th><th>권력국가</th></tr>
<tr><td rowspan="3">미일
동맹</td><td colspan="4">미군기지</td><td>×</td><td>기지제공</td><td>기지감축</td><td>×</td></tr>
<tr><td colspan="4">핵우산</td><td>×</td><td>○</td><td>○</td><td>핵무장</td></tr>
<tr><td rowspan="4">집단적
자위권</td><td rowspan="3">행사</td><td colspan="2">가이드라인</td><td>×</td><td>×</td><td>쌍무적</td><td>실질적 대등</td></tr>
<tr><td rowspan="7">자위대</td><td rowspan="2">집단안보</td><td>다국적군</td><td>×</td><td>×</td><td>○</td><td>○</td></tr>
<tr><td>PKO/PKF</td><td>×</td><td>×</td><td>○</td><td>○</td></tr>
<tr><td></td><td colspan="2">소유</td><td>×</td><td>×</td><td>○</td><td>○</td></tr>
<tr><td colspan="4">방위비1%</td><td>×</td><td>이하</td><td>미증</td><td>배증이상</td></tr>
<tr><td colspan="4">유사법제/군법회의</td><td>×</td><td>일본유사</td><td>세계유사
(PKF법)</td><td>세계유사</td></tr>
<tr><td colspan="4">해외파병</td><td>×</td><td>×</td><td>○</td><td>○</td></tr>
<tr><td rowspan="3">비핵
삼원칙</td><td colspan="4">반입</td><td>×</td><td>×</td><td>○</td><td>○</td></tr>
<tr><td colspan="4">소유</td><td>×</td><td>×</td><td>×</td><td>○</td></tr>
<tr><td colspan="4">제조</td><td>×</td><td>×</td><td>×</td><td>○</td></tr>
</table>

출처: 이명찬, 2007, "일본의 외교·안보정책에 나타난 '네 가지 노선' : 일본의 외교 · 안보정책의 이해를 위한 분석 틀", 『국제·지역연구』(서울대학교 국제학연구소)

이명찬은 이와 같은 군사력의 역할에 대해, 인식을 달리하여 분기한 정치 세력을 '네 가지 노선'으로 구분하여 각각의 노선론자를 '평화국가'·'통상국가'·'보통국가'·'권력국가' 노선이라 명명하고, '평화국가' 노선은 모든 전쟁을 부정하며, '통상국가' 노선은 '자위전쟁'을, '보통국가' 노선은 '자위전쟁'과 '제재전쟁'을, 그리고 '권력국가' 노선은 모든 전쟁을 외교의 수단으로 상정하는 국가 노선으로 가정하였다. '네 가지 노선'론에서 헌법 개정을 주장하는 보수 정치가 중에도 자위대의 역할을 '자위전쟁'에 한정하고자 하는 '통상국가' 노선론자와 국제연합의 안보리 결의가 있는 경우의 '제재전쟁'까지 확대하고자 하는 '보통국가' 노선론자, 그리고 '군사적 패권주의 국가'가 되는 것도 불사하고자 하는 '권력국가' 노선론자로 분류할 수 있을 정도로 보수 정치의 스펙트럼의 폭이 넓다는 것을 주장하였다.(〈그림 1〉 및 〈표 2〉 참조)

3. 전후 냉전기를 관철한 '통상국가' 일본

제2차 세계대전 후의 일본 외교를 말할 때, '반드시'라고 말해도 좋을 정도로 언급되는 것이 전후 초기의 총리인 요시다 시게루의 이름을 붙인 「요시다 노선(요시다독트린)」이다. '미일 안보+경무장+경제 성장주의라고 하는 삼위 일체적인 틀'을 만든 요시다의 외교를 높게 평가하는 '요시다독트린' 론은 고사카 마사다카(高坂正堯)의 「재상 요시다론」[6]이나 나가이 요노스케(永井陽之助)의 「'요시다독트린'은 영원하라」[7]를 계기로 하여 정계나 미디어, 여론으로 넓게 유포되어 가는 가운데, 논문 내용이 마치 역사적 사실 그 자체인 것 같이 '자가 발전'을 시작해 홀로 활보함으로써 연구자 수준에마저 영향을 미치게 되었다.[8]

1980년대부터, 나가이에 의해 제기된 「요시다 노선」의 내용을 살펴

6 高坂正堯, 「宰相吉田論」, 『中央公論』 1964년 2月호.

7 永井陽之助, 「吉田ドクトリンは永遠なり」, 『文藝春秋』 1984년 5月호.

8 渡辺治, 1987, 『日本国憲法「改正」史』(日本評論社), 75쪽.

보면, ① 미국과의 동맹 관계를 기본으로 하고, 이에 따라 일본의 안전을 보장한다. ② 따라서 일본의 방위비는 낮게 억제한다. ③ 그렇게 해서 얻을 수 있는 여력을 경제활동에 충당해 통상국가로서의 일본의 발전을 지향한다는 것이다. 나가이는 ①에서 ③까지의 조합을 요시다에 의해 완성된 정치적인 사실주의의 소산으로서 높게 평가한 것이다.[9]

그러나 냉전의 종언과 이어서 발생한 1991년의 걸프 전쟁에 대한 일본 정부의 미숙한 대응을 계기로 급부상한 '보통국가'론을 비롯하여 일본의 외교·안보정책에 관한 논쟁이 국내외에서 활발하게 행해져 왔다. 그 논쟁은, 기본적으로 전후 일본외교를 규정해 온 요시다 시게루의 외교노선에 대한 평가를 둘러싼 것이었다.[10]

요시다 시게루의 외교노선은 '네 가지 노선론'에 비추어 보면 '통상국가'노선에 가까운 것이었다. '통상국가'노선의 지지자는 헌법 9조가 규정하고 있는 것은 순수 군사적인 측면인 자국의 안전을 스스로 지키는 개별적 자위권은 가지지만, 집단적 자위권은 가지지 않는다고 인식한다.[11] 그들이 지향하는 국가 정체성은 고사카 마사다카가 그리고 있

9 宮城大蔵, 「サンフランシスコ講和と吉田路線の選択」, 『国際問題』 2015年 1·2月, No.638. 6쪽.

10 야나기사와 교지(柳澤協二)의 '요시다 노선'에 대한 다음의 평가가 대표적이다. "미군기지와 주민의 마찰이라고 하는 화종을 안고 있으며, '미국의 전쟁에 말려든다'고 하는 비판을 야기하게 되었다. 동시에 보수층으로부터는 '진정한 독립국으로서 자주적 방위태세를 강화해야 한다'라며 끈질기게 헌법 개정을 주장해 오고 있는 등, 좌우 양측으로부터 '미국에 대한 종속'이라는 비판이 이어져 왔다." 柳澤協二, 2014, 『亡国の安保政策–安部政権と「積極的平和主義」の罠』(岩波書店).

11 즉 '통상국가' 노선 논자의 인식은, '침략전쟁'은 하지 않지만, 외부로부터 침략받았을 경우의 '자위전쟁'까지 부정하는 것은 아니다.

는 다음과 같은 국가상에 가깝다. "통상국가는 전쟁을 하지 않거나, 혹은 피하려고 한다. 그러나 평화를 만들기 위한 숭고한 노력도 하지 않는다. 그것은 단지, 보다 강력한 나라들이 만들어 내는 국제관계를 이용한다." 그 결과, 냉전 후 그 기능을 회복하고 있는 국제연합의 평화회복·유지를 위한 '제재전쟁'-이른바 '정의의 전쟁'-에도 참가할 수 없는 자위대인 채로 묶어 두려고 한다.

'자위전쟁' 이외의 전쟁을 상정하는 집단적 자위권의 행사를 인정하지 않는 헌법 해석의 고수로 인해, 이 노선이 추구하는 동맹의 형태는 '비대칭적'인 '물건과 사람과의 협력' 관계라는 형태로 귀결되지 않을 수 없었다. '통상국가' 노선이 의도하는 '비대칭적'인 동맹의 형태는 특히 '자주성의 희생'이라고 하는 동맹의 딜레마에 직면하지 않을 수 없다. 그런데도 '통상국가' 노선 지지자들이 비대칭적인 미일 동맹을 유지하고자 하는 이유는 동맹국인 미국으로부터 지켜 받는 것에 대한 확신에서 방위비를 낮게 억제할 수 있다는 점과 '핵우산'론에 상징되고 있듯이 '비핵삼원칙'의 유지를 통하여 '안보 딜레마'[12]를 피할 수 있게 한다는 점에 있어서 이점을 발견하고 있기 때문이다.

다만 동맹국 미국이 가끔 제기하는 안보 '무임승차'론에서 볼 수 있듯이, 미국이 지켜 주는 것에 대한 보답으로서 기지의 제공이나 '배려

12 일본이 핵무장을 하려고 할 경우, 주변국인 한국의 핵무장을 자극할 뿐만 아니라 대만의 핵무장까지 유발하는 도미노 현상을 우려하지 않을 수 없을 것이다. 이러할 경우 일본은, 북한의 핵무장을 허용하지 않으려는 미국을 비롯한 국제사회(NPT)로부터의 강력한 제재에 직면하지 않을 수 없을 것이다. 그렇게 되면 경제는 파탄이 나고 일본의 안보는 더욱 불확실해지는 결과를 초래할 것이다.

예산' 등과 같은 물질적 지원에 만족하지 않고 군사적 협력을 강력히 요구하였을 때, 일본은 '버림받을 것'[13]에 대한 두려움으로 인해 상대국의 요구를 거부하기 쉽지 않다는 또 하나의 다른 '동맹의 딜레마'에 직면하지 않을 수가 없다.

이 노선의 지지자는 '전력'은 자위를 위한 '필요 최소한도'의 것으로 제한해야 한다고 인식한다. 그런데 '필요 최소한도'라고 해도 일본이 위치한 시간적·공간적 안보환경에 비추어 구체적으로 판단해야 하므로, 때에 따라서는 핵무장의 주장도 가능하게 될지도 모른다. 따라서 '통상국가' 노선의 지지자는 '필요 최소한도'의 전력의 기준으로 '비핵삼원칙'을 관철하고, 방위비를 GNP의 1% 이하로 유지하려고 한다.

그리고 방위력의 정성적 범위, 즉 자위대의 활동 범위에 대해서는 일체의 해외파병을 금지하고 '전수방위'에 전념하고자 한다. 그 논리적 귀결로서 유엔의 집단안전보장의 한 형태인 PKF나 다국적군의 활동에 자위대가 참여해 군사작전을 수행하는 것을 인정하지 않는다. '통상국가' 노선이 지향하는 '전수방위'의 자위대라는 정책은 외부 세력으로부터 침략받게 될 개연성보다 다시 전전(戰前)의 군국주의로 되돌아가게 될 개연성이나 미군이 치르는 전쟁에 '말려들어 갈' 개연성을 한층 더 두려워하여 헌법 개정에 반대하는 여론을 반영하고 있다. 이 노선의 특징은 한마디로 '도덕성 없는 외교'를 지향하는 '일국 평화주의'로 표현할 수 있겠다.[14]

13 센카쿠제도에서 중국과 일본 사이에 군사적 충돌이 발생했을 때, 미군이 중국과의 관계 악화를 고려하여 군사적 관여를 하지 않을 상황에 대한 우려가 이에 해당하는 예라 하겠다.

14 後藤田正晴, 「あえて言う, 一国平和主義がなぜ悪い」, 『現代』2003년 12月号.

각각의 노선에 있어서 '의도하지 않은 결과'였음이 분명한 '비대칭적'인 미일 동맹 관계가 냉전기를 관통하며 정착했던 것에는, 일본의 대미 종속, 민족독립의 침해라고 하는 민족주의적 반발 요인보다 한층 강했던 "전쟁에 말려들어 간다", "일본이 다시 전장이 된다"라고 하는 평화주의적 주장이 강했던 여론의 존재가 그 배경에 있었다. 1950년대 전반에 행해진 미군기지의 확장이나 '재군비'를 종용하는 압력에 대한 일본 국민의 반발은 격렬했는데, 그 이유는 미일 동맹의 탄생이 요시다 개인이 의도한 결과라기보다, 미국의 소련 봉쇄 전략의 구조적 산물로서의 측면이 강했고, 그로 인해 일본 국민은 소련으로부터 침략 받게 될 개연성보다 미소의 핵 전쟁에 '말려들어 갈' 개연성이나 미국의 '재군비' 압력을 이용해 전쟁 전으로의 회귀를 도모하는 보수 정치에 의한 '군국주의' 부활의 개연성을 더욱 높은 '위협'으로 인식했기 때문이다.

냉전이라고 하는 양극화한 구도 속에 있으므로 해서, 일본과 관계 있는 국제적인 위기란 거의 자동으로 미소 양 진영 간의 문제이며, 일본은 좋든 싫든 자유주의 진영의 일원으로서 행동할 수밖에 없었고, 안전보장과 관계되는 사안에서 일본의 독자적인 판단을 재촉당하는 일도 거의 없었다. 그러한 국제 환경이 「요시다 노선」이 지향하는 경무장이나, 군사·안전보장에 대한 소극적 자세를 일본이 유지하는 것을 가능하게 했다. 즉, 경제성장과 냉전이라고 하는 고정적인 국제 환경이 「요시다 노선」을 「성공」으로 간주하는 기반을 형성했다.[15]

15 宮城大蔵, 「サンフランシスコ講和と吉田路線の選択」, 『国際問題』 2015年1·2月, No.638. 7쪽.

4. 아베 정권의 '적극적 평화주의'

1) 아베와 '역사수정주의'

앞에서도 언급했듯이 전후 냉전 기간 일본은 눈부신 경제성장을 하여 제2의 경제 대국이 되었는데, 이러한 전후의 '성공적인' 일본 외교를 설명하는 통설로서 회자하여 온 것이 '요시다독트린'론이다. 그러나 '요시다독트린'론은 본질적인 문제를 안고 있어서 '보수 우익'으로부터 끊임없는 비판을 받아 왔다. 첫째, 주권의 손상이다. 미국에 안보를 의지하는 것으로 인해 주권이 심하게 침해 받을 수밖에 없다. '통상국가' 일본은 집단적 자위권의 행사를 인정하지 않는 헌법 해석의 고수로 귀결된 '비대칭적'인 미일 동맹의 형태로 인해 일본은 '자주성의 희생'이라고 하는 동맹의 딜레마에 직면하지 않을 수 없었다. 이는 '보수 우익'이 견딜 수 없는 굴욕으로 받아들이고 헌법 9조의 개정을 강하게 주장하는 이유다.

둘째, 오키나와 기지 문제다. 일본 면적의 0.6%인 오키나와에 전체 미군기지의 74%가 밀집돼 있으므로 인해 발생하는 기지 문제가 특히 냉전이 끝난 후 심각하게 누적됐다. '보수 우익'들에게 '요시다독트린'의 폐해는 반드시 탈피해야만 할 '전후레짐'인 것이며 이를 위해 필요한 것이 헌법 개정이다.

2012년 아베 2기 정권이 출범한 이래 총리가 '전후레짐으로부터의 탈각'을 주장하며 '역사수정주의'적인 역사 인식을 쏟아내면서 중국과 한국의 반발을 불러일으키더니, 2013년 12월 26일에는 야스쿠니 참배를 단행하여 중국과 한국의 반발이 더욱 강해지고, 미국도 '실망'을 표명하고, 유럽의 제국들도 회의적인 시각을 보였다.

과거에 동경 재판에 이의를 제기했던 적이 있는 아베 총리는 어쩌면 '제2차 세계대전의 전승국과 패전국이라는 구도를 재평가하여 새로운 질서를 구축하겠다는 것 등을 노리는 것은 아닌가'라는 의심을 불러일으켰다. 일본의 침략전쟁을 부인하는 듯한 언설로 인해 '역사수정주의자'로 회자되는 아베 총리가 집단적 자위권을 행사하기 위해 서두르는 모습이 '군국주의로의 회귀'론에 힘이 실리는 배경이 되었음은 부인할 수 없을 것이다.

아베 총리가 강하게 집착하는 '탈 전후레짐'은 '통상국가'의 '일국 평화주의'로부터 탈피하여 '적극적 평화주의'를 실현하는 국가 노선의 변경을 의도하는 것으로, 이는 종래의 대미 의존 노선에서보다 더 일본의 독자성, 독립성을 강화하는 안전보장·방위정책의 방향으로 나아가고자 하는 것이다.

아베 총리가 단행한 헌법 해석의 변경을 통한 집단적 자위권의 행사 용인은, 전후 오랫동안 지속해 왔던 '요시다노선', 즉 '통상국가' 노선으로부터 국가 노선의 변화가 확실히 진행되고 있음을 보여 준다. 집단적 자위권의 행사 용인은 '물건과 사람과의 협력'에서 '사람과 사람과의 협력' 관계로 변화시킴으로써 '버림 받을 두려움'을 해소하는 한편, 일본의 대미 발언력을 높이는 외교적 이득을 얻었다.

아베 총리가 헌법 해석의 변경을 단행한 또 다른 요인은 동아시아 국제 시스템의 구조적 변동이다. 아베 총리가 주변국의 반대에도 불구하고 집단적 자위권 행사를 용인하는 헌법 해석 변경을 단행한 것은 미국의 요구에 부응하고자 한 것이다. 미국은 제2차 세계대전 후 점령 정책을 일본을 냉전하에 있어서 군사동맹 대상으로 하는 '역코스' 방침으로 변경한 이래 전쟁의 책임을 물어야 할 보수 세력에 대해, 그들이 소련에 대항하는 군사동맹을 지지하는 한 오히려 지원했다. 21세기 중국의 급부상으로 인해 미중 관계에서 나타나는 '신냉전' 대응책으로 미국은 아베 총리의 집단적 자위권 행사 용인을 환영하고 있다.[16]

2) 양면적인 아베의 '적극적 평화주의'

아베 총리는 2013년 말 각의 결정된 '국가안전보장전략'에서 '국제협조주의에 기초한 적극적 평화주의'를 일본의 국가안전보장의 기본 이념으로 공식적으로 자리매김하였으며, 이에 근거하여 집단적 자위권의 행사를 헌법 해석의 변경을 통해 용인하고, 이를 뒷받침하기 위한 평화안전보장법제[17]를 제정함으로써 '통상국가' 일본으로부터 이탈하는 장대한 국가 노선의 변경을 추진하고 있다. 아베 총리가 탈피하고자 하는 '전후레짐'이 의미하는 바는 '요시다독트린'에 다름 아니다.[18]

16 하지만 그들의 퇴행적인 역사 인식을 용인하는 것으로 오인하도록 해서는 안 된다. 알렉시스 더든 미 코네티컷대 교수의 "아베 정권은 안보 분야에서 미국을 돕고 미국은 일본이 원하는 것을 용인하는 매우 위험한 거래가 있었다"고 주장하였다. "日 과거 무시는 미래의 해악…오바마, 아베 訪美때 거론해야!", 『동아일보』 2015년 2월 7일.

17 '평화안전법제정비법'과 '국제평화지원법'이라고 하는 2본의 법률을 말한다.

18 소에야 요시히데(添谷芳秀) 게이오대 교수는, 외교안보 영역에서 '9조-안보체제'와 '전후

아베 총리는 2004년에 출판된 『이 나라를 지키는 결의』에서, 오카자키 히사히코(岡崎久彦)와의 대담 중에 헌법 개정이 필요한 세 가지 이유를 제시하고 있다.[19] 첫째, 현행 헌법이 GHQ가 단기간에 작성하여 그것을 일본에 강요한 것('강요된 헌법'론)[20]이기 때문이라는 것, 둘째, 쇼와에서 헤이세이까지 20세기에서 21세기로 시간이 흘러, 9조 등 현실에 적합하지 않는 조문도 있다는 것, 셋째, 새로운 시대에 부합하는 새로운 헌법을 우리 손으로 만들자고 하는 창조적인 정신이야말로 우리가 미래를 개척해 나갈 수 있다고 생각하기 때문이라는 것이다.

또한 아베 총리는 『이 나라를 지키는 결의』에서 "자신의 조부 기시 노부스케는 일미안보조약의 쌍무성을 높이기 위해 60년 안보개정을 단행했다. 그것은 조부 시대의 최대한 노력의 결과였다"고 평가하고, "우리 시대에는 새로운 책무가 있다. 그것은 일미안보조약을 당당하게 쌍무성으로 만들어가는 것이다"라고 말하고 있다. "지금의 헌법해석하에서는 일본의 자위대는 미국이 공격 받았을 때 피를 흘릴 수 없다. 그러한 경우는 극히 희박하지만, 그래서는 완전히 대등한 파트너라고는 할 수 없다"[21]고 주장한다.

아베 총리는 미국과 함께 '피를 흘리'는 것으로 인해 대등한 '피의 동

레짐'은 같은 의미라고 해석한다. 헌법 개정이나 일미대등화의 시도 등, '전후레짐으로부터의 탈각'을 충동하는 정치적 움직임은 모두 '9조-안보체제', 즉 '요시다독트린'으로부터의 탈피를 추구하는 움직임이라는 것을 의미한다 하겠다. 添谷芳秀, 2016, 『安全保障を問い直す「九条－安保体制」を越えて』(NHKブックス).

19 安部晋三· 岡崎久彦, 2004, 『この国を守る決議』扶桑社, 217쪽.

20 아베 총리가 여론의 반대에도 불구하고 헌법 개정을 집요하게 추구하는 가장 큰 이유이다.

21 柳沢協二, 2014, 『亡国の安保政策』(岩波書店), 14~15쪽.

맹'의 구축이 가능하며, 미국에게 하고 싶은 말은 할 수 있는 관계가 되기 위해서는 집단적 자위권의 행사는 불가피하다는 것이다. 안보의 딜레마 중 하나인 미국으로부터 '버림 받을 두려움'을 경계하는 것이다.

아베 총리는 집단적 자위권의 행사를 용인하고, 그 후속 조치로 안전보장 관련법을 2015년 9월 19일 참의원에서 가결하여 성립시켰다. 일본 국민의 강한 반대에도 불구하고 아베 총리는 안보 법안을 강행 처리하였다. 최종적으로는 헌법을 개정하여 국방군으로 자리매김하고자 한다. 그러나 아베 정권의 안보 정책에 대해 헌법학자들의 90% 이상이 위헌이라고 말한다. 다만 이러한 위헌론자 중에는 호헌론자들의 비판과는 달리, '현재 헌법상 위헌'이니 현행 헌법을 고쳐서 가능하게 하자고 주장하는 학자도 다수 포함되어 있다. "제대로 하려면 헌법을 개정하여 자위대를 본격적인 군대로 자리매김하여 군법회의[22]를 설치하고, 그 위에 전쟁으로서의 집단적 자위권의 행사를 실행해야 한다"[23]는 것이다.

개헌론 중 또 하나의 요점은 '보통국가' 노선론자가 주장하는 일본이 경제적으로 대국이므로 국제사회의 일원으로서 자위군을 활용한 국제공헌은 실행하는 것이다. 집단적 자위권은 행사하지 않지만, 국제연합이 추구하는 집단 안전보장에는 공헌한다는 것이다. 세계의 질서를 어지럽히는 것에 대해서는 국제사회가 협력해서 경찰관이 되어 대처하

22 자위대가 엄밀한 의미에서 군대라고 할 수 없는 이유 중 가장 강력한 증거가 자위대원의 범법 행위를 규율하는 군법회의가 없다는 것이다. 이러한 상황이 개선되지 않고 있는 이유는 '평화헌법'하에서는 군법회의가 존재할 수 없기 때문이다.

23 오카다 카츠야 전 외무대신 인터뷰. 『DIAMOND online』 2014. 6. 23.

는 활동에는 참여한다. 그리고 그것을 정당한 활동에 한정하기 위해 사전에 국제연합 안전보장이사회의 결의가 필요하다고 명기한다. 이렇게 함으로써 동맹국인 미국의 요구로 조직되는 유지 연합에는 헌법상 일본은 참가할 수 없다고 계속해서 거부할 수 있다. 유지 연합은 유엔 결의(국제사회의 합의) 없이 미국이 마음대로 하는 것이기 때문이다.[24]

'자위전쟁'과 '제재전쟁'을 용인하고, 징병제를 시행하자는 고바야시 교수의 주장은 '보통국가'의 구상을 연상시킨다. 반면, '적극적 평화주의'를 주장하는 아베 총리는 국제연합의 '제재전쟁'에 자위대가 참여하는 것을 거부하였다. 즉 '보통국가'화를 거부하였다. 아베 총리의 '적극적 평화주의'의 모순이 적나라하게 드러나는 대목이다. 이러한 결정은 여론의 반발을 의식한 결과임은 명백하다.

그렇다면 아베 총리가 '적극적 평화주의'를 외치게 된 국제 안보환경의 변화는 무엇인가? 탈냉전 후 일본이 '잃어 버린 20년'으로 침체하여 있는 동안, 이웃 국가 중국은 G2로 급부상하고, 북한은 국제사회의 경고를 무시하고 핵과 미사일 개발을 계속하고 있다. 특히 센카쿠제도를 둘러싸고 중국과 일본 사이에 격화된 영토 분쟁이 아베 정권을 탄생할 수 있게 했으며, 일본 내 여론의 우경화를 종용하는 큰 요인이 되고 있다. 아베 총리는 사실상 중국을 대상으로 집단적 자위권을 생각하고 있다고 하겠다. 센카쿠제도를 둘러싸고 중국과 일본 사이의 분쟁 개연성이 높아진 것임에는 틀림이 없기 때문이다.

오히려 역사 인식과 센카쿠 문제는 아베 정권에 대해 미국의 일관된

24 樋口陽一·小林節, 2016, 『「憲法改正」の真実』(集英社新書), 169쪽.

우려 사항이었다. 센카쿠제도의 국유화, 역사 인식 문제, 총리의 야스쿠니신사 참배, 고노 담화 검증, 이러한 일본 지도자의 언동이나 행동이 동북아시아에 긴장을 가져오고 있다고 하는 측면은 부정할 수 없다. 역사수정주의자 아베 총리에게 역사 인식의 수정이란, 동경재판이라고 하는 전승국에 의한 일방적인 단죄를 받아들인 '자학사관'의 부정이며, 나아가서는 일본을 파멸로 이끈 제2차 세계대전에서의 패전의 역사를 재조정하는 것일 것이다. 그것이 오늘날 세계에 통용될 수 있는 것인가. 그리고 일본의 안전보장에 있어서 유익한 것인가.[25]

동경재판의 부정을 포함한 역사 인식문제는 동맹국인 일본과 한국의 연휴를 방해하는 요인임과 동시에 미국이 자유 세계의 지도국이 되게 한 제2차 세계대전에서의 미국의 승리와 정통성의 부정으로 이어지는 문제이기도 하다.[26] 특히 2012년 9월의 센카쿠 국유화나 2013년 12월의 아베 총리에 의한 야스쿠니신사 참배 직후에는 "일본은 북동 아시아의 안정을 위협하는 트러블 메이커다"라는 인식이 워싱턴의 정책입안자나 보스턴의 연구자 사이에서도 퍼지고 있었다.[27]

25 柳沢協二, 2014, 14~15쪽.

26 柳沢協二, 2014, 26쪽.

27 小野田治×加藤嘉一, 2016.

5. 한일 간 관계 악화와 그 원인

1) '요시다독트린'론과 아시아의 부재

한일 양국 관계 악화의 가장 주요 요인인 역사 인식문제는, 1950년대에 이목을 끈 「전면강화」대 「단독강화」라고 하는 도식의 그늘에 가려졌던 샌프란시스코 강화회의에서의 아시아의 부재라고 하는 문제에 뿌리를 두고 있다. 즉, 세계 각국이 샌프란시스코 강화회의에 출석하여 조약에 조인한 국가는 49개국이지만, 그중 아시아 국가들은 필리핀, 인도네시아, 구 종주국 프랑스의 지지로 초청된 베트남 등 인도차이나 삼국, 거기에 파키스탄, 실론(Ceylon, 현재의 스리랑카) 등에 한정되었다. 즉, 아시아 제국의 상당수는 참가하고 있지 않은 것이 샌프란시스코강화조약의 큰 특징이다.

일본의 식민지였던 한반도나 교전국인 중국 등을 제외하면, 샌프란시스코 강화회의에 참가하지 않았던 아시아 제국의 상당수는 제2차 세계대전 후에 독립을 완수한 신흥독립국이었다. 전쟁 전에는 식민지 지배하에 있던 이러한 국가들의 국민은, 독립 획득으로 마침내 자신의 소리와 주장을 국제사회에 발할 수 있는 처지를 획득한 것이다.

하지만 이들 국가 대부분이 강화회의에 참가하지 않았기 때문에, 전쟁 중에 일본에 유린당했던 아시아의 비통한 육성은 강화회의라고 하는 일본의 국제 복귀의 일대 무대에서는 들을 수 없었다. 하타노 스미오(波多野澄雄)가 지적하듯이, 대일 강화는 냉전의 본격화와 함께 대일

징벌을 주안으로 하는 「베르사이유형」으로부터 「관대한 강화」라는 방침 아래에, 반공 진영의 일원으로서 일본의 조기 부흥을 도모하는 「냉전형」 강화로 변화했다.[28] 그 과정에서 강화회의를 주도한 미영은 대일 무배상을 기본 원칙으로 삼았다. 이에 이의를 주창한 것이 전쟁 중에 일본으로부터 심대한 피해를 받은 나라이며, 그 필두인 필리핀 등의 강한 요청에 따라 강화조약에서 전시 중에 일본군에 의해 점령된 나라는 일본에게 배상을 청구할 수 있다고 여겨졌다. 하지만 한편으로 일본에게 모든 배상 청구에 응할 수 있는 경제력이 없는 것도 인정되어, 청구는 일본 경제에 과도한 부담을 주지 않는 범위 내에서 실행하고, 그 수단도 현금 배상이 아닌 역무로 하도록 했다. 샌프란시스코강화조약에 근거해 배상을 청구한 것은 필리핀과 남쪽 베트남이며, 또 강화조약에 참가하지 않았던 나라 가운데, 인도네시아, 버마 등이 양국 간 대일 배상 청구를 하였다.[29]

이처럼 미영 주도에 의한 「냉전형」 강화로의 이행은 일본의 배상 부담을 덜어 주게 되었는데, 그것은 일본 경제의 조기 부흥이라고 하는 점에서 적어도 단기적으로는 「요시다 노선」과 동등하거나 그 이상으로 큰 의미가 있다고 생각된다. 미영 주도에 의한 「관대한 강화」는 일미 안보체제에 의해 일본이 미국의 군사 블록에 편입되는 것으로 교환되는 것이어서, 일본 국내에서는 이에 대한 불만과 불안이 「전면강화

28 波多野澄雄, 「サンフランシスコ講和体制-°その遺産と負債」, 波多野澄雄編, 『日本の外交(第2巻)-外交史戦後編』, 岩波書店, 2013年, 25쪽.

29 宮城大蔵, 12쪽.

론」으로 분출한 것이다. 하지만 이 구도 속에서 방치된 것이 아시아의 전쟁 피해국의 목소리였다.

그러나 그 후에 전개된 일본 정부와 아시아 각국과의 배상 교섭은 화해의 기회라기보다는 배상금액을 둘러싸고 외교 기술을 구사한 인하 교섭으로 변질하여 갔음을 부인할 수 없다. 그것은 강화 전후 요시다의 선택과 그 재평가로서의 「요시다 노선」을 「독트린」이라고 받든 전후 일본이 걸어온 걸음 속에서는 그 대답을 좀처럼 찾아낼 수 없다는 것을 의미하는 것이다.

샌프란시스코 강화를 중심으로 한 배상의 경감(액수와 지불할 방법 쌍방)은 전후 일본의 조기 부흥을 가능하게 했다. 그러나 그것은 아시아의 전쟁 피해국의 「용서」에 의하는 것이 아니고, 미영에 의한 「냉전형」 강화로 초래된 것이어서, 거기에 일종의 「뒤틀림」이 탄생하게 되었다. 마침내 때를 거쳐 냉전이 종결되고 냉전을 축으로 하여 전후사를 해석하는 「냉전사관」의 속박이 풀렸을 때, 전후 일본과 아시아의 관계 원점이라고 해야 할, 이 「뒤틀림」이 본색을 드러내게 되었다.[30] 한일, 일중 관계의 뒤틀림 현상은 이러한 역사 문제에 근거하고 있음은 명백하다. 그러나 역사 인식문제는 아베 정권의 탄생으로 더욱 뒤틀림의 본색이 강화되어 가고 있는 것이 현실이다.

30 宮城大蔵, 「サンフランシスコ講和と吉田路線の選択」, 『国際問題』 2015年1·2月, No.638. 13쪽.

2) 중국의 대두와 한일 양국의 대등화

일본 정부가 2018년 5월 15일 각료회의에서 승인한 '2018년 외교청서'는 한국에서 논란을 빚었다. 2017년까지 한국에 관한 기술에 있었던 '전략적 이익을 공유하는 가장 중요한 이웃 국가'라는 표현이 삭제됐기 때문이다.[31] 동년 6월 1일 산케이신문은 "일본 정부가 외교청서에 적는 수식어들은 양국 간 관계성을 단적으로 드러낸다"라며 "수식어를 살펴보면 일본이 해당 국가를 어떻게 대하고 있는지 알 수 있다"라고 전했다.[32]

일본 외교청서에서 한국에 대한 수식어는 최근 수년간 급격하게 변했다. 2014년 판 외교청서에서 일본 정부는 한국을 "자유, 민주주의, 기본적인 인권 등의 기본적인 가치와 지역의 평화와 안정의 확보 등 이익을 공유하는 일본에 있어 가장 중요한 이웃 국가"로 서술했다. 이 표현은 '가치의 공유, 이익의 공유, 가장 중요한'이라는 세 요소로 구성돼 있다. 하지만 이듬해엔 "가장 중요한 이웃 국가"라고 서술하는 데 그쳤다. 가치와 이익 공유가 삭제된 것이다. 신문은 "당시 박근혜 정부가 산케이신문 서울 지국장을 출국 금지하는 등 민주주의 국가라고 말하기 어려운 행동을 보인 데 대한 조치"라고 분석했다.

31 2016년에는 "전략적 이익을 공유하는 가장 중요한 이웃 국가"로 기술이 바뀌었다. 2017년에도 마찬가지였지만, 2018년에는 세 요소가 모두 사라졌다. 신문은 "한국과 일본 관계가 '가치관도 다르고 공통 이익도 없고 관계도 중요하지 않다'라고 말할 수는 없다"라면서도 "그런 뉘앙스가 있다는 점은 분명하다"라고 전했다.

32 산케이신문 2018. 6. 1

그렇다면 이렇게 악화된 한일 관계의 원인은 무엇일까? 국제정치학자 케네스 왈츠는 『사람, 국가, 전쟁』이란 책에서 전쟁의 원인으로 첫째 리더십의 성격, 둘째 국가의 성격, 셋째 국가 간 힘의 분포를 제시하고 이 중 국가 간 힘의 분포가 가장 중요한 요인이라고 주장했다. 신현실주의로 불리는 왈츠의 이러한 주장은 국가의 행동 패턴을 설명하는 이론으로 국제 정치학계에서 지대한 영향력을 발휘해 왔다.

최근 악화된 한일 관계의 원인도 왈츠의 세 가지 분석 요인으로 구분하여 볼 수 있다. 첫째, 리더십 요인으로는 '역사수정주의자' 아베의 우경화된 인식이 주요인이라고 주장한다. 일리가 있다. 그러나 위안부 문제가 악화된 계기는 2012년 노다 총리와 이명박 대통령의 정상회담이었으며, 독도 문제는 아베 정권 이전의 민주당 정권 시절에도 큰 차이가 없었다. 따라서 아베 정권이 바뀌더라도 한일 관계가 급격히 개선될 가능성이 크지 않아 보인다.

둘째, 국가의 성격이다. 2015년 외교청서는 "전통적인 국가 간 관계에 있어서 이익에 기초한 움직임이 여전히 강조되고, 권위주의 체제 부활 움직임도 보인다"라고 기술하고 있다. 그렇다면 일본의 주장대로 양국이 '기본적인 가치관을 공유'한다면 양국 관계는 회복될까. 이에 대한 대답은 대단히 부정적이다. '기본적인 가치관'의 변질론보다 더 심각한 역사 인식의 불일치 문제가 있기 때문이기도 하지만 더 중요한 이유는 왈츠의 주장대로 국제사회의 힘의 균형에서의 변화가 근본적인 원인이기 때문이다.

최근 동북아 국제정치 불화의 근본적 원인은 중국의 급부상이다. 외교청서는 "중국 등 신흥국이 급속하게 경제 성장을 하여 지금까지의 힘의 균형에 변화를 가져오고 있다. (중략) 힘의 균형의 변화는 세계 각지에서 질서의 불안정화를 초래하고 있으며, 기존의 국경을 부정하거나 해양 질서를 어지럽히는 움직임으로 이어지고 있다"라고 명기했다. 최근 일본의 낯선 모습은 이러한 인식을 반영하고 있다.

탈냉전 직후인 1990년대 초 일본의 경제는 미국을 위협할 기세였다. 일본은 주변국의 우려를 의식해 자위대는 하드파워에 포함되지 않도록 '전수방위'를 관철하는 세심한 주의를 기울였다. 선진 민주국가라는 세계의 인식과 애니메이션, J팝, 만화 등으로 세계를 열광케 하는 소프트파워도 겸비했었다. 그러나 바로 이어 시작된 '잃어 버린 20년' 동안 경제와 문화에서의 침체로 일본은 자신감을 잃어가고 있던 반면, 중국은 G2로 급부상하고, 한국은 소니를 압도하는 삼성을 비롯하여 K팝, 드라마 등 한류의 소프트파워가 일본의 그것을 대체하여 압도하게 되었다.

1990년 일중 간 GDP는 8대1이었으며, 2000년에는 4대1이었다. 그리고 2010년 9월 센카쿠제도(중국명 댜오위다오)에서의 중국어선 충돌 사건에서 일중 양국이 외교전쟁으로 험악하게 부딪혔을 때 중국의 국내총생산(GDP) 규모가 일본의 그것을 막 능가하던 시점이었다. 그때까지 중국이 보여 주던 '도광양회(韜光養晦)' 외교 노선은 폐기되고 '주장하는 외교' 변경되었다고 세계 여론은 인식했다. 사건 발생 이후 5년이 채 안 된 지난해 중국의 GDP가 일본의 2배를 웃돌고 있다. 중국의 대일 주장은 거침이 없게 되었고, 이러한 변화는 일본에서 '중국위협론'이 힘을 얻는 이유이다.

최근 일본에서 맹위를 떨치는 '혐한론'도 이와 무관치 않다. 경쟁국으로 성장하여 부담스러운 한국이 '기본적인 가치관'을 달리하는 '위협적인' 중국과 역사 문제로 손을 잡고 일본을 공격하는 듯한 모습에 충격을 받은 것이다. 일본은 민주주의 가치관을 공유하는 한국과 손을 잡고 공산당 일당독재(라고 인식하는) 국가인 중국의 급부상을 견제하자고 줄기차게 주장해 왔기 때문이다.

2015년, 오구라 가즈오(小倉和夫) 일본국제교류기금 고문[33]은 요미우리신문 인터뷰에서 "동북아에서 커다란 힘의 변화가 일어나고 있고, 그것이 국민 심리에 영향을 주고 있다"라고 말했다. 그가 지적한 지각 변동은 중국의 대두와 한일 양국의 대등화였다. 일본은 한국에 "중국 말고 미일 편에 확실히 서 달라"고 한다. 한국은 "그전에 과거부터 다시 한번 사과하라"라고 요구한다. 오구라 고문은 요미우리 인터뷰에서 "일본은 그런 한국의 입장을 이해하지 않으면 안 된다"라고 했다.

최근의 한일 관계는 최악이다. 그 이유를 양국 정치 지도자의 이데올로기적 특성이나 양국 국민성 등 두 나라의 '특수 사정'에서 찾으려고 한다. 특히 아베 신조 일본 총리의 일그러진 역사 인식이 가장 큰 요인이라고들 한다. 그러나 앞에서도 언급했듯이, 한일 양국의 역사 인식 문제와 영토 문제에 대한 논의의 빈도는 1980년대 후반 높아지기 시작해 90년대 이후 급증해 왔다.

그렇다면 90년대 이후 오늘에 이르기까지 이러한 상황은 어떠한 원인에 의해 조성된 것일까. 첫째, 한국에 있어서 일본의 경제적 중요성이 급격히 저하한 것이다. 70년대 전반까지 한국 경제에 일본이 점하

33 전 주한일본 대사였다.

는 비율은 40%에 가까웠다. 그러나 이러한 상황은 80년대에 들어서자 극적으로 급전직하한다. 그 원인은 80년대에 시작한 냉전의 종언을 향한 움직임이었다. 냉전하의 한국은 동서 양 진영 대립의 최전선에 위치하는 분단국가로서 중국이나 소련을 비롯한 동구 진영에 속하는 국가들과 국교가 없었다. 당연히 공식적인 무역 관계가 없었다. 결국, 서방 진영에 속했던 한국의 주요 우호국이었던 미일에 대한 의존도는 높을 수밖에 없었다. 그러나 이 상황은 80년대 이후 극적으로 변한다. 중국이 중요한 경제적 파트너로 등장하면서 냉전하의 한국에 중요한 파트너였던 미일 의존도는 상대적으로 낮아졌다.

둘째, 한국의 경제발전이다. 광복 후 한국은 동아시아에서 가장 소득 수준이 낮은 국가였으며, 당연히 당시 한국 기업은 세계적 규모로 비즈니스를 전개할 능력이 없었다. 자본과 기술 양면에서 많은 부분을 미일 양국 기업에 의존했으며, 따라서 미일 양국의 한국에 대한 영향력은 막강한 것이었다. 그러나 고도성장의 결과 한국 기업은 자본·기술 양면에서 미일 양국에 대한 의존도를 급속히 감소시켜 세계 시장에서도 독자의 시장을 개척하게 되었다. 결과 한국 경제의 미일 양국에 대한 의존도는 또다시 저하되었다.

마지막으로 세계 경제의 국제화다. 국제화는 국제사회에서의 선택지 증가를 의미한다. 세계 경제의 국제화로 인해 지리적으로 멀리 떨어져 있는 지역과도 교류가 증가해지고 결과적으로 근린 지역의 중요성이 저하한다. 한일 간 무역과 교류는 총량에서 증가하고 있지만, 양국의 무역에서 차지하는 비율은 낮아지고 있다. 결국, 한일 간에는 이와 같은 세 가지 요소들이 밀접히 연계되어 한국 경제에 있어서 일본의 중요성이 급격히 저하하는 현상이 나타났다.

또한 냉전 종결로 인해 안전보장 면에서 변화가 발생했다. 한국전쟁에 미중 양국이 직접 참전한 것에서 알 수 있듯 냉전하의 한국은 북한뿐만 아니라 그 배후에 존재하는 중소 양국의 거대한 군사적 위협에 직면해 있었다. 따라서 한국은 동맹국인 미국과 그 주요 기지가 있는 일본과의 관계를 배려하지 않을 수 없었다. 그러나 냉전의 붕괴로 인해 북한과 중러 양국의 군사적 동맹 관계가 사실상 붕괴하자 한국의 안전보장상 위협이 매우 감소하게 되었다. 이러한 환경 변화는 한국의 안전보장 면에서도 일본의 중요성은 저하하게 되었다.

6. 맺음말: '적극적 평화주의'의 '의도하지 않은 결과'

자주성을 심각하게 손상하는 '요시다독트린'으로부터의 탈각을 꿈꾸며 아베 총리가 단행한 집단적 자위권의 행사 용인은, '물건과 사람과의 협력'에서 '사람과 사람과의 협력' 관계로 변화시킴으로써 '버림받을 두려움'을 해소하고, 일본의 대미 발언력을 높이고자 한 것이었다. '요시다독트린'이 국가 제일 목표로 추구했던 경제 성장을 달성한 경제 대국 일본이 앞으로 추구해야 할 국가 목표로서 국가의 자주성을 높이는 '위신'으로 변경하고자 한다면 이는 자연스러운 현상이라 할 것이다. 그렇다면 대등한 미일 관계를 추구하는 아베 총리의 의도는 합리적이라 하겠다. 따라서 아베 총리는 미국으로부터 자립하기 위해 헌법을 개정하여 자위대를 본격적인 군대로 자리매김하여 군법회의를 설치하고, 그 위에 전쟁으로서의 집단적 자위권의 행사를 실행하고자 하는 것으로 보인다.

그러나 '적극적 평화주의'를 주창하며 헌법 개정을 추구하는 아베 총리의 전략적 목적이 유엔 안보리의 결의하에 실행하는 다국적군의 '제재전쟁'에 참가하여 국제공헌을 함으로써 국가의 '위신'을 높이는 '보통국가'의 행위를 부정하고, 미일 동맹의 강화를 통하여 중국을 견제하고자 하는 파워 폴리틱스에 초점이 있는 것으로 보인다. 결국, 아베 총리가 주장하는 '적극적 평화주의'의 '의도'는 미중 양국의 권력정치에 참여하는 '권력국가'의 의지를 드러내고 있다 하겠다.

그렇지만 미국의 '핵우산'에 의지하는 아베 총리의 안보 정책의 실태는 결코 '대등한 일미 동맹'이 될 수 없으며 자립적일 수도 없다. 미일이 영국과 미국과 같은 대등한 동맹국이 되기 위해서는 일본 자력의 핵무장이 필수적이다. 그러나 '비핵삼원칙'을 견지하고자 하는 세 국가 노선론자들의 반대로 인해 핵무장 '능력'을 아베 정권이 획득할 것으로 보이지 않는다. 또한 세간에 회자되는 것처럼 일본 자력의 핵무장 잠재 '능력'이 있다 하더라도 미국이 이에 동조하지 않으며, 일본의 국익에도 반한다는 의미에 있어서 실현 가능성이 적다. 자주적 핵무장이 가져올 '안보의 딜레마'를 무시할 수도 없다. 일본의 핵무장은 주변국인 한국, 대만의 핵무장으로 이어질 가능성이 매우 크다 하겠다.

'요시다독트린'을 전후 패러다임으로 규정하고, 그로부터 탈피하고자 하여 아베 총리가 추진하는 '적극적 평화주의'는 유엔의 '제재전쟁'

에 참여하는 '보통국가'를 '의도'하지도 않으면서, 자주적 핵무장이라는 '권력국가'의 '능력'을 추구하지도 않고 있다. 따라서 미중 양국의 권력정치에 참여하는 '권력국가'의 의지를 드러내는 아베 정권은 하토야마 정권과 대비해서 말한다면 '꿈꾸는 힘의 정치인'[34]이라고 불러야 할 것이다.

대등한 미일 동맹을 추구하여 집단적자위권의 행사를 실행하는 아베 총리의 안보 정책은 오히려 미국과 중국이 치르는 전쟁에 '말려들 두려움'이 증가할 우려에 대해 비판하는 여론에 직면하고 있다. 헌법 개정에 반대하는 여론으로 인해 아베 총리의 '적극적 평화주의'가 내포하고 있는 '권력국가'로의 '의도'는 실현될 가능성이 극히 낮다 할 것이다. 따라서 아베 정권의 안보정책을 군국주의의 부활로 인식하는 것은 지나친 우려라 하겠다. 더하여 일본의 안보 이슈를 둘러싸고 요시다의 시절과 현재 일본의 다른 점은 양 시기 간 경제적·군사적 (잠재) 능력의 차이와 아베 총리가 추진하는 재군비로의 방향 전환에 침략전쟁에 책임이 있는 구 군인의 복권이나 진출이라는 염려가 없어졌다는 점이다.

다만 염두에 두어야 할 것은 '권력국가'를 지향하는 아베를 장기간 총리로 있게 하는 일본의 국내적 환경이다. 일본이 경제적 능력의 향상으로 대국에 걸맞은 '국익'을 추구해야 한다는 여론이 있음은 확실하며, 특히 요시다가 가볍게 여겼던 국가의 '자주성'을 높이는 정책에 대한 요구는 더욱 높아질 것이다. 아베 총리가 의도하는 '적극적 평화주의'가 안고 있는 이러한 모순은, '일본이 외부로부터 침략받을 개연성

34 柳沢協二, 2014, 23쪽.

이 높지 않다'라는 안보환경을 배경으로 하여, 네 가지 국가 노선론자들의 힘의 역학이 만들어 낸 '의도하지 않은 결과'임을 말해 준다. '역사수정주의자' 아베 총리가 추구하는 '적극적 평화주의'의 이러한 복합적인 모습에 대한 이해는, 한일 간 군사협력의 필요성과 함께 우려를 나타내는 한국 여론의 복잡한 심리가 근거 없는 것이 아님을 말해 준다.

11

EU의 북핵정책 진화와 역할 분석

| 추이훙웨이(崔宏伟) ■ 상하이사회과학원 국제문제연구소 연구원 |

1. EU의 북핵 정책 진화와 특징

1990년대 중기부터 북한 미사일 발사와 핵실험의 점진적인 확대에 따라 EU의 대북정책은 건설적 접촉에서 비판적 접촉으로 전환되었다. EU와 회원국의 북핵 위기 해결 과정 참여는 크게 3단계로 나눌 수 있다.

1) 제1단계

1995~2006년까지. 이 단계에서 EU와 회원국은 북한에 대해 경제와 인도주의적 원조를 실시하고 외교 관계를 구축하였으며 정치 대화를 전개하였다. EU는 협상, 설득, 경제원조, 무역발전 등을 포함한 유도 수단을 운용하였으며 그 취지는 '건설적 접촉'을 통해 한반도 긴장 국면 완화, 북한 경제 발전과 인권 개선 촉진, 북한의 6자회담 합의 공동 문서 이행 촉구에 있다.

냉전시기 북한은 EC 및 대다수 서유럽 국가와 외교 관계가 없었다. 북한은 1973년 비동맹 정책을 신봉하는 스웨덴, 노르웨이, 핀란드, 덴마크, 아이슬란드 등과 외교 관계를 수립하였다. 스웨덴은 북한과 상호 대사를 파견하고 처음으로 북한에 대사관을 설치한 서방 국가가 되었다. 주북한 스웨덴 대사관은 북한에서 북유럽 국가의 이익을 책임질 뿐 아니라 미국, 캐나다, 호주를 대표하여 외교 업무를 하였다. 1948년 10~11월 소비에트 블록의 구성원인 폴란드, 구 유고슬라비아, 도이치

민주공화국, 헝가리, 루마니아, 불가리아, 알바니아 등 동유럽 국가들이 연이어 북한과 외교 관계를 수립하고 무역 협력을 전개하였으며 경제기술 원조를 제공하였다. 냉전이 끝난 후 유럽은 냉전 체제를 종결하고 원래 소련 사회주의 진영이었던 동유럽 국가가 EU에 가입하면서 유럽 공동체는 전에 없던 성과를 거두었으며, EU는 자신의 이익과 가치관에 부합하는 외교 정책을 추구하고 발전시키기 시작하였다. EU는 1994년 7월 '대아시아 신전략'을 제정하고 아시아와 더 광범위한 대화와 협력을 진행할 것을 주장하였다. 이 배경하에 EU와 회원국은 적극적으로 한반도 정세에 개입했고 북한과 접촉하기 시작했다.

1998년, EU는 북한과의 정치 대화를 시작하였다. 1998~2001년 기간에 유럽 회의는 여러 차례 북한을 방문하고 인권 대화를 전개하였다. 2000년 1월부터 EU 회원국은 잇따라 북한과 수교를 하기 시작하였다. 프랑스를 제외한 EU와 회원국은 계속해서 북한과 외교 관계를 수립했다. 이 시기에 EU는 또한 아셈(ASEM)의 다자 틀을 이용하여 한반도 문제에 관심을 가졌다. 2000년 제3차 아셈 정상회의는 '한반도 평화에 관한 서울 선언'을 발표하고 남북 관계 완화와 대화 강화, 화해 실현과 협력 진전을 지지하였다. 제4차 아셈 정상회의는 다시 '한반도 평화를 위한 아셈 코펜하겐 정치선언'을 채택하였다. 이 두 선언은 EU의 한반도에 대한 정책 경향, 즉 북한과의 접촉과 대화를 통해 남북 화해와 관계 개선을 격려하고 한반도 안정을 수호함을 표현하였다. 2001년 3월 유럽 이사회 스톡홀름 회의는 EU의 대한반도 사무의 역할을 강화해야 한다고 제기하였다. 2001년 5월 EU는 북한과 수교를 결정하고 한반도 화해를 지지하였는데 특히 북한의 경제 개혁을 지지하였다. EU 순회 의

장국 스웨덴의 페르손(Persson) 총리는 EU를 대표하여 고위급 대표단을 인솔하여 북한을 방문하고 한반도 평화 프로세스 촉진을 도왔으며 EU와 북한의 관계 및 EU의 북한 원조 제공 등 문제를 토론하였다.

1995~2006년까지 EU는 북한과 활발한 경제무역 관계를 유지하였다. 1996년 EU는 북한과 무역협력 기본협정을 체결하였다. EU 회원국은 북한에 농업기기, 자동차, 철강, 전자제품, 의약 등을 수출하고 북한에서 의류, 플라스틱, 보석 등을 수입하였다. 북한 내부에서 경제개혁을 시도하였고 이 점을 감안하여 2000년 서울 제3차 아셈회의 기간에 참석한 EU 국가 지도자들은 대북 원조를 추가하고 기술 인력을 파견하여 북한의 경제 발전을 도우며 북한산 방직품을 유럽 시장에 개방하는 등 일련의 북한 원조 계획을 선포하였다. 독일, 스위스의 일부 기업들은 북한에서의 비즈니스 기회를 찾기 시작했으며 주로 북한 전력공업 발전을 도왔다. 2002년 북한 무역상은 벨기에, 이탈리아, 영국과 스웨덴 등 EU 회원국을 방문하고 유럽 국가와 더 많은 경제 협력을 모색했다.

EU와 북한의 정치경제 관계 발전에 따라 EU는 점차 적극적으로 한반도 평화 프로세스에 참여하고 위기 중재자 역할을 하였다. 2004년 10월 당시 오스트리아 대통령 하인츠 피셔가 북한과 한국을 방문하고 한반도 긴장 정세를 중재하였다. 2005년 3월 유럽회의는 EU가 일원으로서 '6자회담' 체제에 가입하길 원한다고 제기하였는데 이는 EU가 처음으로 명확하게 북핵 문제 해결 체제 참여를 희망한 것이었다. 2006년 북한은 처음으로 핵실험을 하였고 EU는 북한에 대해 경제 제재를 실시하였다. 2007년 EU의 고위급대표단은 북한을 방문하여 북한의 '6자회담' 합의 문건 이행을 촉구하였다.

EU가 '건설적 접촉'이라는 대북 정책을 취한 배경에는 21세기 초기에 유로화 사용 시작과 EU의 동유럽 확대의 성공에 따라 EU의 유럽국가 연합체로서의 전체 역할이 더욱 가시화되었다는 점이 있다. 유럽 공동체의 순조로운 발전은 EU가 국제상에서 하나의 독립된 역량이라는 자신감을 제고하였고, EU는 더 많은 자원을 투입하여 아시아에서 그의 경제·정치적 존재감과 영향력을 제고하였다. 이 시기에 EU의 한반도 정세에 대한 정책들은 지역평화 안정과 인권 목표 이외에 어느 정도 미국의 아들 부시 정부의 일방주의와는 다른 국제 정책을 표현하였고 다자주의, 국제법, 전쟁 반대를 추구하는 EU의 정책 주장을 구현하였다.

2) 제2단계

2007~2018년 2월까지. 북한이 연속적으로 끊임없이 핵실험을 하고 미사일을 발사함에 따라 EU의 대북 정책은 '비판적 접촉'으로 전향되었다. EU는 제재 강화, 무역 관계 약화, 협조 저지 등 강경 수단을 취하여 북한이 핵무기 목표를 포기하도록 압박하면서 북한과 외교 연락은 유지하고 대화 채널을 개방했다. 미국 트럼프 정부의 무력 과시, 북미 전쟁 위협이 부단히 증가하는 상황에서 EU와 회원국은 여전히 정치와 외교 방식을 통해 북핵 위기의 평화로운 해결을 고수하고 있다.

EU는 유엔 안보리의 대북제재 조치를 엄격하게 이행할 뿐 아니라 나아가 보충하고 강화하는 방식을 취해 북한에게 독자 제재를 실시하고 부단히 대북제재의 역량을 확대했다. 2009년 5월 북한이 제2차 핵실험을 실시하자 유엔 안보리는 6월 12일 1874호 결의안을 채택해 북한 핵실험을 규탄하고 북한에 대한 제재 조치를 확대했다. EU는 유엔 제재 기초 위에서 북한 관련 관원의 EU에서의 자산을 동결하고 EU 국가 진입을 금지했으며 북한 관련 사업체의 EU에서의 자산을 동결하고, 북한으로의 군사와 관련된 원자재 수출을 금지했다. 또 북한에 대한 금융 제한과 화물 검사 강화를 포함한 대북제재 조치를 추가했다. 2013~2015년에 EU는 줄곧 유엔 제재 결의안의 기초 위에서 추가 제재 방법을 취하였다. 2016년 3월 4일 EU는 16명의 개인과 12개 기구의 대북제재 '블랙리스트' 포함을 발표하였고 이 조치는 유엔 안보리의 2016년 3월 2일 북한을 겨냥한 '핵 관련, 대량 학살 무기와 탄도 미사일 계획' 제재 결의안 기초 위에서 EU가 더 나아가 대북제재를 추가한 것이다.

2017년 북한의 빈번한 핵실험과 미사일 발사는 EU가 제재를 계속해서 추가하고 북한에 대해 최대의 경제 압박을 유지하도록 만들었다. 2017년 2월 26일 유엔 결의안의 기초 위에서 유럽 이사회는 연간 대북 석유 완제품 공급을 200만 배럴에서 50만 배럴로 감소, 북한의 구리, 니켈, 은, 아연 등 수입 금지, 북한으로의 공업기계, 헬기, 선박 수출 금지를 포함한 북한에 대한 일련의 새로운 그리고 독자적인 제재 조치를 발표하였다. 2017년 9월 3일 북한의 제6차 핵실험 후 EU 외교 이사회는 10월16일 유엔 안보리 2375호 결의안에 대해 보충 및 강화를 하여 전면적인 대북 투자 금지 및 대북 석유 완제품, 원유 및 천연가스의 판매 금지, 북한 방직품 수입 중지, 북으로의 개인 송금을 1.5만 유로에서 5,000유로로 제한을 결정했다. 2018년 1월 22일에는 2017년 12월의 북한을 겨냥하여 유엔 2397호 결의안을 보충하여 17명을 제재 개인 명단에 포함시키고 이들에 대해 자산 동결과 입국 금지 조치를 취하였다.

대북 무역이 대폭 감소하였다. EU의 대북 경제무역 관계에 대한 발전은 대부분 격려성이었다. 북한이 6자체제에서 탈퇴하고 핵실험을 가속화한 후 EU는 일련의 제재 조치를 실시하였는데 많은 영역에서 대북 무역을 중단하였고 북-EU 양자 무역액은 대폭 위축되었다. 유럽 위원회 통계에 따르면 2006년 EU와 북한 양자 무역 총액은 2.8억 유로에 달했으나 2013년에는 1.46억 유로로 하락하였고 그 후 2014년에는 3,400만 유로까지 위축되었으며 2016년에 이르러서는 2,700만 유로만 남게 되었다.[1]

제재 강화, 무역 관계 약화와 동시에 EU는 또한 협조 억제의 방식, 즉 군비의 한국 지원 방식을 취하여 북한에 대한 억제 능력을 강화하였다. EU와 회원국은 한국과 일련의 안보국방 협력을 전개하였다. 2010년 5월 EU와 한국은 기본 합의를 체결하고(실질적으로 북한을 겨냥한) 양자는 대량 무기 비확산, 사이버 범죄 방지, 돈세탁 방지와 인권 보호 등 영역에서 협력을 강화하였다. 독일은 한국과 군사장비산업 협력을 확대하였고 한국에 잠수정과 패트리어트 미사일, 타우러스 공대지 미사일을 판매하였다. 스웨덴 스톡홀름 국제평화연구소 보고에 따르면 2012년에서 2016년까지 독일은 한국 대형무기 시스템의 2대 공급자였다. 독일은 또한 한국에 군사 인력 훈련 등 프로젝트를 제공하였다. 프랑스와 한국은 2017년 양자 국방 협력 협상을 회복하였다. 2017년 영국, 네덜

1 European Commission, "European Union, Trade in Goods with North Korea", Directorate-General for Trade, March, 8, 2017. http://101.96.10.63/trade.ec.europa.eu/doclib/docs/2006/september/tradoc_113428.pdf.

란드, 덴마크는 한미 군사훈련에 참가하였다.

그러나 북한에 가하는 압력을 확대하면서도 EU는 북한과의 접촉을 완전히 포기하지는 않았으며 EU 국가와 북한은 '1.5트랙'과 '2.0트랙' 대화를 개최하고 주평양 대사관을 유지하였으며 북한에 필요한 경제 기술 및 인도주의적 원조를 제공하였다.

3) 제3단계

2018년 3월 이후 북핵 문제의 해결에는 우여곡절이 있었다. 2018년 초 북미의 상호 군사 위협은 갈수록 심각해졌지만 동시에 쌍방은 또 충돌의 외교적 해결의 가능성을 완전히 포기하지도 않았다. 2018년 2월 이후 스웨덴은 북미 상호작용에서 중요한 중재자이자 중개자 역할을 하였다. 3월 북한 외상이 스웨덴을 방문하고 남·북·미 3자 회담이 핀란드에서 개최되었다. 북한이 핵실험과 대륙간 탄도 미사일 발사 실험 중단을 선포한 것에 대하여 4월 22일 EU 외교안보 고위대표 모게리니는 북한의 거동은 유엔 결의안을 준수하는 의지와 '국제의무 존중'을 보여 준 것이라 여긴다고 성명을 발표했다. 동시에 모게리니는 북한은 '돌이킬 수 없는 비핵화 목표'를 실현하고 국제원자력기구와 '포괄적 핵실험 금지 조약'을 포함한 국제 핵 비확산 체제의 감독을 수용하며 한반도의 포괄적이고 검증 가능하며 되돌릴 수 없는 비핵화를 실현해야 한다고 밝혔다. 7월 16일 모게리니는 다시 공개적으로 북한의 완전한 비핵화 이전에 EU는 제재를 해제하지 않을 것이며 계속해서 대북

경제 압박을 유지할 것이라 밝혔다.

유럽인들이 보기에 북한과 한국의 상호작용, 김정은의 방중과 북미 정상회담은 모두 북한 국내 정책의 변화를 의미하고 북한이 시장 경제로의 전환을 시작 혹은 북한 경제에 시장 요소를 도입하고 북한의 개혁이 성과를 거두려면 반드시 외부에서 오는 투자와 기술 지원에 의존해야 한다. 그러므로 유럽은 북한의 경제개혁 프로세스를 지지할 준비를 하고 건축, 에너지, 식품, 방직, 의료설비, 화학비료 등 경제 영역에서 유럽 기업은 북한 시장에 진입할 기회를 갖게 된다. 그러나 이러한 생각과 아직 유효한 제재 조치 사이에는 모순이 존재한다. 이 밖에 EU 회원국의 EU의 북한 정책 조정에 대한 의견 차이가 존재한다. 일부 회원국들은 조속히 EU와 북한의 정치 대화를 회복하여 유럽 기업들이 하루빨리 북한 경제개혁 프로세스에 참여하도록 해야 한다고 주장한다. 다른 일부 회원국은 EU가 경제무역 관계를 핵심 전략 목표상에 두어서는 안 된다고 생각한다.

2. EU가 적극적으로 북핵 위기 해결에 개입한 계기

2016년 이래 EU는 빈번하게 북핵 위기 관련 정책을 발표하고 제재 조치를 강화했다. 2017년 9월 북한의 제6차 핵실험 후 독일 메르켈(Merkel) 총리는 북핵 문제 해결에 직접 참여하길 원한다고 분명하게 밝혔으며 이란 핵문제 해결 모델 참조를 제안했다. 프랑스 마크롱(Macron) 대통령 역시 재난을 유발할 수 있는 어떠한 군사 간섭 행위도 지지하지 않는다고 밝혔다. EU가 적극적으로 북핵 위기 해결에 개입한 것은 크게 아래 몇 가지 방면의 원인이 있다.

첫째, 전 세계 안보의 파급효과(ripple effect)**와 연쇄효과**(chain effect)**를 우려한다.** 로버트 저비스(Jervis)의 시스템 효과 이론 해석에 따르면 어느 한 점에서 발생한 변화는 물의 파문과 마찬가지로 요원한 지역까지 전해질 수 있으므로 하나의 정책 행위는 광범위한 영향을 만들 수 있다. 원래 형식상 1대1 양자 상호작용은 광범위한 영향을 만들기 때문에 복잡한 안보 관계로 변할 수 있다. 연쇄효과라는 것은 행위자의 안보 상호작용이 복잡한 인과 체인으로 표현될 수 있음을 가리킨다.[2] 핵무기의 확산은 비교적 직접적인 인과 연계와 연쇄 효과가 나타남이 이미 국제적 경험으로 밝혀졌다.

EU 및 독일의 북핵 위기에 대한 적극적 개입 태도와 미국 트럼프 대통령의 정책은 직접적 관계가 있다. 첫째, 북미의 상호 군사 위협이 부단히 확대되면 예측 불가능한 전쟁을 쉽게 야기할 수 있다. 둘째, 중동 지역 정세에 대한 새로운 우려이다. 트럼프가 2015년 합의한 이란 핵문제 다자 합의에서 탈퇴하였지만 EU는 이란 핵 합의가 역내 안정의 효과를 만들었고 다자체제의 국제 안보에 대한 가치를 증명했다고 생각하므로 핵 합의의 유효성을 고수한다. 셋째, 북핵 위기 해결이 적절하지 않으면 일본, 한국의 핵무기 개발을 야기할 수도 있으며 동아시아

2 [미]로버트 저비스 저, 리사오쥔(李少軍) 역: 『시스템 효과』, 상하이인민출판사, 2008년 3월.

군비 경쟁과 지역 불안을 심화할 수 있다. 넷째, 핵확산 심지어 핵테러리즘 유발을 방지한다. 핵테러리즘은 일종의 대량 살상과 대량 피해의 테러리즘 극단 상황으로 점점 전 세계 안보에 가장 절박하고 가장 극단적 현실 위협 중 하나로 여겨진다.

둘째, EU 자신의 경제와 안보 이익의 드라이브에서 발생했다. 동북아 정세의 불안은 EU에게 잠재적인 거대한 경제 안보 리스크를 가져다 줄 수 있다. 2016년 6월 EU가 발표한 새로운 전 세계 전략 문건에서 아시아의 안정은 유럽의 번영에 관계된다고 명확하게 제시하고 있다. EU는 아시아 지역의 중요성을 강조하였고 유럽 번영과 아시아 안보 사이에는 직접적인 연계가 있다고 지적하였으며 아시아의 평화와 안정은 유럽 번영의 선결 조건이라고 생각한다.

성장과 취업은 EU의 우선 목표이다. EU의 경제 성장은 외부 시장과 국제 무역에 대한 의존도가 높은 편이다. EU는 세계에서 가장 큰 FDI 원천지이자 목적지이다. EU 내부 14%의 일자리는 외자 기업이 창조한 것이고 그중 대부분은 미국과 동아시아 국가 기업이 제공한 것이다. EU와 미국, 중국, 일본, 한국 간의 경제 의존도는 높은 편이며 이 국가들은 모두 EU의 매우 중요한 무역 및 투자 파트너이다. 미국은 EU의 최대 무역국이자 외국인 직접 투자가 가장 많은 국가이다. 중국은 독일의 최대 무역국이자 EU의 2대 무역 파트너이고 EU는 중국의 최대 직접 투자자이다. 러시아는 EU의 최대 무역 파트너이고 일본과 한국은 각각 EU 국제 무역의 6위와 8위를 차지하고 있으며 일한은 유럽에서 투자가 많은 편이다. 북한 핵 위기와 직접 관련된 5개 국가가 EU 무역의 45%를 차지하고 있다.

한반도 정세는 EU의 경제 번영에 관계될 뿐 아니라 유럽의 안보와도 큰 상관성이 있다. 2016년 6월 발표한 EU 외교안보 정책의 전 세계 전략은 EU가 아시아에서의 안보 역할을 확대할 것이고 지역 안보 도전에 대응하는 데서 아시아에게 도움을 제공할 것이라 밝혔다.[3] 확산 방지 정책은 줄곧 EU 국제 안보 정책의 중점 목표였으며 핵무기와 대량 학살 무기 확산 방지를 포함하며 특히 비국가 행위자와 테러조직의 손에 핵무기가 유입될까 우려하고 있다. 그러므로 핵 확산 방지는 EU의 북핵 정책의 핵심 내용이다. EU는 무력 방식으로 한반도 위기를 해결하는 데 반대한다. 북한을 군사적으로 타격하면 지역 동요를 유발할 수 있고 유럽으로 난민과 이민이 쇄도할 것인데 난민과 불법 이민 문제는 현재 이미 EU와 회원국의 정치 및 사회의 최대 도전이 되었으므로 유럽 포퓰리즘과 극단적 정치 역량의 영향력 상승을 초래할 수 있다.

셋째, EU의 전 세계 전략의 수요. 채무, 유로화, 영국의 브렉시트, 난민 및 지정학 등 일련의 위기는 EU의 국제 지위 하락을 야기하였다. 국제질서와 국제구도 변화의 추세하에서 EU는 자신의 세계 정치에서의 지위와 정책 입장을 확정할 필요가 있다. EU의 국제 사무 중의 영향력과 가치를 구현하기 위해 EU는 "도전이 충만한 시대에 하나의 강대한 연맹은 전략적 사고를 하고 공동의 비전을 가지며 집단적으로 행동하는 연맹이다"라고 제시했다.[4] EU는 전략적 자주 능력 구축의 필요성을

3 EEAS, "Shared Vision, Common Action: A Stronger Europe", June, 2016. http://101.96.10.64/eeas.europa.eu/archives/docs/top_stories/pdf/eugs_review-web.pdf

4 EEAS, "Shared Vision, Common Action: A Stronger Europe".

강조하고 평화로운 방식으로 지역 충돌을 해결하자고 주장하며 국제 다자주의를 수호한다. 그러므로 북핵 문제상에서 결정 권력을 갖지 못했다 하더라도 EU는 여전히 목소리를 높이고 있다. EU의 3대 회원국인 프랑스, 독일, 영국은 이란 핵 합의의 달성 과정 중 중요한 역할을 하였고 EU는 이란 핵문제 해결의 경험을 북핵 위기에 활용하고자 한다.

넷째, EU의 국제적 규범 권력 역할. EU의 국제적 역할은 일종의 규범 권력으로 정의되고 혹은 규범 권력은 EU의 국제적 승인으로 여긴다.[5] EU는 전반적으로 유엔을 틀로 하는 국제 안보 질서 수호를 주장하는데, 즉 일정 행위가 규범하는 국제 안보 질서를 공동으로 수용하고 준수한다. 유엔이 채택하고 추진하는 행위 규범은 많은 국제적 관심을 받는 안보 문제, 예를 들어 무기 규제와 군축, 국제 범죄, 난민과 이민, 무력 사용과 전쟁 행위 등을 포괄하고 각 회원국이 부담해야 하는 법률적 책임을 규정하였다. 만약 평화적 수단이 효과가 없다면 안보리는 'UN헌장' 규정에 근거하여 관련 주권 국가에 대해 결의안을 통해 제재와 군사 행동을 포함한 강제적 수단을 취할 수 있다.

지구적 차원에서 EU는 대량 무기 확산의 제창자와 주도 세력을 반대한다. 2003년 6월 유럽 이사회는 'EU의 대량 살상 무기 확산 반대 관련 전략 기본 원칙의 액션플랜'을 채택하였고, 이 액션플랜을 제기한 이유는 국제 규칙이 불완전하고 체제 실시 방면에 결함이 존재하며 어떤 국가들은 확산 문제에서 책임을 지지 않았기 때문이고, 이를 위해

5 Ian Manners, "Normative Power Europe: A Contradiction in Terms?" JCMS 2002, vol.40, no.2, pp.235~258.

EU는 정치 대화와 일부 국가의 확산 방지 능력 제고를 돕는 등 조치를 취했다.

3. EU의 북핵 문제 해결에서의 역할 분석

EU는 자체 안보 도전이 있기 때문에 실제로 다수의 EU 회원국은 북한 핵문제에 관심이 없으며, 특히 북핵 위기는 지정학적 경쟁 문제에 더 관련되기 때문에 EU는 진심으로 이 복잡하고 위태로운 정세 속에 말려들 생각은 없다. EU는 진정한 공동 외교와 안보 정책 없이 주로 구조적 권력, 광범위한 외교 네트워크 자원 및 소프트 파워를 이용하여 위기 중재자 역할을 모색하고 접촉과 위협이라는 동시 중시의 전략을 채용하는데 그 목적은 역내 안정 수호와 핵 확산 및 전쟁 발발을 방지하는 것이다.

첫째, 접촉 전략과 EU의 구조적 권력. EU는 북한에 대해 줄곧 접촉 전략을 취하였고 접촉 전략 자체는 안심시키기(reassurance)와 억제 2가지 방면을 포함하며 상대방의 의도를 바꾸는 데 목적이 있기에 EU의 대북 정책 프로세스는 이미 이 두 방면 내용으로 구현되어 있다. 비록 EU가 국제 정치권력 체계에서 대국이 아니라 할지라도 EU는 광범위한 구조적 권력 자원을 보유하고 있다. 영국학자 스트레인지(Susan Strange)는 안보, 생산, 금융, 지식을 4대 기본 권력 구조로 보고 있으며 에너지, 무역,

국가 간 운송, 복지는 부차적 권력 구조이고 4종 기본 구조의 정치경제적 영향을 받는다고 말한다.[6]

분명히 EU는 스트레인지가 말한 것 같은 구조적 권력을 갖고 있다. 북한 핵실험을 겨냥해 EU는 그 구조적 권력을 충분히 이용하여 무역, 금융, 에너지, 네트워크 안보 등 여러 방면에서 구현하였는데, 예를 들어 북한과의 무역 관계를 대폭 축소하고 EU의 북한에 대한 석유 수출을 전면적으로 중단하였으며, 북한의 유럽에서의 외환 자금 획득을 저지하고 유럽에 있는 북한인들의 국내로의 송금을 제한하고 취업 비자 발급을 중단하였다.

EU는 대북제재 강도를 계속해서 높였는데 그 원인은 제재는 비교적 낮은 강도의 충돌에 속하여 대가가 비교적 적은 정책 선택이라는 데 있다. 제재는 피제재국이 국제 시장에서 효과적으로 자금, 에너지, 중요 원자재 및 기술과 서비스 등을 획득하는 데 영향을 줄 것이다. 비록 제재는 늘 비효율적이고 국가의 정치 목표에 도달할 수 없다고 여겨지지만 EU는 경제 제재 혹은 장기 경제 운용 역량이 국제 정치에 영향을 줄 수 있고 결국 대상국에게 경제와 국가 이미지 방면의 대가를 치르게 할 것이라 믿는다. 이란에 대한 제재 및 크림반도 합병으로 러시아에 실시한 제재가 그 예이다. EU와 북한의 무역 관계는 영세하고 양자의 경제 의존 관계는 지극히 낮으며 EU 자체의 강경 제재가 효과를 거둘 수는 없을 것이지만 EU와 유럽 대국들은 유엔에서 정치 영향력을 갖고 있고

6 Susan Strange, State and Market: An Introduction to the International Political Economy. Pinter Publishers Limited, 1988.

국제사회의 공동 행동을 추진할 능력이 있으며, 사실이 증명하듯이 북한에 대한 제재는 거대한 경제적 압박을 만들어 북한이 타협하게 하는 원인 중 하나이다.

둘째, 외교 중재와 위기 중재자 역할을 발휘하였다. 북한의 제6차 핵실험 이후 미국 트럼프 대통령은 무력으로 북한 타격을 위협하고 북미 상호 군사적 위협이 계속해서 늘어갔다. 이를 위해 독일은 셔틀외교를 적극적으로 전개하였고 메르켈 총리는 프랑스, 미국, 러시아, 한국 등 각국 지도자와 핫라인 중재를 하고 외교가 위기를 해결하는 유일한 방법임을 고수하였는데, 목적은 각국의 입장을 조정하고 공감대를 형성하며 전쟁 리스크를 통제하는 것이었다. EU는 자신의 광범위한 외교 네트워크 자원을 이용하여 위기 중재자의 역할을 발휘하였다. 프독은 특히 독일은 우크라이나 위기에서 중재자 역할을 하였고 미러 관계를 조정하여 러시아에는 외교적 압박을 가하고 미국의 우크라이나 무력 지원은 반대했다. 우크라이나 위기 조정 경험과 전략적 동반자 관계 네트워크 보유, 이란 핵문제 합의 달성 참여의 성공적 경력을 감안하여 EU와 독일은 북한 핵위기 중재자 역할에 대한 자신감이 크다.

EU는 북핵 문제상에서 중국과 조화로운 협력을 강화한다. 중-EU 쌍방은 한반도 비핵화, 국제 핵 비확산 체계 수호, 국제사회의 평화로운 방식을 통한 북핵 문제 해결에 함께 노력한다는 목표가 일치한다. 유럽 내부에서는 보편적으로 중국의 '쌍중단' 제안을 지지한다. 독일 메르켈 총리는 중국 측과 협력 소통을 강화하고 조속히 북핵 문제를 평화롭게 해결할 방법을 찾길 원한다고 밝혔다. EU와 독일은 중국과 이미 다른 등급의 외교와 안보 대화 체제를 구축하였는데 예를 들어 중-EU 안보

국방 대화체제가 있으며 쌍방이 토론하는 의제 범위는 국제와 지역 안보 형세, 중-EU 국방안보 협력 등을 포함한다. 중독 양국은 외교와 안보 전략 대화 체제를 구축하였고 북핵 문제를 포함한 지역 핫이슈는 그 의제 중 하나이다.

어떻게 북한 핵문제를 해결하는가에서 EU는 한중 양국과 공감대가 있고 3자는 모두 고강도의 제재에만 의존해서는 북한이 핵실험 행위를 중단하게 할 수 없고 제재 외에 외교 방식을 통해 북한과 소통하고 한반도의 군사 충돌 발발을 피해야 할 필요가 있다고 생각한다.

EU는 미국과 적극적으로 조율과 협력을 진행한다. 북한은 구미 관계에 영향을 주는 중요한 의제가 아니며 구미의 북한 제재 정책 입장은 일치하고 독자 제재를 실시한다. EU는 주로 미국 트럼프 대통령이 군사 수단을 사용하여 북한을 타격하여 동북아 정세를 심지어 전 세계 안보 정세를 한층 악화할까 우려하고 있다. 그러므로 EU는 미국 국내 정치 집단에 유세를 하고, 미국 국내의 다른 입장을 통해 트럼프가 생각을 바꾸게 하여 북미 군사 충돌 확대를 방지하려 한다.

셋째, 우위를 점하고 있는 국제 여론 지지를 이용해 북한을 규탄하고 북한에 대해 국제적인 도의적 압박을 가한다. 비록 EU는 북한을 '악의 축 국가'로 묘사하는 것에 찬성하지 않지만 북한의 국제법 위반, 국제 조약 비준수, 인권침해 등을 비판하고 국제사회에서 북한의 '도의에 어긋나면 도와주는 사람이 적다'는 국가 이미지를 만들었다. EU와 회원국은 국제 여론 방향을 주도하는 실력을 보유하고 있다. 국제관계에서 행위자가 상호작용에서 획득하는 평가는 대개 미디어 전파를 채널로 하고 있으며, 국제 체계에서 파워가 강한 국가는 국제 여론을 주도하고 통제할 수 있다. 국제 여론 환경에서 핵심적인 요소는 도의이다. 글로벌 시대에 국가 안보는 도의 밖에서 성립될 수 없으며 국제 규범 수준의 도의를 준수하길 요구 받는다. 주권, 인권, 평등, 평화, 정의 등은 모두 반드시 존중하고 준수해야 하는 국제 규범으로 국제 도의의 범주에 속한다. 여론은 행위자의 이미지를 만들 수 있다. 국가 이미지는 한 국가의 자신에 대한 인지이자 국제 체계에서 기타 행위자의 그에 대한 인지의 결합이다. 국가 이미지는 다른 행위자의 태도를 결정하고 자신의 정책이 국제 체계에 의해 수용될 수 있는지 여부를 결정한다.

넷째, 인도주의적 원조를 제공하였다. 1995년부터 EU와 회원국은 북한에 식품, 농업 발전 능력 회복, 에너지 등 방면을 포함한 경제 원조를 하였다. EU 웹사이트 최신 정보에 따르면[7] 1995~2017년까지 EU는 북한에 총 합계 1,356억 유로의 인도주의적 구조금을 제공하였고 130여 개 프로젝트에 원조했으며 이 프로젝트들은 식품 공급, 의료 서비스, 청정 수자원과 위생 등 방면과 관련되어 있다. 2014년 북한 핵실험과 미사일 발사 실험이 부단히 증가한 이후였지만 EU는 계속해서 북한의 여름철 수재에 인도주의적 구조금을 제공했을 뿐 아니라 북한에 농촌의 단기적 수재와 가뭄에 대응하는 능력을 제고하도록 관련된 기초적 경제기술 지원을 제공했다. 2014~2015년까지 EU는 유엔식량농업기구(FAO) 계획을 실시했고 북한에 7.2억 유로를 제공하여 농업 화재 대응 능력 강화를 도왔고 자연 재해 리스크를 줄였다.

〈역자: 김성아〉

7 http://ec.europa.eu/echo/where/asia-and-pacific/north-korea_en, April 19, 2018.

[제3부]

동아시아 역사·영토 갈등과 협력

12. <포츠담 선언>의 탄생, 역사적 역할 그리고 선언을 둘러싼 이행 논쟁

13. 중일 역사 갈등의 주요 요인과 역사 화해의 가능성

14. '사과 문제'와 중일 관계 분석

15. 국제법의 관점에서 본 일본의 역사 인식과 과제

16. 역사민족주의와 동북아 '운명공동체' 구상

17. 동아시아 영토분쟁 중의 이익, 정책과 협력

18. 동아시아 영토 갈등과 지역협력 가능성

19. 중국의 동북아시아 공공외교: 이유와 실천 그리고 평가

12

〈포츠담 선언〉의 탄생, 역사적 역할 그리고 선언을 둘러싼 이행 논쟁

| 왕샤오푸(王少普) ▪ 상하이교통대학 교수 |

1. <포츠담 선언>의 탄생 배경

〈포츠담 선언〉은 1945년 탄생했지만, 기본 원칙은 1943년 전후에 형성되었다. 이는 2차 세계대전에 중요한 전환점이 나타난 시기였다. 독일군의 스탈린그라드 투항으로 히틀러는 소련을 이기기 위해 일본과 연계했고, 서부전선에서 영미 양국과 싸움에 주력했으며, 일본의 힘을 빌려 북부전선의 우려를 제거하고자 했다. 하지만 전력을 다한 서진남하(西進南下) 시도는 실패로 끝난다. 또한 소련·영국·미국의 테헤란 회담에서 유럽 제2전선 결성 관련 협정을 맺었다. 미군은 미드웨이해전 승리 이후 과달카날섬 전쟁에서 연이어 승리를 거두면서 태평양전쟁에서 반격을 시작했다. 중국의 전장(戰場)에서는 국민당 정부군이 제3차 장사(長沙)전에서 승리를 거두고, 중국에 동맹 통솔부가 설립된다. 루스벨트는 장개석을 동맹국 통솔부 최고통솔자로 임명하고 중국 내 미국 군대와 동남아시아 월남, 태국 군대의 대일작전을 지휘하도록 한다. 적의 후방(後方)에 있던 팔로군 총부는 허베이·산둥·허난(冀鲁豫)군구과 태행(太行)군구 등을 통일 지휘해 위남·임남전역(卫南, 林南)전투를 벌였고 일본을 향한 국부전(局部戰)의 서막을 올렸다. 파시스트 중심에 있던 국가들이 자발적으로 전략 위치를 조정하기 시작했다.

이와 같은 국부전에 대해, 11월 5일 일본은 위만주국 부의(溥儀)정부, 남경 왕정위(汪精衛) 친일정부 그리고 동남아 지역과 남아시아에 괴뢰정부를 세워 '대동아시아회의'에 참가시켰으며, "모든 형식의 민족차별을 종결한다"는 기만적인 '공동선언'을 발표한다. 그리고 동아시아에

'공동번영'이라는 새로운 질서를 구축하겠다고 떠들었다. 동아시아가 새로운 투쟁을 맞게 된 것이다.

상술한 배경 속에서, 1943년 11월 22~26일까지, 미국 루스벨트 대통령과 영국 처칠 수상 그리고 중화민국 국민정부 군사위원회 장개석 위원장은 카이로에서 〈카이로 선언〉을 발표하고 일본에 대한 협력 작전을 펼칠 것과 전후 일본의 침략 처리에 관한 기본원칙을 결정한다. 〈카이로 선언〉이 발표되기 전, 스탈린의 의견을 구했고, 스탈린은 〈카이로 선언〉과 전체 내용에 찬성했다.

12월 1일 중·미·영 3국은 충칭(重庆), 워싱턴, 런던 이 세 개 지역에서 동시에 〈카이로 선언〉을 발표한다.

- 3국의 군사 분야 담당자는 향후 대일작전 계획에 이미 합의했으며, 3국 연합국은 육해공 분야에서 잔인한 적군을 강력한 힘으로 압박할 것이며, 이와 같은 압박은 이미 확대 중이다.
- 3국 연합국은 이번 전쟁의 목적은 바로 일본의 침략을 저지하고 징벌하기 위함에 있으며, 3국은 결코 자국만의 이익을 도모하지 않고 영토 확장의 뜻을 갖지 않는다.
- 3국의 목적은 바로 1914년 1차 세계대전 발발 후 일본이 태평양 지역에서 빼앗거나 점령한 일체의 도서를 돌려받는 것이다. 예를 들어, 일본이 약탈한 동북3성, 타이완, 펑후군도 등을 중화민국에 돌려준다. 그리고 일본이 무력 혹은 탐욕으로 빼앗은 땅에서 일본을 축출한다. 3국 연합국은 조선인이 겪은 노예와 같은 대우를 알고 있으며, 조선이 일정 기간 안에 자유와 독립을 하도록 할 것이다.

위에서 확정한 목표는 대일전쟁에 참여한 다른 연합국의 목표와도 일치하는 것이며, 3국 연합국은 이 중대하고 오랜 전쟁을 인내를 갖고 버티다 결국 일본의 무조건 투항을 얻어냈다.[1]

〈카이로 선언〉에서는 대일작전의 목적을 명확히 하고, 연합국의 대일작전 협력을 공고히 하며, 대일전쟁에서 승리하고자 하는 아시아 태평양 주민들의 결심을 확인하고 있다.

1944년 미군은 태평양 반격으로 일본의 '절대 국방권'의 중심인 사이판과 괌 등을 연이어 미군 손 안에 넣었다. 레이테섬 전쟁에서는 일본 연합함대의 주력군을 섬멸하였으며, 일본과 남부전선의 연락을 차단했다. 미국의 B29폭격기는 마리아나 지구에서 비행을 시작해 일본 본토를 폭격했다.

유럽전선에서 6~7월까지, 연합군은 노르망디 상륙전을 시작으로 36개 사단을 움직여 독일군 40개 사단을 소멸시키거나 치명적인 타격을 주었다. 잉글랜드 해협을 가로질러 유럽 대륙으로 돌아오는 유럽전선의 전략 태세가 근본적인 변화를 겪게 된다.

그러나 일본군은 여전히 미친듯이 저항하고 있었으며, 태평양 섬 전쟁에서 미군은 막대한 대가를 치르게 된다. 1944년 일본군은 약 51만의 병력을 동원하여 중국 남북을 관통하는 대규모 전쟁을 일으켰고, 광서(廣西) 계림지역의 미공군 기지를 섬멸하려 했다. 또한 미군이 기지를 이용해 일본 본토를 공습하지 못하도록 저지하고, 중국 남북 종단과 동

1 바이두백과(百度百科), "카이로 선언(세계 반(反)파시스트 전쟁시기 중미영의 발표선언(世界反法西斯战争时期中美英发表宣言)" 인용.

남아시아를 연결한 육상 교통망을 만들고자 했다. 그리고 충칭 국민정부의 항전을 동요시키고자 했다.

이와 같은 배경 속에서 미군은 "동경으로 향하는 길은 여전히 힘들고 길다. 독일을 무너뜨리는 것이 대일전쟁의 종결을 의미하지 않는다. 반대로 미국은 태평양에서 장기간의 매우 힘든 대가를 치르는 전쟁을 준비해야만 한다"라고 인식하고 있었다.[2] 1945년 1월 23일, 미군 참모장 연석회의 의장은 루스벨트에게 "소련의 대일전쟁 참여는 미국의 이익에 절대적으로 필요하다"라고 건의한다.[3] 이에 소련과 미국은 비밀회담을 진행하고, 소련은 유럽전선의 전쟁이 끝난 뒤 2~3개월 안에 대일작전에 참가하기로 약속한다. 2월 4일 루스벨트, 처칠, 스탈린은 얄타회의를 개최한다.

1945년 5월 8일, 파시스트 독일의 무조건 투항으로 유럽전선의 전쟁은 끝났다. 세계는 반(反)파시스트 전쟁이 막바지 단계에 접어들었고, 아시아 각 전장에서 연합군의 대일본군 반격이 있었다. 7월 17일, 미·소·영 3국 정상은 베를린 근교 포츠담에서 회의를 개최한다. 7월 26일 중·미·영 3국은 〈포츠담 선언〉을 발표해 일본에 즉각적이고 무조건적 투항을 요구한다. 중국은 이 회의에 참석하지 않았지만, 선언 발표 전 장개석의 동의를 얻었다.

다음은 〈포츠담 선언〉 내용이다.

2 세계지식출판사 편집시리즈, 『第二次世界大战参考文献』, 세계지식출판사, 1955년.

3 존 톨랜드(John Toland), 郭伟强 역, 『일본제국의 쇠망(日本帝国的衰亡) 下』, 新星出版社, 2008년, 703쪽.

1. 우리 미국 대통령, 중화민국 정부 주석 및 영국 수상은 우리들의 수억 국민을 대표하여 협의한 결과, 일본에 이번 전쟁을 끝낼 기회를 줘야 한다는 데 합의했다.
2. 미·영·중의 거대한 육해공군은 서부에서 여러 차례에 걸쳐 지상군과 공군 전력을 증강해 왔고, 일본을 향한 최후의 일격을 가할 태세를 마쳤다. 이 군사력은 일본이 저항을 멈출 때까지 전쟁을 수행할 연합국의 투지에 의해 유지되고 또 고무되었다.
3. 전 세계 자유인들의 힘에 대한 독일의 무의미하고 헛된 저항의 결과는 일본 국민에게 본보기가 된다. 이제 일본에 집중되는 그 힘은 저항하는 나치에 가했을 때, 어쩔 수 없이 모든 독일 국민의 산업과 삶의 터전인 땅들을 초토화시켰을 때보다도 가늠할 수 없을 만큼 강력하다. 우리의 결의가 지지하는 우리의 모든 군사력의 적용은 일본군의 완벽하고 필연적인 전멸과 그에 따라 어쩔 수 없는 일본인 고향의 철저한 파멸을 의미할 것이다.
4. 일본이 일본제국을 절멸의 문턱까지 끌고 간 군국주의 조언자들에게 계속 지배당할 것인지, 아니면 이성적인 길을 갈 것인지 결정할 시간이 도래하였다.
5. 아래는 우리의 요구 조건이다. 우리는 이 요구 조건에서 벗어나지 않을 것이다. 다른 대안은 없다. 우리는 어떤 지연도 용납하지 않을 것이다.
6. 일본 국민을 기만하고 호도해 세계 정복에 착수시킨 세력들은 반드시 제거해야 한다. 우리는 새로운 평화의 질서, 안전과 정의는 무책임한 군국주의를 지구상에서 몰아내지 않고는 불가능하다고 주

장하는 바이다.

7. 이러한 새로운 질서가 확립될 때까지, 그리고 일본이 전쟁을 일으킬 만한 힘이 남아 있지 않다는 설득력 있는 증거가 생길 때까지, 우리가 주장한 필수 목표를 확실하게 달성하기 위해 연합군은 일본 내 특정 지점들을 지정하고 점령할 것이다.

8. 〈카이로 선언〉의 요구 조건들이 이행될 것이며, 일본의 주권은 혼슈와 홋카이도, 큐슈, 시코쿠, 그리고 우리가 결정하는 부속도서로 제한될 것이다.

9. 일본군은 완전히 무장 해제한 후, 평화롭고 생산적인 삶을 살 수 있도록 집으로 돌아갈 수 있다.

10. 우리는 일본 민족이 노예가 되거나 일본이 멸망하기를 바라지 않는다. 그러나 우리의 포로들, 학대한 자들을 포함한 모든 전범은 엄격하게 재판받을 것이다. 일본 정부는 일본 국민들의 민주주의적 성향 부활과 강화를 가로막는 모든 장애물을 제거해야 한다. 기본적인 인권을 존중하는 것뿐 아니라 언론, 종교 그리고 사상의 자유가 확립되어야 한다.

11. 일본이 그 경제를 지탱하고 공정한 실물 배상을 할 수 있도록 하는 산업은 유지하도록 허락될 것이다. 다만 일본이 전쟁을 위한 재군비를 할 수 있도록 하는 산업은 이에 포함되지 않는다. 그 목적을 위한 원료의 입수(그 지배와는 별도)는 허가될 것이다. 일본이 장차 세계 무역 관계에 참가하는 것은 허용될 것이다.

12. 위의 목표를 완수하고 일본 국민들의 자유 의지에 따라 평화를 지향하는 책임 있는 정부가 수립되는 즉시 연합군은 일본에서 철수

할 것이다.

13. 우리는 일본 정부가 이제 무장한 일본 군대의 무조건 항복을 선언하고, 그 행동에 대한 일본 정부의 적절하고 성의 있는 보장 제공을 요구한다. 이외의 선택을 한다면, 일본은 신속하고도 완전한 괴멸이 있을 뿐이다.[4]

2. <포츠담 선언>의 역사적 역할

〈포츠담 선언〉의 '대일본 작전에서 일본의 저항이 끝날 때까지 중단하지 않는다'는 내용은 연합군의 대일본 전쟁이 끝까지 계속되어야 하며 승리하지 않으면 군대를 철수하지 않겠다는 결연한 의지를 밝히고 있다.

선언이 발표된 다음 날, 일본의 스즈키 간타로 수상 내각은 〈포츠담 선언〉 수용 여부에 대한 회의를 진행한다. 7월 28일 오후, 일본 스즈키 간타로 수상은 성명을 통해, 일본은 "정부는 선언이 어떤 중대한 가치가 있다고 생각하지 않으며 이를 무시한다. 오등(吾等)은 전쟁을 끝까지 진행한다는 것만 맹세한다"고 발표했다.[5] 〈포츠담 선언〉을 확실하게 거부하고, 소련이 나서서 일본과 연합국 간에 조정자 역할을 해 주기를 요

4 바이두백과(百度百科), "포츠담 선언" 인용.

5 服部卓四郎, 『大东亚战争全史』, (日)原书房, 1965년, 920쪽.

청했다. 이와 같은 상황 속에서, 〈포츠담 선언〉 체결국들은 '대일 작전에 대해 일본의 저항이 끝날 때까지 중단하지 않는다'는 결정을 이행했다.

8월 6일과 9일, 미국은 일본 히로시마와 나가사키에 원자탄을 투하했다. 8월 8일, 소련의 외교관 몰로토프는 주소련 일본대사를 접견해 소련이 〈포츠담 선언〉에 가입한다는 것을 알린다. 가입 통지서에 따르면, "히틀러의 독일이 투항한 뒤 일본은 계속 전쟁을 진행하는 유일한 대국이다", "일본이 투항을 거절했다는 점을 고려해, 연합국은 이미 소련 정부와 접촉하고 있으며, 대일본 작전에 참여할 것을 제안했다. 전쟁 시간과 사상자를 줄여서 하루빨리 평화 회복에 공헌하겠다. 연합국인 소련 정부는 이 의무를 준수하며 동맹국의 제안을 받아들여 7월 26일 동맹에 가입하는 선언을 한다".[6] 8월 9일, 소련은 중국 동북과 조선 북부지역에 출병을 하고 일본 관동군에 대한 맹렬한 공세를 실시했다.

같은 날, 중국 공산당의 마오쩌둥 주석은 〈일본 침략자에게 보내는 최후의 일전(一戰)〉을 발표하여 "대일본 전쟁은 이미 막바지에 접어들었다. 결국 일본 침략자와 모든 매국노와의 싸움에서 승리할 시간이 다 가왔다", "중국 인민은 항일을 위한 모든 힘을 전국적 규모로 모아 반격에 집중한다"[7]라고 하였다.

〈포츠담 선언〉 체결국의 강력한 결의를 보며 일본 천황은 할 수 없이 다음과 같이 표명한다. "세계 현황과 국내 상황을 충분히 연구했다. 최종적으로 일본이 계속해서 전쟁을 벌이는 것은 힘에 부치는 일이라고

6 위의 책 『일본제국의 쇠망(日本帝国的衰亡)下』, 882쪽.

7 『毛泽东选集』(一卷本), 인민출판사, 1964년 4월, 1119쪽.

생각한다."[8] 1945년 8월 14일, 일본 천황은 의회에 〈포츠담 선언〉 수용을 알리고 투항 조서를 발표한다.

〈포츠담 선언〉은 동경 국제군사법정과 해당 법정 헌장의 중요한 법률 근거가 되었으며, 일본의 침략 행위에 대해 정의로운 재판을 하는 지침이 되었다.

〈포츠담 선언〉에서는 다음 내용을 명확히 하고 있다. "일본 국민을 기만하고 오도해 세계를 정복하려 한 권력자들과 그 세력은 반드시 제거해야 한다", "자신을 학대하는 포로를 포함한 전쟁범죄자에 대해 법률로써 판결한다".

일본은 〈포츠담 선언〉 수용을 발표한 뒤, 1945년 9월 2일 일본 외상 시게미쓰 마모루가 일본 천황과 정부를 대표해 항복서에 서명한다. 미·소·영 3국은 같은 해 12월 16일부터 26일까지 모스크바 3상 회의를 개최하고, 이 회의에서 중국의 동의를 거쳐 "연합국의 일본통제위원회"를 설립하기로 한다. 〈포츠담 선언〉과 일본의 항복서 그리고 상술한 미·소·영 외무장관은 모스크바 회의에서 1946년 1월 19일 연합군 최고통솔자인 맥아더의 〈동경 국제군사법정헌장〉 발표를 결정한다. 때문에 동경 국제군사법정 설립 시, "본 법정은 1943년 12월 1일 〈카이로 선언〉, 1945년 7월 26일 〈포츠담 선언〉, 1945년 9월 2일 항복서 그리고 1945년 12월 26일 모스크바 3상 회의를 따르며, 위의 합의 내용에 따라 판결을 진행한다"라고 명확히 밝혔다.[9]

8 升味准之辅, 『日本政治史』, 第三册, 1997년, 商务印书馆, 819쪽.

9 张效林 역, 『远东国际军事法庭判决书』, 50年代出版社, 1953년, 1쪽.

〈포츠담 선언〉 등 중요 결정에 따라 설립한 동경 국제군사법정은 그 규모가 뉘른베르크 국제군사재판을 넘어서 인류역사상 최대의 재판이라고 불렸다. 이 재판에는 중국, 소련, 미국, 영국, 프랑스, 네덜란드, 캐나다, 호주, 뉴질랜드, 인도, 필리핀 등 11개 국가가 참여했다. 1946년 5월 3일 재판이 시작해 1948년 11월 12일 끝났다. 이 년 반 정도의 시간이 걸린 것이다. 개정 횟수 818회, 법정 심문기록 48,000여 페이지, 재판 증인 419명, 서명 증인 779명, 증거 수락 건수 4,300여 건, 판결문은 총 1,213페이지에 달했다.[10]

동경 국제군사법정에는 총 28명의 피고가 재판을 받았고, 이 가운데 A급 전범 7명이 전쟁범죄와 반(反)인도범죄로 교수형 판결을 받았으며, 1948년 12월 23일 일본 이케부쿠로 스가모 구치소에서 집행되었다.

동경 국제군사법정 재판은 2차 세계대전 후 반(反)파시스트 연합국이 〈포츠담 선언〉 등에 따라 일본 전범에 실시한 정의의 재판으로 매우 중요한 의의를 갖는다. 이 재판은 인류역사상 최대 기획이었으며, 국제사회가 정글의 법칙을 뛰어넘는다는 중요한 발전을 거둔 것이다. 또한 진보된 법률관과 정확한 사실을 근거로 일본 군국주의자에게 역사적인 모욕의 심판을 내렸고, 일본 군국주의 세력에 강력한 타격을 가하는 판결을 집행해, 일본 군국주의의 부활을 방지하는 중요한 역할을 했다.

동경 국제군사법정 헌장 규정에 따라, 법정에서는 개인 신분 혹은 조직구성원 신분으로 평화를 파괴하는 극동 전쟁범죄를 저지른 각종 죄행에 대해 고발하여 재판을 통해 징벌할 수 있다. 다음과 같은 행위에

10 张效林 역, 『远东国际军事法庭判决书』, 50年代出版社, 1953년, 2쪽.

해당되는 내용이 있을 경우 모두 범죄로 간주하며, 법정은 관할권을 갖고 범죄자 개인은 단독 책임을 져야만 한다.

(갑) 평화 파괴죄는 전쟁선포나 예고하지 않은 침략전쟁을 계획, 준비, 발발, 추진하거나 혹은 국제법과 조약, 협정을 위반 혹은 전쟁을 뒷받침하는 행위 혹은 상술한 모든 죄행에 참여한 공동계획 혹은 음모를 말한다.

(을) 보통 전쟁범죄는 전쟁법규나 전쟁관례를 위반한 범죄행위를 말한다.

(병) 인도주의 위반죄는 전쟁 발생 전 혹은 전쟁 중 평화롭게 사는 모든 사람들을 살해, 멸족, 노예화, 강제 이주시키는 등 기타 비인도적인 행위, 혹은 정치적으로나 민족을 이유로 본 법정 관할지 내에서 벌어진 모든 파괴적인 행위를 말하며, 이 행위가 해당 국가의 국내법을 위반하는지는 문제 삼지 않는다. 상술한 모든 죄행에 참여하거나 공동계획 혹은 음모에 가담한 지도자, 조직자, 교사자 그리고 공모자는 이와 같은 계획을 실현하거나 시행한 모든 행위에 대해 반드시 책임을 져야 한다.

상술한 세 가지 죄명의 (갑)과 (병) 두 가지 내용은 1907년 10월 8일 '헤이그 평화공약(헤이그 제3차 공약)' 등 조약을 기초로 발전시킨 것이다. 뉘른베르크 국제군사재판의 판결에 근거하여, '평화 파괴범죄' 역시 침략 전쟁죄에 해당된다. "국제적 범죄일 뿐 아니라 최대 국제 범죄로 보는 것이다. 이는 기타 범죄와 다르게 구별해야 하며, 모든 죄악을 축적하고 있을 뿐이다" 하지만 "헤이그 평화공약"(제3조)에서 "사전경고가 없는 상황 속에서 적대행위를 하지 않는 것은 매우 중요하다", "전쟁 상황 속에서 망설임 없이 각 중립국에 통지하는 것은 매우 중요하다"라고만 할 뿐 전쟁의 성격에 대해 규정짓지 않고 있다. 때문에 '평화 파괴범죄' 역시 침략 전쟁죄로 규정하는 정의(正義)적 성격이 훨씬 강하다.

'평화 파괴죄'가 침략전쟁이라는 규정에 따라, 동경재판은 침략전쟁을 발발했거나 추진한 것을 범죄로 명확히 하였으며, 침략전쟁을 계획하고 준비하는 것 역시 범죄로 확정했다. 또한 침략전쟁에서 개인은 그것에 응당하는 책임을 져야 한다는 원칙을 마련하여 전범이 '전쟁 속국에 책임을 지고, 개인은 책임을 지지 않는다'는 원칙을 이용해 비호 받거나 법률적 책임을 피하기 어렵도록 했다. 이는 일본 군국주의자의 죄행을 징벌하는 데에도 도움이 될 뿐 아니라 향후 등장할 침략자에 대한 강력한 경고이기도 하다.

뉘른베르크 국제 군사재판의 판결에 따라 '반인도적 범죄'의 의미에는 '전쟁 전(前) 혹은 전시에 저지른 살인, 멸살, 추방 그리고 기타 비인도적 행위 혹은 정치나 인종을 이유로 파괴한 행위'를 포함한다. 이와 같은 무고한 사람을 대상으로 한 범죄가 전쟁죄행과 관련된다면 '국제법 범위 안에서 처벌할 수 있다' 이는 1899년 헤이그 제2조와 1907년 헤이그 제4조 부록 그리고 전쟁법 위반규정 및 관련죄(육지전쟁의 헤이그 공약과 전쟁포로 대우에 관한 제네바 공약)에 포함되지 않았던 범죄로 모두 정의로운 재판에 해당된다.

〈포츠담 선언〉은 〈카이로 선언〉에서 규정한 전후 일본처리에 관한 기본원칙을 계승 발전시킨 것으로, 이는 전후 일본의 처리문제에 법률적 기반이 되었다.

앞에서 말한 것처럼, 〈카이로 선언〉은 연합국이 일본과 벌인 전쟁의 목적과 취지를 명확히 한 것이며, 〈포츠담 선언〉은 이 기본원칙을 계승 발전시킨 것으로 전후 일본 처리에 관한 법률적 기초를 닦은 것이다.

〈카이로 선언〉과 〈포츠담 선언〉에 따라, 연합국은 일본이 침략 점령한 중국 영토를 중국에 돌려주기로 했다.

1945년 8월 12일, 투르먼은 맥아더를 주일(駐日)연합군 최고사령으로 임명하고 "투항 일을 시작으로 통치 국가의 천황과 일본 정부의 권한은 즉각 최고사령관에게 귀속된다. 투항 조항을 완성하기 위해서 최고사령관은 적절한 조치를 취할 수 있다"라는 임명장을 발표한다.[11]

8월 14일, 소련 정부와 중화민국 정부는 〈중소우호동맹조약〉을 체결하고, 소련 정부는 중국 동북3성의 완전한 주권과 영토 보전을 존중하겠다고 밝힌다.

8월 17일, 맥아더 최고사령관은 UN연합군 최고통솔 제1호 명령을 통해 "중화민국(동북3성 제외)의 타이완과 월남 북위 16도 이북지역 내 일본 전체 육해공군과 후방부대는 중국 전구(戰區)를 통솔하는 장개석 위원에게 투항해야 한다"고 규정한다.

8월 27일, 장개석은 천의(陈仪)를 타이완성(省)의 행정장관 겸 타이완 경비총사령으로 임명한다.

10월 25일, 천의(陈仪)는 일본의 타이완 총독 겸 일본군 제10군 사령관 안도 리키치에게 제1호 명령을 하달한다. 사령관은 명령에 따라 "타

11 信夫清三郎, 『日本外交史』下, 商务印书馆, 1992년 3월, 715쪽.

이완, 펑후열도 지역의 일본의 육해공군 그리고 후방부대의 항복을 받아들이며, 타이완, 펑후열도 영토와 주민, 통치권한, 군정시설과 자산을 수용한다" 안도 리키치는 이 명령서에 수용 서명을 하면서, 본 명령서와 이후의 명령, 규정 혹은 지시에 대해, 본 사령관과 소속부대 그리고 대표 부대의 모든 관병은 완전히 책임지고 집행하겠다고 밝혔다. 천의는 이에 따라 "오늘부터 타이완과 펑후열도는 이미 공식적으로 중국의 지도에 포함되며 일제의 토지와 주민, 정사(政事) 모두 중화민국 정부의 주권에 속한다"고 밝힌다.[12]

미국은 연합군 명의로 일본을 점령하던 초기 〈카이로 선언〉과 〈포츠담 선언〉에서 규정한 원칙을 모두 준수했다. 미국은 우선 〈투항 후 초기 미국의 대일본 방침〉, 〈투항 후 초기 연합국 최고사령관의 점령 및 관리에 관한 대일본 기본지령〉을 발표하고, 일본점령의 기본목표를 다음과 같이 밝힌다. "일본이 미국 혹은 세계평화와 안전을 다시는 위협하지 않도록 한다", "다른 나라를 존중하는 권리를 최종 수립하고, UN 헌장의 이상과 원칙 중 미국의 목표와 평화를 책임지는 정부라는 점을 지지 반영한다"[13]

미국은 주일(駐日) 연합군 최고사령부를 통해, 대대적으로 일본을 개조하기 시작한다.

첫째, 전범 체포와 재판. 맥아더가 일본 도착 후 셋째 날 40여 명의 전범 협의자들을 체포한다. 그리고 동경 국제군사법정을 설립해 일본

12 自秦风,『岁月台湾』, 广西师范大学出版社, 2012년 7월.

13 바이두백과(百度百科), "일본전후개혁" 인용.

A급 전범 28명에 대한 공개 재판을 진행해 도조 히데키 등 7명을 교수형에 처하고, 16명은 무기징역, 2명을 유기징역으로 처벌했으며, 사망자의 유해를 비행기에 실어 태평양으로 날려 버렸다.

둘째, 일본 군대 해산. 투항 일까지 일본의 총 병력은 693만여 명에 달했으며, 이 중 약 절반 이상이 일본 본토에 남아 있었다. 연합군 최고사령부는 일본의 기존 육군부와 해군부를 해산해 군사위원국으로 통합하고, 구(舊)일본군대 해체 분산 작업을 완료했으며, 대량의 일본 군사 장비를 불태운다.

셋째, 군국주의자 숙청과 조직 청산. 1946년 1월 4일 연합군 최고사령부는 일본 정부에 '청산계획'을 제안하며, 전범과 직업군인 그리고 육해군부의 특별경찰과 관리 등 7개 분류로 나눠 파면과 청산을 실시한다. 공직에서 이들을 파면하고, 의원 경선 자격을 박탈해 정치 진출의 싹을 제거했다. 1,300여 명에 이르는 정치적 혹은 반정치적 조직을 해산했고, 20만 명을 숙청했다.

넷째, 정치개혁. 1945년 10월 4일 연합군 최고사령부는 "민권자유에 관한 지령"을 발표하고, 일본 정부에 5가지 개혁을 요구한다. 그 내용은 공민권 부여와 부녀해방, 노조설립, 개방적인 학교 교육 실시, 사상과 언론의 자유, 종교신앙의 자유 유지, 경제기구의 민주화다.

다섯째, 헌법 수정. 연합군 최고사령부는 일본 정부에 헌법 개정을 요구한다. 개정 기본원칙은 세 가지로 다음과 같다. ① 천황은 헌법에 따라 국민의 기본의지 구현을 위한 직권을 행사한다. ② 일본은 군대와 교전권을 갖지 않는다. 전쟁 발동을 포기하고, 전쟁을 분쟁 해결의 수단으로 삼는 것을 포기한다. ③ 일본의 봉권 제도를 폐기한다. 이렇게 완성된 일본 헌법 초안은 민주적이고 평화로운 특징을 갖게 되었다. 1946년 11월 3일, 신헌법이 공식 발표되고 다음 해 5월 3일 시행된다.

여섯째, 이데올로기와 교육 분야개혁. 1945년 12월 15일, 연합군 최고사령부 일본 정부가 국가 차원에서 신도(神道) 보호와 지원 자금을 제공하는 것에 대해 금지 명령을 내린다. 다음 해 1월 1일, 일본의 쇼와 천황은 '범인선언(凡人宣言)'을 할 수 없이 발표하고, 자신은 신이 아님을 인정한다. 교육 분야에서도 미국은 민주사상을 지도하는 새로운 교육을 시행하도록 요구했다.

일곱째, 재벌 해체와 농지개혁. 일본 재벌의 대부분은 메이지유신 시기 식산부흥정책으로 생겨나 일본 통치세력과 매우 밀접한 관계를 맺고 있었다. 전후 연합군 최고사령부는 '재벌 해체'를 일본 경제의 비(非)군사화와 민주화의 중요한 조치로 간주하고 〈독점법 금지〉 등을 발표하는 등 독점적 재벌의 부활 방지 등에 일정한 역할을 한다.

일본은 메이지유신 이후, 영주토지소유권을 지주토지소유제로 전환하여, 일본 군사봉건 제국주의의 중요한 기반을 만들었고, 농업발전을 심각하게 제약했으며 전후 일본의 식량난을 가중시켰다. 연합군 최고사령부의 개혁으로 일본 정부는 두 차례에 걸쳐 〈농지개혁법〉을 발표하고, 지주토지소유제를 폐지하였으며, 전후 일본경제 성장과 민주개혁에 중요한 기반을 만들었다.

3. 전후 <포츠담 선언> 이행을 둘러싼 분쟁

〈카이로 선언〉과 〈포츠담 선언〉의 정신과 원칙에 따라, 전후 연합국은 일본 전범재판과 전후 일본 점령 그리고 개조에서 중요한 성과를 거둔다. 하지만 냉전의 움직임과 시작 등 복잡한 상황 때문에 〈포츠담 선언〉을 이행하는 데 심각한 이견과 분쟁이 일어났으며 일부는 심지어 지금까지도 진행 중이다.

이와 같은 상황은 먼저 대일본 전쟁범죄에 대한 재판 그리고 군국주의자들에 대한 처벌이 제대로 이루어지지 않았기 때문이다.

731부대 처리 문제가 대표적인 사례이다. 731부대는 전시 중국 하얼빈에 주둔한 일본부대가 세균전 연구를 진행해 악명이 높았던 부대다. 731부대의 군의관 카와시마 키요시(川島清) 소장은 매년 731부대 감옥에 400~600명이 실험재료로 끌려왔으며, 실험으로 인해 죽은 사람은 매년 최소 600명에 달했고, 보수적인 통계로도 6년(1939~1945년까지) 동안 최소 3,000명에 이른다고 밝혔다.

전 일본민주의료기관 연합회의 명예회장 아자미 쇼조(莇昭三)는 731부대에서 인체실험 등 의학 범죄를 벌인 것은 한 사람의 생각으로 추진된 것이 아니라 당시 육군 참모본부와 육군성 의무국 등의 비준을 받아 방대한 자금을 투입해 실행한 거국적인 범죄 행위라고 밝혔다. 이시이 시로(石井四郎) 등 군의관 외에도 육군 의사 신분의 연구원들은 부대의 각 분야에서 연구를 맡았던 책임자였다. 이들은 교토제국대학의 의학부와 도쿄제국대학의 의학부, 게이오 기주쿠대학 의학부, 가나자와 의

학대학(현재 가나자와대학 의학부) 등 세균학과 교사와 병리학교 교사 출신의 유명 학자들이었다. 전후 731부대와 관련된 군의관 및 의학자들에게는 전범 책임을 묻지 않았으며, 오히려 대부분이 대학 교수가 되었고 전후 의학계에서 중요한 위치에 올랐다. 의사의 전쟁범죄는 지금까지도 책임추궁을 하지 않고 있다.

위와 같은 상황이 발생한 것은, 1947년 1월 24일 미국 국방부 연합참모가 발표한 'WX95147'호 훈령 때문이었다. 이 훈령에 따라 주일(駐日) 미군연합군 최고사령부 사령관 맥아더는 731부대의 비밀을 확보하고 유지하도록 했다. 맥아더는 일본의 세균전 부대 관계자들의 전범죄를 면제하고 731부대의 세균전 연구 자료를 확보한다.

일본 다큐멘터리 작가 아오키 도미코(青木富贵子)는 "미국은 일찍이 전시에 일본의 세균전 연구를 이미 알고 있었고, 독점적으로 희귀한 세균전 연구 자료와 살아 있는 표본을 갖고자 이를 공개하지 않고 있다. 전후에 일본 세균전범과 죄행에 대한 비호와 은폐가 있었기 때문에, 엄격한 처벌을 받아야 했던 전쟁 죄인이 기적적으로 전쟁재판을 피할 수 있었다"[14]고 밝혔다.

또한 미국이 냉전으로 전략 방향을 틀면서 맥아더는 '전범 석방'의 지령을 내리고, 전범 용의자들 가운데 심지어 A급 전범 용의자의 경우 석방되거나 감형을 받은 뒤 각종 '공직 박탈' 법령을 취소한다. 이에 일부 전범 용의자들과 숙청 대상이었던 이들이 다시 공직에 나설 수 있게 되었다.

14 青木富贵子, 凌凌역, 『731——石井四郎及细菌战部队揭秘』, 上海译文出版社, 2010년 12월.

예를 들어 기시 노부스케(岸信介)의 경우 1936년 위만주 정부 실업부 총무사 사장, 산업부 차장, 총무청 차장 등 직위를 지냈고, 위만주국의 대표적인 5대 인물이었다. 그는 1939년 일본으로 돌아와 아베 노부유키 내각, 요나이 미쓰마사 내각, 고노에 후미마로 내각 등에서 상공성 정부차관을 지냈다. 1942년 4월 '대정익찬회(大政翼赞会)'의 지지 속에서 최초로 중의원에 당선된다. 그리고 같은 해 10월 도죠 히데키 내각에서 상공대신, 1943년 도죠 히데키 내각 국무대신 겸 군수성 차관까지 역임한다. 일본 항복 후, A급 전범 용의자로 분류되어 감옥에 들어가지만 1948년 석방되고, 1952년 공직 추방령이 해제되자 정치 일선으로 복귀해 '일본재건연맹'이라는 정당을 창당하고 1957년 일본 수상에 오른다.

미국은 〈카이로 선언〉과 〈포츠담 선언〉을 위반하고 대일작전에서 가장 큰 희생과 공헌을 한 중국을 배제했으며, 일본과 〈샌프란시스코 조약〉을 체결해 일방적인 대일 강화를 실시한다.

전쟁 후 얼마 지나지 않아 미국은 소련을 배제하기 시작하며 일본에 대한 일방적인 강화(講和)를 실시한다. 1947년 3월 17일, 맥아더는 '일본과 강화의 시간이 다가왔다'고 선포하고, 소련의 참가 여부와 상관없이, 일본과의 강화를 진행한다. 소련 정부는 이와 같은 미국의 시도를 반대하며, 대일본 강화 회의를 개최하는 것은 〈포츠담 선언〉 등 국제협약을 위반하는 것이라고 주장한다. 일본 공산당은 대중동원을 일으켜 일방적인 강화조약 체결에 반대한다.

1950년 6월, 조선 전쟁이 발발하고 미국 정부는 일본을 전쟁 체제로 편입시켜 일본에 대한 일방적인 강화조약 체결을 서두른다. 조선 전쟁이 발발한 6월 투르먼은 미국 국무부 대표단을 이끌고 일본을 방문해 일본 수상 요시다 시게루와 대일 강화조약을 체결하여 미군의 지속적인 일본 주둔, 미국을 위한 군사기지 제공 등에 합의한다. 1951년 3월 23일, 미국은 극동위원회 회원국에 일본에 관한 평화조약 '임시초안'을 제출하고, 8월 15일 공식적으로 미영 양국의 〈대일평화초안 정본(定本)〉을 발표한다. 9월 8일 미국은 소련 등의 반대에도 불구하고 일부 국가를 모아 중국을 배제한 채 미국 샌프란시스코에서 일본과 〈샌프란시스코조약〉을 체결한다.

〈샌프란시스코조약〉은 국제협정을 위반한 것이며 중국 등 국가의 주권을 침범하고 미국의 냉전 전략의 필요로 체결한 것이다.

〈카이로 선언〉에서는 일본이 빼앗은 동북3성과 타이완, 펑후군도 등과 같은 중국 영토를 중국에 반환할 것을 규정했다. 〈포츠담 선언〉에서는 〈카이로 선언〉의 조건을 반드시 시행할 것을 규정하고 있다. 하지만 〈샌프란시스코조약〉은 타이완과 펑후군도의 소유권, 보물과 청구권에 대해 일본이 포기한다는 것만을 규정하고 있으며, 오히려 타이완과 펑후열도 그리고 남사 군도와 서사 군도를 중국으로 반환한다는 것은 언급하지 않았다. '두 개의 중국', '하나의 중국 하나의 타이완', '타이완의 지위는 미정(未定)' 등 음모를 만드는 법률적 근거 제작을 시도한 것이다.

〈샌프란시스코조약〉 체결 후, 미국은 일본이 타이완 당국과 평화조약을 체결하지 않으면 〈샌프란시스코조약〉이 미국 국회의 비준을 받을 수 없게 되자, 타이완 당국 간의 조약협정을 체결해 '외교관계'를 수립하도록 일본에 강요했다.

일본을 아시아 내 미국의 전진기지로 만들기 위해 〈샌프란스시코 조약〉에서는 다음 내용을 규정하고 있다. 일본은 미국이 북위29도 이남의 서남군도(오키나와군도와 다이토제도), 소후암 남쪽의 섬들(오가사와라 군도의 서쪽과 화산군도) 그리고 오키노토리섬, 미나미토리섬 등지를 UN의 신탁통치제도에 포함시키자는 제안에 찬성한다. 이 제안이 통과되기 전, 미국은 앞에서 언급한 지역과 지역 주민 그리고 해당 해역의 행정, 입법, 사법 권리를 확보해야 했다.

배상 문제에 있어서 〈샌프란시스코조약〉에서는 원칙적으로 일본에 대한 전쟁배상을 규정하고 있지만, 구체적인 배상 금액에 대해 회피하고 있어 일본이 우회할 수 있는 여지를 주었으며, 이는 수많은 피해국의 이익을 침해한 것이다.

〈샌프란시스코조약〉 체결은 표면적으로 법률상 일본의 피점령 상태를 해제하고 있지만, 일본은 독립을 얻지 못했을 뿐 아니라 미국의 지배 속에서 미국이라는 전차(戰車) 즉 동맹에 묶이게 되었고, 동아시아는 미·일·중 삼국이 소·중·북 삼국과 냉전 대결구도를 형성하게 되었다.

중국은 미일의 일방적인 강화를 결사반대했다. 1951년 8월 15일, 중국 국무원 총리와 외무부장을 겸직한 저우언라이는 성명을 통해, 미국의 일방적인 대일 강화 시도를 강력하게 비난했다. 1951년 9월 18일, 저우언라이 중화인민공화국 중앙인민정부 대표단은 다시 한번 "샌프란시스코조약은 중화인민공화국의 참여 준비 그리고 체결이 없었기 때문에, 중앙인민정부는 불법, 무효라고 생각하며, 절대로 인정할 수 없다"고 밝혔다.

일본 정부는 〈카이로 선언〉과 〈포츠담 선언〉 규정을 무시하며 센카쿠열도(중국명: 조어도) 강점을 시도한다. 일본은 메이지유신 이후 대외 침략확장을 가속화했다. 1879년 일본은 유구를 강제합병하고 오키나와현으로 이름을 바꾼다. 얼마 지나지 않아 일본은 조어도를 침략하고, 중일전쟁 기간 조어도를 비밀리에 지도로 편입시킨다. 그리고 일본은 중국과 불평등한 조약인 〈시모노세키조약〉을 강제 체결한 뒤 타이완섬 전체와 조어도를 포함한 모든 부속도서를 일본으로 할양한다. 제2차 세계대전 당시 〈카이로 선언〉과 〈포츠담 선언〉을 통해 조어도를 강점하려 했으며, 2012년에는 중국 정부의 여러 차례 경고에도 불구하고 조어도의 '국유화'를 선언하여 중일 관계는 심각한 긴장국면으로 빠졌고, 아시아태평양 지역의 평화와 안정을 위협했다.

상술한 대로 〈카이로 선언〉은 〈포츠담 선언〉으로 이어졌다. 이는 세계 반(反)파시스트 세력이 반파시스트 세력을 형성한 위대한 승리의 결과이며, 국제사회가 거둔 획기적인 성과에 대한 기록이다. 역사 발전의 곡절과 복잡한 시대 상황 속에서 〈포츠담 선언〉은 선언 자체의 한계를 극복하지 못하고, 이행 과정에서 여러 가지 걸림돌을 만났다. 이 점을 교훈으로 삼고 경고로 마음 깊이 새겨야 한다.

세계 다극화와 경제 글로벌화가 가속화되면서, 현재 세계 특히 아태 지역은 국제질서의 중요한 조정 단계에 들어섰다. 〈포츠담 선언〉 탄생 70주년을 기념하며 〈포츠담 선언〉의 탄생과 역사적 역할 그리고 선언의 이행 과정에서 생겨난 분쟁을 진지하게 정리하고 연구하는 것은 현 정세 파악과 중국이 직면한 새로운 전략 경쟁을 정확하게 리드하고, 제2차 세계대전의 승리를 수호해 중국과 국제사회, 인류의 진보를 확보하는 데 중요한 의의가 있다.

〈역자: 김인경〉

13

중일 역사 갈등의 주요 요인과 역사 화해의 가능성

| 차재복 ■ 동북아역사재단 국제관계와역사대화연구소 연구위원 |

* 이 글은 차재복, "역사·문화", 차재복 외,『1992-2012 한중 관계 어디까지 왔나』, 동북아역사재단 2012년; 차재복, "중일 갈등 관계와 한중일 3국 협력", 차재복 외, 『한중일 3국 관계』, 동북아역사재단, 2015; 車在福, "中日政治关系与历史共同研究的含义: 以2005年中国反日游行后中日关系实例为中心", 『中国与周边国家关系』 稻鄉出版社 (臺灣), 2014의 관련 부분을 수정·보완하였다.

1. 머리말

한·중·일 3국은 20세기 일제의 침략전쟁에 따른 과거사 갈등을 매듭짓지 못하고 있다. 전후 70여 년이 지난 오늘의 한·중·일 3국 관계는 지난 세기 일본의 압도적 우위에 있었던 시기와는 전혀 다르다. 21세기, 한국은 동아시아 역내에서 경제적·문화적으로 부상하고, 중국은 경제적·군사적으로 팽창하고 있다. 반면 일본은 정치·경제·사회적으로 정체하고, 특히 아베 정부의 역사 인식은 크게 후퇴하고 있다. 한·중·일 역학 관계의 변화는 동북아 역내 과거사 갈등을 완화시키지 못하고 오히려 '역사 문제의 정치화'를 초래하여 새로운 갈등 요인들을 재생산하고 있는 실정이다.

유럽의 독일-프랑스, 독일-폴란드 경우는 역사 화해를 실현하고 있으나 동북아 한·중·일의 경우는 그렇지 못하다. 그렇다고 한·중·일이 역사 화해를 시도하지 않고 손을 놓고 있었던 것은 아니다. 한국과 일본, 중국과 일본은 21세기 시작부터 역사 갈등의 해법을 모색하기 위해 '역사공동연구'를 진행한 바 있다. 하지만 결과적으로 역사 문제가 정치 영역으로 비화하여 역사 인식의 공유는커녕 애국주의 강화와 역사수정주의로 변질되었고, 특히 중일 간 역사 갈등은 동북아 역내 협력의 최대 걸림돌이 된 지 오래다.

2012년 9월, 일본 자민당 총재 선거에서 아베 신조(安倍晋三)는 '일본 부흥'과 '강한 일본'을 외치며 (2006년 9월에 이어) 다시 총재로 당선되었다. 자민당과 2차 아베 내각은 기다렸다는 듯이 '침략'의 과거사를 미화하기 위해 '자학사관(自虐史觀)'을 중단하겠다는 역사교육 정책을 내놓았다. 한편 중국은 같은 해 11월 제18차 공산당대회에서 시진핑(習近平)을 총서기로 선출했다. 시진핑은 당총서기로 선출된 후 첫 정치무대에서 '중화민족의 위대한 부흥'이 '중국의 꿈(中國夢)'이라고 주창했다.

중국은 1970년대 개혁·개방 이래 꾸준한 경제성장으로 2010년에는 경제 규모에서 일본을 추월하며 G2의 반열에 올랐다. 오늘의 중국과 일본의 관계는 청일전쟁 이래 고착된 침략과 피침략의 관계, 원조와 피원조의 관계가 아닌 G2와 G3의 관계이다. 아베 총리와 시 주석은 강對강의 새로운 구도하에서 '일본부흥'과 '중국부흥'을 정치적 목표로 내걸고, 일본은 강대국 중국을 견제하기 위해 미일 동맹을 강화하고,중국은 러시아와 동맹 수준의 협력을 강화하고 있는 가운데, 중일 양국의 역사 갈등은 영토·안보 분야로 확대되고 대립각도 커지고 있다.

중일 간 갈등이 지속되는 가운데, 한국은 일본과는 과거사 갈등 그리고 중국과는 고대사 갈등 요인[1]을 동시에 안고 있다. 한국의 역대 정부는 한일, 한중 갈등 요인을 껴안은 채 역내 한·중·일 3국 협력의 중요성을 고려하여 아세안+3 정상회의와는 별도로 '한·중·일 3국 정상회의'를 주도한 바 있다. 한·중·일 3국은 전 세계 인구의 약 1/5, GDP의 약 1/5, 교역량의 약 1/5을 차지하고, EU, NAFTA에 이은 세계 3번째 경제규모이다. 3국 정상은 2008~2019년까지 총 8차례 윤번으로 회의를 개최하며 환경과 에너지 등 다양한 분야에서 협력을 이끌어 내었고, 그

1 한중 간 고대사를 둘러싼 역사 인식 차이와 양측의 주장에 대해서는 차재복, "역사·문화", 차재복 외, 『1992-2012 한중 관계 어디까지 왔나』, 동북아역사재단 2012년. 185~213쪽 참조.

과정에서 2011년 서울에 '한·중·일 협력 사무국(TCS)'도 설립하였다. 하지만 아쉽게도 중일 역사 갈등이 원인으로 한·중·일 3국 정상회의 개최가 수차례 열리지 못한 적이 있다.

따라서 본 글에서는 동북아 역내 협력의 가장 큰 걸림돌인 중일 역사 갈등의 주요 요인을 되짚어 보고, 동북아도 유럽처럼 역사 화해의 관문을 넘어서기 위한 조건과 가능성을 모색한다.

2. 중일 역사 갈등의 주요 요인

중일 간 역사 문제란 만주사변(1931년)부터 중일전쟁(1937년)과 일본패전(1945년)까지 일본 군국주의가 중국 대륙을 침략한 '15년 전쟁'[2]에 관하여, 일본과 중국 사이의 극심한 인식의 차이를 말한다. '15년 전쟁' 동안 발생한 희생자 수에 대한 정확한 통계는 없지만, "중국군과 민간인의 사망자는 3,500만 이상, 그중 중국군 전사자는 380여만 명이고, 일본군 전사자는 150여만 명, 투항한 병사가 128만 3천여 명에 이르고, 당시 일본

2 '15년 전쟁'의 개념은 일본과 중국의 학계에서 사용하고 있는 것으로, 江口圭一, 『十五年戰爭小史-新版』, 東京 : 青木書店, 1991.과 중국의 胡德坤, 『中日戰爭史(1931-1945)』, 武漢大學出版社, 2005 참조. 중·일 전면전의 기점은 노구교(蘆溝橋)사건 (1937. 7. 7.)이지만 중국은 만주사변(1931. 9. 18.), 즉 선양(沈阳) 류탸오후(柳条湖)부근에서 일본군이 건설 중이던 남만주 철도 폭발 사건이 만주국 수립의 빌미가 됐다고 주장한다.

군의 해외 전쟁지역 투입 군대의 2분의 1이 중국에 투입되었다."[3]

중국은 이 전쟁을 일본 제국주의의 '침략' 전쟁으로 규정하고, 일본은 이 전쟁을 대륙 '진출'로 인식해 왔다. 그리고 중국은 15년 동안의 항일 전쟁이 세계 반파시즘 전쟁의 승리에 큰 공헌을 하였다는 의미를 부여하는 반면, 일본은 세계의 반파시즘 전쟁의 성과를 부인하고 있다. 이와 같은 중일 간 역사 인식의 근원적 차이는 일본의 교과서 문제, 야스쿠니(靖国) 신사 참배 문제, 남경사건(남경대학살) 왜곡, 일본군 위안부 문제, 중국 동북지역의 화학무기 재처리 문제, 중국 민간인의 전후배상 청구, 그리고 센카쿠열도(중국명: 댜오위다오)를 둘러싼 영토분쟁에 이르기까지 영향을 미치고 있다.

중국 정부는 그중에서도 특히 일본 정치인의 야스쿠니신사 참배와 난징대학살 관련 왜곡 발언에 대하여 민감하게 반응하고 강하게 반발해 왔다. 야스쿠니신사 참배[4] 문제는 1985년 8월 15일[5] 나카소네(中曾根) 총리의 야스쿠니신사 공식 참배를 계기로 일본 국내 문제 차원(정교분리의 원칙에 관한 헌법해석의 관점)의 범주를 넘어 국제 문제로 발전하게 되었다. 그 후 중국은 일본의 총리가 군국주의의 상징인 A급 전범 14명이 합사되어 있는 야스쿠니신사를 참배하는 것에 대해 크게 반발해 왔다. 하지만 하시모토(橋本) 총리(1997년 참배)와 고이즈미(小泉) 총리(2001~2005년 참배)는

3 刘江永, 『中国与日本: 变化中的"政冷经热"关系』, 人民出版社, 2007年, 187쪽.

4 참배 형식은 두 번 의 절(신에 대한 배갈의 의미) →두 번의 손뼉(신의 회신을 접수)→다시 한번 절(감사의 의미), 절은 존경을 표하고, 박수는 친화를 의미함. 참고: 刘江永, 앞의 책, 274쪽.

5 매년 8월 15일은 일본에서는 종전기념일, 한국에서는 광복절, 중국에서는 반파시즘 전쟁 승전일로 부른다.

중국의 집요한 반대에도 불구하고 야스쿠니신사를 참배했다.

중국(인민)은 전 고이즈미 총리의 계속되는 야스쿠니신사 참배에 대해, 2005년 봄 중국 대륙 내외에서 대대적인 반일시위를 전개했다. 2012년 재집권한 아베 총리는 오히려 중국의 야스쿠니신사 참배 반대 여론을 의식하여 제1차 아베내각 기간(2006~2007년) 동안 스스로 야스쿠니신사를 참배하지 않았던 것에 대해 통한으로 남는다고 말한 바 있다. 중국이 일본 총리의 야스쿠니신사 참배에 민감하게 반응하는 것은 '일본 군국주의 부활'이라는 정치적 이유도 있지만, 일본이 중국을 침략한 전쟁의 A급 전범의 위패가 있는 곳을 총리가 참배하는 역사 인식 그 자체가 중국(인)에 대한 심각한 '모욕'이라고 생각하기 때문이다. 2013년 당시의 일례를 들면, "중국 장쑤성(江苏省)의 기업가 천광뱌오(陈光标) 씨가 개인 비용으로 뉴욕타임스(NYT)에 아베 총리의 야스쿠니신사 참배 자제를 촉구하는 광고와 함께 일본군이 1941년 미국 진주만을 습격하는 사진을 실었다"[6] 천씨는 어린 시절에 얼음과자를 팔아 생활비를 벌 정도로 가난했던 일반 중국인이었고, 아베 총리의 역사 인식이 중국인에게 굉장히 모욕적이라고 했다.

2차 아베 내각은 주변국에 대한 '침략' 전쟁을 부인하고, 나아가 역대 정부가 계승한 '고노(河野) 담화'[7]와 '무라야마(村山) 담화'[8]를 재검토하

6 중앙일보, (2013. 8. 14.), A22면

7 1993년 8월 고노 요헤이(河野洋平) 당시 관방장관이 일본군 위안부에 대한 일본군과 군의 강제성을 인정한 담화이다. 고노 관방장관은 위안소는 당시 군(軍) 당국의 요청에 의해 설치된 것이며, 위안소의 설치·관리 및 위안부 이송에 관해서는 구 일본군이 관여하였다고 발표했으며, 일본군 위안부들에게 사과와 반성의 마음을 올린다고 말하였다.

8 일본의 전후50주년의 종전기념일(1995년 8월 15일) 당시 무라야마 도미이치(村山富市)

겠다고 밝히고, '근린 제국 조항'도 수정하겠다며 역사 갈등을 '재생산'하고 있다. 고노 담화는 일본군 위안부 강제 소집에 일본군과 관헌이 직접 개입한 사실을 인정하여 일본 정부가 공식적으로 사죄한 담화이다. 일본군 위안부란, 일본군과 관헌이 1930년대 이후 20여만 명의 한국 여성들, 그리고 중국, 대만, 필리핀, 타이, 베트남, 말레이시아, 인도네시아 등 일본이 점령한 국가의 여성들을 강제로 일본군 위안소로 데려와 일본군의 성적 욕구를 해소하게 한 반인권적 사건을 말한다. 일본 정부의 일본군 위안부에 대한 입장은 정부의 직접적 간여가 없었다면서 일본군 위안부의 강제성을 인정한 고노 담화의 재검토가 필요하다는 입장이다. 2013년 당시 일본의 정치신당 유신회(維新會)의 공동대표이자 오오사카(大阪) 시장 하시모토(橋本)는 주일미군을 향해 "위안부는 필요 했었다", "미군에게 일본의 유흥업소를 이용하도록 권한다"는 발언을 한 바 있다. 일본 정계의 위안부에 대한 왜곡된 인식을 계기로 미국 민주당의 마이크 혼다 하원 의원은 2013년 6월, 미국 내 각 주의 의회에 일본군 위안부에 관한 결의를 채택하도록 촉구한 바 있다. 2013년 7월, 미국 캘리포니아주 글렌데일 시의회 의결을 거쳐 건립된 '평화의 소녀상'을 계기로, 일본 정부는 고노 담화와 무라야마 담화를 공식적으론 인정하면서도, 해석상으론 부정하는 이중적이고 모순적인 입

총리가 발표했던 담화다. 발표자인 무라야마 총리의 이름을 따 '무라야마 담화'라고 한다. 무라야마 총리는 이 담화에서 "식민지 지배와 침략으로 아시아 제국의 여러분에게 많은 손해와 고통을 줬다. 의심할 여지없는 역사적 사실을 겸허하게 받아들여 통절한 반성의 뜻을 표하며 진심으로 사죄한다"고 발표했다. 이는 외교적으로 일본이 일본의 식민지배를 가장 적극적으로 사죄한 것으로 받아들여졌다.

장을 취하고 있다. 일본 정부의 이중적이고 모순적인 입장은 일본 사회의 혼네(ほんね, 속마음)와 다테마에(たてまえ, 겉모습)라는 전통적인 이중적 인식 구조와 깊이 연관되어 있어, 역사 문제에 대한 인식과 태도도 마찬가지로 혼네와 다테마에의 이중 구조에서 크게 벗어나기 어려울 것으로 보인다.

무라야마 담화는 일본이 한국과 중국 등 주변국을 침략한 전쟁에 대하여 진정으로 반성하고 사죄한 일본 정부의 공식적인 담화이다. 그리고 '근린 제국 조항'은, 1982년 역사 교과서 파동 후 당시 미야자와(宮沢) 관방장관이 일본 교과서 검정 기준의 하나로 설정한 것이다. 그것의 핵심 내용은 '인접 아시아 국가와의 사이에서 일어난 근현대 역사적 사실을 다룰 때, 국제적 이해와 국제 협조의 시각에서 필요한 배려를 한다'는 것이다. 그 후 일본에서는 우익 성향의 교과서를 만드는 출판사들도 이 조항에 따라 내용의 수위를 조절해 왔다. 만약, 이 조항이 폐지되면 일본의 교과서 기술에는 '침략'이 '진출'로, '탄압'이 '진압'으로, '출병'이 '파견'으로 바뀐다.

난징대학살(南京大虐殺) 사건[9]은 1937년 12월~1938년 1월 중국의 수도 난징과 그 주변에서 일본군이 자행한 중국인 포로·일반 시민을 대상으로 저지른 대학살 사건이다. 2012년 2월, 가와무라 다카시(河村た

9 일본어 Wikipedia에 의하면, 일본은 남경사건(南京事件)이라고 부르며 일중전쟁 초기 1937년 12월, 일본군이 남경을 점령하여 약 2개월에 걸쳐 중국군 포로, 패전병, 위장병(便衣兵) 및 일반 시민을 불법으로 살해, 폭행, 학살, 강간, 약탈, 방화한 것으로 알려진 사건이다. 그 외 남경사건(南京事件)이라 호칭하는 1913년 9월, 1927년 3월의 남경사건도 있으나, 남경사건이라 하면 통상은 1937년의 사건을 말한다. 중국은 남경대도살(南京大屠殺)이라고도 호칭한다.

かし) 나고야 시장이 남경대학살을 부인하는 발언이 있은 뒤 일본 정부는 그해 3월 고등학교 역사교과서에 가와무라 시장의 발언을 그대로 반영했다. 교과서에 기술한 내용은 "30만 명이 희생되었다는 (중국 측) 의견은 과장됐다", "희생자가 20만 명 정도", 혹은 "희생자 규모에 대한 정확한 통계는 오늘날까지 논의 중"이라는 등의 표현이다.[10] 일본 정계의 난징대학살 왜곡 발언은 중국과 극명한 인식의 차이를 드러내면서 중일 역사 갈등의 주요 요인이 되었다. 중국은 1980년대 일본에 의한 '교과서 왜곡'의 역사 갈등 이래 현재까지 일본 정부의 역사 인식과 태도에 대해 '진정성'이 없다고 지적해 왔다. 이에 대해 일본은 1995년의 '무라야마(村山) 담화'를 통해 역사 인식의 진정성을 보여 주었다고 주장해 왔다. 2차 아베 내각의 시모무라(下村) 문부성 장관은 주변국에 대한 '침략' 전쟁을 전면적으로 부인하는 발언을 반복해 왔다.

아베 총리의 재집권 이후 중일 역사 갈등의 근원은 일본 정치의 총체적 보수화와 역사 인식의 우경화 때문이다. 아베 총리의 2013년 8·15 전몰자 추도식 기념사는 '역사전쟁'의 도발에 가까웠다. 아베 총리는 1993년 호소카와 모리히로(細川護熙) 총리 이후 단 한 명의 총리도 8·15 기념사에서 빠뜨리지 않았던 중국·한국 등 근린제국에 대한 '반성'과 '애도'의 표현을 통째로 빼버렸다. 그는 또 전후 역대 총리가 꼭 사용해 왔던 '부전(不戰)의 맹세'란 단어도 기념사에서 제외했다. 대신, 그의 기념사에는 전후 일본은 일관되게 평화의 길에 매진해 왔다. 오늘보다 내

10 車재복, "중일 갈등 관계와 한중일 3국 협력", 차재복 외, 『한중일 3국 관계』, 동북아역사재단, 2015, 241쪽.

일, 세계를 더욱 좋은 곳으로 바꾸기 위해 전후 얼마 지나지 않아서부터 각국, 각 지역에 지원의 손을 뻗었다며 '역사 미화'로 채워졌다. 아베 총리에게 일본 군국주의의 침략전쟁은 '반성'이 아닌 '자긍심'으로 정리된다.

3. 중일 '역사공동연구'의 배경과 의의[11]

전후 중국과 일본은 정부 간 공식적인 외교채널이 없는 상황에서 민간외교 채널을 가동하여 우여곡절 끝에 1972년 9월 국교 정상화를 이끌어 내었다. 전후 중일 관계는 냉전과 대립(1949~1971년) → 우호와 협력(1972~1980년대) → 안정과 발전(1980년대~1990년대 중반) → 구조적 변동(1990년대 후반~2004년) → 중국 내 반일시위(2005년)[12] → 전략적 호혜 관계(2008년) → 센카쿠열도 국유화(2012)와 영토 분쟁을 거치며 협력과 갈등의 연장선에 있다.

21세기 초, 중일 간 갈등의 골이 깊고 대립각이 큰 원인은 1990년대

11 '중일역사공동연구의 의의'는 車在福, "中日政治关系与历史共同研究的含义: 以2005年中国反日游行后中日关系实例为中心", 『中国与周边国家关系』, 稻鄉出版社 (臺灣), 2014. 339~353쪽의 글을 수정하고 보완하였다.

12 步平, "关于毛里和子教授的新著", 毛里和子(저), 徐显芬(역), 『中日关系−从战后走向新时代』, 北京: 社会科学文献出版社, 2009, 3쪽.

이후 중국의 급속한 경제적 부상과 일본의 장기간 경제 침체에 따른 종합국력의 변화 때문이다. 일본의 정·관계는 명치유신 이래 일본 사회에 내재된 '탈아입구' 사상에서 오늘날 중국이 일본을 초월한 현실을 받아들이지 못하고 있다. 역사상 중일 간 종합국력의 변화는 크게 고대 시기의 '중강일약(中强日弱)', 근현대 시기의 '일강중약(日强中弱)', 그리고 21세기의 '중강일강(中强日强)'의 3단계로 구분할 수 있다. 일본이 대량으로 중국에 견수사, 견당사를 파견하여 중국의 문화와 과학기술을 배우는 고대 수당 시기부터 근대 청일전쟁까지는 중강일약의 비대칭 구도였다. 명치유신으로 국가 근대화에 앞서고 청일전쟁에서 승리한 일본은 1980년대까지 거의 1세기 동안은 일강중약의 비대칭 구도였다. 중국은 1971년 타이완을 대신하여 유엔 상임이사국이 되면서 국제 정치적 위상은 크게 높아졌고, 1997년 홍콩 반환, 2001년 WTO에 가입하면서 정부 주도의 고도 경제 성장기를 지속하며 2010년 마침 일본의 경제역량을 초월하면서 중강일강의 대칭적 구도를 만들었다.

2000년대 중일 관계 연구자들 또한 양국이 대등한 관계 구도하에서 동아시아의 주도권, 역사·영토와 대만 문제를 둘러싼 대립과 갈등이 오랜 기간 지속될 것이라고 전망하였다.[13] 앞서 언급한 2000년대 초 고이즈미 전 총리의 '야스쿠니신사 참배'를 둘러싼 중일 간 역사 갈등은

13 毛里和子, "中国のアジア地域外交", 渡邊昭夫(편), 『アジア太平洋連帯構想』, 東京: NTT出版, 2005, 242~243쪽; 이기완,"중일 관계 갈등의 이슈와 원인", 『국제지역연구』 13권 1호, 2009. 314쪽; 金熙德, 『日本外交与中日关系』, 北京: 世界知识出版社, 2001, 63쪽. 전략적 대항관계라고 정의하는 Christopher Howe, ed, China and Japan: History, Trends, and Prospects, Oxford University Press, 1996, p.83. ; 张蕴岭, "中日关系 : 从一份调查问卷所听到的", 『当代亚太』 161期, 2008, 6쪽(张蕴岭은 대립·갈등보다는 협력·공존에 비중을 둠).

결국 양국의 국가적 자존심 대립으로 확대된 대표적 갈등 사례라 할 수 있다. 2005년 반일시위가 중국 내외로 빠르게 확산되자 일본은 중국과 역사 갈등으로 인한 더 이상의 확선은 국익에 도움이 되지 않는다는 판단을 하였고, 중국과의 역사 갈등의 출구 전략으로 중일 '역사공동연구위원회'를 설립하게 되었다.[14]

2006년 12월에 발족한 중일 '역사공동연구위원회'가 아베 총리의 제안에 의해 시작되었다고 알려져 있으나, 실제로는 고이즈미 정부의 제안이 발단이 되었다. 2005년 4월 중국대륙 내외로 반일시위가 확산되는 분위기에서 마치무라 노부다카(町村信孝) 당시 일본 외무대신과 리자오싱(李肇星) 당시 중국 외교부장과의 회담이 북경에서 개최되었다. 일본 외무성 기록에 의하면, "양국 외교부 장관의 논의가 역사 문제에 이르자, 리자오싱 외교부장은 역사 인식의 문제 및 교과서 검정 결과에 의해 중국 인민의 마음에 깊은 상처를 남겼다"고 지적하자, 마치무라 외무대신은 "다양한 입장에서 기술한 교과서가 있고, 국가와 국가 간에 공통의 역사 인식을 형성하는 것은 대단히 어렵다. 그러나 그것(공통인식)에 근접하기 위한 노력을 하는 것은 중요하다. (한일 역사공동연구위원회를 언급하면서) 일중 간에도 역사공동연구의 가능성을 검토해야 한다"고 제안하여, 리자오싱 외교부장은 "대단히 중시한다. 금후 전향적으로 양측에서 검토하고 싶다" 답했다. 그런 후, 양국 외교장관은 2005년 5월 교토에서 열린 ASEAN+3 외교부장관 회의에서 다시 만났다. 마치

14 참고로, 일본은 그 무렵 제1기 '한일역사공동연구(2002. 3~2005. 6)'를 마치고, 이어서 노무현-고이즈미 정상회담(2005. 6. 20. 서울)에서 제2기 '한일역사공동연구위원회' 설립에 합의하였고 2기 위원회는 2007. 6~2010. 2까지 계속되었다.

무라가 "지난번 외상회담에서 제안한 역사공동연구에 대하여 연내에 구체적인 내용을 결정해 가고 싶다"고 재촉하자, 리쟈오싱 부장은 "일중 2국 간의 역사공동연구, 일·중·한 3국 간의 공동연구 어느 쪽도 찬성한다"[15]고 답했다. 따라서 일본은 한일 '역사공동연구'를 답습하여 중일 '역사공동연구위원회'를 설립하여 중국과의 역사 갈등을 비켜 가고자 하였다고 추론할 수 있다.

아베 총리와 후진타오 주석의 정상회담(2006.10, 북경) 후, 양측은 일본 국제문제연구소와 중국사회과학원 근대사연구소에 역사공동연구의 사무국을 두고, 일본 측 좌장으로 기타오카 신이치(北岡伸一, 동경대학 법학부 교수), 중국 측 좌장으로 부핑(步平, 중국사회과학원 근대사연구소 소장)을 선임했다. 양측 전문가 각각 10명을 역사공동연구위원으로 위촉하고 고대사, 중·근세사, 근·현대사 분과로 나누어 3년에 걸쳐 4차례 전체 회의를 거쳐, 민감한 현대사 부분을 제외한 (자국어) 논문 각각 13편을 공표하였다. 양론 병기의 역사를 각자의 입장에서 서술한 양측 보고서의 큰 특징은 일본이 '중국침략'은 인정했지만 '남경대학살' 등에 대한 구체적 해석에는 상당한 인식의 차이를[16] 보였다.

한·중·일 3국은 1999년 ASEAN+3을 계기로 정상회의를 개최하고 정치·경제·문화·인적 교류 등 다양한 분야에서 50여 개의 정부

15 服部龍二(저), 『日中歴史認識』, 東京大学出版会, 2010, 294쪽; 波多野澄雄, "日中歴史共同研究-成果と課題", 黒沢文貴, イアン・ニッシュ(편), 『歴史と和解』, 東京大学出版会, 2011, 191~192쪽.

16 2010년 1월30일 공표된 중일역사공동연구 보고서의 내용에서 드러난 상호 인식의 차이는 정재정 "중일역사공동연구보고서에 나타난 양국 간 역사 인식의 차이", 『월간조선』, 2010년 3월호 참조.

간 협의체를 운영하여 100여 개 이상의 협력 사업을 실시하고 있다. 2008~2019년까지 '3국 간 별도 정상회의'[17]를 개최하여 각종 협력 안(案)을 채택하였으나, 3국 간 갈등의 근원인 '역사 문제'에 대한 협력 방안은 포함된 적이 없다. 오히려 반복되는 중일 간 역사·영토 갈등 때문에 '한·중·일 3국 정상회의'는 취소되거나 열리지 못하고 순연되었다. 그렇다고 중국과 일본이 한·중·일 3국 협력을 위해 역사 문제를 정상회의 안으로 채택하여 다뤄 보겠다는 의지를 보인 적도 없었다.

예로, 2008년 5월에 후진타오-후쿠다 정상회담(도쿄)에서 양국은 당시 21세기 새로운 중일 관계의 이정표로 '전략적 호혜' 관계 설정을 과시했으나 양국 갈등의 최대 현안이었던 역사 문제에 대해서는 언급조차 하지 않았다. 이유는 첫째, 2006년에 이미 시작한 '역사공동연구'에 대한 기대가 작용하였고, 둘째, 지난 5년간(고이즈미 집권기) 역사 문제에 대한 반일·반중 프레임의 접근이 오히려 양국 내 "반대세력(일본의 우파, 중국의 좌파)을 결집시켜 온건파가 패배하는 구도"[18]를 초래하여 국민 감정을 악화시켰고, 결국은 양국 국익에 아무런 득이 없었다는 점에 대한

17 1차 한·중·일 정상회의(이명박, 원자바오, 아소 다로, 일본 후쿠오카, 2008. 12), 2차 정상회의(이명박, 원자바오, 하토야마 유키오, 중국 베이징, 2009. 10), 3차 정상회의(이명박, 원자바오, 하토야마 유키오, 한국 제주, 2010. 5), 4차 정상회의(이명박, 원자바오, 칸나 오토, 일본 후쿠시마-도쿄, 2011. 5), 5차 정상회의(이명박, 원자바오, 노다 요시히코, 중국 베이징, 2012. 5), 6차 정상회의(박근혜, 리커창, 아베 신조, 한국 서울, 2015. 11), 7차 정상회의(문재인, 리커장, 아베 신조, 일본 도쿄, 2018. 5), 8차 정상회의(문재인, 리커창, 아베 신조, 중국 청두, 2019. 12). 근래까지의 구체적인 한중일 협력 사업에 관해서는 외교부 홈페이지의 [한중일 협력 개황(2018)] http://www.mofa.go.kr/www/brd/m_3967/view.do?seq=364788 참조 (검색일 2019. 6. 2.).

18 飯島渉, "「中国史」が亡びるとき", 『思想』, 2011年 8月호. 111쪽.

양국의 자성에서 역사 문제의 쟁점화를 피해 간 것이다. 1998년 장쩌민(江澤民)의 방일 시에는 역사 문제를 전면에서 다루었는데, 2008년 중국과 일본이 정상회담에서 역사 문제를 회피한 것은 역사 갈등과 국익 계산을 아주 근시안적으로 본 것이고 미래적 시각에서의 국익을 고려하지 못한 것이다.

그럼에도 불구하고, 중일 양국은 '역사공동연구' 결과 공표 후 역사 인식의 차이를 메우고 '역사 문제의 역사화'를 통해 화해에 다다를 수 있다는 '가능성'의 의미를 부여했다. 일본 측 위원으로 근·현대사 분과에 참여한 하다노 스미오(波多野澄雄) 교수와 중국 측 위원으로 같은 분과에 참여한 타오원자오(陶文钊) 교수의 후기를 종합하면 다음과 같다.

하다노는 첫째, 지금까지 재현되어 온 중일 양국 간 '역사 문제(또는 역사 인식의 문제)의 정치화'가 이번 역사 공동연구를 계기로 '역사 문제의 역사화' 접근 가능성이 열렸다는 것에 중요한 의의를 두고 있다. 둘째, 양국 간 역사 인식의 공유는 어렵지만, 어떤 특정의 사건(事件)과 사실(史實)에 대하여 과장된 서술을 하거나 미화하는 등의 불필요한 마찰을 피할 수 있는 역사공동연구 시스템이 구축되었다는 것이다. 셋째, 역사 문제의 역사화(역사 문제의 비정치화가 아님) 접근 방법으로 양국이 노력한다면 양국 간 역사 인식 차이의 간극을 메울 수 있다는 가능성에 의미를 부여했다.[19]

중국 측의 타오 교수는 첫째, 중일 역사공동연구는 역사 인식의 문

19 波多野澄雄, "日中歴史共同研究-成果と課題", 黒沢文貴, イアン·ニッシュ(편), 『歴史と和解』, 東京大学出版会, 2011, 191~193쪽.

제가 양국 관계의 발전을 가로막고 있다는 현실에서 출발한 만큼 향후 '자리매김'이 필요하다고 지적했다. 둘째, 제1기 중일 역사공동연구의 목표는 모든 사안에 대한 심도 깊은 연구가 아니라 현안에 대한 연구 성과를 객관적이고 포괄적으로 정립 개괄하는 데에 있었다며, 2기 공동연구에서는 개인연구와 공동연구에 대한 관점을 정립하여 진일보한 진실 규명에 의한 역사 화해를 정립할 필요성을 제기하고 있다. 셋째, 하다노 교수와 마찬가지로 역사 공동연구는 역사학자들에 의해 진행되는 학술 연구이기에 지나치게 정치적인 측면을 강조하는 것은 적절하지 않다며[20] 역사 문제의 역사화 접근 가능성에 의미를 두고 있다.

4. 맺음말

한·중·일 3국은 20세기 일본 군국주의의 침략으로 초래된 역사 갈등을 극복하고 화해의 관문을 넘을 수 있을까. 국제정치학에서 말하는 화해는 국가 간 적대행위에서 비롯된 문제를 해결하는 국제정치의 과정으로 여기에는 3단계 해법이 있다. "국교 정상화 같은 절차적(procedural) 화해, 경제협력과 배상 및 보상의 물질적(material) 화해 단계

20 陶文钊, "还远历史, 超越历史-参加中日历史共同研究的感想", 『现代国际关系』, 2010年第10期, 57~58쪽.

를 넘어 공동의 역사 교과서 발간, 기억 및 추모를 담은 마지막 관념적 (ideational) 화해"[21]라는 세 단계를 거쳐야 한다고 한다.

하다노와 타오의 역사 화해 논리와 천자현의 역사 화해 이론을 종합하면 한·중·일 3국은 현재 한일(1965), 중일(1972), 한중(1992) 관계는 국교 정상화의 절차적 화해를 지나, 경제협력, 배상과 보상의 물질적 화해를 넘어, 세 번째 단계의 관념적 화해를 넘어서지 못하고 있다.[22] 관념적 화해를 넘어서지 못하는 이유는 일본 정부의 태도와 우익세력의 역사 인식 때문이다. 특히 일본의 아베 정부와 우익세력은 자신들이 원하는 역사를 원하는 방식으로만 기억하려 한다. 일본이 중일 '역사공동연구'에서 인정한 '침략전쟁'에 대한 역사를 부끄럽다 하여 그것을 일시적으로 미화할 수는 없다. 누가 총리가 되던 과거의 역사로부터는 숨을 수 없다. 따라서 역사를 직시해야 하고, 반성할 것은 반성해야 한다.

한국과 일본은 1965년에 그리고 중국과 일본은 1972년에 국교 정상화를 실현했다. 그 후 일본은 대한국 경제 협력과 대중국 ODA 지원을 통해 암묵적 물질적 화해 단계도 거쳤다. 하지만 관건인 일본의 역사 인식의 태도에 진정성이 결여되어 있다는 것이다. 한일 간 역사 문제의 쟁점이 된 일본군 위안부 문제에 있어서 피해자들은 일본 정부의 진정성이 들어 있는 따뜻한 사과 한마디를 요구하고 있다. 중일 간 역사 문

21 천자현, "화해의 국제정치: 화해 이론의 발전과 중일 관계에 대한 비판적 적용", 『국제정치논총』 제53집 2호(2013), 14쪽.

22 필자는 2019년 현재 한일 사이에 논의되고 있는 위안부 문제와 강제동원에 대한 배상과 보상의 문제의 본질은 물질적 화해의 범주이기보다는 일본의 역사 인식과 태도의 문제이기에 관념적 화해 범주에서 다루어져야 한다고 생각한다.

제의 쟁점이 된 일본 정치인의 야스쿠니신사 참배 문제에 대해서도 중국은 일본의 역사 인식에 대한 진정성과 언행의 일치를 묻고 있다.

유럽에서 독일과 폴란드는 절차적·물질적 화해를 넘어 역사 인식의 진정성을 담은 공동의 역사 교과서를 발간해 올바른 역사 기억과 추모가 가능한 진정한 화해에 이르렀다. 또한 독일과 프랑스 사이에는 앙숙 관계를 떨쳐 내고 역사 화해(1963년 엘리제 조약 체결)를 이끌어 냈다. 그 원동력은 프랑스 사회가 자랑하는 덕목으로 많이 알려진 톨레랑스(tolerance, 관용) 덕목 때문이라는 견해가 있다. 톨레랑스보다 더 적극적인 덕목이 한·중·일 3국에도 있다. 그것은 역지사지(易地思之)의 덕목이다. 앞으로의 한국과 일본은 그리고 중국과 일본은 역사와 영토 문제로 갈라설 수 있는 사이인가, 아니면 지정학적으로 갈라설 수 없는 지정학적 공동체인가. 후자에 가깝다면 역지사지의 덕목은 서로 간 견지해야 할 덕목이다. 즉 나와 다른 상대방을 인정하는 차원을 넘어 아예 상대방의 입장이 되어 보는 것이다.

14

'사과 문제'와 중일 관계 분석

| 리엔더구이(廉德瑰) ■ 상하이외국어대학 교수 |

이 글에서 다루는 '사과 문제'는 일본 정부가 침략전쟁을 일으켜 중국 인민에 끼친 피해에 대해 반성과 사과하는 문제를 말한다. '사과 문제'는 중일 관계에서 풀기 어려운 매듭으로 일본 정부는 본래 「중일 공동성명」에서 전쟁으로 인해 중국 인민이 입은 피해에 대해 깊이 반성한 바 있다. 그러나 일본의 일부 완고한 세력들은 침략전쟁의 과오를 반성하지 않고 일본 정부의 태도와 반대로 가고 있다. 그 세력들은 진심 어린 사과를 하지 않으려 할 뿐 아니라 일본과 주변국 관계에 어두운 구름을 드리우고 중일 관계에 부정적인 영향을 미쳐 양국 관계가 순조롭게 발전하는 데 걸림돌이 되고 있다. 그렇다면 일본이 진심으로 사과하지 않는 이유는 무엇일까? 사과 문제와 전후 일본의 정치 생태는 긴밀한 관계에 있기 때문에 일본 정치 생태의 상황을 기초로 분석할 필요가 있다. 사실 1972년 일본 정부는 '깊은 반성'을 한 바 있다. 1955년 무라야마 내각이 발표한 전후 50주년 종전기념 '무라야마 담화' 등이 긍정적인 평가를 받았다. 그러나 2015년 8월 14일, 아베 신조 총리가 발표한 전후 70년 기념 담화는 많은 논쟁을 낳았다. 이는 아베 내각이 현 단계 역사 인식에 대한 일본 각계의 입장을 '최대 공약수'로 선택하고 있기 때문이다. 즉 우파의 입장에 타협하는 듯하면서 이번 담화의 핵심인 '식민통치'와 '침략' 등 문제를 모호하게 처리한 것이다.

'아베 담화'는 '사과 문제'에 대한 일본 내 양심파와 우파의 힘겨루기를 드러낸 것이며, 역사를 반성하는 이들과 역사수정주의자들 간의 대립 현황을 보여 주는 것이다. 양심파는 전쟁을 반성하고, 아시아 국가들에 사과할 것을 주장한다. 이들은 전후 일본 정치 생태에서 좌파로 분류되는 사회당과 공산당 그리고 자민당 내 온건파 그리고 대다수의 양심 있는 학자들로 역사 반성파로도 불린다. 우파들은 황국사관을 유지하며 침략 역사에 대한 반성과 피해 국가에 대한 사과를 거부한다. 일본 우파와 자민당의 강경파들은 역사수정주의파로 불린다. 일본 사회의 이와 같은 정치 상황으로 인해 양심적으로 다뤄야 할 역사 인식 문제와 역사 문제를 둘러싼 '사과 문제'가 정치화되고 파벌 간 흥정거리가 되었다.

1. 양심파의 반성

'사과 문제'는 역사를 대하는 태도의 바탕이다. 전후 일본의 양심파들은 침략전쟁 역사에 대해 반성하고, 전후 초기 전쟁의 참상을 겪은 정치가들과 군인들 중에는 반성의 목소리가 있었다. 무라야마 내각의 반성과 사과는 양심파들이 '사과 문제'에 대해 세운 이정표적인 일이다. 일본 학술계는 역사 문제에 대해 바른 생각을 갖고 있었고 이는 대다수 사람들이 역사에 대해 반성하고 사과하는 배경이 되었으며, 중일 관계 정상화 이후 양국이 우호협력을 추진하는 초석이 되었다.

1) 전후 초기의 반성

좌파를 중심으로 한 일본 사회의 양심파는 침략전쟁에 대해 반성했다. 일본의 좌파(공산당과 사회당 포함) 그리고 평화주의자들과 대다수 민중은 전쟁에 대해 반성하는 것이 당연한 일이었다. 군국주의가 야기한 전쟁은 일본 내 평범한 민중들에게 커다란 피해를 가져왔기 때문이다. 통치단계에서 전쟁에 참가했던 사람도 전후 전쟁에 대한 반성을 표한 바 있다. 예를 들어 1945년 9월 6일, 일본의 새로운 수상이자 전후 최초 수상인 히가시쿠 니노미야(東久邇宮)는 시정연설에서 전쟁에 대한 반성을 언급하며, "전패의 원인은 결코 단순하지 않다. 전선이든 후방이든 군인이든 평민이든 국민 전체가 반성해야만 한다. 우리는 계속 참회해야만 한다. 신령 앞에서 일체의 사악한 생각을 씻어내야 하며, 과거를 경계 삼아 미래로 나아가야 한다"[1]고 했다. 육군대신 시모무라 사다무(下村定)는 "나는 최후의 육군군인으로 의회는 일본 국민에 사과하고, 육군은 해체해야 하며, 앞으로 과거의 죄행에 대해 사실을 근거로 사과와 속죄해야 한다"[2]고 했다. 당시 시모무라는 일본 국민에 대한 사과를 말하고 침략국에 대한 사과를 언급하지 않았으나 전쟁을 '과거의 죄행'으로 이미 인식하고 있었다.

일본 언론들은 전쟁 발발 전 대다수가 전쟁을 지지했으나 전후에는 반성하기 시작했다. 후케 토시이치(福家俊一)는 전쟁 전 『대륙신보(大陆新报)』의 사장으로 전후 국회에서 무소속 의원으로 선출된 인물이다. 그는 1945년 11월 30일, 국회 발언에서 "전쟁의 책임자는 최소한 중신, 군벌, 관료, 재벌과 정치가가 모두 포함되며 이들은 국가를 재난의 구

1 家永三郎等. 日本現代史資料-日本安保条約体制史(1).[M].东京: 三省堂, 1970: 120.

2 家永三郎等. 日本現代史資料-日本安保条約体制史(1).[M].东京: 三省堂, 1970: 228.

렁텅이로 빠뜨려 일본 국민이 전패의 고통을 겪게 했다. 그러나 이들은 지금까지 높은 자리를 차지하고 반성할 마음이 없으며, 전쟁의 책임을 국민에게 전가하고 있다. 위로는 천황을 속이고 아래로는 국민을 호도하고 있다. 나는 제대군인으로 결단코 허용할 수 없다"[3]라고 일본의 전쟁 책임 문제를 지적했다. 후케 토시이치(福家俊一)의 반성 발언은 전쟁 발발의 잘못만을 말한 일본식 반성으로 도덕적인 부분에 대한 언급은 없고, 특히 가해국의 시각으로 피해국을 보며 반성한 것이지만, 다수의 일본인이 전후에 전쟁이 잘못되었다는 점을 인식하고 있음을 보여 주는 것이며, 전쟁 발발의 책임을 묻고 있다.

대부분의 정치가들은 전쟁 전 아무 생각 없이 대세에 따라 전쟁에 가담했으나 전후에 반성하기 시작했다. 요시다 시게루는 전후 세 번째 수상으로 동경재판을 지지했다. 그는 "만약 전쟁 패전국의 희생이 필요하다면 전범재판을 통해 일본을 재건하고 싶다. 일본은 '만주사변(9·18 사변)' 이후 군국주의가 바로 정치의 '독(毒)'이 되었고, 1920년대부터 전쟁의 길로 일본을 성급히 끌고 갔다"라고 말했다. 1946년 10월 요시다 시게루는 맥아더에게 다음과 같은 편지를 보낸다. "전쟁에 대해 책임질 사람은 군인, 관료, 우파 그리고 일부 재벌이다." 요시다는 전범재판을 통해 군국주의를 제거하고자 했고, 일본이 추진하는 대미(美) 협력외교의 장점을 언급하며 "미국의 점령 정책은 이미 많이 확대되었다. 전범재판은 허용 범위 내에서 진행할 일이다"는 내용도 포함했다. 요시다 시게루는 재판의 기본 방침에 대해, 종전조서의 취지에 따라 일본

3 家永三郎等. 日本現代史資料-日本安保条約体制史(1).[M].东京: 三省堂, 1970: 228.

정부는 전쟁 재판 관련 UN군 사령관이 발표한 모든 지시를 충실하게 따른다. 전범에 대해 일본 정부는 어떠한 정부 차원의 변호도 언급하지 않았으며, 정부 기관은 UN군 총사령관이 허가하는 범위에서 피고 가족에 연락 등 사무 서비스를 제공한다고 했다. 다나카 가쿠에이(田中角栄)와 오히라 마사요시(大平正芳)는 요시다 시게루의 정치 계승자로 수교 협상 과정에서, 일본 정부를 대표해 과거 전쟁에 대한 잘못을 깊이 반성한다고 밝힌 바 있다. 이는 중일수교 정상화의 초석이 되었다.

2) 무라야마 내각의 반성

자민당은 일본 최대 보수정당으로 당 내에는 다나카와 오히라 외에도 다수의 인사가 요시다 시게루를 계승했다. 이들은 자민당 내 온건파를 구성하며 오랫동안 일본 정치를 주도해 전후 초기의 반성 역사관을 이어 나갔다. 1990년대, 일본 사회의 우파들은 침략의 역사를 뒤집고자 했지만, 집권당인 자민당 내 다수의 정객들이 전쟁에 대해 비판적인 입장이었다. 자민당 내각의 반성 기조는 일본 정부의 공식적인 태도를 대표했고, 내각의 외무성 관료 역시 전쟁에 대한 반성 입장을 지지했다.

'무라야마 담화'는 일본 정부가 침략전쟁에 대해 반성을 표명한 기념비적인 일로 이는 사회당과 자민당 연립정권의 결과였다. 하시모토 류타로(桥本龙太郎) 전(前)수상은 자민당 내에서 중요한 영향력을 갖고 있었다. 1995년 하시모토는 무라야마 내각의 통상산업대신과 부총리직을 겸직했으며 일본 '유족회'의 대표였다. 무라야마 수상이 전후 50주년 담화를 발표하기 위해 내각 구성원의 동의를 얻고자 하시모토에게 전화를 걸었을 때, 하시모토는 담화 원고의 '전패(戰敗)'와 '종전(終戰)' 두 가지 표현을 '전패'로 통일할 것을 제안했다. 이는 전쟁에 대한 하시모토의 생각을 보여 주는 것이다. 반대로, 일본 우파는 '전패'라는 단어 사용을 계속 거부하며 전쟁이 끝난 것이니 '종전'이라는 말을 써야 한다고 주장했다. 후에 하시모토는 '무라야마 담화' 초안 작성에 참여한 다니노 사쿠타로(谷野作太郎)에게 "이 전쟁은 어떻게 보아도 '무모한 전쟁'이다. '붉은 징병통지서'를 보면 사병, 심지어 이들의 부모도 전장에 파견해 희생자로 삼았다. 때문에 '전패'라는 단어를 사용해야 한다. '유족회' 역시 문제가 되는 표현이 아니다"라고 말했다. 본래 일본의 '유족회'는 야스쿠니신사 참배를 주장한다고 생각했지만, 하시모토의 설명에 따르면 '유족회' 역시 우파들이 주장하는 '종전'이라는 표현에 대해 지지하지 않는다는 것이 확인되었다. 이러한 과정에 대해, 하시모토 류타로는 다니노에게 "당신들은 유족회에 대해 모두 색안경을 끼고 본다"라고 말한 바 있다.[4] 이는 "유족회"가 비록 야스쿠니신사를 참배하지만 유족회 회원 대부분이 전사자의 제사를 지내는 가족들로 하시모토 류타로를 포함한 대다수의 회원들이 결코 전쟁의 침략성을 부정하지 않는다는 의미이다.

다니노 사쿠타로는 직업 외교관으로 후에 주중일본대사로 부임한다. '무라야마 담화'의 초안자인 그는 "1995년 여러 세력이 전쟁을 결

4 BIGLOBEニュース.「村山談話」を書いた元官僚·谷野作太郎氏, その誕生秘話と意義を明かす.[Z].[2016-1-4].

론지으려 했다. 일부 인사들은 '그 전쟁은 아시아를 구미로부터 해방시키기 위한 전쟁이었다. 일본은 스스로 일어나 부득이하게 구미열강에 대한 도전을 할 수밖에 없었다. 이는 거사였다'라고 말했다. 하지만 그들은 무모한 전쟁으로 인한 결과를 완벽히 무시하고 있으며, 조선 반도에서 벌어진 식민통치의 결과와 전쟁이 조선과 중국 등 아시아 이웃나라에 정신적, 물질적으로 커다란 고통을 가져왔다는 점을 무시한 것이다"라고 말했다. 주중일본대사를 역임한 또 다른 외교관 아나미 고레시게(阿南惟茂)의 경우, 그의 부친 아나미 고레치카(阿南惟几)는 전쟁 전 육군장관이었으며, 1945년 8월 15일 할복자살을 통해 천황과 일본인에 사죄하였다. 그러나 아나미 고레시게는 고이즈미 준이치로 정권이 야스쿠니신사 참배를 고집할 때, 주중대사 신분으로 고이즈미 수상에게 전화를 걸어 야스쿠니신사 참배 중단을 요구했다.

3) 학술계의 반성

일본 학술계 대부분의 학자들은 일본의 전쟁이 침략전쟁이라고 생각한다. 다니노 사쿠타로가 무라야마 수상에게 '무라야마 담화' 작성 관련 지시를 받은 뒤 호소야 지히로(細谷千博), 기타오카 신이치(北冈伸一) 등 저명한 역사학자들의 자문을 구했다. 이들을 결코 좌파학자라고 할 수 없지만 다니노 사쿠타로에게 침략 역사 문제를 학술적인 시각으로 객관적 의견을 제공했다. 2015년 7월 17일 아베 수상이 전후 70주년 담화를 준비하기 전, 일본의 역사학자 74명은 1931~1945년까지 일본이 벌인 전쟁은 국제법상 불법인 침략전쟁이었다는 학자들의 강력한 목소리를 공동성명으로 발표했다. 이 학자들은 모두 일본의 대표적인 역사 전문가들로 일본 정부가 침략과 식민통치에 대해 반성한 '무라야마 담화'와 '고이즈미 담화' 계승을 주장하고 있다. 메이지 대학의 특임교수 국제법학자 오누마 야스아키(大沼保昭)는 아베 수상이 '침략'으로 정의 내리지 않고 모호하게 표현한 것은 책임 회피이다. 아베 수상은 국제사회의 합의를 따르고, 일본이 전쟁을 일으킨 것은 불법적인 침략전쟁이라는 점을 정확하게 인정해야 한다고 지적했다. "'수상의 담화'는 결코 아베 개인의 생각이 아닌 매우 중요한 국제법적 의의를 갖고 있다. 과거 수상의 담화 내용을 전체적으로 계승하려면 구체적인 언어로 명확하게 표현해야 한다"[5] 공동성명서에 참여한 위의 학자들은 모두 일본뿐 아니라 국제적으로 영향력 있는 전문가들로 와세다 대학의 모리 카즈코(毛里和子) 교수, 전(前) 유엔난민 고등판무관이자 현 죠치 대학 오가타 사다코(緒方貞子) 교수, 동경 대학의 푸지와라 키치(藤原归一) 교수, 하버드 대학의 명예 교수 이리에 아키라(入江 昭: 이리에 아키라 교수는 와세다 대학의 유명 역사학자 이리에 키에시로(Irie Keishirō)의 아들로 미국 역사학회 회장, 와세다 대학 객좌교수로 오랫동안 일본 내에서 학술 활동을 펼치고 있다) 등이 있다. 일본 학술계의 주류인사들도 일본의 전쟁에 대해 반성 입장이며 이는 일본의 역사연구와 교육에 영향을 미칠 수밖에 없다.

5 朝日新聞デジタル.「日本が過ち, 潔く認めるべきだ」学者ら74人が声明[Z].[2016-2-2]. http://www.asahi.com/articles/ASH7K3CTSH7KUTIL017.htm.

2. 우파의 반동(反動)

역사 문제를 둘러싸고 일본과 피해 국가 사이에 계속되는 마찰의 원인은 침략 역사를 반대하는 우파인사들 때문이다. 일본의 전후 처리 문제를 철저하게 추진하지 않은 미국은 냉전이 시작되고 군국주의 일소 과정을 흐지부지하게 끝내 버렸다. 이로 인해 일본 우파의 황국사관이 죽지 않고 되살아났다. 심지어 우익인사와 관련 단체들과 뿌리 깊은 관계를 맺고 있는 우파정객들이 정계로 복귀해 역사 문제에 있어서 양심파의 반성 언행을 간섭하고 있으며, 일본 정부가 정확하게 전후 문제를 처리하는 데 걸림돌이 되고 있다. 이로 인해 일본의 침략 역사 청산은 지지부진하게 해결되지 않고 있으며, 피해 국가에 대한 일본의 사과 역시 제대로 이루어지지 않고 있다.

1) 전쟁 전(前) 황국사관을 유지하는 우파

미국이 일본을 점령한 뒤 전범재판과 전쟁 관련 인사에 대해 공직 박탈 처분이 있었지만, 1950년 이후부터 미국은 냉전을 이유로 대일정책을 새롭게 바꾸었다. 우파를 이용해 반공정책을 강화하고 일본을 반공보루(堡壘)로 만들었다. 이러한 배경 속에서, 전범은 석방됐으며, 전쟁 발발 전과 전쟁 시 관계된 정치인사들이 다시 일본 정계로 돌아온 것이다. 이들은 황국사관을 계속해서 유지하며 전후 침략 역사에 대해 반성하지 않는 우파 보수주의 사회와 정치기반을 마련했다.

황국사관(皇國史觀)은 바로 침략전쟁을 미화하는 것으로 '대동아전쟁'이 성전(聖戰)이라는 관점을 말한다. 예를 들어 동경재판의 전범 변호인은 일본은 침략전쟁을 벌인 일이 없고, 프랑스, 영국, 네덜란드, 미국이 일본에 대해 경제 봉쇄를 취했기 때문에 전쟁이 발발했다며 이 점이 바로 전쟁 발발의 주요 원인이고, 일본과 구미국가 간 전쟁은 침략전쟁이 아니라 철저한 자위(自慰)전쟁이라고 주장한다. A급 전범들은 일본의 대중국 전쟁은 침략이 아닌 '지나사변(支那事變)' 때문으로 중일 간 전쟁은 중국에 대한 '응징'이었다. 그리고 이는 당시 중국이 일본 민족의 우월성과 지도적 위치를 부정하고 일본과의 협력도 거부했기 때문에 징벌한 것으로 간주한다.[6] 또한 이들은 침략전쟁을 '대동아전쟁'이라 부르며 천황을 위한 전쟁, 즉 성전(聖戰)이라고 말한다.

전쟁 책임자들은 전후 일본 정계의 요인이 되었다. 전후 일본의 국가권력 최고기관인 국회에서 전쟁 전 일본 정부와 군대의 고위 관직이었던 인물들이 국회의원이 되거나 수상이 되었다. A급 전범 시게미쓰 마모루(重光葵)는 전후 외무대신, A급 전범 가야 오키노리(贺屋兴宣)는 법무대신을 역임했다. 이 두 사람은 전후 일본 우파의 대표적인 인물로 자민당의 친대만파 핵심 인사였으며 반(反)중국에 앞장섰다. 기시 노부스케(岸信介)는 전쟁 전 도조내각(東條內閣)의 상공대신이었으며, 전후 A급 전범 혐의로 수감되었다가 3년 뒤 무죄 석방되었다. 그리고 1957년 수상에 올랐다. 전후 일본의 정계에서 고위직에 있었던 인물 중에는 전쟁

6 日暮吉延.東京裁判.[M].东京:讲谈社现代新书, 2008: 183-184.

전 싱가포르 화교 학살을 주도한 부대의 지휘관이었던 군벌도 있다. 대본영의 참모였던 츠지 마사노부(辻政信)는 전후 도피해 처벌을 면했다가 국회의원이 되었다. 예를 들어 겐다 미노루(源田實)는 가미가제 특공대의 지휘관이었으며, 전후 그는 "진주만을 기습 공격한 것은 내 해군 활동의 최고 경력이다"[7]라고 말했다. 겐다 미노루는 1959년 일본 항공자위대 막료장, 1962년 참의원 의원이 되었다. 이들 대부분은 황국사관을 포기한 적이 없다.

2) 우파, 일본이 패전국임을 인정하지 않아

일본은 통상적으로 1945년 8월 15일 투항 선언한 것에 대해 '전패(戰敗)'가 아닌 '종전(終戰)'이라는 표현을 사용한다. 이는 전쟁에 대한 우파들의 기본적인 입장이다. 그리고 일본 우파들은 1951년 샌프란시스코 평화회의에서 있었던 미국 트루먼 대통령의 발언을 논거로 제시한다. 트루먼은 "우리는 악의를 버리고 증오를 멀리해야 합니다. 우리 사이에는 승자도 패자도 없습니다. 평화를 위해 노력하는 평등한 국가만 있을 뿐입니다"[8] 트루먼의 이 발언은 미국의 대일본 포용 정책의 기반이

7 ゴ—ドンプランゲ.プランゲ.トラトラトラ 太平洋戦争はこうして始まった. [M]. 千早正隆, 译.东京: 並木書房, 1970:392.

8 Truman, Harry: Address of the President at the Opening of the Conference on the Japanese Peace Treaty, September 4, 1951. The White House, United States /Washington, D.C.

되었고, 일본은 더 이상 패전국이 아니니 사과할 필요 없으며, 전쟁이 끝난 뒤 일본은 이미 서방국가의 일원이 되었다고 생각하게 되었다. 예를 들어 우파들은 일본이 독일과 다른 점은 전후 일본이 미국을 중심으로 한 서방 진영에 편입되었기 때문이라고 변론하고 있다. 심지어 아베 신조는 "일본은 화해와 사죄로 과거사 문제를 해결하는 독일의 방식을 배울 생각이 없다. 제2차 세계대전 후 유럽의 최대 문제는 단합에 있었다. 이와 같은 당시 상황에서 화해와 사죄가 이루어졌다. 아시아의 상황은 유럽과 다르다. 일본은 이미 이웃 국가들과 배상 문제에 대해 합의했다"라고 했다.[9] 일본과 인도네시아, 미얀마, 필리핀, 베트남은 평화조약을 이미 체결하고 배상금을 지불했다. 일본은 인도네이사에 803억 엔, 미얀마에 720억 엔, 필리핀에 1,980억 엔, 베트남에 140억 엔을 지불했다. 1965년 일본은 한국에 경제협력 방식으로 3억 달러 무상지원과 2억 달러의 유상(차관) 제공을 한 바 있다. 또한 일본은 싱가포르와 말레이시아에 '준(準)배상금'을 지불했다. 배상을 통해 일본과 동남아시아 국가는 경제 관계를 점차 강화했고, 이로써 아시아에서 '전후' 문제는 이미 종료라고 생각하고 있다. 2015년 일본 수상의 중국항일전쟁승리 70주년 기념식 참여 여부를 둘러싸고 일본 〈산케이신문〉은 만약 일본이 '전패국'이라면 기념식에 참여하겠지만 이는 매우 부적절하다는 사설을 발표했다.[10]

9 庄司潤一郎: 「過去」をめぐる日独比較の難しさ - 求められる慎重さ -.[Z].[2015-9-10]. https://www2.jiia.or.jp/RESR/column_page_pr.php?id=234.

10 [産経新聞]【主張】中国の抗日行事 秩序の「破壊者」は誰か 異形の国との関係に心せよ.[Z]. [2015-9-10].http://shasetsu.seesaa.net/archives/20150904-1.html.

3) 우파, 전쟁의 침략성을 인정하지 않아

자민당의 우파들은 '부전(不戰)결의문'을 훼손했다. 1994년 6월 무라야마 내각이 들어서고 자민당과의 연립정권을 위해 집권 두 번째 해(1995년) 준비 기간 동안 국회는 '전후 50년 부전(不戰)결의문'을 채택했다. 연립정권이라는 정치적 행보에 대해 우익세력 조직인 일본청년협회는 국회 중의원이었던 무라카미 마사쿠니(村上正邦)를 통해 자민당 간사장 가토 고이치(加藤紘一)에게 국회 결의문의 내용을 다음과 같이 수정하도록 요구했다. "세계 근현대사에는 수많은 식민통치와 침략의 역사가 있다는 것을 고려할 때, 과거 일본의 행위로 아시아 각국의 국민이 고통을 겪었다. 이에 대해 깊이 반성한다"[11] 여기에서 '과거 일본의 행위'라는 표현은 "세계 근현대사에는 수많은 식민통치와 침략의 역사가 있다"는 것을 명확하게 의미하지 않는다. 일본청년협회가 위와 같이 수정하고자 한 것은 일본 군국주의 행위와 "세계 근현대사에는 수많은 식민통치와 침략의 역사가 있다"는 성질이 다른 것임을 암시하며, 일본의 '과거 행위'는 식민통치와 침략 행위라는 것을 부인하는 것이다.

그러나 자민당과 사회당 연립정권은 무라카미 마사쿠니(村上正邦)의 요구를 전부 수용하지 않았고, 그의 요청에 조정을 더해 다음과 같이 국회 결의 초안을 결정했다. "세계 근현대사에 수많은 식민통치와 침

11 Onfoseek NEWS. 村山談話, 削られなかった"４文字"の文言 元「参院のドン」村上正邦氏が激白.[Z].[2015-10-10]. http://news.infoseek.co.jp/topics/09fujizak20150509011/?20150510.

략의 역사가 있다는 점을 고려하고, 과거 일본의 이와 같은 행위로 아시아 각국의 국민에게 고통을 가져온 것을 깊이 반성한다" 여기서 '이와 같은 행위'는 일본 군국주의와 근현대사의 수많은 식민통치, 침략역사가 같은 행위임을 분명하는 것이다. 이에 대해 일본청년협회의 회장 가바시마 유조(椛島 有三)는 무라카미 마사쿠니 사무실로 사람들과 달려가 그의 멱살을 잡고 욕을 해댔다. 이에 무라카미 마사쿠니는 가토 고이치를 찾아 '이와 같은'의 삭제를 끈질기게 요구했지만 가토는 거절했다. 무라카미는 할 수 없이 가바시마 유조(椛島 有三)에게 참의원 내 자신의 영향력을 충분히 이용해 무라야마 내각의 '전후 50년 부전(不戰)결의문' 채택을 확실히 저지하겠다는 약속을 한다. 그 결과 무라카미의 적극적인 방해로 무라야마 내각의 '전후 50년 부전(不戰)결의문'은 참의원 채택에 실패했다.[12] 무라야마 도미이치(村山富市) 수상은 수상담화 방식으로 발표한다는 결정을 할 수밖에 없었고, 이렇게 침략전쟁에 대한 역사는 끝을 맺게 된다. 이 과정이 바로 '무라야마 담화' 탄생의 배경과 과정이다. 우파의 반동은 집권당 입장에 영향을 주었고 정부 정책 결정을 방해했다.

12 Onfoseek NEWS.村山談話, 削られなかった"4文字"の文言 元「参院のドン」村上正邦氏が激白.[Z].[2015-10-10].

3. 일본은 왜 사과하지 않나?

위의 글을 통해 일본은 왜 사과하지 않는가는 일본 우파들이 사과하지 않는 문제라는 것임을 분석했다. 특히 우익세력의 방해로 일본 정부는 '사과 문제'에 있어서 양심파와 우파 사이에 타협점을 찾을 수밖에 없다. 사실 전후 70년 '아베 담화'가 바로 그 타협의 산물이며, 일본 정치 생태의 현실을 반영하는 것이다.

1) 중국에 대한 일본의 반성, 그러나 사과하지 않는 일본

일본 정부가 전쟁 문제에 대해 1972년 9월 25일부터 중국에 사과하기 시작했다. 당시 중국은 사과 표현에 얽매이지 않고 일본의 사과를 진심으로 받아들였다. 중일 양국의 수교 정상화를 위해 중국을 찾은 일본 대표단과의 환영만찬에서 다나카 가쿠에이(田中角荣) 수상은 일본이 '과거 전쟁으로 중국에 큰 폐를 끼쳤다'고 저우언라이에게 말했다. 이에 대해 당시 만찬장 밖에서 외국 대사들의 영어 통역을 맡았던 탕원성(唐闻生)은 "그 표현은 '너무 가벼웠다'"고 밝혔다. 회담 두 번째 날, 주은래는 다나카 수상에게 과거의 침략전쟁에 대해 '폐를 끼쳤다'는 표현은 충분하지 않다고 지적했다. 이에 대해 일본 측은 진지하게 고민한 뒤 중일공동성명에 "일본 측은 일본국이 과거 전쟁으로 중국 인민에 야기한 중대한 피해 책임을 통감하며 깊이 반성한다"라는 내용을 포함시키기로 했다. 이에 대해 차오관화(乔冠华)는 당시 '과거의 전쟁'을 '침략전쟁'으로 바꿔야 한다고 밝혔지만, 일본 측은 일본 내 자민당 우익세력인 '청람회(青岚会)'의 반대로 인해 침략전쟁을 인정할 수 없다고 밝혔다. 27일, 오히라 마사요시(大平正芳) 역시 지펑페이(姬鹏飞)에게 일본의 고충을 언급하며, 오히라와 다나카 두 사람은 침략전쟁이라고 생각하지만 이를 인정하는 것은 일본 국내 정치적으로 매우 어렵다고 전했다. 저우언라이는 '중국 인민에게 끼친 중대한 피해'라는 표현이 이미 침략의 의미를 포함한다고 판단하고 결국 일본 측의 의견을 받아들였다. 중일 공동성명에 '깊이 반성한다'는 표현만 적고 일본은 사과하지 않았다.

2) 자민당 우파들의 '사과' 반대

27일 밤. 마오쩌둥은 다나카와의 회담에서 "폐를 끼쳤다(일본어의 '미혹(迷惑)')"라는 표현은 너무 가볍다고 밝히자, 다나카는 '미혹(迷惑)'이라는 단어가 중국에서 온 것이지만 일본어의 '미혹(迷惑)'은 만감이 교차하며 매우 착잡해 사과할 때 사용한다고 밝혔다. 이에 마오쩌둥은 "알겠다. '미혹(迷惑, 폐를 끼치다)'이라는 단어를 일본인이 어떻게 사용하는지 알겠다"고 대답했다. 이렇게 일본어와 중국어의 단어 용법 차이를 이해하고 마오쩌둥은 다나카의 진심을 받아들였으며, '사과' 관련 표현을 더 이상 언급하지 않았다. 하지만 다나카 수상의 고민은 다른 데 있었다. 다나카 수상의 연설 초안을 작성한 일본 외무성 중국과장 하시모토 히로시(橋本恕)는 "이치대로라면 일본은 패전국이고, 중국은 승전국이라는 점을 모두 알고 있었다. 하지만 대다수 일본인은 지금까지도 일본은 미국과의 싸움에서 패했다고 생각하지, 중국에 졌다고 생각하지 않는다. 일본군이 중국에서 지나친 일을 저지른 것은 인정하지만 일본 민족의 자존심을 지키고자 한다. 나는 이와 같은 생각으로 초안을 작성했으며, 오히라 외무대신과 다나카 수상은 초안을 읽어 본 뒤 전혀 수정하지 않았다"라고 회상했다.[13]

하시모토 히로시(橋本恕)의 회상을 통해 역사 문제와 관련된 자민당의 매우 복잡한 상황을 알 수 있다. 오히라 외무대신과 다나카 수상은 자민당 우익세력의 태도를 고려하지 않을 수 없었다. 다나카 수상이 일찍이 수상이 되기 전 1972년 3월 23일, 중의원 예산위원회에서 "나는 공공장소는 물론이고 공개적인 발언에서 중국에 '매우 큰 폐를 끼쳤다'라는 표현을 계속해서 사용해 왔다. '폐를 끼쳤다'는 것은 사실이다. 일본이 중국과 외교 관계를 정상화하려면 우선 상대에게 진심으로 사과를 표해야 한다. '큰 폐를 끼쳤다'는 것은 지금 그리고 앞으로도 외교 관계 정상화의 전제조건이며, 성심성의껏 사과하는 마음은 변하지 않을 것이다"라고 말한 바 있다.[14] 이를 통해 다나카 수상이 사용한 '미혹(迷惑)'이라는 표현에 사과의 의미가 있다는 것을 알 수 있다. 사실 누구에게 패했느냐는 문제에 대해 일본인은 모두 자기만의 생각이 있다. 하지

13 大公网. "迷惑"와"麻烦": 다나카 가쿠에이 수상은 진심으로 사과했나(田中角荣诚心道歉了吗？) [Z].[2016-1-4].http://news.takungpao.com/history/redu/2013-12/2140239_3.html.

14 大公网. "迷惑"와"麻烦": 다나카 가쿠에이 수상은 진심으로 사과했나(田中角荣诚心道歉了吗？) [[Z].[2016-1-4].http://news.takungpao.com/history/redu/2013-12/2140239_3.html.

만 최소한 다나카 수상과 오히라 대신은 마음 깊이 전쟁이 중국에 폐를 끼쳤다는 인식을 갖고 있었다. 저우언라이의 일본어 통역이었던 저우빈(周斌)은 지펑페이(姬鹏飞)와 오히라 마사요시(大平正芳)의 회담에서 오히라 역시 다나카 수상과 같이 침략전쟁이라고 생각한다며 다나카 수상과 같은 뜻을 전했다고 회상했다. 그러나 하시모토 히로시(橋本恕)는 일본 자민당 내부의 우익세력을 고려하지 않을 수 없었고, 당내 다수의 지지를 얻기 위해 다나카 내각은 우파의 비판을 피해야 했다. 때문에 일본 외무성은 이 문제가 표면적으로는 '일중 관계'면서도 사실 '일일 관계'라는 것을 알고 있었다. 다시 말해 일본 내부의 정치 문제라는 것이다.[15] 중국은 자민당의 복잡한 상황을 감안하여 양국 관계를 대국적으로 보고 일본의 '깊은 반성'을 받아들였다.

3) '사과'라는 최대공약수

1972년 일본이 '깊은 반성'을 표했다고 해도 중일 양국의 역사를 되돌릴 수 없다. 다나카 수상과 오히라 대신의 입장을 중국 측이 이해하고 받아들인 것은 진심 어린 태도를 중요하게 생각했기 때문이다. 이러한 이유로 1990년 이전까지 중일 양국은 우호 협력을 지속적으로 유지할 수 있었다. 그러나 1998년 오부치 게이조(小渊惠三) 총리가 '한일 공동성명'에서 "식민통치에 대해 '통절하게 반성하고 진심으로 사과한

15 服部龙二. 日中国交正常化. [M]. 东京: 中公新书, 2012: 139쪽.

다'"라고 하자 역사 문제에 관한 중일 논쟁이 다시 불거졌다. 같은 해 10월 오부치 게이조 수상은 장쩌민의 일본 방문 회담에서 일본과 중국 간 불행한 과거에 대해 '반성과 사과'를 표했다. 하지만 일본 언론들은 오히려 중국이 일본에 끝없이 사과를 요구하고 있으며 이는 중일 관계 발전에 도움이 안 된다고 비판했다. 이에 대해 주룽지 총리는 2000년 일본 방문에서 일본 대중에게 "일본의 모든 공식 문서에서 중국 국민에게 사과한 적이 없다는 점을 상기하길 바란다. 1995년 무라야마 총리가 두루뭉술하게 아시아인들에게 사의를 표했지만 어떤 공식 문서로도 중국국민에게 사과하지 않았다. 때문에 중국이 일본에 끝없이 사과를 요구한다고 말할 수 없다. 사과할지 말지는 일본인 스스로의 문제이다. 하지만 일본인이 이 점을 알기 바란다"고 밝혔다. 주룽지 총리가 밝힌 정보대로 중국은 일본에 한도 없이 사과를 요구한 바 없다. 반면 일본은 지금까지 서면을 통해 공식적으로 사과를 표시한 적 없다.

1998년 오부치 게이조(小渊惠三) 총리가 구두로 '사과'를 표한 것은 식민통치 문제에 대해 한국에 사과했기 때문이다. 또한 오부치 역시 다나카 수상을 계승한 사람으로 중일 관계를 중요하게 생각하고, 사과 표명 역시 1995년 '무라야마 담화' 정신에 부합하는 것이라고 판단했기 때문이다. 무라야마 내각은 자민당 내 온건파와 사회당의 연립정권으로 탄생한 내각이며, 당시 핵심인물이었던 자민당 하시모토 류타로(桥本龙太郎)와 오부치 게이조 모두 다나카 총리를 잇는 인물로 중일 관계를 중요시했다. 하지만 하시모토, 오부치 두 사람과 달리 아베 신조는 자민당 내 강경파의 대표 인물이다. 아베 신조는 우익세력의 의지를 대변하며, 자민당 내 온건파와 사회당이 발표한 '무라야마 담화'를 수정하고

자 한다. 2015년 이전 아베는 여러 차례 이와 같은 뜻을 밝힌 바 있다.

그러나 아베는 '독단전행'을 하지 않고 담화를 발표하기 전 역사 문제 관련 간담회를 통해 학자들과 대다수 일본 국민들의 의견을 반영하고자 했다. 아베가 조직한 간담회의 주요 구성원인 기타오카 신이치(北岡伸一)은 3월 9일 좌담회에서 "일본이 침략전쟁을 벌였다는 사실에 대해 조금의 이견도 없다. 일본 역사학자의 99%가 모두 '일본이 침략한 바 있고, 제2차 세계대전을 일으켰으며, 수많은 중국인을 죽였다는 점에 대해 진심으로 죄송하게 생각한다.' 그래서 우리는 아베 수상이 '일본이 침략했다'고 명확하게 밝히기 바란다"고 했다.[16] 하지만 한 달도 되지 않아 기타오카는 상술한 본인의 발언을 완강히 부인했다. 이는 당시 역사 문제 간담회 자리에 교토대학 나카니시 테루마사(中西輝政)와 같은 우파인사가 참여하고 있었기 때문이다. 우익세력이 20여 년 전 무라카미 마사쿠니(村上正邦)의 멱살을 잡고 위협했던 것처럼 20년 뒤에도 마찬가지로 기타오카를 같은 방식으로 압박했으리라는 점을 어렵지 않게 알 수 있다.

그 결과 아베 신조 수상은 2015년 발표한 '담화'에서 '식민통치'와 '침략'전쟁을 정의하는 데 모호한 표현을 사용했다. '아베 담화'는 비록 "일본이 이미 여러 차례 일본이 벌인 전쟁 과정의 행위에 대해 깊은 반성과 진심 어린 사과를 표했다"고 언급하고 있지만 이는 '무라야마 담화'의 내용을 반복한 것이지 아베가 직접 사과한 것은 아니다. 아베는

16 아베가 일본 침략을 인정하기 바라며(望安倍承认日本侵略), "전후 70년 기념담화(战后70周年谈话)"집행의장, [Z].[2016-1-4]. http://www.guancha.cn/Neighbors/ 2015_03_10_311706.shtml.

'무라야마 담화'의 사과 표현을 인용하며 아베 자신이 '무라야마 담화'를 반대하는 것은 아니라고 밝혔다. 그러나 아베가 말한 '전쟁 과정에서의 행위'는 침략전쟁 중의 침략 행위를 의미하는 것이 아니므로 이는 아베의 역사관이 우파들과 같다는 것을 의미한다. 후에 아베는 "과거의 전쟁 행위"는 침략 행위라는 의미로 간주할 수 있다며 '담화'의 모호한 관점에 대해 한걸음 더 명확히 했으며, '전쟁'은 침략의 내용을 암시한다고 설명했다. 이는 다시 말해, '아베 담화'가 '무라야마 담화'와 일본 우파 역사관 사이에서 '최대공약수'를 이끌어 낸 것이다.

또한 일본 우파의 역사관 안에는 황국사관 외에도 전쟁에 대한 분할 인식이 존재한다. 분할 인식은 바로 전쟁을 다른 전장(戰場)으로 나누는 것이다. 일본 외무성의 전(前)조약 국장 도고 가즈히코(東郷和彦)의 설명에 따르면, 일본과 아시아 각국의 관계에서 일본은 가해자이고, 구미 국가와의 관계에서 일본은 대등한 전쟁 당사국이며, 소련과의 관계에서 일본은 피해국이라는 것이다.[17] 이는 일본이 구미 국가와 소련에 사과할 마음이 없다는 것을 의미한다. 제2차 세계대전 후반 소련은 중국 동북지역에 파병을 했고, 일본은 소련이 양국 간 중립조약을 위반했기 때문에 '무라야마 담화'에서는 주로 아시아 피해국에게만 사과를 하고 있다. 일본 여론은 사과 표명 찬성 의견이 대다수다. 예를 들어 일본 교토통신이 2015년 8월 14~15일까지 실시한 '반성'과 '사과' 관련 여론조사 결과, 44.2%가 '지지', 37%는 '반대'했다. 2015년 4월 14일, 「아

17 週間ダイヤモンド編集部.東郷和彦氏が説く歴史認識問題を克服するための「道徳観」[Z]. [2016-2-2]. http://diamond.jp/articles/-/76388.

사히신문」의 조사에 따르면, 74%의 일본 국민이 '무라야마 담화'를 '타당'한 것으로 생각했다. '아베 담화'에서 인용한 '무라야마 담화' 내용 중 "과거의 전쟁이 아시아 국가 국민에게 가져온 피해에 대해 '깊이 반성한다'와 '진심으로 사과한다'"로 아베 내각의 지지율 역시 5% 포인트 상승했다. 그럼에도 불구하고, 오히려 우파들은 침략 역사를 인정하지 않고 사과할 마음도 없으며, 일본 국민 역시 일종의 '사과 피로증'을 느끼고 있다. 일본 국민의 63%는 '아베 담화'에서 '일본의 차세대가 사과할 숙명을 짊어지게 해서는 안 된다'는 부분에 공감하고 있었다.

일본이 왜 사과를 하지 않는가에 대한 문제는 사실 일본 내 우익세력이 침략전쟁의 성격을 부인하고 전쟁을 반성하거나 사과하려 하지 않기 때문이라는 것을 알 수 있다. 비록 양심파가 반성과 사과를 지지하지만, 우파의 방해로 일본 정부는 진심 어린 사과를 할 수 없는 상황이다. 일본은 중국에 '진심으로 반성한다'고 구두로 사과를 표한 바 있다. '무라야마 담화'는 바로 일본이 침략 역사를 반성하는 기념비적인 일이었다. 하지만 '무라야마 담화'는 일본 양심파 인사들이 만들어낸 결과로 우파들은 받아들이지 않고 있다. 아베를 중심으로 한 우익세력이 '무라야마 담화'를 수정하겠다고 밝혔기 때문이다. 2015년 아베 내각이 발표한 '아베 담화'에서 비록 '무라야마 담화'를 인용하고 있으나 사실 일본 사회는 역사 인식 문제에서 최대공약수를 선택했다. 이 공약수를 어떻게 평가할지는 일본 정부의 진심 어린 태도에 달렸다. 다나카 내각이 중일 공동성명에서 '깊이 반성한다.'는 표현을 사용하며 침략전쟁이나 '사과'의 단어를 적지 않았음에도 불구하고 당시 중국은 수용했다. 중국의 지도자들이 이를 받아들인 것은 다나카 수상과 오히라 대신의 진심 때문이었다. 2015년 아베는 미국 국회연설에서 전쟁에 대해 '참회한다(repentance)'와 '뉘우친다(remorse)'라는 단어를 사용해 미국의 지지를 얻었다. 미국인은 일본의 진심 어린 태도를 보지 반드시 일본이 '사과한다(apology)'라는 말을 사용하도록 요구하지 않는다. 이는 당시 미일 양측이 모두 미일 동맹을 공고히 하려한 전략적 판단 때문이다. 반성과 사과에 대한 일본의 진심 여부는 사실 어떤 단어로 표현하느냐에 있지 않다. 앞으로 일본이 침략전쟁으로 중국 국민에 끼친 피해에 대해 진심으로 참회하고, 역사 문제를 되돌리려는 잘못된 언행을 하지 않는다면 그리고 A급 전범이 있는 야스쿠니신사 참배를 하지 않는다면, 중일 양국의 역사 문제는 넘어갈 수 있을 것이다. 반대로 진심 어린 태도 없이 뜻을 굽히지 않는 우익세력에 휩쓸려 잘못된 발언을 계속한다면 아무리 수차례 반성과 사과를 한다고 해도 의미가 없다. 이는 '사과 피로증'과 전혀 관계없는 양심과 도덕의 문제이다.

〈역자: 김인경〉

15

국제법의 관점에서 본 일본의 역사 인식과 과제

| 도시환 ■ 동북아역사재단 독도연구소 책임연구위원 |

* 이 글은 2018년 10월 23일 "동북아의 항구적 평화체제 건립"을 주제로 상하이사회과학원에서 개최된 학술회의에서 발표한 논문을 수정·보완하였다.

1. 머리말

2019년 3·1운동과 대한민국 임시정부 수립 100주년의 뜻깊은 해를 맞이했다. 그에 앞서 '2010년 한일강제병합 100년'과 '2015년 한일협정 50년'의 역사적 시점에서 일본 정부가 주장하는 국제법적 논거의 양대 축은 '1910년 식민지배합법론'과 '1965년 한일협정완결론'이다. 그러나 제국주의 열강 간의 방조와 묵인이라는 국제법상 불법에 기초한 일제 식민지배와 그로부터 파생된 침략전쟁에 강제동원된 반인도적 범죄로 인한 피해의 문제는 오늘날 동북아 역사 갈등의 최대 현안이자, 국제사회 최대 인권 현안이라는 점에서 역사적 진실과 국제인권법적 정의를 통해 진정한 해결 방안을 모색해야 하는 과제라 할 것이다.

2010년 한일강제병합 100년의 시점에서 한일 지식인 1,139명이 천명한 공동성명은 '식민주의의 역사적 종식'을 담은 2001년 더반선언의 동아시아 버전으로, 올바른 역사 정립을 통한 기반 위에서 진정한 역사 화해를 모색해 나가야 한다는 역사 정의의 명제를 제시했다. 그것은 식민지배와 침략전쟁에 대한 사죄와 배상을 전제로 하는 국제법상의 기본적인 소극적 평화(negative peace)에서 나아가 오늘날 인류 보편적 가치로서의 인간의 존엄성과 인권의 보장을 전제로 하는 적극적 평화(positive peace)를 도모함으로써 2015년 한일협정 50년은 동아시아 평화공동체를 함께 실현해 가는 진정한 출발점으로서 기여할 수 있어야 한다는 것이었다.[1]

1 도시환, "식민지책임판결과 한일협정체제의 재조명", 『외법논집』 제38권 제1호(2014. 2.),

그러한 전제에서 2010년 한일강제병합 100년과 2015년 한일협정 50년의 시점에서 한일 간 역사 갈등의 본질적 원인으로서의 일제 식민지배와 침략전쟁으로부터 파생된 현재진행형으로서의 일본군'위안부',[2] 일제 강제징용 등의 피해에 대한 해결 방안을 모색하는 일은 동시대를 살고 있는 한일 지식인 모두에게 부여된 역사적 과제이자 정의의 소명이라 할 것이다.[3] 그러나 2015년 8월 '전후 70년 아베 담화'는 '전후 체제로부터의 탈각'과 '역사수정주의'의 기치 아래, 일제 식민지배 및 침략전쟁의 책임에 대한 부정에 더해 일본군'위안부' 피해에 대한 책임 회피로 일관했다. 앞서 2013년 주일대사관에서 대거 발견된 1919년 3·1 운동과 1923년 관동대학살 등 일제강점기 피해자 명부에 대해서도,[4] 당시 일본 외무성 이하라 준이치(伊原純一) 아시아·대양주 국장은 이는 한일청구권협정으로 완결되었다는 주장을 반복했다. 그런데 그의 주장에서 주목하게 되는 것은 전후 미국을 포함한 연합국과는 샌프란시스코강화조약을 통해 청구권 문제를 완결하였고, 한국과는 '식민지배' 문제에 대해 별도의 양자조약으로서 한일청구권협정을 체결하여 해결하였다고 강변하고 있다는 점이다.[5]

요컨대, 일본의 국가권력이 관여한 반인도적 불법행위 및 식민지배

317쪽.

2 도시환, "일본군'위안부' 피해자의 인권과 정의 그리고 평화", 「교수신문」 2018. 8. 27, 9면.

3 도시환, "1910년 '한일병합조약' 체결강제의 역사적 진실규명과 국제법적 조명", 『국제법학회논총』 제55권 제4호(2010. 12.), 39쪽.

4 "일제 징용피해자 명부·자료 대거 발견 "아직 안 알려진 의미 있는 내용도 포함", 「서울신문」 2013. 11. 18, 6면.

5 "3·1운동, 간토대지진 피살자 배상 안 돼", 「헤럴드경제 신문」, 2013. 12. 5, 5면.

와 직결된 불법행위에 대해 2012년 5월 24일 한국 대법원이 내린 손해배상판결[6]에 맞서, 일본 정부가 "전후 '식민지배'에 대한 별도의 조약으로서 체결된 한일청구권협정으로 모든 청구권이 완결되었다"는 것이다. 환언하면, 일본 정부는 강제징용을 비롯하여 '일제 식민지배'에 따른 피해에 대한 개인청구권은 한일청구권협정으로 소멸되었음에도 한국 사법부가 양국 합의를 파기하는 부당하고 정치적인 판결을 내렸다는 주장인 것이다.

이러한 일본의 입장과 관련하여 미국 내 한반도 및 아시아 문제 전문가인 대니얼 스나이더(Daniel Sneider) 교수는 한국의 대법원 판결에 대해 한일 양국을 포함한 조약 체제상의 문제로 분석하고 있어 주목하게 된다. 미국의 지원하에 일본 정부가 1951년 샌프란시스코강화조약 및 1965년 한국과의 국교정상화조약 체제하에서 배상을 완결했다고 주장하고 있으나, 일본 학자들을 포함하여 법학자들은 국가 간의 합의로 개인청구권이 배제되지 않았다고 주장해 왔으며, 한국 사법부의 판결은 이러한 원칙을 지지하고 있다는 것이다. 따라서 성노예를 강요당한 일본군'위안부' 피해자를 비롯하여 1937년 중일전쟁과 더불어 시작된 일제의 전시 '강제노동시스템'으로 희생된 피해자들에 대한 배상을 촉구하고 있다는 점이다.[7]

환언하면, 일제 식민지배 피해자의 구제를 위한 한국 대법원 판결은,

6 대법원 2012. 5. 24. 선고 2009다68620 판결. 대법원 2018. 10. 30. 선고 2013다61381 전원합의체 판결로 최종 확정되었다.

7 Daniel Sneider, "A dangerous stalemate between Japan and South Korea", *Washington Post*, November 1. 2013.

코피 아난 전 UN사무총장이 설파한 바와 같이 "중요한 것은 국가가 아니라 개인이라는 것(States are not important, human beings are)"으로 인권 문제의 본질에 대한 문제 제기임과 동시에, 국가안보를 전제로 한 국가주의 철학에서 인간안보를 전제로 한 인권 중심 철학으로의 인식 전환을 통해 소극적 평화에서 적극적 평화에 대한 추구로의 이정표를 제시한 것이다. 아울러 그는 "평화와 안보가 무엇을 의미하는지에 대해 우리의 시야를 확대해야 한다. 평화는 전쟁의 부재보다 훨씬 더 많은 것을 함축하고 있으므로, 인간안보(Human Security)는 더 이상 온전한 군사용어로 이해될 수 없을 뿐만 아니라, 오히려 경제개발, 사회정의, 환경보호, 민주화, 군축, 인권과 법의 지배에 대한 존중을 포함해야 한다"[8]고 강조했다. 인권에 대한 그의 문제 의식은 궁극적으로 요한 갈퉁(Johan Galtung) 교수가 제기한 구조적 폭력(Definitions of Structural Violence)에 대한 적극적 평화(Positive Peace)로서의 정의[9]와 맥락을 같이 하고 있다는 점에서 시사하는 바가 크다 하겠다.

그것은 '식민지배합법론'의 근간인 한일강제병합조약 체결 이래 침략전쟁을 위한 일본군'위안부' 제도 및 일제 강제노동 제도로 인해 희생된 피해자들이 일본이 주장하는 샌프란시스코강화조약과 한일청구권협정으로부터 침해된 권리를 구제받지 못했을 뿐만 아니라, 그러한

8 Kofi Annan, "Towards a Culture of Peace", 〈http://www.unesco.org/opi2/lettres/TextAnglais/AnnanE.html〉, 08/22/01.

9 Johan Galtung, "Violence, Peace, and Peace Research", *Journal of Peace Research* 6 (1969), pp.170~171; Röling, B. V. A., Economic Development, Peace, And International Law, Van Gorcum Comp. N. V., 1972. pp.V~XIV; 이재봉 외 역, 「平和的 手段에 의한 平和(Peace by peaceful means)」, Johan Galtung 著, 들녘, 2000, 4~11쪽.

조약 체제로부터 지속적인 인권침해를 강요받고 있다면 이는 곧 제도라는 이름의 또 하나의 구조적 폭력에 다름 아니기 때문이다.

2. 한일 조약체제와 일제식민지책임의 인식

1) 한일강제병합 조약체제와 일제식민지책임의 인식

1910년 일제의 '식민지배합법론'의 근간인 '한일병합조약'의 국제법상 문제점은 다음과 같다.

첫째, 1965년 한일기본관계조약 제2조상의 구조약의 실효 시기와 관련하여, 무효 시점은 강제병합 자체가 불법에 해당하므로, 1910년 병합조약 체결 시점부터 효력이 존재하지 않는다.

둘째, 일본의 무력시위와 위협 등 강박에 의한 조약 체결, 조약 정본상 황제의 서명 날인 누락, 조약에 대한 비준서가 없는 점 등 국제법상 조약으로서 무효사유에 해당한다.

셋째, 일본이 주장하는 법적 판단의 기준으로서 병합 당시의 시제법에 입각할 경우에도, 당시의 국제관습법을 내용으로 하는 일본과 서양의 대표적 국제법 개설서의 조약법 역시 조약체결 형식과 절차상 전권위임장이 없거나, 비준서가 없는 조약은 무효사유임을 명시하고 있다.

넷째, 본질적으로 '절대 무효'인 조약이 제3국의 승인으로 법적 유효성 여부가 변경될 수 없으며, 그에 대한 제3국의 승인은 어떠한 법적 효과도 갖지 못한다.

다섯째, 일본 정부가 조약의 합법성을 주장한다 하더라도 불법적인 일제강점을 통한 '식민주의 범죄'는 인도와 평화에 반하는 범죄에 해당한다.[10]

2) 샌프란시스코조약체제와 일제식민지책임의 인식

샌프란시스코조약체제와 일제식민지책임에 대한 일본 정부와 일본 사법부의 입장은 2007년 4월 27일 자 일본 최고재판소 판결에서 "샌프란시스코조약 체제하에서 피해를 입은 개인들의 실체적인 청구권 소송을 제기할 수 있는 능력은 소멸되었다"고 판시함으로써 전후 손해배상소송에 대해 사실상 종말을 고하였다.

일본 정부의 입장을 충실히 반영한 일본 최고재판소 판결은 국가주의적인 성격을 띠고 있으며, 정의의 도달 범위가 과거로 확장되는 것을 막으려는 근대적 충동에 사로잡힌 판결이라고 평가할 수 있다. 피해자들의 항의를 "당사국이 지게 될 수 있는 과도한 부담"으로 취급하는 최고재판소의 인식은 일본 지배계층의 마음속에 품고 있는 최우선 순위 가치가 무엇인지 암시한다. 샌프란시스코조약체제에 대한 아래로부터의 이의

10 도시환, "1910년 한일병합조약의 국제법적 재조명", 『1910년 한일병합조약의 역사적·국제법적 재조명』(아시아사회과학연구원, 2011), 65~80쪽.

는 전후 거대 정치 질서에 반하는 소음이자, 불필요한 혼란을 초래할 수 있는 것으로 보는 일본 정부의 일제식민지책임에 대한 인식인 것이다.[11]

3) 한일청구권협정체제와 일제식민지책임의 인식

일본 정부는 1910년 한일강제병합이 당시의 국제법상 합법적인 '한일병합조약'의 체결로 성립되었으므로 이를 근거로 한 일제강점과 그에 따른 식민지배가 합법이라는 규범적 인식을 전제로 하여, 일본의 국가권력이 관여한 반인도적 불법행위나 식민지배와 직결된 불법행위에 대한 일본의 손해배상책임을 부정할 뿐만 아니라, 1965년 한일청구권협정의 체결로 완전히 최종적으로 해결되었음을 일관되게 주장해 오고 있다.

따라서, 1910년 한일강제병합에서 1945년 광복까지의 35년간에 걸친 식민지배에 대한 일본 정부의 입장과 관련하여, 1965년 한일청구권협정의 체결 시점과 식민지배와 침략전쟁을 사죄한 1995년 무라야마 담화 발표시점에서, 일본의 '식민지책임' 및 '개인청구권'에 대한 입장을 일본 국회의사록을 통해 검토한 결과, 식민지책임에 대한 인식 자체가 부재하며, 개인청구권에 대해서는 국가가 소멸시킬 수 없다는 답변이 확인되고 있다.[12]

11 Abe Kohki, "International Law as Memorial Sites: 'Comfort Women' Suits Revisited", *The 'Comfort Women' Issue and Future-Oriented Relations between Korea and Japan*, (The 2012 KSIL International Conference, Lotte Hotel Seoul, 2012. 2. 17.).

12 도시환, "일제식민지책임 판결과 한일협정체제의 국제법적 검토", 『한일협정 50년사의 재

3. 일제식민지책임과 한일협정체제의 검토[13]

일본의 전후 처리가 미완으로 남게 된 데에는 냉전이 화해의 걸림돌이 됐다는 점에서 미국에도 역사적 책임이 있다는 견해가 미국 내 동아시아 전문가인 대니얼 스나이더 교수에 의해 제기되고 있다. 그는 한일 간 과거사 문제에 더하여 일본의 가혹한 식민지배 유산에 대해 미국의 정책 입안자들이 전쟁의 기억은 언젠가는 흐려질 것으로 너무도 오랫동안 믿어 왔다고 지적한다. 결국 시간의 경과가 역사적 불의에 의해 만들어진 상흔을 치유하지 못함으로써 동북아의 젊은 세대에서 배태되고 있는 국가주의를 불식시키기 위해서는 실질적으로 현 상황의 개선이 필요하다는 공감대를 확산시켜야 한다고 주장하고 있다.[14]

그러한 전제에서 스나이더 교수는 미국의 지원하에 일본 정부가 1951년 샌프란시스코조약체제 및 1965년 한국과의 국교정상화조약체제하에서 배상을 완결했다고 주장하고 있으나, 성노예를 강요당한 일본군'위안부' 제도를 비롯하여 전시 '일제 강제노동 제도'에 의해 희생된 개인들의 피해에 대한 일본 정부의 배상을 촉구하고 있다.

샌프란시스코강화조약은 부분적으로 동아시아 피해국들의 경제 성장을 촉진한 측면이 있으나 본질적으로는 냉전질서하에서 일본의 상

조명』Ⅲ, 동북아역사재단, 70~77쪽.

13 도시환, "한일 조약체제와 '식민지'책임의 국제법적 재조명", 『국제법학회논총』 제57권 제3호(2012. 9), 17~45쪽 참조.

14 Daniel Sneider, *supra note* 7.

품 시장으로 재편하기 위한 목적하에 실시되었으며,[15] 개인에 대한 배상 문제를 비롯하여 일본의 주도하에 '식민지' 피해국인 한국을 전후배상조약의 당사국에서조차 배제시켰다.[16] 그리하여 '일제식민지책임'과 관련해서는 한일 간 양자협정을 통해 해결할 문제임에도 불구하고 일본은 미국의 아시아 냉전전략을 배경으로 이를 회피하였던 것이다.[17] 이와 관련하여 오오타 오사무(太田修) 도시샤대 교수는 일본 정부가 '시혜론'과 '근대화론'[18]에 입각하여 식민지 지배는 정당하다고 생각하고 있었기 때문에 식민지책임을 청산할 의사가 애초에 없었으며,[19] 샌프란시스코강화조약 제4조 a항에 규정되었던 '재산' 및 '청구권'에 입각하여 시작된 한일청구권협상은 식민지 지배의 책임을 묻지 않았던 것으로, 역설적으로 한일조약체제에는 '식민지책임'이 미완인 채로 그대

15 小林英夫, 「日本の東南アジア賠償」, 『季刊 戰爭責任硏究』, 10号(1995, 冬季), 日本戰爭責任資料センター, 10~14쪽.

16 이에 대한 상세한 연구로는 金民樹, 『對日講和條約と韓國參加問題』, 修士學位論文, 東京大學大學院綜合文化硏究科, 2000. 12, 참조.

17 이와 관련하여, 1950년대 후반부터 미국 정부는 경기침체로 인해 동북아시아에서의 지역협력체제 구축을 현실화시킬 필요성의 증대와 일본과의 협력체제를 통해 미국의 대아시아 원조의 부담을 경감하고자 하는 1960년대 미국의 대외정책과 관련되어 있었다는 점에서 최근 동북아시아에서의 방위비 분담을 위해 일본의 집단적 자위권에 대한 미국의 용인이 갖는 신냉전적 배경의 유사성에서 일본이 이를 활용하는 측면에 주목해야 할 필요가 있다. 도시환, "한일청구권협정의 국제법적 문제점에 대한 재검토", 『한일협정 50년사의 재조명 Ⅰ』, 동북아역사재단, 2012, 94~95쪽; "美 '日 집단적 자위권' 손 들어주다", 『조선일보』, 2013. 10. 4, A1면 참조.

18 허수열, "한국의 역사인식과 과제-식민지개발론의 비판을 중심으로", 『동북아의 역사 화해와 평화구축의 과제』(동북아역사재단 국제학술회의 자료집, 2013. 10. 17.), 67~80쪽; 권태억 외, 『일제강점 지배사의 재조명』, 동북아역사재단, 2010년 참조.

19 太田修, "もはや"日韓請求権協定で解決済み"ではすまされない: 朝鮮人強制動員被害者への戦後補償をめぐって", 『世界』, 岩波書店, 2013. 10, 192쪽.

로 남겨지게 되었음을 지적한다.[20]

더하여 이종원 와세다대 교수는 1951년부터 시작된 한일국교정상화협상은 본래 일본의 식민지 통치라는 과거 역사를 총괄하고 새로운 관계를 구축하는 계기가 되어야 했으나, 한일협정 문서에 일본의 식민지 지배에 관한 언급 자체가 전무하며, 기본관계조약 전문(前文)에 "양국민 관계의 역사적 배경과 선린관계"라고 한 것이 "역사"라는 단어를 사용한 거의 유일한 예임을 강조한다.

일본의 식민지배 직후 냉전체제하의 분단국가인 한국으로서는 국가의 생존을 위한 불가피한 선택으로서 공식적으로는 "식민지배 역사의 논리"를 제기하면서도 경제원조 획득을 우선시해 양보와 타협을 거듭했다. 한편 일본도 자신의 안전보장과 관련해 "자유진영"의 한국을 지원한다는 냉전전략상 요청을 고려하면서도, 과거 청산에 따르는 막대한 경제적 부담을 회피하는 데 급급했다. 미국의 관심도 베트남 전쟁의 격화를 배경으로 동아시아 냉전체제를 강화하면서도 자신의 전략적 부담을 줄이는 데 집중되었다. 그러나 이처럼 식민지배 책임에 대한 청산을 애매하게 취급하고, '전후 보상'의 많은 과제를 뒤로 미룬 것이 결국 오늘날까지 한일 관계를 불안정하게 하는 원인이자 배경이 된 것이다.[21]

이러한 전제에서 스나이더 교수는 일본인들이 한국 사법부의 판결

20 太田修, "財産請求權問題の再考 - 脫植民地主義の視角から"(笹川紀勝·李泰鎭 編, 『國際共同硏究韓國倂合と現代 - 歷史と国際法からの再檢討』, 明石書店), 2008, 696~717쪽.

21 도시환, "역사적 전환의 조류 속에 있는 동북아, 역사 화해의 큰 틀을 모색해야", 「동북아역사재단 뉴스」 2013년 9월호, 7면.

을 위협으로 볼 것이 아니라, 대부분 생이 얼마 남지 않은 고령의 피해자들을 위해 정의를 실현할 기회로 수용해야 하며, 제2차 세계대전 가해국인 독일이 전후 강제동원 피해배상을 위해 2000년 독일 정부와 민간기업이 총 52억 유로(약 7조4천600억 원) 규모의 기금을 출연해 설립한 "기억·책임·미래 재단"을 통해 생존자 160여만 명에게 보상금을 지급한 선례를 일본이 따라야 할 본보기로 제시하고 있다는 점에서 주목하여야 할 것이다.[22]

4. 일제식민지책임 판결의 국제법적 검토

1) 일제식민지책임 판결의 법리적 배경

일제 식민지배하의 침략전쟁에 강제동원된 중대한 인권침해인 일본군'위안부'와 강제징용 문제의 해결을 모색해 나가는 과정에서 2010년 한일지식인 1,139명이 천명한 한일병합조약 원천무효 공동성명에서 제기한 '반인도적 범죄'와 '식민지 범죄'에 대해 2011년 한국 헌법재판소와 2012년 한국 대법원은 법규범적 정의에 입각한 판결로 화답하였다.

22 Daniel Sneider, *supra note* 7.

"일제강점기에 일본군'위안부'로 강제동원되어 인간의 존엄과 가치가 말살된 상태에서 장기간 비극적인 삶을 영위하였던 피해자들의 훼손된 인간의 존엄과 가치를 회복시켜야 할 국가의 작위 의무는 헌법상의 의무"[23]이며, "일본의 국가권력이 관여한 반인도적 불법행위를 비롯하여 식민지배와 직결된 불법행위로 인한 손해배상청구권이 '한일청구권협정'에 포함되지 않았다"[24]는 판결을 통해 일제식민지책임의 전면적 확인에 더하여 인류 보편적 가치로서의 인권의 보장을 통한 적극적 평화를 추구함으로써 역사 정의를 향한 판결을 내렸던 것이다.[25]

2011년 헌법재판소 결정 이래 한국 사법부의 역사적인 판결이 나오고 있는 배경에는 20세기로부터의 유산인 식민주의의 암울한 역사를 극복하고 한국과 일본을 포함한 동아시아평화공동체를 건설해야 한다는 시대정신이 근저에 자리매김하고 있는 것으로 평가할 수 있다.

그러한 '식민지책임' 판결의 배경을 형성하고 있는 논거로는, 첫째, 2010년 한일강제병합 100년에 즈음하여 한일지식인 1,139명이 '역사적 진실과 국제법적 정의의 규명'을 전제로 천명한 '1910년 한일병합조약 원천무효' 공동성명, 둘째, 전통적인 국가우선주의 철학에서 인류보편적 가치로서의 인권보장을 향한 국제사회의 조류, 셋째, 식민지주의에 대한 청산을 역사적 과제로 선언한 더반선언[26]을 시작으로 2013

23 헌재 2011. 08. 30. 2006헌마788.

24 대법원 2012. 5. 24. 선고 2009다22549 판결, 선고 2009다68620 판결.

25 도시환, "일본군'위안부' 문제 연구의 역사정의를 위한 제언", 『일본군'위안부' 문제와 일본의 역사수정정책』, 동북아역사재단, 2018, 6쪽.

26 2001년 8월 31일부터 9월 8일에 걸쳐 남아프리카공화국에서 개최된 "인종주의, 인종차별, 외국인 배척과 관련 불관용에 반대하는 세계회의"(World Conference against Racism,

년 6월 7일 케냐-영국 간[27] 및 2013년 9월 12일 네덜란드-인도네시아 간[28] 식민통치에 대한 사죄와 배상 등에서와 같이 역사적 과오에 대한 시정조치가 이루어지고 있는 점[29] 등을 들 수 있다.

2) 한국 대법원 판결의 요지[30]

2012년 5월 24일 한국 대법원은 일제강점기에 국민징용령에 의하여 강제징용되어 일본국 회사인 일본제철주식회사에서 강제 노동에 종사

Racial discrimination, Xenophobia and Related Intolerance)에서는 "식민주의는 인종주의, 인종차별, 외국인 혐오증과 관련된 편협성을 조장했으며, 인종주의로 가는 원인을 제공함으로써 남아공 인종차별, 집단 학살 같은 반인류적 범죄의 요인이 되었다"고 지적했다. 나아가 과거 수백 년에 걸쳐 아프리카아시아 등지에서 많은 민족 민중을 괴롭힌 노예제와 식민지 지배를 청산하는 것을 역사적 과제라고 선언하고, 그 실현을 위한 행동계획을 밝혔는데, 이 선언에는 구미국가들뿐만 아니라 일본을 포함한 모든 구식민지 제국에 적용되고 있다.

27 영국과 케냐 간의 식민지배 피해 관련 마우마우(Mau Mau) 사건 판결(2012. 10. 5.)은 다음을 참조; 캐비타 모우디(Kavita Modi), "마우마우소송: 영국의 식민지 시대 국가배상", 『한일협정 50년사의 재조명Ⅳ-일제 식민지배 피해자의 구제를 위한 법정책적 과제』(서울: 동북아역사재단, 2015), 147~157쪽.

28 네덜란드와 인도네시아 간의 식민지배 피해 관련 라와게데(Rawagede) 사건 판결(2011. 9. 14.)은 다음을 참조; Wisah Binti Silan et al. v. The State of The Netherlands (Ministry of Foreign Affairs), DistrictCourt of the Hague, The Netherlands, 14 September 2011 (이하, 라와게데 판결문), para. 2.13. 〈http://www. internationalcrimesdatabase.org/Case/1006〉 Larissa van den Herik, "Addressing 'Colonial Crimes' through Reparations?-Adjudicating Dutch Atrocities Committed in Indonesia", Journal of International Criminal Justice 10 (2012), p.696.

29 도시환, "일제식민지책임 판결과 한일협정체제의 국제법적 검토", 『한일협정 50년사의 재조명 Ⅲ』, 동북아역사재단, 2014, 46~51쪽.

30 대법원 2012. 5. 24. 선고 2009다68620 판결.

한 피해자 등이 구 일본제철이 해산된 후 새로이 설립된 신일본제철주식회사를 상대로 국제법 위반 및 불법행위를 이유로 한 손해배상과 미지급 임금의 지급을 구한 사안에서, 식민지책임에 대한 전면적 확인, 청구권협정에 의한 해결 항변의 배척, 피고적격 항변의 배척, 소멸시효 완성 항변에 대한 배척 등을 판결하였다.

(1) 식민지책임에 대한 전면적 확인

대한민국 헌법 규정에 비추어 볼 때 일제강점기 일본의 한반도 지배는 규범적인 관점에서 불법적인 강점에 지나지 않고,[31] 일본의 불법적인 지배로 인한 법률관계 중 대한민국의 헌법정신과 양립할 수 없는 것은 그 효력이 배제된다고 보아야 한다. 그런데도 이를 합법으로 본 일본 판결은 일제강점기의 강제동원 자체를 불법이라고 보고 있는 대한민국 헌법의 핵심적 가치와 정면으로 충돌하는 것이어서 이러한 판결 이유가 담긴 일본 판결을 그대로 승인하는 결과는 그 자체로 대한민국의 선량한 풍속이나 그 밖의 사회질서에 어긋나는 것임이 분명하다. 따라서 우리나라에서 일본 판결을 승인하여 효력을 인정할 수 없음에도 이와 달리 본 원심판결은 법리오해의 위법이 있다고 판결하였다.

(2) 한일청구권협정에 의한 해결 항변의 배척

대법원은 한일청구권협정의 본질이 샌프란시스코조약 제4조에 근

31 도시환, "한일청구권협정의 국제법적 문제점에 대한 재검토", 『외법논집』 제35호, 2011, 316쪽.

거하여 한일 양국 간의 재정적·민사적 채권·채무관계를 정치적 합의에 의하여 해결하기 위한 것으로, 한일청구권 자금의 성격은 한일청구권협정 제1조에 의해 일본 정부가 대한민국 정부에 지급한 경제협력 자금이므로 제2조에 의한 권리문제의 해결과 법적 대가 관계가 아니라고 판시함으로써, 일본이 주장해 온 '한일협정완결론'의 실체가 식민지배 배상과 무관함을 규명하였다.

그러한 전제에서, 한일청구권협정의 적용 대상에 일본의 국가권력이 관여한 반인도적 불법행위나 식민지배와 직결된 불법행위로 인한 손해배상청구권이 포함되지 않았다고 판시함으로써, 일본이 주장해 온 '한일협정완결론'과 달리 개인청구권이 소멸하지 않았으며, 대한민국의 외교보호권도 포기되지 않았음을 천명하였다.

특히 한일청구권협정상의 개인청구권과 관련하여 국가가 조약을 체결하여 개인청구권을 직접적으로 소멸시킬 수 있다고 보는 것은 근대법의 원리와 상충될 뿐만 아니라 청구권협정에는 개인청구권의 소멸에 관하여 한일 양국 정부의 의사의 합치가 있었다고 볼 만큼 충분한 근거가 없다는 판시를 통해, 일본 정부의 공식 견해에서 제시하고 있는 조약의 메커니즘은 차치하더라도 양국 간 합의를 통해 개인청구권을 소멸시킬 수 없음을 규명하였다.

일본법률 제144호와 청구권의 관계에서는 일본이 청구권협정 직후 일본국 내에서 대한민국 국민의 일본국 및 그 국민에 대한 권리를 소멸시키는 내용의 '재산 및 청구권에 관한 문제의 해결과 경제협력에 관한 일본국과 대한민국 간의 협정 제2조의 실시에 따른 대한민국 등의 재산권에 대한 조치에 관한 법률'을 제정·시행한 조치는 청구권협정만으로 대한민국 국민 개인의 청구권이 소멸하지 않으며, 청구권협정의 적용 대상에 포함된다고 하더라도 외교보호권의 포기에 한정한다고 판시함으로써,[32] 일본의 국내 조치로 해당 청구권이 일본국 내에서 소멸하더라도 대한민국의 외교보호권에 한정하여 보호수단을 상실할 뿐 개인청구권은 포함되지 않음을 천명하였다.

(3) 피고적격 항변의 배척

구 일본제철이 신일본제철로 변경되는 과정에서 영업재산, 임원, 종업원을 실질적으로 승계하여 회사의 인적·물적 구성에는 기본적인 변화가 없었음에도, 전후처리 및 배상채무 해결을 위한 일본 국내의 특별한 목적 아래 제정된 기술적 입법에 불과한 회사경리응급조치법과 기업재건정비법 등 일본 국내법을 이유로 구 일본제철의 대한민국 국민에 대한 채무가 면탈되는 결과로 되는 것은 대한민국의 공서양속(公序良俗)[33]에 비추어 용인할 수 없다.

(4) 소멸시효 완성 항변에 대한 배척

피해자 등이 대한민국 법원에 소송을 제기할 시점까지는 대한민국

32 위의 판결.

33 공서양속(公序良俗)이란 공공의 질서와 선량한 풍속으로, 한국의 현행 「민법」 제103조는 "선량한 풍속 기타 사회질서에 위반한 사항을 내용으로 하는 법률 행위는 무효로 한다"고 규정하고 있다. 이는 로마법에서도 '선량한 풍속(boni mores)'이라는 관념에 의해 계약효력의 제한이 인정되고 있었던 것으로, 프랑스·독일 「민법」에 계승되었으며 한국의 「민법」도 여기에 따른 것이다. 국제적 공서(international public policy)의 위반은 각국이 판단하며, 이를 '공서개념의 국가성'이라고 한다. 이호정, 『국제사법』, 경문사, 1983, 219쪽.

에서 객관적으로 권리를 사실상 행사할 수 없는 장애 사유가 있었다고 보아야 하므로, 구 일본제철과 실질적으로 동일한 법적 지위에 있는 신일본제철이 소멸시효의 완성을 주장하여 갑 등에 대한 불법행위로 인한 손해배상채무 또는 임금지급채무의 이행을 거절하는 것은 현저히 부당하여 신의성실의 원칙에 반하는 권리남용으로서 허용될 수 없다.

3) 한국 대법원 판결에 대한 다수설

일제 강제징용 피해 배상판결에 대하여 지금까지 제시된 학자들의 견해를 보게 되면 국내외 일부 부정설[34]과 달리 다수의 학설은 긍정설에 입각하고 있는 것으로 보인다.[35]

특히 주목하게 되는 것은 일본 정부·기업·재계·언론 등의 일사불란한 부정적 해석에 대하여 잘못된 것이라는 견해가 일본 내에서 제기되

34 부정설의 논거에 대한 비판적 검토는 도시환, 앞의 논문, 2014, 58~67쪽 참조. 부정설로는 이근관, "한일청구권협정상 강제징용배상청구권 처리에 대한 국제법적 검토", 『법학』 제54권 제3호(2013. 9), 327~392쪽; 박배근, "일제강제징용 피해자의 법적 구제에 관한 국제법적 쟁점과 향후 전망-2012년 대법원 판결을 중심으로-", 『법학논총』 제30집 제3호(2013. 9), 47~69쪽; 浅羽祐樹, "「反日」化する韓国司法- なぜ「解決済み」の問題が蒸し返されるのか", http://webronza.asahi.com/synodos/2013082600005.html 등이 있다.

35 부정설의 공통적인 논거로는 일반적인 조약해석상 강제징용피해자의 청구권이 1965년 한일청구권협정의 물적 대상에 포함되었다는 주장이나, 대법원 판결은 '식민지배의 합법성을 전제로 일관하여 법적 책임을 부정해 온 일본 정부의 입장'을 배상판결의 근거로 '일본의 국가권력이 관여한 반인도적 불법행위를 비롯하여 식민지배와 직결된 불법행위로 인한 손해배상청구권이 한일청구권협정에 포함되지 않았다'는 것이다.

고 있다는 점이다.[36]

일본 역사학자이자 국제조약상의 '식민지책임' 연구 관련 전문가인 오오타 오사무(太田修) 교수는 식민지 지배하에서 전시 강제동원을 하였음에도 불구하고 식민지 지배와 전쟁책임에 대해 애매하게 대처해 온 일본 정부가 그러한 역사에 대해 더 이상은 은폐해서는 안 된다는 의미에서 대법원 판결을 수용해야 함을 주장하고 있다.[37] 오오타 교수는 한국 하급심에서조차 적법성으로 인정되었던 피고의 세 가지 주장인 일본 판결의 기판력, 한일청구권협정에 의한 해결, 소멸시효의 완성 등의 항변을 대법원이 배척함으로써, '1910년 한일강제병합 자체가 불법'이라는 전제하에, 2005년 민관공동위원회의 결정에서 배제된 강제징용 피해자의 '배상 문제'를 한일청구권협정으로는 해결하지 못한 것으로 결론지었다.[38]

일본 법학자인 나카가와 토시히로시(中川敏宏) 교수는 대법원 판결에 대해 한국에 주재하고 있는 기업뿐만 아니라 일본의 전후배상 문제에 관한 상징적인 의미를 갖는 것으로 평가하고 있으며,[39] '전후보상' 소송을 담당해 온 오구치 아키히코(大口昭彦) 일본 변호사는 한국 사법부에 의한 일련의 판결들은 전후 일본이 성실한 해결을 회피해 왔던 일본 정부의 책임이며, 일제의 식민지배와 제국주의 전쟁에 동원되어 겪게 된

36 太田修, *supra note* 19, 189쪽.

37 太田修, 위의 논문, 195쪽.

38 太田修, 위의 논문, 190쪽.

39 中川敏宏, "判例研究 韓国大法院·旧三菱戦後補償請求事件判決[大法院2012.5.24]", 『專修ロージャーナル』, 第8號, 法科大学院論集編集委員会 編, 2013. 1, 153쪽.

심각한 피해는 해결되어야 한다. 그러므로 이 일들이 일본 정부·기업·국민 앞에 놓이게 된 것은 당연한 귀결이라고 주장하였다.[40]

미국의 대니얼 스나이더(Daniel Sneider) 교수는 대법원 판결에 대해 한일 양국을 포함한 조약체제상의 문제로 보고 있는 전제에서, 국가 간의 합의로 개인청구권이 배제되지 않으므로 일본군'위안부' 제도와 '일제 강제노동 제도'로 희생된 피해자들에 대한 배상을 촉구하고 있다.[41]

한국 학자의 견해를 보게 되면, 국제사법학자인 석광현 교수는 대법원 판결이 불행한 시대를 살아온 피해자 등에게 법원이 뒤늦게나마 법적 신원(伸寃)을 가능케 한 기념비적인 판결로, 일본의 불법적인 지배로 인한 법률 관계 중 한국의 헌법정신과 양립할 수 없는 것은 그 효력이 배제된다고 선언한 점에서 큰 의미가 있다고 평가하고 있다.[42]

법사학자인 김창록 교수는 대법원 판결에 대해 '식민지 범죄'의 전형으로서 일본군'위안부' 문제를 포함한 한일 '식민지책임' 추급 전반에 관한 매우 획기적이고도 역사적으로 주목할 만한 '법적 결단'을 담고 있다고 평가하고 특별히 주목해야 함을 강조한다. 일본이 1965년을 비롯하여 현재까지도 "식민지배의 불법성"을 인정하지 않고 있으므로 1965년에는 당연히 '식민지책임'이 해결되지 않았기 때문에 "식민지배와 직결된 불법행위"에 대한 외교적 보호권을 행사하여 자국민의 청구

40 大口昭彦, "判決·ホットレポート 戦後補償問題に関する注目すべき韓国司法の動向と意義", 『法と民主主義』, 2013年8·9號, 通巻No.481, 48쪽.

41 Daniel Sneider, *supra note* 7.

42 석광현, "강제징용배상에 관한 일본판결의 승인 가부", 『국제사법연구』 제19권 제1호(2013. 6), 147쪽.

권 실현에 나서야 함을 주장하고 있다.[43]

국제법학자인 이장희 교수는 대법원 판결 이후 일본 정부가 한국 주재 피고재산에 대한 손해배상 집행 문제에 대해 국제법 위반을 강변할 것이 아니라 열린 시각과 현대국제법의 발전추세에 부응하여 일제 강제징용 피해자를 전쟁범죄 피해자로 인정하고 손해배상을 위한 특별 입법 조치를 해야 함을 주장한다. 아울러 우리 외교부는 한일청구권협정 제3조 1항에 따른 외교 협상을 통해 일본 정부가 한국의 입장을 수용하도록 해야 할 것을 정책 과제로 제시하고 있다.[44]

5. 일본군'위안부' 피해와 국제인권기구의 권고

1) 일본군'위안부' 피해와 일본 역사학계의 비판

일제 식민지 여성에 대한 전쟁범죄라는 중대한 중첩적 인권침해인 일본군'위안부' 피해와 관련하여 일본 정부의 정책은 단계별로 첫째, 1965년 한일협정을 통한 완결, 둘째, 전후 70년 아베 담화를 통한 부정,

43 김창록, "식민지책임의 청산과 일본군'위안부' 문제", 『한일협정 50년사의 재조명 Ⅱ』, 동북아역사재단, 2012, 171~181쪽.

44 이장희, "'일제 강제징용 피해자 국제법적 구제 논거 및 정책과제', 『한일 역사문제의 핵심을 어떻게 풀 것인가?』, 지식산업사, 2013, 195~223쪽.

셋째, 2015년 한일합의를 통한 불가역적 해결로 요약된다.

1965년 한일협정을 통한 최종적 완결의 연장선상에서 2015년 불가역적 한일합의를 견인한 '전후 70년 아베 담화'는 일본의 국가권력이 관여한 반인도적 범죄인 일본군'위안부' 문제를 여성에 대한 일반적인 전쟁 피해 문제로 축소시켜 책임을 회피하였다. 그러나 주목하게 되는 것은 일본군'위안부' 문제에 대한 아베 담화의 역사의 진실과 정의에 대한 부정과 역사수정주의의 난폭한 역주행의 파고가 높아진 이상으로 일본의 역사학계[45]를 비롯하여 전 세계 역사학계[46]의 일본군'위안부' 관련 과거사 왜곡 중단 및 역사적 사실 인정을 촉구하는 목소리는 더욱 고조되어 거대한 조류로 확산되고 있다는 점이다. 그것은 "'위안부' 문제는 역사학자들의 연구에 맡겨야 한다"는 아베 총리의 책임전가에 대해, 일본을 비롯한 세계의 역사학계가 "일본군'위안부'의 강제연행은 역사적 사실"로 명백하게 화답하고 있기 때문이다.[47]

'전후 70년 아베 담화'를 비판해 온 일본 역사학연구회는 '2015년 합의'[48]에 대해 다음과 같이 비판하고 있다. 첫째, '위안부' 제도의 책임을

45 歴史学研究会, 「戦後70年首相談話に対する声明」, 2015. 9. 14.

46 "Full text of historians' statement on Japan's wartime sex slavery", *Yonhap News*, May 6, 2015.

47 도시환, "일제식민지책임 청산을 위한 한일조약체제의 과제", 『역사와 세계』 제48권(2015. 12.), 74~75쪽.

48 '2015년 합의'의 성격과 관련하여 일본은 최종적 불가역성을 강조하는 반면 '한일협정완결론'을 전제로 한 합의에 불과하다는 점에서 조약으로 볼 수 없다. 이와 관련하여 이장희·정인섭 교수는 "조약이나 신사협정이 아닌 국제법적 구속력이 없는 정치적 선언"으로 평가하고 있다. "위안부 합의 한 달…日망발·싸늘한 여론에 논란 여전", 『세계일보』, 2016. 1. 27. 10면.

불명확하게 하였다. 역사학 연구를 통해 일본 정부와 일본군이 군대 시설에서 '위안소'를 제안, 설립, 관리 및 규제했으며, '위안부' 제도는 근본적으로 기존의 국내 및 국제법 기준을 위반하는 성노예 제도였음을 분명히 규명했음에도 불구하고 '위안부' 제도의 책임에 대해 '군의 관여'를 모호하게 하였다. 둘째, 전 '위안부'들의 명예와 존엄과 관련된 인권 피해자를 배제한 채 최종적·불가역적 해결을 시도하였다. 향후 역사 연구의 진전에 따른 새로운 평가와 문제 해결의 가능성이 배제되고, 역사 교육이 언급하지 않아 실제 교과서에서 '위안부' 문제에 대한 서술이 삭제되는 사태가 진행되고 있다. 피해 당사자의 의사를 고려하지 않은 정부 간 일방적 해결 선언으로는 '위안부' 문제의 근본적 해결은 있을 수 없다는 것이다.[49]

2) 2018년 UN 인종차별철폐위원회의 권고

2018년 8월 16일 스위스 제네바에서 개최된 UN인종차별철폐위원회에서 1998년 UN특별보고관이었던 미국의 게이 맥두걸(Gay McDougall)과 벨기에의 마르크 보슈이(Marc Bossuyt) 등 복수의 인권위원들은 2015년 한일 정부 간 합의에 대해 2가지 의문을 제기했다. "왜 '위안부' 피해자들이 만족할 형태로 일본 정부가 사죄와 보상을 하지 못하

49 歴史学研究会, "日本軍「慰安婦」問題をめぐる最近の動きに対する日本の歴史学会·歴史教育者団体の声明", 2016. 5. 30.

는가?"와 "왜 피해자 입장이 반영되지 않은 한일 합의로 일본 정부는 '위안부' 문제가 최종 해결됐다고 주장하는가?"였다. 이러한 인권위원들의 질타에 맞선 일본 대표의 입장은 2015년 한일 정부 간 합의로 일본군'위안부' 문제는 해결되었다는 것이다.

8월 30일 UN인종차별위원회의 보고서는 일본 정부에 대해 다음과 같이 권고하고 있다.2015년 한국과의 합의를 포함하여 '위안부' 문제를 해결하려는 노력에 대해 당사국이 제공한 정보에 주목하면서 이러한 노력에 대해 생존 '위안부' 여성들이 충분히 만족하지 못했으며 또 이러한 해결책이 제2차 세계대전 과정에서 일본군에 의해 피해 여성들에게 저질러진 인권침해에 대한 명백한 책임을 인정하지 않았다는 점을 강조했다. 위원회는 '위안부'에 대한 일본 정부의 책임 인정과 생존자에 대한 잠재적인 부정적 영향을 최소화하기 위해 일본 정부관료들의 진술에 대해서도 우려를 표시했다. 위원회는 모든 국적의 '위안부' 여성을 포함한 피해자 중심 접근(victim-centred approach)을 통해 '위안부' 문제에 대한 지속적인 해결책을 확보하고 여성의 인권침해에 대한 책임을 인정하는 것이 당사국에 권고될 것을 요청했다. 위원회는 생존한 '위안부' 여성과 그 가족을 다루는 적절한 조치를 포함하여 '위안부' 문제를 해결하기 위한 노력에 대한 다음 정기 보고서에서 상세한 보고를 요구하였다.[50]

50 U.N. Doc. CERD/C/JPN/CO/10-11 (26 September 2018), para. 27~28.

3) 2018년 UN강제실종위원회의 권고

2018년 11월 19일 UN강제실종위원회는 일본에 대한 강제실종보호협약 이행에 대한 심사를 통해 다음과 같이 채택한 보고서를 공개했다. 강제실종협약의 제8·12·24조와 관련하여, 위원회는 강제실종 범죄의 지속적인 본질을 강조하고 피해자들의 정의, 배상, 그리고 발생 시점과 관계없이 강제실종 상황의 진실을 알고자 하는 피해자의 권리를 재확인하고자 하였다. 이러한 전제에서, 강제실종으로 추정되는 '위안부'의 규모에 대한 통계 정보의 부족과 이 사건들의 가해자에 대한 수사, 기소 및 처벌의 부재에 대해 문제를 제기했다. 더욱이 '위안부' 여성들의 낙태 관련 사건들에 당사국인 일본이 조사를 거부하고 관련 사실과 자료의 은폐로 공개에 실패했다는 보도에 우려를 표명했다. 또한 협약 제24조 (5)항에 따른 피해자에 대한 적절한 배상금으로는 부족할 뿐만 아니라, 이 문제가 "최종·불가역적으로 해결되었다"는 일본의 입장에 대해 유감을 표명했다. 이것은 가해자의 처벌을 배제하고, 피해자들의 알 권리를 부정하며, 정의, 배상 등에 대한 보증을 부인하는 것이다.

UN강제실종위원회는 '위안부' 관련 강제실종 범죄의 지속되는 본질과 관련하여 당사국인 일본에 다음과 같이 권고하였다. ① 강제실종으로 추정되는 '위안부' 피해자의 규모에 대한 정확한 통계의 작성과 진실과 배상에 대한 권리의 보증 ② 낙태 문제를 포함하여 강제실종으로 추정되는 사례에 대해 지체없이 철저하고 공정한 조사 ③ 제기된 혐의로 가해자가 기소되고 유죄로 판결되면 행위의 중대성에 따른 처벌 ④ 부당한 제거, 강제실종, 신원 변경의 희생양이 된 '위안부' 피해자의 자

녀를 찾고 식별을 통해 가족 복귀에 필요한 조치 ⑤사실 및 자료와 관련된 모든 정보 공개 보장 ⑥ 모든 피해자에 대한 적절한 보상 ⑦진실에 대한 권리의 보장 등이다.[51]

6. 일제 식민지배 피해자의 구제를 위한 과제

'2010년 한일강제병합 100년 한일지식인 공동성명'과 접맥하여 2019년 2월 6일 '3·1 독립선언 100주년의 기념비적인 해'에 발표된 일본지식인 성명에서,[52] 우리의 자주독립에서 나아가 동북아 평화에 대한 선각자적 인식에 대해 일본 정부의 식민지배에 대한 반성과 사죄를 촉구하고 있다는 점에 주목하게 된다. 그것은 일제 식민지배하의 침략전쟁에 강제동원된 반인도적 범죄 피해 문제가 오늘날 동북아 역사 갈등의 최대 현안이자, 국제사회 최대 인권 현안이라는 점에서 역사적 진실과 국제인권법적 정의를 통해 진정한 해결 방안을 모색해야 하는 과제와 맥락을 같이하고 있기 때문이다.

한일강제병합 100년이던 2010년에 이르러서야 한일 지식인 1,139명에 의한 "1910년 한일병합조약 원천무효"라는 공동성명이 천명되면

51 U.N. Doc. CED/C/JPN/CO/1 (19 November 2018), para. 25~26.

52 "日지식인 226명 "日정부, 식민지배 사죄로 한일갈등 풀어야"", 『동아일보』, 2019. 2. 7, A6면.

서, 일본 정부와 사법부에 의해 거부되던 "일본의 국가권력이 관여한 반인도적 불법행위 및 식민지배와 직결된 불법행위"에 대한 역사의 진실과 법규범적 정의가 한국 사법부에 의해 최초로 규명되고 재조명된 것이다. 그것은 원천무효인 한일강제병합조약 체결 이래 불법적인 강제 징용령에 근거한 일본군'위안부' 제도 및 일제 강제노동 제도로 인해 희생된 피해자들이 21세기 현 시점에서도 동아시아 냉전체제 수립을 위한 샌프란시스코강화조약[53]과 그 연장선상에서 불법 식민지책임을 회피한 한일청구권협정을 통해 조약이라는 법규범으로부터 보호받지 못했을 뿐만 아니라, 그러한 한일조약체제로부터 심각하고 지속적인 인권침해를 받고 있다면 이는 곧 제도라는 이름의 또 하나의 구조적인 폭력에 다름 아니며, 인류가 추구해야 할 보편적 가치로서의 인간존엄성 구현을 통한 적극적 평화의 추구로서 인권구제의 문제로 재조명되어져야 할 것이다.

더욱이 2015년 8월 '전후 70년 아베 담화'는 "전후체제로부터의 탈각"과 "역사수정주의"의 기치 아래, 일제 식민지배 및 침략전쟁의 책임에 대한 부정에 더해 일본군'위안부' 피해에 대한 책임 회피로 일관했을 뿐만 아니라, 같은 해 12월 28일 한일 외교장관 합의 이후, UN 인권

53 1951년 샌프란시스코강화조약은 유례를 찾기 어려울 정도로 일본에 관대한 평화조약이었다. 이근관, "샌프란시스코강화조약 및 대이탈리아강화조약의 비교연구", 『한일 간 역사현안의 국제법적 연구』, 동북아역사재단, 2009, 369쪽; 식민지책임을 부정한 한일재산청구권협정으로는 과거의 문제는 해결되지 않은 것이며, 오늘날 식민지 지배 부당론이라는 새로운 입장에서 과거 문제와 마주해야 한다. 오타 오사무, "두 개의 강화조약에서의 식민지주의와 한일 '청구권'", 『한일협정 50년사의 재조명 Ⅱ-한일협정체제와 '식민지' 책임의 재조명』, 동북아역사재단, 2012, 34쪽.

위원회를 비롯한 국제인권기구에서 공개적으로 일본의 국가권력이 관여한 반인도적 범죄인 일본군 위안부의 '강제연행'과 '성노예' 피해 사실 자체를 부정해 오고 있다. 이에 2018년 8월 16일 UN 인종차별철폐위원회는 "피해자에 대한 사죄가 없는 정부 간 합의로 인권 문제가 해결될 수 없다"는 인권위원들의 공통의견을 제시했으며, 11월 19일 UN 강제실종위원회는 최종·불가역적 해결이라는 2015년 합의에 유감을 표명하고 진상 규명과 가해자에 대한 처벌까지 권고했다. 일본의 주장은 이러한 국제인권기구의 시각과 명백히 상충되는 것이다.

그렇다면 일제 식민지배 피해자에 대한 전쟁범죄라는 중첩적이자 중대한 인권침해로서 일본군'위안부' 피해자를 비롯하여 '일제 강제노동 제도' 피해자의 구제를 위해, 일본의 국가권력이 관여한 반인도적 범죄로부터 인권과 정의 그리고 평화를 향한 국제인권법으로의 정립을 논의하고자 한다.

첫째, 일제식민지배의 토대이자 제국주의 침략노선의 근간이 되었던 '국가주의' 철학으로부터 인권중심 사고로의 법리를 재정립해야 한다. 본질상 중대하고 심각한 인권침해인 일본군'위안부' 피해를 '상업적 매춘부'로 매도하는 왜곡으로는 문제가 해결될 수 없다. 일본이 주장하는 2015년 12월 28일 한일 간 합의의 불가역성과 관련하여 일본과 독일의 침략과 잔학 행위가 인간 존엄성에 대한 극단적인 경시와 침해였다는 반성으로 형성된 국제인권법은[54] 기본적으로 국가 간의 우호를 위해 개인의 희생을 강요해서는 안 된다는 것이다.

54 김대순, 『국제법론』 제17판, 삼영사, 2013, 866쪽.

둘째, 역사에 내재된 정의의 의미가 E. H. 카(E. H. Carr)가 설파한 바와 같이 과거와 현재의 끊임없는 대화를 통한 진실의 재조명이라고 할 때, 국제사회 공동규범으로서의 국제법의 법리는 정의구현을 담보하고 재정립해 나가는 것이어야 한다. 한나 아렌트(Hannah Arendt)가 설파한 바와 같이 무엇이 "부정의" 한가에 대한 기본적인 합의가 없는 곳에서는 평화스러운 사회생활을 영위하기 어렵다는 전제에서,[55] 일본군'위안부' 피해자들의 호소를 외면하고 있다는 그 자체가 부정의에 다름 아닌 것이다. 일제식민지배하의 반인도적 전쟁범죄 피해자들의 침해당한 인권은 '응답 가능성으로서의 정의'로서, 2005년 12월 16일 UN총회에서 만장일치로 채택된 '피해자권리 기본원칙'[56]에 입각한 피해자 중심 문제 해결로서 법적 책임에 대해 묻고 있는 것이다.

셋째, 단순한 전쟁방지 차원의 소극적 평화(negative peace)에서 나아가 오늘날 인류 보편적 가치로서의 인권(human rights)과 인간안보(human security)의 실현을 전제로 하는 적극적 평화(positive peace)의 정립을 통한 진정한 평화공동체의 구축을 모색해 나가야 한다. 나비 필레이(Navi Pillay) 전 UN 인권대표가 강조한 바와 같이 일본군'위안부' 피해는 역사로의 이관이 아닌, 여성의 인권에 대한 침해가 정의와 배상에 대한 권리로 실현되지 않은 한 지속적인 현재진행형의 '적극적 평화' 구현의 과제인 것이다.[57]

55 高橋哲哉, 『戰爭責任論』, 講談社, 2005, 23~39쪽.

56 "Declaration of Basic Principles of Justice for Victims of Crime and Abuse of Power", Resolution adopted by UN General Assembly, A/RES/40/34, Nov. 29 1985.

57 Navi Pillay, "Japan's approach to the issue of 'comfort women' causing further violations

오늘날 동아시아 최대 역사 현안이자 국제사회 최대 인권 현안으로서 90대 고령의 일본군'위안부' 피해자와 일제의 전시 '강제노동제도' 피해자들이 소망하고, 국제사회가 정립해 온 인권과 정의와 평화의 공동체로 나아가기 위한 요청에 화답하지 못한다면, 일본 정부는 인류사에서 치유 불가능한 가장 큰 오점을 남기게 될 것임을 인식해야 할 것이다.[58]

of victims' human rights-Pillay", Office of the High Commissioner for Human Rights, UN Human Rights, 2014. 8. 6.

58 See-hwan Doh(2014. 9. 22.), "'Comfort women' abuses were crimes against humanity", *Korea Herald*, p.4.

16

역사민족주의와 동북아 '운명공동체' 구상

| 왕슈밍(汪舒明) ■ 상하이사회과학원 국제문제연구소 연구원 |

1. '역사적 보복' : 냉전 후 동북아시아 민족주의의 발흥

동북아시아 역시 '역사민족주의'로 인해 큰 피해를 입은 지역이라는 점은 더 이상 말할 필요가 없다. 일련의 역사 문제와 충돌기억으로 어려움을 겪고 있으며, 역사 서술로 인한 분쟁이 다른 현실적인 이익과 섞여 동북아시아의 국제관계를 더욱 복잡하게 만들고 있다.

1990년대 중반 이후, 중일, 일한(북) 간 역사 문제를 둘러싼 충돌이 계속 가속화되었다.[1] 일본의 우익 정객들이 단결해 그들의 조부가 벌인 침략의 역사를 뒤집고자 했고, 일본 내에서 역사수정주의가 확산하여 역사 문제에 대한 동아시아 이웃 국가들의 '마지노선'을 지속적으로 자극했다. 21세기에 접어들면서 일본의 지도자들은 여전히 야스쿠니 신사를 참배하고 역사수정주의라는 공론(空論)을 폈다. 이는 역사 문제에 대한 '고노 담화', '무라야마 담화'의 사과를 무력하게 만들고 왜곡하였으며, 역사 교과서 문제에 대해 자기 절제와 이웃 국가를 배려한 '미야자와 담화'를 폐기한 것이다. 한·중·일 3국의 고위 정치 지도자들은 많은 시간을 할애해 '역사전쟁'이 가져온 위기를 관리해 왔으며, 3국의 국내 외교사안 중 최고의 정치 사안으로 삼았다.[2] 비록 중일 간의 '4항 원칙합의'(2014년 11월), 한일 간 '위안부' 문제 합의(2015년 말)가 있었지

1 汪舒明, 역사 문제로 인한 중일 안보관계의 어려움에 관한 글 참고, 『国际政治研究』의 『历史问题"安全化"及其对21世纪中日安全关系的影响』, 2016년 제3기.

2 Thomas U. Berger, War Guilt, and World Politics after World War II, New York, Cambridge University Press, 2012, p.223.

만, '역사 문제'는 동북아에서 역사화되지 못하고, 세계문화유산신청, 기념비, 대중문화 등으로 여전히 첨예하고 복잡한 갈등과 논쟁거리가 되고 있다. 2017년 한국의 문재인 대통령 취임 후 위안부 문제가 다시 불거졌다. 2015년 말 한일 간 '위안부' 문제 합의는 과거사 문제를 원만하게 해결하지 못했을 뿐 아니라 오히려 양측의 새로운 갈등을 유발시켜 역사적 상처를 다시 드러냈기 때문이다.

1990년대 중반, 한중 양국은 역사 서술에 대해 같은 입장을 취하고 공통된 의견을 가졌었다. 하지만 21세기 들어, 한중 양국은 고구려 역사, 한국전쟁 등 문제로 인한 갈등이 여러 차례 두 나라 관계에 걸림돌이 되었다. 고구려 문제와 중국의 '동북공정'을 둘러싸고 남북 양측은 중국에 깊은 불만을 제기했으며, 한국에는 반중 정서가 고조되었다.[3] 한국전쟁의 경우, 한중 양국은 역사 인식에서 큰 차이를 보였고, 이로 인해 공개적으로 설전을 벌였다.[4] 또한 중추절과 인쇄술, 손중산의 조상 등 일련의 역사문화 주제에 대해 한중 양국의 논쟁이 있었다.

2017년 북핵 문제로 인해 북중 양국 관계가 악화되는 상황 속에서 북중이 함께 갖고 있던 역사 서사인 '혈맹'이 와해되었고, 이를 대신해 상대방을 '배신자'라고 공개 비난하기에 이르렀다. 2017년 5월 3일, 조선중앙통신은 「북중 관계의 기반을 흔드는 경솔한 언행을 하지 말라」라는 제목의 사설을 통해 "배신을 당하고 반복적으로 전략적 이익에

3 Peter Hays Gries, "The Koguryo Controversy,National Identity, and Sino-Korean Relations Today", in *East Asia*, Winter 2005, Vol. 22, No. 4, pp.3~17.

4 Gilbert Rozman, "History as an Arena of Sino-Korean Conflict and the Role of the United States", in *Asian Perspective*, Vol.36, No.2, 2012, pp.263~285.

피해 입은 나라는 중국이 아니라 조선이다"라고 밝혔다. 이에 대해 중국은 5월 4일 『인민일보』 해외판 위챗 공용 계정 '협객섬(侠客岛)'을 통해 위의 글에 대한 반격의 글을 실었다. 한국전쟁의 역사적 책임이 먼저 전쟁을 일으킨 북한의 김일성에게 있기 때문에 중국은 휩쓸려 들어갔고, 이로 인해 타이완 문제 해결과 중미 관계 정상화의 시기를 놓쳤다고 최초로 언급했다. 2018년 들어 북중 양자 관계가 다시 정상궤도에 올랐고, 양측은 다시 한번 '혈맹'의 역사의 서사와 기억을 확인했다.

동북아 지역 내 역사민족주의는 서로에게 영향을 주고받는 특징이 있으며, 역사 문제의 관리해결의 기준이 높아졌고 문제의 복잡성이 보인다. 동북아 국가는 역사 문화적으로 긴밀한 관계를 맺고 있다. 사회적 융합도도 높고 빈번하게 교류하며 정보 전달 속도도 매우 빠르다. 양국 간 역사 문제가 야기한 분쟁으로 인해 역사민족주의 정서가 생겨났고, 이는 악순환으로 이어져 일국의 민족주의가 상대국의 민족주의를 촉발한다. 이와 같은 현상은 근현대 일본의 침략사 인식에서 보다 선명하게 드러난다. 일본 우익의 역사수정주의는 항상 한·중·북한의 강력한 불만을 가져왔다. 중국과 한국 중 한 측이 이 문제에 대해 대일본 행동이나 '합리적' 요구를 하면, 이를 서로 참고하는 형국이었다. 일본의 역사 문제에 대해 한중 양국의 여론은 서로를 비교하고, 이는 정책 결정자에게 강력한 여론의 압박으로 작용한다. 예를 들어, 1998년 일본 수상은 일본을 방문한 한국 대통령에게 역사 문제 관련 사과를 표했다. 이에 일본에 사과를 요구하는 중국 여론의 목소리가 높아지자, 결국 장쩌민 총서기가 일본 방문 중에 일본 측에게 공개 사과를 요구하는 것으로 이어졌다. 이처럼 서로에게 영향을 주고받는 상황 속에서 양측의 해결 방안은 미봉적 타협안으로 끝나곤 하여 시시포스의 덫을 벗어날 수 없다.

2. 동북아 지역 협력에 도전이 되는 역사민족주의

우정에 관한 기존의 서사와 기억은 나라와 나라 사이 국민의 마음을 통하게 하고 상호 신뢰 속에서 협력하게 하는 중요한 동력이 된다. 반면, 충돌과 오랜 원한은 나라 사이의 불신을 가져와 서로에 대한 위협을 고조시킨다. 그리고 충돌의 기억과 역사민족주의는 아래와 같이 국제 안보에 영향을 미친다.

1) 민족국가의 '존재론적 안전(ontological security)'

존재론적 안전은 행위자가 자신의 존재 방식에 대해 느끼는 확정적 감정으로, 시공을 넘어서 일관된 자아를 찾고자 하며 타인의 인정이나 확인을 받길 원하는 것을 말한다.[5] 행위자의 존재론적 안전은 건강한

5 See Alexandria J. Innes and Brent J. Steele, "Memory, Trauma and Ontological Security", in Erica Resende and Dovile Budryte, edits, *Memory and Trauma in International Relations: Theories, Cases and Debates*(New York, Rouledge, 2014), pp.15~29.

자아 정체성과 자존감을 통한 집단적 기억으로 구성된다. 역사민족주의는 집단 내부에서 공통의 기억과 자아 정체성을 만드는 동시에 이를 외부로 확대하여 타국의 집단적 기억과 자아 정체성 형성에 개입하고 충격을 가한다. 이렇게 상대국과 역사를 어지럽힌다. 어떤 의미에서 보면, "우리의 기억을 빼앗는 것은 바로 우리의 일부를 무너뜨리는 것이다. 우리의 본질을 훼손하는 것은 우리의 정체성이라고 여겨지는 핵심을 부수는 것이다."[6]

전쟁범죄나 인종의 파괴, 학살 등 인류가 일으킨 심각한 재난을 겪은 사람들에게 생긴 역사적 원한은 이들 정체성의 중심에 위치한다. 고통을 겪은 역사적 슬픔은 피해 집단과 이들을 잇는 후손들에게 오랜 시간 지속되어 집단 심리의 한켠을 차지한다. 피해 집단의 사람들이 가해자 집단의 현 구성원들에게 역사적으로 불공정했던 일을 기억하도록 요구하는 것은 가해자의 후손에게 이들 집단의 독특한 정체성과 역사 인정을 요구하는 것이다.

이와 같은 인정은 가치 있고 존엄한 해당 집단의 정체성을 지지하는 것을 의미한다.[7] 가해자 집단 역시 장기간 역사적 책임을 이어간다. 이들은 과거 사건에 대한 역사적 책임을 저울질하고, 이는 집단 정체성의 중심 부분을 구성한다.[8] 이 두 개의 집단 그리고 집단 내부에서 죄에 대

6 W. James Booth, "Communities of Memory: On Identity, Memory and Debt", in *American Political Science Review*, Vol.93, No.2, June 1999, p.258.

7 Jeffrey Blustein, *The Moral Demands of Memory*(New York: Cambridge University Press, 2008), pp.163~164.

8 Jeffrey Blustein, *The Moral Demands of Memory*(New York: Cambridge University Press, 2008), p.145.

한 책임 등 관련 문제에 대해 어떻게 책임질지 지속적으로 논의하는 것은 해당 집단의 오늘과 내일의 특징 및 발전 방향을 재정립하는 것이다. 깊은 원한의 역사로 인해 대두하는 민족주의 정서를 각국의 내부와 타국에서 어떻게 대할 것인지는 국내외 정치안보에서 다루기에 매우 민감하고 해결하기 힘든 문제이다. 이웃 국가 사이에 발생한 충돌과 폭력에 대한 기억은 민중의 정체성과 감정 대립으로 이어져 집단적 충돌과 폭력으로 확대된다. 만약 말과 글로 서로의 '정체성' 혹은 '정신'적인 측면에 대해 적대감을 갖고 표현하는 것을 제대로 관리하지 않는다면, 이는 곧바로 현실의 물리적 폭력과 충돌로 이어지게 된다.

2) 국가의 안보 전략과 정책 형성의 관련성

안보 전략과 국민 기억은 상생과 견제의 관계이다. 국가는 안보 전략과 정책을 선택할 때 자국민의 집단적 기억에서 벗어나지 않도록 해야 한다. 국민의 기억은 국가 안보에 사회화(社會化)와 동원(動員)의 기제를 제공하며, 자아 정체성과 위협 인식을 통해 대중 집단은 '민감'하게 반응한다. 이로써 대중은 국가의 안보 전략과 정책을 수용·지지하거나 나아가 자기를 투신한다. 일단 안보 전략과 정책에 대한 중대한 조정을 시행하면 새로운 역사 서사를 구성해 국민의 기억을 재편할 필요가 생기는 것이다. 또한 국민 기억은 항상 수많은 현실의 안보문제와 관련된다. 어떤 시기 한 지역의 질서와 국가 위상, 영토주권 등 현실적인 안보문제가 역사의 죄행을 정리하는 것과 관계되거나 심지어 '과거사 문제'

로 표현된다. 국민의 기억과 안보 전략, 정책 간의 연동 관계를 어떻게 장악해 양자를 조화롭게 하느냐는 매우 복잡하고 미묘한 문제이다. 충돌의 기억과 안보 사이의 복잡한 관계는 사실 국제사회에서 힘겨루기의 대상이 되는 다양한 의제들 가운데 '연소'되거나 긴장을 고조시키는 역할을 한다. 즉, 다양한 역사 문제 사이에서 '연소'되거나, 역사 문제와 기타 현실적인 안보문제 사이에서 '연소', 혹은 국가 사이에서 역사 문제가 '연소'되는 것을 말한다. 아직 타협점을 찾지 못하고 화해하지 않은 나라 사이에서 '역사'를 둘러싼 분쟁은 현실의 안보문제를 일으켜 대립하거나, 안보정책이 실제로 충돌해 '역사 문제'의 충돌을 가속화한다.

3) 국가에 영향을 미치는 위협 인지

국가가 위협의 근원과 성격을 판단할 때는 대상 국가 간의 상대적인 실력을 비교하는 동시에 대상국의 의도를 주목한다. 위협을 판단하는 과정에서, 대상국의 의도, 즉 적의(敵意)를 본다. 이는 간과할 수 없는 변수이다. 국가는 역사적 경험과 기억을 통해 타국의 의도를 판단하려 한다. 한 나라의 안보문화를 살펴보며 "먼저 역사적 경험을 추적해야만 한다. 이와 같은 경험은 모(谋)특정 사회가 군사와 국가안보 그리고 무력 사용을 어떻게 생각하는지 결정짓기 때문이다…"[9] 상처기억은

9 토머스 버거(Thomas Berger),『德国和日本的规范, 认同与国家安全 : 미국 피터 카첸슈타인(Peter J. Katzenstein), 宋伟, 刘铁娃 역,『国家安全的文化: 世界政治中的规范与认同』, 北京大学出版社, 2009, 308~309쪽.

특히 피해국이 특정 대상과 특정 형식의 위협에 얼마나 '민감'한지를 보여 준다. "아래에서 위로 의도적으로 형성한 가장 단순하고 직접적인 방식은 사실과 상상을 불공평하게 다룬 집단기억으로 존재하기 때문이다."[10] 외부로부터의 침략과 대규모 폭행을 겪은 나라는 적의(敵意)에 대해 매우 민감하다. 이웃 국가인 경우 지리적으로 가깝고 충돌과 폭력이 쉽게 발생하기 때문에 이와 같은 기억에 대한 위협감이 더욱 쉽게 확대된다. 피해국은 가해자가 철저하게 회개(悔改)하여 죄를 인정하고 이에 대해 어떤 후속 행동을 하는지를 보고 침략역사의 재연 여부를 판단한다. 가해자가 많은 비용과 매우 바꾸기 힘든 조치를 취하지 않는 이상 피해자의 우려와 불신을 해소하기 어렵다. 참회(懺悔) 기억은 국내 전쟁 동원 노력에 영향을 미치고, 이는 위의 가해자가 자신의 평화 의지를 표현하는 '값비싼 신호(costly signal)'가 된다.[11]

역사 비교와 역사의 교훈을 근거로 삼는 것이 복잡하고 혼란한 현상 속에서 본질을 발견하고 통찰력을 확보하는 효과적이고 실천적인 방법이다. 그러나 상처의 기억 역시 이성적 인식을 방해하고 로버트 저비스(Robert Jervis) 박사가 말한 오인과 인지적 종결 이론(Cognitive Closure)을 가져온다.[12] 일단 역사에 대해 단순하고 기계적인 비교를 할 경우 '지나

10 Thomas Berger, "The Construction of Antagonism: The History Problem in Japan's Foreign Relations", in G. John Ikenberry and Takashi Inoguchi(edits.), Reinventing the Alliance: U.S.-Japanese Security Partnership in a Era of Change(New York, Palgrave Macmillan,2003), p.65.

11 Jennifer Lind, Sorry States: Apologies in International Politics(Ithaca & London, Cornell University Press, 2008), p.11

12 미국 로버트 저비스(Robert Jervis), 秦亚青역, 『국제정치의 인식과 오인』, 世界知识出版社,

친 공식화'가 나타날 수 있다. 현실과 역사의 '어디선가 본 듯 유사하다'는 측면에 너무 주목하면 역사의 다른 면을 간과하게 된다. 국제안보에서 상처의 기억은 쉽게 '기시감'을 들게 한다. 이에 대해 일부 학자들은 "역사적인 적의(敵意)와 반복된 전쟁은 현재 위협에 대한 인지를 확대한다"[13]고 평가한다. 주관적인 상호인증과 의존의 안보관계에서 B국에 대한 A국의 위협인지와 적의는 B국에 반사되어 거울 효과처럼 그대로 위협인식과 적의를 낳는다.

동북아 국가 간 '역사' 분쟁은 결코 '환상'이 아닌 대립으로 '비(非)이성적인 정서 대립(對立)'이 결코 아니다. 역사 분쟁이 야기한 역사민족주의는 동북아시아 각국의 안보관계 구조에 깊이 박혀 있다. 역사 문제가 중일 양국 관계에 미치는 부정적인 영향은 매우 전형적인 사례이다. 역사민족주의의 영향 속에서 충돌의 기억은 중일 양국 모두에게 '안보'로 각인되고, 이는 21세기 이후 중일 안보관계에 심각한 영향을 미친다.

먼저, 역사민족주의는 중일 각국의 존재론적 안전에 영향을 미치고 중일 양국 정체성에 심각한 균열을 낳는다. 이에 대해 정용니엔(鄭永年) 교수는 "중국의 수많은 민족주의 정서 가운데 대일 민족주의 정서가 가장 강렬하고 진실성을 갖는다"[14]라고 말한 바 있다. 일본 우익세력의 역사수정주의 언행은 중국 인민의 '피해자/저항자/승리자'라는 집단적 정체성에 도전을 하는 것이다. 근대 일본이 주변국에게 저지른 침략전

2003, 143쪽, 109쪽.

13 Barry Buzan, Ole Wæver, Jaap De Wilde, *Security: A New Framework for Analysis*, 朱宁역, 浙江人民出版社, 2003, 81쪽

14 郑永年, 『中国国际命运』, 浙江人民出版社, 2011년, 78쪽

쟁과 식민통치의 피해자였다는 정체성은 대다수 일본인의 피해의식과 일본 보수파의 '신국(神國)', '우월(優越)'이라는 이해와 완전히 상반된 것으로, 이는 일본이 정상국으로 가는 데 '수치'와 오점이다. 일본의 우익 세력은 일본의 폭력 행위를 부정하고 미화하여 '건강한 민족적 자긍심'을 구축하려고 한다. 근대 이후 중일 양국의 역사 기억은 전체적으로 전도(顚倒)되었고, 이는 양국의 민족주의가 서로를 최대한 '타자'로 보고 상대방의 역사관을 자신들의 '존재론적 안전'에 심각한 위협을 가한다고 여긴다. 중일 양국은 일종의 위험한 상부상조 관계이자 대립하는 관계를 형성하고 있다.

둘째, 역사민족주의의 대립은 현재와 미래 중일 양국 간 국가노선과 위상, 전략과 관련된 투쟁이다. 현재 중일 양국 사이에 존재하는 거의 모든 정치 문제는 어느 정도 불행한 역사와 관련 있다. 현재 동아시아 영토분쟁의 일부 혹은 핵심은 바로 역사 문제로 인한 것이며 양국은 역사전쟁의 핵심에 있다.[15] 사실 영토주권을 포함한 중일 간 모든 현실 안보문제의 분쟁은 '역사 문제'로 쉽게 번져 중국 국민의 일본 군국주의 침략 기억과 반일정서를 불러올 수 있다. 게다가 일본 지도자의 역사수정 관련 언행 역시 기타 분야인 외교제재, 영토 수호권, UN 안전보장이사회 상임이사국 가입 반대, 사회 각층에서 벌어지는 항의 시위와 일본제품 보이콧 등으로 이어진다. 중국이 운용하는 역사의 '자연권리'와 달리 일본 정계를 장악하고 주류를 차지한 보수파들의 '역사 벗어

15 Alexis Dudden, "Northeast Asian Futures: Coming Together Means Facing the Past", in Current, Dec. 2013.

나기' 심지어 적극적인 '역사 이용'을 통해, 이들은 일본을 '보통국가', '정치대국'으로 세우고자 하는 전략 목표를 점진적으로 시도하고 있다. 2000년 들어, 고이즈미와 아베 등 신보수주의자들은 특히 일본 국민의 '사과 피로감'과 중일 양국 간 역사 논란의 뇌관을 이용하는 데 최선을 다하고 있으며, 공공연하게 '역사 벗어나기'를 통해 중국에 도발하고 중일 갈등을 격화시킨다. 나아가 일본 국민을 대상으로 한 '중국 위협론'을 강화하고 헌법 수정 추진과 강군(强軍), 집단적 자위권 해제 등 방위정책에 대한 일본 국내 지지를 얻고 있다.[16] '역사 문제'가 이미 일본 보수 정객들에 의해 악의적으로 이용되는 '카드'가 되었다.

셋째, 역사민족주의 역시 중일 양국의 불신과 위협감을 부추기고 있다. 서방의 분석가들은 중국의 대일본 안보인식의 특징으로 역사적 경험으로 생긴 고도의 불신, 나쁜 방향으로 생각하기, 역지사지의 어려움을 꼽고 있다.[17] 이와 같은 일본에 대한 중국의 불신은 미국에 대한 인식에서는 잘 나타나지 않는다.[18] 상처기억이 바로 일본의 안보 위협이라는 '프리즘'으로 인해 생긴 중국의 인식과 감정이라는 점을 부정할 수 없다. 일본의 역사수정 행보는(중국에서 상처 받은 기억을 소환하고) 중국

16 田庆立, 程永明의 저서, 『近代以来日本的中国观-第六卷(1972-2010), 江苏人民出版社, 2012년, 258~259쪽.

17 Reinhard Deifte, *Japan's Security Relations with China since 1989: from Balancing to Bandwagoning?*(New York, Routledge Gurzon, 2003), p.7, 40, 169; Thomas J. Christensen, "China, the U.S.-Japan Alliance, and the Security Delimma in East Asia", in *International Security*, Vol.23, No.4, Spring 1999, pp.49~80.

18 Reinhard Deifte, *Japan's Security Relations with China since 1989: from Balancing to Bandwagoning?* p.40.

내에서 '일본위협' 인식을 고조시킨다. 역사수정, 상처기억 소환, 일본 위협인식이라는 이 세 가지가 연동 효과를 가진 것이다. 역사적 경험과 발전 양상을 보면, 중국의 우려가 결코 근거가 없는 것은 아니다. 나라와 나라 사이에 생긴 부정적인 태도는 둘 사이에 강화된 '거울효과'나 '역사 논란'의 뇌관을 반복적으로 건드리기 때문이다. 한 나라의 부정적인 태도가 다른 나라에 부정적 태도를 유발시키고, 양자 관계는 전체적으로 부정적 태도가 강화된다.[19] 일본의 '중국 위협론'은 여러 가지 출처가 있다. 위협론이 생겨난 가장 중요한 이유는 중일 양국의 국력과 국제사회의 위상 전환으로 인한 것이지만, 역사기억 역시 '중국 위협론'을 일본 국내에서 확산시킨 원인이기도 하다. 이에 대한 대표적인 일본학자의 관점은 다음과 같다. 바로 "(중국)제국의 기억으로 인한 부흥 갈망으로 보다 강대해지고자 하는 중국이 일본에 영토안정 요구를 하고 있고, 일본에 강경하고 비타협적 태도를 취하고 있다. 또한 민족주의라는 상처기억은 중국에서 강렬한 '적대적' 논조와 정서를 낳았다."[20] 일본의 역사인식에 대해 중국의 적의(敵意)를 우려하면서도, 한국과 중국 등이 역사수정주의에 반대하는 외교적 반응을 일본 내정 간섭이라는 관점이 일본 내에서 광범위하게 받아들여지고 있다.

중일 양국 사이의 충돌기억이 '안보화'되고, 역사민족주의가 안보관계를 악화시키는 병인(病因)이 되고 있다는 점은 한일 관계를 포함한 동

19 Ming Wan, Sino-Japanese Relations: Interaction, Logic, and Transformation(Stanford University Press,2006), p.72.

20 猪口孝,『从日本的角度透视中国的民族主义』,『世界经济与政治』, 2005년 제11기,

북아시아 국가관계에서도 유사하게 나타난다. 한중 양국 사이에도 심각한 '역사전쟁'이 발생해 양국의 건전한 발전에 충격을 가한 바 있다. 다행히도 한중 양국은 적절하게 역사 분쟁을 관리했다. 동북아 지역의 협력차원에서 역사민족주의는 늘 관리하고 극복해야 할 심각한 걸림돌이다.

3. 역사민족주의 통제와 동북아 '운명공동체' 공동 구축

유구한 역사를 살펴보면, 동북아 국가들은 매우 깊은 사회문화적 유대관계를 형성해 왔다. 글로벌화 시대 동북아 지역은 사회, 경제, 안보 분야에서 고도로 상호의존하고 있다. 때문에 동북아시아의 현실 상황에서 역내 국가 사이에 공동체 의식을 키우고 지역 협력을 강화할 필요가 생겼다. 한국의 문재인 대통령은 취임 후 '동북아책임공동체'라는 외교구상을 제안했다. 얼마 전 끝난 중국 공산당 19대 당대회에서 시진핑 총서기 역시 적극적으로 '인류운명공동체' 구축에 관한 제안을 했고, 친·성·혜·용(亲诚惠容) 이념과 이웃과 사이좋게 지내고 이웃을 동반자로 생각한다는 주변 외교 방침을 따른다고 밝혔다.[21] 하지만 동북아 공동체와 지역 안보협력을 추진한다는 것은 역사민족주의의 방해

21 『光明日报』, 2017년 10월 28일, 제5면.

를 받는 매우 어려운 일이다. 동북아 국제 관계 구조에 뿌리 내린 역사 민족주의는 때때로 현실적 이익 갈등과 긴밀하게 연계되어 나타난다.

'역사 문제'는 동북아시아 국가의 안보이익에 광범위하게 영향을 미치기 때문에 각국은 이에 대해 '손 놓기'나 '피해 가기' 어렵다. 일본의 보수화 경향과 '정상국가'의 길에서 '역사 문제'를 둘러싼 갈등이 장기화될 것이다. 하지만 전략적 이익이나 상호의존 관계를 고려해 '역사 문제'가 동북아 국가 관계에 덜 간섭하도록 관리하면서 합리성을 찾을 것이다. '역사 문제'가 갖고 있는 충돌 잠재성을 간과하거나 '역사 문제'로 인해 긴장이 고조되는 것은 동북아시아 각국의 장기적인 근본 이익에도 부합하지 않는다.

역사적으로 오랜 원한을 풀고 해결하기 위해 노력을 기울이는 것은 지혜로운 행동이 필요할 뿐 아니라 대중의 합의가 필요한 일이다. 적극적으로 화해한다는 전략은 여러 가지 조건을 모두 만족시켜야 하지만 동북아시아 각국이 가진 현재 국내외 조건으로는 역사적 화해 전략을 지지하기 어렵다. 독일의 진심 어린 참회 태도가 세계의 칭송을 받고 본받아야 하는 모범이 되었다. 그러나 독일의 역사 인식 과정에도 오랜 기간 부침과 반복이 있었고, 독일 내부에서도 역시 다원화된 경쟁적 기억과 역사서술이 있다는 점을 알아야 한다. 글로벌 차원에서 보면, 서방국가 역시 대상과 의제에 따라 선택적으로 역사적 책임에 진심을 다할 뿐이다. 독일 모델은 아직 광범위하게 수용되거나 실천 가능한 '규범'이 아닌 '예외'의 사례이다. 또한 동북아시아 국가의 사회문화와 국가 설립 과정, 국제체제 구조는 제2차 세계대전 후 서구유럽과 큰 차이가 존재한다. '독일 모델'을 동북아시아 국가들이 '역사 문제'를 해결하는 참고 대상으로 삼아야지 너무 큰 기대를 하면 안 된다. '독일 모델'로 인해 어쩌면 역사 문제해결 방안의 '기준'이 지나치게 높아질 수 있다. 동북아 국가들 사이에는 의외성이 가져온 봉합하기 더 크고 어려운 '견해차'가 존재해 역사 문제 해결에 불필요한 장애물이 된다.

동북아시아 각국은 역사 해결을 돌파구로 한 일시적인 다자 관계 개선을 기대하기는 어렵다. 왜냐하면 가까운 시일 안에 진심으로 화해하기가 어렵고 심각한 리스크에 대항하는 상황 속에서 동북아시아 각국이 할 수 있는 것은 서로를 마주하고 '역사 문제'가 지나치게 '안보화' 되지 않고 대치하거나 갈등 상황으로 치닫지 않도록 예방하는 것이다.

이를 위해서는 첫째, '역사 문제' 중 공동 관심사에 대해 다자와 양자 간 교류와 대화를 확대하는 것이다. 동북아 국가 간 '역사 문제'를 둘러싼 충돌이 발생하고 갈등이 고조되는 것은 서로에 대한 이해 부족으로 인한 것이다. 때문에, 다자 그리고 양자 교류와 대화를 보다 강화해 상호 소통하는 역사서술을 진행해야 한다. 한국에서는 동북아역사재단 설립 이후 이를 위해 대규모 유익한 사업을 진행 중이다. 필자는 중국, 일본 역시 유사한 학술재단을 설립하고 대화와 교류를 위한 네트워크를 마련해야 한다고 본다. 동북아시아 국가들이 보다 적극적으로 각국의 역사학자들과 동북아시아 공동역사에 관한 합의를 이뤄야 한다. 예를 들어 공동편찬한 동북아시아사(史)를 각국의 역사 교과서를 통해 알리는 것이다. 동아시아 각국은 역사 연구에서 패러다임과 시각의 전환을 시작할 필요가 있다. 민족중심주의의 모델에서 더욱 포용적이고 동북아 각 민족 간의 역사문화를 융합하는 과정을 보여 주는 동북아시아

사(史) 모델, 문명사 패러다임으로 전환하는 것이다.[22]

둘째, '역사 문제' 분쟁에 대해 '마지노선 관리'를 실시하는 것이다. 이웃 국가 간에 '역사 문제'의 '마지노선'과 민감한 점을 논의하고 양해각서 혹은 약속을 체결한다. 2014년 11월 중일 양국이 체택한 '4가지 원칙합의'는 역사 문제의 '마지노선 관리'를 위한 선례가 되었다. 이에 대해 일본의 책임 있는 자세가 특히 중요하다. 역사 논란의 뇌관을 반복적으로 건드리는 일본이 역사 문제에 대해 심각한 도발 행위(신사 참배 등)를 한다면, 동아시아 '역사전쟁'은 뜨거워질 수밖에 없고 다른 영역으로 불씨가 확대돼 동북아시아 지역 전체의 안보 갈등을 고조시킨다. 일본의 '선택적 망각'에 대해 지속적인 투쟁을 하는 동시에 한국과 중국 등은 절제되고 이성적인 국민 정서를 유지할 필요가 있다.

셋째, '역사의 속박'이나 인식의 축소와 과도한 위협적 인식을 막아야 한다. 동북아시아 각국의 긴장은 서로에 대한 인식의 왜곡 혹은 인식의 축소, 역사의 속박으로 나타날 수 있다. 예를 들어, 중일 양국의 상호기억과 이미지는 모두 피해자/가해자라는 주제에 고도로 집중되어 서로에 대한 위협적 인식이 전례 없이 높아졌다. 단순하게 비교한 역사 역시 광범위하게 사용되는 담론과 인식의 패러다임이 될 수 있다. 상대국에 대해 '정치적 정확성'을 기준으로 두고, 서로에 대한 증오의 말을 그대로 내버려 둔다면 객관적이고 이성적인 역사 인식은 제약을 받게 된다. 그러나 이와 같은 고정되고 폐쇄적인 패러다임은 현실을 반영하

22 상하이사회과학원 국제문제연구소 왕지엔(王健) 소장은 2018년 10월 23일 '항구적 평화 구축'이란 제목으로 "현재 동북아시아 정세와 한중협력"회의에서 이와 같은 제안을 발표했다.

기 매우 힘들고, 입체적이고 진실한 상호 인식과 이미지를 구축하기 어렵다. 일본은 침략의 역사를 부정하고 미화하는 것으로 국제사회의 존중과 신뢰를 얻을 수 없으며, 일본이 '정상대국', 군비 강화로 나아가려 한다는 이웃 국가의 우려를 해소하기 어렵다는 점, 그리고 일본의 국제적 위상 제고에도 도움이 되지 않는다는 것을 반드시 알아야 할 것이다. 중국과 한국이 필요로 하는 것은 역사를 '거울'로 변형해 보는 것이며, 역사적 슬픔을 넘어 국민 감정의 자신감을 강화하는 것이다. "역사를 대할 때, 침략국의 사과가 진심인지 아닌지에만 모든 주의를 기울인다면 약자의 심리에서 벗어나지 못한다는 것을 의미한다."[23]

넷째, '역사 문제'가 다른 분야로 갈등이 겹쳐져 번져 나가는 것을 막아야 한다. '역사 문제'를 통상적인 정치적 범주에서 분리해 상대적으로 독립된 영역으로 봐야 한다. 역사 문제를 둘러싼 갈등이 다른 분야의 공동 이익과 협력에 미치는 연쇄적 피해를 통제해야 한다. 일본 우익이 이웃 국가와의 역사 논란의 뇌관을 자극해 자국의 안보를 추진하는 상황 속에서, 한국과 중국 등 주변국은 '역사 문제'로 절대 희롱당해서는 안 되며, 막무가내식 일본 우익의 전략적 음모는 좌절하게 될 것이다. '눈은 눈으로 갚고, 이는 이로 갚는다'가 정도(正道)라면, '눈에는 이로 갚는다'는 절제가 필요하다.

〈역자: 김인경〉

23 刘亚洲: 『从钓鱼岛问题看中日关系』, 『当代世界』, 2015년 제10기.

17

동아시아 영토분쟁 중의 이익, 정책과 협력

| 리카이성(李开盛) ■ 상하이사회과학원 국제문제연구소 부소장 |

다른 분쟁과 비교하여 영토주권 분쟁은 예로부터 국가 간 충돌과 전쟁을 촉성하는 중요한 원인으로 여겨졌다.[1] 바로 그렇기 때문에 동아시아 영토분쟁은 줄곧 정치 평론가들의 관심을 받았고, 특히 중국과 일부 동맹국 간의 남중국해 도서 주권 관련 분쟁, 중일 사이의 센카쿠열도(중국명: 댜오위다오) 분쟁 및 한일 사이의 독도 분쟁은 지역안보 형세에 영향을 주는 두드러진 문제가 되었다. 다수 동아시아 국가들은 이미 경제 성장과 번영을 겪었고 현재도 겪고 있으며 다년간 동 지역은 줄곧 세계경제의 중요한 엔진으로 자리했다. 때문에 영토분쟁을 관리, 통제하고 지역의 협력을 실현하는가는 동아시아 국가들에게 중요하고 절박한 문제가 되었다. 그러나 지역 경제무역 관계가 날로 밀접해지는 것과 서로 상반되게 동아시아의 지역의 안보협력은 줄곧 정체되었고 지역안보질서는 줄곧 파편화된 구조였다.[2] 게다가 관련 영토분쟁의 장기화로 인해 비관적인 회의론도 시종 사라지지 않고 있다.

주권 주장국이 영토분쟁에 대해 협력을 전개하는 것은 불가능한가? 일반적 국제정치 논리에 따르면 영토 이익은 제로섬 성질의 이익에 속

1 Arie M. Kacowicz, "The Problem of Peaceful Territorial Change", *International Studies Quarterly*, Vol.38, 1994, pp.220~221 Stephen A. Kocs, "Territorial Disputes and Interstate War, 1945-1987", *The Journal of Politics*, Vol. 57, No. 1 (Feb., 1995), p.159 John Vasquez and Marie T. Henehan, "Territorial Disputes and the Probability of War, 1816-1992", *Journal of Peace Research*, Vol. 38, No. 2 (Mar., 2001), p.131 Birger Heldt, "Domestic Politics, Absolute Deprivation, and the Use of Armed Force in Interstate Territorial Disputes, 1950-1990", *The Journal of Conflict Resolution*, Vol. 43, No. 4 (Aug., 1999), p.453.

2 리카이성(李开盛), '동북아지역 파편화의 형성과 관리-절충주의 분석에 기반한 고찰' 참고, 『세계경제와 정치』 2014년 제4기.

해서 상대방이 가지면 내가 잃게 되므로 협력 해결은 불가능한 것이다. 동아시아 국가 간 신뢰의 결함이 아마도 사람들의 이런 의심을 한층 심화했을 것이다. 그러나 필자는 이 글에서 다음을 논증하려 한다. 만약 영토분쟁이 관련된 이익에 대해 더 심도 깊은 분석을 한다면 특히 동아시아 모든 영토분쟁의 구체적 상태를 더 세밀한 이익 틀 아래에서 관찰한다면, 우리는 충돌이 필연적인 것이 아니며 여전히 협력의 공간이 있다는 점을 발견할 것이다. 관련 각국이 이성적 이익 분석에 근거하여 관련 결책을 내린다면 동아시아 영토분쟁의 협력 관리와 통제, 심지어 해결도 가능할 것이다.

1. 이익, 정책과 협력의 생성

이익은 국가 외교 정책의 출발점이자 국가 간 협력의 기초임이 분명하다. 전통적 현실주의의 관점(이 관점은 오늘날에도 여전히 중요한 현실 가치를 갖고 있다)에서 보면 국가는 외교 중에 비이성적 요소(예를 들어 극단적 민족주의, 지도자의 내부 권력 투쟁 등)에 의해 정책의 제정을 지도해서는 안 된다. 이러한 신중한 외교사상 기초 위에서 이 글은 일부 자유주의의 관점을 주장하는데, 예를 들어 국제관계 중의 협력의 도는 관련 각 측 사이의 공동 이익 혹은 이익 교집합을 모색하고 이러한 이익 교집합을 실현하기 위해 협상과 타협을 진행하는 데 있다. 우리는 타국의 이익을 침해하여 자국의 이익을 만족시키는 이익을 제창해서도 안 되며 자신의 이익에 위배되고 손해를 끼치면서 상대방에 영합하는 그러한 '협력' 정책을 주장해서도 안 된다. 공동의 이익 혹은 이익 교집합이 없음을 기초로 하였기 때문에 이러한 두 상황하의 '협력'은 필연적으로 오래갈 수 없다.

협력을 실현하기 전에 하나의 결정적인 전제적 문제는 어떻게 국가 이익을 인식하고 파악하는가이다. 이익의 '파악'을 강조한 이유는 '국가 이익은 객관적이지만 국가 이익에 대한 인식과 판단은 오히려 주관적이기 때문이다.'[3] 바로 이러한 주관성 때문에 이익의 오판이 가능해진다. 필자는 이성주의자의 판단을 찬성하는 편이며 국가 이익은 객관적으로 존재한다고 생각한다. 그러나 정확하게 이익을 인식할 수 있는가의 문제에서는 개인의 기호, 인식의 수준, 관료 정치제, 사회여론 등의 요소의 방해가 국제관계의 '이성적' 운용에 대해 이미 중대한 교란을 초래하였음을 확실히 알아야 한다.[4] 앞에서 말한 것처럼 영토분쟁은 국제 충돌을 야기하는 중요한 근원이지만 사실상 영토분쟁 역시 가장 쉽게 극단적 민족주의 충동 및 정치 지도자 권력 계산의 오도를 받기 때문에 따라서 더 쉽게 충돌의 길로 간다. 그 밖에 사람들은 종종 영토문제를 주권, 안보와 함께 연계하는데 실제로 자원 등 이익의 계산이 안에 뒤섞여 있다. 다른 이익은 분명 그 무게와 상응하는 보호 수단 역

3 가오진뎬(高金鈿), 구더신(顧德欣) 엮음, 『국제전략학개론』, 베이징: 국방대학출판사, 1995년판, 56쪽.

4 이 방면의 시스템적 분석은 [미]로버트 저비스, 『국제정치 중의 지각과 착오지각』을 참고할 수 있다. 친야칭(秦亞青) 역, 베이징:세계지식출판사, 2003년판.

시 다르다. 그러므로 어떻게 영토분쟁이 관계된 이익을 분명히 알고 영토문제에서 이익 오판의 출현을 피하는가가 매우 중요해졌다.

영토문제에서의 잘못된 인지를 최대한 줄이기 위해 관련될 수 있는 국가 이익에 대한 시스템적 분석이 필요하다. 필자는 국가 이익의 종류가 무릇 많지만 크게는 세 종류인 안보이익(국가 및 그 국민의 생존과 주권 확보), 물질이익(주로 발전 수준과 자원, 부의 획득)과 정신이익(국제 지위, 명망과 존엄 등으로 구현되고 가치 인정의 보편화를 말한다)에 불과하다고 생각한다. 중요성으로 보면 안보가 가장 중요하고 가장 근본적인 이익으로 안보가 없으면 다른 것은 모두 논의 가능성조차 없게 된다. 그다음으로는 물질이익으로 바로 자원과 부의 공급 및 경제 건설과 생활 수준의 향상이다. 마지막이 정신이익이다. 국가는 사람들의 조합으로 구성된 실체이고 자연적으로 정신 방면의 수요가 생길 수 있다. 특히 대국은 이 방면에 대한 수요가 더 확연할 수 있다. 그러나 물질이익과 비교해도 정신이익은 역시 그다음이 되어야 한다. 사람은 '곳간이 차야 예절을 안다'고 하는 것처럼 국가가 발전하고 난 후에야 비로소 자신의 정신 수요를 생각할 수 있다. 예를 들어 빈곤하고 낙후된 아프리카 국가는 필요한 국가 존엄을 고수하는 것 외에 어떠한 동기로든 국가의 명망을 모색하지는 않을 것이다.

중요성이 다르고 성질과 특징이 각양각색이기 때문에 다른 이익은 종종 다른 정책 수단과 서로 대응하고 다른 정책 수단은 또 관련 국가와 다른 관계를 초래한다. 대항 심지어 무력 또는 평화와 협력의 방식을 통해 이익 충돌 문제를 관리하고 이해한다.

1) 안보이익, 정책과 그 결과

안보는 국제정치 중 가장 기본적 가치이다.[5] 안보이익은 그 극단적 중요성 때문에 각종 수단과 자원을 운용하여 수호하고 방위하는 것이 필요하다. 요컨대 하나의 국가가 타국의 안보이익과 충돌에 직면했을 때 그 나라는 통상적으로 다음의 수단을 취할 수 있다. ① 굴복. 즉, 이익 충돌 중 상대방을 이길 수 없음을 의식하여 양보를 선택한다. 강권정치 시대에는 안보 충돌 중에 소국은 종종 굴복을 선택했다. 그러나 안보이익의 중대성을 고려하면 소국이라 할지라도 어쩔 수 없는 상황이 아니면 이 길을 선택하지는 않을 것이다. ② 결맹. 즉, 제3자와 동맹관계 구성을 통해 안보이익이 충돌하는 국가와 대항하는데 이는 안보 충돌 중 역량이 작은 측의 통상적인 선택이다. ③ 무력 혹은 무력 위협. 즉, 실력 사용의 암시 혹은 공개를 통해 자신과 안보이익상의 충돌이 있는 측을 타협하게 하는 것으로 이는 항상 강대국의 특권이다. 상술한 정책 방식은 안보이익을 수호하는 정책의 결과가 늘 대항 심지어 무력 충돌이라는 것을 보여 준다. 일단 국가 간 중대한 안보이익의 충돌이 출현하면 평화, 협력의 방식으로 해결하는 것은 특히 어려워졌다.

5 리사오쥔(李少軍) 저 『국제정치학개론』, 상하이: 상하이인민출판사, 2002년판, 145쪽.

2) 물질이익, 정책과 그 결과

물질이익이 흔히 관련되는 것은 자원의 분배, 투자자 분쟁, 무역의 마찰 등이다. 이 이익들은 종종 논제로섬적으로 무력을 통하지 않고 경쟁, 협상, 설득 심지어 경제 제재 등 같은 방식으로 해결할 수 있다. 인류 역사의 대부분의 시간에서 부와 영토는 긴밀하게 연결되어 있었고 그래서 물질이익의 충돌은 종종 제로섬적 영토 이익 충돌과 함께 연계되었다. 그러나 글로벌 시장의 형성에 따라 물질이익이 추구하는 부는 점차 영토화 되어 갔다. 예전에는 정복한 영토가 많을수록 부도 많다는 것을 의미했는데 현재는 시장 점령을 통해 이 모든 것을 얻을 수 있다. 어떤 분석가가 지적한 것처럼 100년간 대국의 야심에는 거대한 변화가 발생하였다. 20세기 초 그들이 원한 것은 제국이었고, 20세기 말 그들이 원한 것은 시장이었다.[6] 이는 물질이익의 실현이 날이 갈수록 영토와 분리되게 만들었고, 더 많은 논제로섬적 특성을 갖게 되었다. 이런 상황에서 만약 물질이익 방면에서 타국과의 충돌이 발생한다면 한 국가의 선택은 다음과 같을 것이다. ① 평화롭게 협력한다. 예를 들어 협상을 통해 자원 등을 공동 개발한다. ② 평화롭지만 경쟁한다. 예를 들어 다른 사람보다 더 잘하는 방식을 통해 무역 흑자를 쟁취한다. 그러나 국제 규범이 여전히 불충분한 상황하에서 경쟁방식의 공평성 및 어떻게 감독하느냐와 관련된 문제가 자주 논쟁을 일으켜 국가 간 불만

6 [미]로버트.A.파스토, 『회고와 전망: 7대국 백년 궤적』, [미]로버트.A.파스토 엮음 『7대국 백년 외교풍운』, 후리핑(胡利平), 양윈친(楊韻琴) 역, 상하이: 상하이인민출판사, 2001년 판, 347쪽.

의 중요 요소가 되었다. ③ 평화롭지만 대항한다. 예를 들어 관세 추징, 경제 제재 등 조치를 취한다. 상술한 방식은 물질이익은 협력 방식을 통해 해결할 수 있음을 보여 준다. 게다가 설령 경쟁 혹은 대항이 있더라도 일반적으로 무력 수단을 통해 해결할 필요는 없다.

3) 정신이익, 정책과 그 결과

정신이익은 항상 주체들 사이에서 만들어진 결과물로 한 국가의 지위, 권력과 존엄은 다른 국가의 인정을 얻은 후에야 실현할 수 있다. 예를 들어 구성주의의 관점에 근거하면 국제적 명망은 국가 간 문화 가치 관념의 상호 인력을 더 행사해서 서로의 신분에 대한 적극적 인정을 모색해야 한다.[7] 그러므로 정신이익을 실현하는 효과적인 방법에는 다음과 같은 것이 있다. ① 제도의 구축, 안보 보호와 자원 제공을 통해 국제사회에 공공재를 공급한다. ② 문화, 관념과 발전 모델 등 효과적인 소프트 파워 수단 수출을 통한다. 물론 무력 역시 모종의 명망, 심지어 권력을 가져다줄 수 있다. 그러나 전쟁의 국제 규범상의 응용 범위가 날이 갈수록 제한을 받음에 따라 실제 운용에서 지불하는 대가 역시 날로 커지고 무력을 사용하여 정신이익을 추구하는 것은 얻는 것보다 잃는 것이 많을 수 있다. 아들 부시 재임 기간에 대외 무력 사용이 끊이지 않

7 리즈(李智), '문화외교의 국가국제 명망 수립에 대한 역할 시론', 『태평양학보』 2005년 제3기, 74쪽.

아 미국의 국제적 지위와 이미지가 하락한 것이 그 단적인 예이다. 종합적으로 보면 국제사회의 추세는 무력이 아닌 협력을 통해 정신이익을 실현하는 것이다.

〈표 1〉 다른 이익이 대응하는 정책과 그 결과

이익	특성	정책	결과
안보이익	제로섬	굴복, 결맹, 무력 혹은 무력 위협	대항, 무력 충돌
물질이익	논제로섬	자원 공동 개발, 경쟁, 관세 추징, 경제 제재 등	평화적으로 협력 해결 가능
정신이익	주체 사이에서 생김	공공재, 소프트 파워 제공	협력이 추세

상술한 분석에서도 국제사회의 진화에 따라 어떤 차원의 이익 분쟁이든 간에 모두 나날이 평화, 협력의 방식을 통해 해결하고 무력은 전반적으로 규범 위에서도 취해서는 안 되며 현실에서도 실행해서는 안 되는 정책적 선택이 되었음을 보여 준다. 특히 무력행사의 문제에서 무력의 대가는 특히 비싸서 그 사용은 반드시 매우 신중해야 하고 반드시 확실하게 이익 수요에서 발생해야 한다. 중국의 전통적 전략은 한결같이 신중한 전쟁을 강조했으며 『손자병법』이 대표적이다. 이 책의 시작에는 다음과 같은 말이 있다. "전쟁이란 국가적 대사이며 국민의 생사와 나라의 존망에 관계되는 것이므로 이를 깊이 연구하고 신중히 고려하지 않으면 안 된다"[8] 다수의 서방 국제정치학자(특히 현실주의자) 역시

8 『손자병법 · 시계편』, [춘추]손무(孙武): 『손자병법』, 쑨샤오링(孙晓玲) 역주, 타이위안: 산시고적출판사, 1999년판, 10쪽.

가혹한 경험의 교훈 때문에 전쟁에 대해 경계의 태도를 가진다. 예를 들어 왈츠는 "21세기에는 점점 많은 사람들이 '전쟁 중에는 승리를 얘기할 수 없으며 정도만 다른 패배가 있을 뿐'이라는 이러한 관점을 받아들였다"라고 생각한다.[9] 일반적으로 말해서 수호하려는 이익이 극단적으로 중요하고(수호하려는 이익이 이미 무력이라는 비싼 대가를 넘어섰음) 대응하려는 도전이 확실히 제로섬적이어야, 즉 당신이 얻으면 내가 잃는 것이 아니고, 당신이 죽으면 내가 사는 것이 아니어야 무력 동원은 비로소 필요성과 정당성을 가진다. 이 기준을 만족시킬 수 있는 것은 극단적으로 중요한 안보이익밖에 없으나 안보이익에 모두 해당하는 것은 아닌데 예를 들면 대량의 무력 침입, 핵심 영토 할양 및 정권 전복 예정 등이 있다. 안보이익이 무력 사용의 주요 이유라는 것을 고려하면 안보와 관련되었다고 여겨지는 의제들 중 그것이 주는 이익에 대해 변별하고 분석하는 게 반드시 필요하다. 특히 국가안보 수호라는 이름으로 실제적으로는 다른 이익, 예를 들어 경제 이익을 추구하는 행위를 경계해야 한다. 왜냐하면 이러한 행위는 평화롭게 해결할 수 있는 일이지만 불필요한 충돌로 관련 국가를 끌어들일 수 있기 때문이다. 사실 안보이론 연구학계에는 안보화(securitization)라는 말이 있다. 안보화 이론에 근거하면 안보는 더 이상 어떠한 사전에 주어진 의미가 있지는 않고, 그것은 일종의 사회와 주체 간 구성물이고 안전한 어떤 것이라고 할 수

9 [미]케네스.N.왈츠 저, 니스슝(倪世雄), 린즈민(林至敏), 왕젠웨이(王建偉) 역, 『인간, 국가, 전쟁-이론분석』, 상하이: 상하이역문출판사, 1991년판, 1쪽.

있다.[10] 영토분쟁의 문제에서 임의의 안보화는 위험한 것이다. 반드시 안보이익에 대해 엄격한 범주를 확정하고 과도한 안보화를 경계해야 한다.

2. 이익 시각하의 영토분쟁 협력: 이론분석

우리는 통상적으로 영토분쟁을 안보이익의 의제로 여기고 이를 위해 무력 동원 역시 아쉬워하지 않는다. 그러나 만약 관련 사실을 상세히 연구하면 영토분쟁이 발생 혹은 격화된 것은 많은 상황에서 안보이익 때문이 아니라 다른 이유에서 발생하였다는 사실을 발견할 수 있다. 예를 들어 2005년 인도네시아와 말레이시아 간의 암발라트 해역 주권분쟁이 격화되었는데 인도네시아는 말레이시아가 "인도네시아의 영토보전을 침범했다"고 질책하며 부통령, 의장 등 고관들이 "전쟁도 불사한다"고 공언하였지만 그 사건의 원인은 말레이시아 석유회사와 석유회사 쉘이 공동탐사와 석유제품 공유 합의를 체결한 것이었다.[11] 이 건은 특이한 사례가 아니다. 많은 분쟁 영토 및 그 주변의 매장된 각종 자

10 Rita Taureck, "Securitization theory and securitization studies", Journal of International Relations and Development, Vol.9, No. 1, 2006, pp.54~55.

11 왕쯔창(王子昌), '아세안 국가 간 영토분쟁의 해결: 방법, 논쟁과 게시', 『동남아연구』 2007년 제4기, 28~29쪽.

원 때문에 많은 상황에서 개발이익은 안보이익을 대체하여 분쟁을 촉진한 주원인이 되었다. 어떤 학자가 지적한 것처럼 "1970년대 석유 위기 때부터 영해와 대륙붕 분쟁이 늘어났고 그 관건은 석유에 있었다. 80년대 유엔 해양법 공표 이후 영해, 경제수역과 대륙붕에 관련해 특히 바다 섬 관련 법률지위와 귀속의 분쟁이 늘어났으며 근본 원인은 여전히 석유를 대표로 하는 해저자원 및 어업자원의 수요에 있었다."[12] 적어도 영토분쟁에는 이미 너무 많은 경제 요소가 혼합되어 있기 때문에 현재 국가행위 배후의 동기가 안보가 아닌 탐욕에서 오는 것임을 분명히 구분하기가 갈수록 어렵다.[13]

상술한 사례는 영토가 관련된 것은 안보이익에 그치지 않는다는 점을 보여 준다. 영토는 전략적 군사 요지일 뿐 아니라 자원 저장지로서 그리고 중요한 역사와 종교 의의를 가지고 있을 수 있어 더 중요시된다.[14] 위의 사례 중 일부 국가가 취한 행동은 고의든 고의가 아니든 영토분쟁이 관련된 이익에 대한 오독이 있을 수 있음을 보여 준다. 그러므로 영토분쟁이 관련된 여러 이익에 대해 판별하고 분석하는 것은 그 유무와 정도를 포함하여 매우 중요해졌다. 이익의 분포 상황을 정확히 알아야 관련 국가에 정책을 제정해 이성적 지도를 할 수 있으며 이 기초 위에서 협력 모색이 가능해진다.

12 양멘(楊勉), '당대 국경과 영토분쟁 상승격화의 원인분석', 『세계지리연구』2009년, 제1기, 15쪽.

13 M. Taylor Fravel, "Power Shifts and Escalation: Explaining China's Use of Force in Territorial Disputes", International Security, Vol. 32, No. 3 (Winter, 2007/2008), p.48.

14 Paul R. Hensel, "Contentious Issues and World Politics: The Management of Territorial Claims in the Americas, 1816 – 1992", International Studies Quarterly, Vol. 45, 2001, p.85.

물질이익은 비교적 파악하기 쉬운 편이다. 영토분쟁에 대해 말하자면 주로 영토분쟁과 관련된 자원 상황, 예를 들어 영토 자체 및 그 부속 지역(영해, 경제수역 등)이 오일이나 가스, 혹은 어업과 관광 자원 등을 보유하고 있는지 확인한다. 이것들은 관련 데이터에 근거해서 판단할 수 있으며 평화적으로 해결할 수 있다. 정신이익에 관해서 말하자면 일반적인 상황하에서는 영토와 무관하다. 왜냐하면 영토는 일종의 물질 존재로써 그 의의는 주로 안보와 물질 측면에 있기 때문이다. 그러나 어떤 상황에서는 영토는 정신이익과 연결될 수도 있다. 예를 들어 어떤 영토 및 그 분쟁은 역사적 유래, 국제적 영향 등 요소로 인해 특정한 정신 방면의 의미를 가질 수 있다. 어떤 것은 대항을 초래할 수도 있다. 예를 들어 '한국은 독도 주권 수호 문제를 일본 식민 통치에서 철저하게 벗어나는 표지로 보고 있으며, 일본은 독도 문제를 패전국 기록을 복구하는 표지로 보고 있다.'[15] 이는 양국 이익과 입장을 타협하기 어렵게 만들었다. 어떤 것은 협력을 유도할 수도 있는데 예를 들어 국가는 역내 지도자 지위 및 의지할 수 있고 책임지는 국가 이미지를 추구하기 위해서 관련 영토분쟁에서 억제 심지어 협력의 태도를 취할 수도 있다.

전체적으로 말하면 역점을 두어 분석해야 하는 것은 어떻게 안보이익의 문제를 파악하는가이다. 이는 주로 다음과 같은 이유 때문이다. 첫째, 전술한 바와 같이 실천 중에 종종 걸핏하면 안보이익을 구실로 삼는데 사실상의 동기는 다른 이익이다. 둘째, 이론상으로 말하자면 안

15 리판(李凡), 『전후 동북아 주요 국가 간 영토분쟁과 국제관계 연구』, 난징: 장쑤인민출판사 2013년판, 326쪽.

보에 대한 범주는 여전히 상당한 논쟁이 있는 화제이다. 일반적으로 안보라는 것은 객관적인 위협이 존재하지 않으며 주관적으로는 공포가 존재하지 않는다.[16] 그러나 무엇에 대해서가 위협이고 또 어떻게 확정하는가? 특히 비전통적 안보 연구의 출현에 따라 안보의 경계는 한층 확장되었지만 안보의 내용은 오히려 더욱 불명확해졌다. 이 글에서는 안보에 대해 새로운 정의를 하지는 않고 분석하기 편리한 측면에서 출발해 다음의 두 점을 밝히려 한다. 첫째, 여기에서의 안보는 협의적 안보, 즉 군사와 정치 안보이다. 비록 현재 전통적 안보의 개념이 폭넓게 사용되고 있지만 이 글의 개념과 스펙트럼에서는 경제 안보 등 비전통적 안보는 주로 물질이익 범주에 속하고 정책 수단상에서 무력과 무관하다. 둘째, 널리 인정되는 국가 구성 요소(영토, 국민, 정부와 그 주권)의 존재가 영향을 받는가에 의거하여 어떤 구체적 영토분쟁이 안보이익에 관계되는가와 안보이익에 관계된 정도를 판단한다. 그러므로 어떤 영토분쟁이 안보이익에 관계되는가 및 어느 정도의 안보이익에 관계되는가를 판단하는 것은 반드시 다음의 요소를 고려해야 한다.

첫째, 주권과 영토 보전에 영향을 주는가, 그 주요 기준은 분쟁 영토의 면적 및 영토 변경의 정도이다. 어떤 이들은 영토 보전은 '국가 영토의 보전성이 구현되었다는 것은 국가 영토가 침해당할 수 없고 해체될 수 없으며 분열될 수 없고 한 치도 상실할 수 없음을 뜻한다'라고 생각한다.[17] 그러나 사실상 많은 국가가 각종 방식을 통해 그 영토 범위를

16 리사오쥔(李少軍), 『국제정치학개론』, 상하이: 상하이인민출판사, 2002년판, 150쪽.
17 천원보(陣文波), '영토 보전: 국가안보의 공간', 『국가안보통신』 1999년 제4기, 31쪽.

변경하였지만 일률적으로 영토 보전의 상실이라고 할 수는 없다. 영토의 득실은 어느 정도에서 영토 보전에 영향을 주지만 이는 아마도 주로 영토의 면적(의심할 바 없이 10,000㎢ 영토와 1㎢ 영토의 의미는 다르다)에 달려 있으며 그리고 이번 영토 변경이 영토주권과 보전이라는 원칙에 영향을 주는가에 달려 있다. 만약 영토 변경에 관련된 면적이 작다면 그리고 쌍방이 평등하게 협상하고 일방적 강박이 아닌 상황에서라면 이는 국가가 여전히 영토주권을 장악하고 있으며 중국의 청말 정부 같은 그런 잦은 영토 할양을 걱정할 필요는 없음을 의미하고 우리는 그것이 안보와 무관하다고 여길 수 있다.

둘째, 국가와 국민의 생존 상황과 안보 태세에 영향을 주는가, 그 주요 기준은 이 영토의 전략적 지위 혹은 생존에 매우 중요한 자원, 예를 들어 물(물 부족 국가로 말하자면)과 석유(석유 자원 부족 국가로 말하자면)를 보유하고 있는가, 혹은 영토분쟁의 경제 가치가 관련 국가와 국민 생존에 영향을 주는 수준에 도달하였는가이다. 소위 전략적 지위라는 것은 어떤 국가에게 만약 어떤 분쟁 영토가 그 국가의 생존 명맥에 영향을 줄 수 있는 교통 요지 위에 있거나, 혹은 군사상 중요한 의미가 있어서 그 국가가 자체적으로 또는 적에 의해 군대와 무기 배치에 사용되는 요지로 이용할 수 있다면 중요한 전략적 지위를 갖는 것이다. 이는 시리아와 이스라엘이 분쟁 중인 골란고원처럼 안보이익과 관련이 있는 것이다. 이란과 아랍에미리트 사이 아부무사 섬과 관련된 주권 분쟁 역시 유사한 성질을 갖고 있는데 왜냐하면 이 섬은 이란이 '호르무즈 해협의 석유 수출 통로를 통제하고 미래에 발생할 수 있는 미국, 걸프만 친미 아랍 국가와의 충돌에 유리한 지리적 위치를 점거하는 데' 유리하기 때

문이다.[18]

주의해야 할 것은 전략자원과 경제 가치 수준이다. 물질이익 역시 자원 상황을 중요한 가늠 지표로 삼고 있지만, 그것은 단지 비전략적, 비근본적으로 관련된 영토에 종속된 자원을 가리킬 뿐이고, 만약 이 자원들이 국가 생존에 중요한 전략적 의의가 있다면 안보 측면까지 격상된다. 전형적인 것은 아랍-이스라엘 분쟁으로 '이스라엘이 장기적으로 아랍 국가의 넓은 영토를 점령한 주요 목적 중 하나는 바로 그곳의 수자원을 점유하기 위해서이다.'[19] 이때 물은 이미 물질이익의 측면을 초월하여 국가 안보이익까지 격상된 것이다. 물론 어떤 자원이 전략적 자원인가 안보이익인가는 구체적 정세에 달려 있다. 예를 들어 마찬가지로 수자원인데, 중동의 많은 물 부족 국가에게는 수자원을 확보하는 것이 안보이익에 속하지만 메콩강 유역의 중국과 인도차이나 반도 국가에게는 이 강의 수자원 분배는 단지 개발이익일 뿐이다. 다시 예를 들어, 석유는 일반적으로 전략적 자원으로 여겨진다. 그러나 만약 하나의 분쟁 영토에 관련된 석유 자원 수량이 매우 적다면 우리는 그것이 안보이익에 관련된다고 말하기 어렵다. 마찬가지로 분쟁 영토의 경제 가치에까지 미칠 수 있는데, 만약 분쟁 영토와 관련된 에너지, 관광, 어업 등의 이익이 이미 한 국가 GDP의 상당한 비중을 차지하였고, 그래서 이 국가와 국민의 정상적인 생존에 영향을 주는 수준에 도달했다면 안보

18 양몐(楊勉), '당대 국경과 영토분쟁 상승격화의 원인 분석', 『세계지리연구』 2009년 제1기, 14쪽.

19 셰리천(謝立忱), 황민싱(黃民興), 『중동국가 영토와 국경 분쟁의 안보시각분석(하)』, '서아시아 아프리카' 2009년 제7기, 64쪽.

이익에 속한다고 인정할 수 있으며 그렇지 않다면 단지 개발이익이다.

일단 이익이 확정되면 어떤 영토정책을 취해야 하는지는 매우 분명해지고, 관련 분쟁 측과 협력을 진행할 수 있는지 아니면 대항 수단만 취할 수 있는지 역시 일목요연해진다. 만약 물질이익과 정신이익에만 관련된다면 혹은 비교적 작은 안보이익에만 관련된다면 비무력적인 정책 수단(정치협상 혹은 공식협상, 경제 제재 등을 포함)을 활용하거나 심지어 관련 측과 협력까지도 취해야 한다. 만약 중대한 안보이익과 관련되어 있다면 대항 수단 심지어 무력을 취하는 것이 국가의 이성적 선택이 될 수도 있으며 국가 간 협력은 자연적으로 불가능해진다.

〈그림 1〉 이익에 기반한 정책 선택

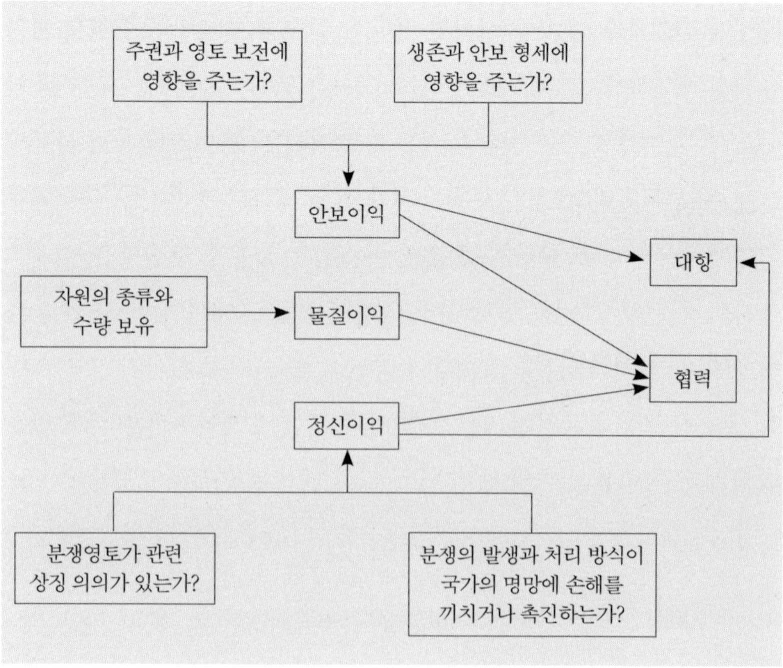

3. 동아시아 영토분쟁 협력: 댜오위다오(센카쿠열도) 분쟁과 남중국해 분쟁의 예

상술한 이론 분석에 따르면 다른 영토분쟁은 다른 이익에 관계되기 때문에 그들이 각각 적용하는 정책 역시 같지 않아야 하며 초래한 국가 간 관계의 결과도 달라짐을 설명한다. 이 분석의 틀 아래에서 동아시의 영토분쟁은 또 어떤 상황이 나타날까? 관련 국가 간의 협력은 가능할까? 이 문제들에 답하기 위하여 필자는 동아시아에서 가장 두드러진 2개의 사례를 선택하여 분석하였다. 하나는 중국과 일본의 센카쿠열도(댜오위다오) 주권 귀속 분쟁이고 다른 하나는 중국과 베트남, 필리핀 등 국가의 남중국해 도서 주권 귀속 분쟁이다.

1) 중일 댜오위다오(센카쿠열도) 분쟁

먼저 안보이익을 살펴본다. 주권과 영토 보전에 영향을 주는가의 문제에서 우선 센카쿠열도(댜오위다오)와 그 부속 도서의 육지 총면적은 약 5.69㎢, 그중 센카쿠열도 면적이 가장 커서 약 3.90㎢임을 알아야 한다.[20] 게다가 주위 영해의 전체 면적 역시 매우 유한하여 960만㎢의 중

20 국가해양정보센터 엮음: 『센카쿠열도-중국의 고유 영토』, 베이징: 해양출판사 2012년판, 2~3쪽.

국과 37만여㎢의 일본에게 그 영토 보전은 이 섬의 득실로 중대한 영향을 받지는 않을 것이다.[21] 이에 기초하여 센카쿠열도 분쟁의 주권과 영토 보전에 대한 영향이 매우 작음을 확인할 수 있다. 물론 상대적으로 말해서 만약 센카쿠열도 면적을 분자로 하고 본토 면적을 분모로 한다면 어쩌면 일본에게 더 중요할 수도 있다. 생존 상황과 안보 형세 방면에 영향이 있는가에서 센카쿠열도는 중요한 지위를 보유하고 있다. 중국에게 센카쿠열도는 중국이 태평양으로 진입하는 통로에 있기 때문에 미국 타파 제1도련 봉쇄의 관건인 곳으로 지리적 위치상 매우 중요하다. 일본에게 센카쿠열도는 남중국해로 통하고 타이완 해협의 해상 항로의 생명선이자 해상 보위 1,000해리 항로의 중요한 거점으로 이 항로를 통제하는 것은 중대한 전략적 의의를 가진다.[22] 상술한 두 지표를 종합하면 센카쿠열도는 중일에게 중요한 안보이익이 있다고 생각할 수 있다. 게다가 상대적으로 말해서 일본의 남하 전략선에 대한 고도의 의존이 초래한 안보 취약성을 고려하면 센카쿠열도의 안보이익은 일본의 이익 주판에서 더 중요한 위치를 점유한다.

물질이익 측면에서는 주로 센카쿠열도 주변 해역에 관련된 오일 가

21 많은 사람들이 도서 주위의 해역은 '해양국토'라고 강조하지만 법리상으로 말하면 12해리 범위 내의 해역만이 진정한 해양국토라 말할 수 있는데 왜냐하면 도서 소유국이 그에 대해 완전한 주권을 가지기 때문이다. 200해리의 경제수역에 대해 도서 소유국이 보유한 것은 단지 주권 권리이지 주권은 아니며 그러므로 해양국토라 할 수 없다. 그에 상응하여 경제수역의 면적 역시 영토 보전에 영향을 주는 요소가 될 수 없다. 이 글의 분석 틀 안에서 경제수역이 가져온 이익은 물질이익 범주 안에 놓고 고려한다.

22 왕메이리(王玫黎), 주원쥐안(朱文娟), '일본의 센카쿠열도 문제 상의 입장과 비평', 『동장학술지』 2014년 제4기, 66쪽.

스, 어업자원을 평가해야 한다. 어떤 학자가 지적한 것처럼 '센카쿠열도의 실제 가치는 이 도서에 근거하여 반경 200해리의 방대한 해역 및 그 주위 해역 내의 해저 석유, 광산, 해양어업 자원 및 영해, 영공의 교통, 운수권 그리고 미래 잠재적 자원 등이다.'[23] 사실상 센카쿠열도 분쟁이 1970년대에 발효된 것은 당시 조사가 이 해역에 대량의 석유 매장량이 존재할 수 있다고 밝힌 것과 관련 있다. 그러나 현재 센카쿠열도의 오일 가스 매장량에 대해서는 여전히 권위 있는 탐사 데이터가 없으며 중일이라는 오일 가스 소비 대국에게 센카쿠열도의 실제 공헌도는 아마도 매우 미미할 것이다. 어업 방면에서 불완전한 통계에 따르면 중국 푸젠, 저장 등 연해성에서 매년 센카쿠열도 해역에 들어가 작업하는 어선은 약 천여 척이고 타이완의 센카쿠열도 해역에서의 어획량은 연해 해역 어획량의 1/4이다.[24] 현재 일본 방면의 데이터는 부족하지만 일본 자체가 사면이 바다로 둘러싸인 섬나라인 것을 고려하면 아주 작은 섬 하나의 어업 자원이 돋보이는 위치를 점하지는 못했을 것이 분명하다. 그러므로 종합적으로 고려하면 센카쿠열도가 중일 모두에게 단지 중등 정도의 물질이익을 가진다고 판단할 수 있다.

정신이익 방면에서 중국에게 센카쿠열도 분쟁은 일본 침략의 결과이고 그것은 중국에게 중요한 상징적 의의를 갖고 있다. 만약 센카쿠열

23 리판(李凡),『전후 동북아 주요 국가 간 영토분쟁과 국제관계 연구』, 난징: 장쑤인민출판사 2013년판, 304쪽.

24 중신망, '타이완 당국 일본과 센카쿠열도 해역 개발 문제에 대해 다시 토론 예정 발표' 참고, 2003년 8월 6일, http://www.chinanews.com/n/2003-08-06/26/332504.html펑황망: '나는 센카쿠열도 해역에서 의심할 여지가 없는 어업 권익을 보유하고 있다', 2012년 9월 14일, http://news.ifeng.com/gundong/detail_2012_09/14/17616081_0.shtml。

도에 대한 주권을 회복할 수 있다면 민족 자존심과 자부심을 증진하는 데 반드시 유리할 것이다. 만약 할 수 없다면 이 방면에 중요한 손실이 생긴다. 일본에게 센카쿠열도는 근대 확장의 결과로 중국이 주장하는 '고유영토'는 아니다. 쌍방의 구별은 각자가 센카쿠열도의 주권을 논증하는 방식 차이에서도 볼 수 있는데 "중국 학자들은 역사적 측면에서 '주권이 나에게 속하는' 증거를 해석하는데, 일본 측은 현대 국제법 틀에서 그에게 유리한 이유를 찾는 데 집중한다."[25] 그러므로 센카쿠열도 분쟁은 중국에게는 중요한 정신이익이 있고 일본의 정신이익에 대한 영향은 상대적으로 적다고 판정할 수 있다.

상술한 요소를 종합하면 중일이 평화적인 수단을 통해 센카쿠열도 주권 분쟁을 해결하는 것은 어렵다고 판정할 수 있다. 왜냐하면 현재 센카쿠열도 해역은 일본이 통제하고 있고 일본의 이 해역에서의 안보이익이 더 중요함을 고려하면, 일본이 평화로운 협상을 통해 포기하는 것은 거의 불가능하기 때문이다. 그러나 중국 역시 센카쿠열도 해역에서 중요한 안보이익을 갖고 있고 게다가 정신이익은 일본에 비해 두드러진다. 때문에 어느 중국 지도자도 센카쿠열도에 대한 주권을 공식적으로 포기한다고 발표하는 것은 불가능하다. 이러한 상황에서 중일은 센카쿠열도 문제에서 기껏해야 낮은 차원의 협력 관계를 수립하고 유지하고 있다. 예를 들면 1996~2011년까지 중일 양국의 중국동해 방면의 대화는 7차례나 된다. 2011년 중일 양국은 고위층 해양사무 합의를

25 먀오지(苗吉), '일본 센카쿠열도 정책과 방향', 『태평양학보』 2016년 제11기, 43쪽.

달성했고 중일 해상 수색, 구조(SAR)의 원칙을 형성하였다.[26] 2012년 소위 센카쿠열도 '국유화' 사건 발생 후부터 양자의 낮은 차원의 협력은 감소세를 보였다. 그러나 중국의 센카쿠열도에서의 안보이익은 아직 극도로 중요한 차원까지 이르지 않았고 게다가 물질이익 역시 매우 모호하여 분쟁이 현재 무장 충돌까지 격상되기엔 아직 부족하다. 그러나 만약 미래 중미의 동아시아에서의 충돌이 심화되고 일본 역시 미국 측에 선다면 중일의 센카쿠열도에서의 안보이익 충돌은 격화될 것이고 무력 충돌의 가능성도 증가할 것이다.

2) 남중국해 분쟁

센카쿠열도 분쟁에 상대적으로 말해서 남중국해 분쟁은 관련된 주권 주장국이 많기 때문에 이익 관계도 더 복잡하다. 특히 중국에게는 '중국의 매우 복잡한 국가이익 순서 중 남중국해는 의심할 바 없이 매우 중요한 국익 중 하나이다. 그러나 남중국해가 중국의 핵심 이익에 속하는지 혹은 어느 정도 핵심 이익에 속하는지 여러 해 동안 학계(특히 중국 국내학계)에서는 상당히 뜨거운 연구 화제였다.'[27] 이런 배경하에 남중국해 분쟁에서 관련된 각 측의 이익에 대해 더욱 상세한 분석을 진행

26 왕메이리(王玫黎), 주원쥐안(朱文娟), '일본의 센카쿠열도 문제상의 입장과 비평', 『둥장학술지』 2014년 제4기, 68쪽.

27 뤄샤오(羅肖), '남중국해와 중국의 핵심이익: 논쟁, 회귀와 초월', 『당대아태』 2018년 제1기, 123쪽.

하고 이로부터 적절한 처리 대책을 모색할 필요가 있다.

먼저 안보이익을 보면 '주권과 영토 보전에 영향을 주는가'라는 문제에서 남중국해 분쟁과 센카쿠열도는 유사한 점이 있다. 이는 주로 분쟁 도서의 면적이 크지 않은 데서 구현되는데 남사군도 중 가장 큰 섬인 타이핑다오(太平島)는 겨우 0.48㎢이다.[28] 비록 주권 주장국의 영토 규모가 큰 차이가 있고 상대적으로 말해서 남중국해 도초(島礁: 간만의 차에 따라 암초가 됐다가 섬이 되기도 하는 바위)는 영토 면적이 비교적 작은 아세안 주권 주장국에게 더 중요하지만, 근본적으로 보면 이 도초 및 그 영해(만약 있다면)는 주권과 영토 보전에 영향을 주는 문제에서 꺼낼 가치도 없다. 생존과 안보 형세에 영향을 주는가 하는 측면에서, 중국과 베트남은 남중국해를 고도로 중요한 이익이라고 볼 수도 있다. 중국에게 남중국해는 인도양, 중동으로 진입하는 생명선으로 "항로안보는 확실히 중국 생사에 관련되며…중국의 80%의 수출입 화물, 85% 이상의 수입 석유가 모두 남중국해를 통한다."[29] 게다가 미국, 일본과의 게임에서 남중국해는 중요한 씨름판이기도 하고 지정학적 위치가 매우 중요하다. "베트남에게 남중국해는 적어도 2개 방면의 안보 의미가 있다. 첫째, 베트남의 해안선은 전부 남중국해를 따라 뻗어 있어 어쩌면 유일한 전략적 하구이다. 현재 베트남은 자국의 해안선을 따라 이미 호치민 해군기지, 깜라인만 해군기지, 다낭 해군기지와 해안경비군항 같은 일련

28 천전화(陳振華), 『핵심이익의 영토주권』, 베이징: 측량제도출판사 2013년판, 167쪽.

29 뤄샤오(羅肖), '남중국해와 중국의 핵심이익: 논쟁, 회귀와 초월', 『당대아태』 2018년 제1기, 139~142쪽.

의 해군기지를 건설했거나 건설 중이며 남에서 북에 이르는 '전략벨트'를 적극적으로 구축하여 전체 남중국해를 원하는 대로 하려고 시도하고 있다. 둘째, 남중국해는 바로 베트남 해상 방어의 중점이다."[30] 다른 주권 주장국에게는 남중국해가 안보 의의도 있지만 관련된 안보이익이 상대적으로 말해 그렇게 중요하지는 않다.

물질이익 방면에서는 센카쿠열도가 소재한 동해 해역과 유사하며 현재 남중국해 오일 가스 저장량에 대해서는 여전히 권위 있는 탐사 데이터가 없다. 현재 주권 주장국이 개발하는 오일 가스 자원은 대부분 근해에 위치하며 분쟁 구역 내에 있지 않다. 그러므로 여기에서는 남중국해의 전체 지위, 자원 잠재력 등의 측면에서만 물질이익 문제를 고려한다. 가능한 자원 총량 및 현재 중국 에너지 출처의 다양성을 고려하면 남중국해 분쟁이 중등 정도의 물질이익을 갖고 있다고 판단할 수 있다. 이 방면에서 베트남, 필리핀 양국의 남중국해 자원에 대한 이익 수요는 매우 강렬하다. 베트남은 남중국해에서 오일 가스 개발을 확대하여 국내의 에너지 공급을 만족시키고 오일 가스 수출을 통해 재정 수입을 창조하기를 희망한다.[31] 심지어 어떤 분석에서는 2012년 베트남 국회에서 통과된 '베트남 해양법'을 상징으로 하여 베트남 남중국해 정책의 중점이 안보이익에서 경제이익으로 전향하였다고 본다. 베트남은 남중국해에서의 경제이익을 수호하기 위해 안보이익 방면에서 일정

30 천샹먀오(陳相秒), 마차오(馬超), '아세안의 남중국해 문제에 대한 이익 요구와 정책 선택을 논하다', 『국제관찰』 2016년 제1기, 96쪽.

31 천샹먀오(陳相秒), 마차오(馬超), '아세안의 남중국해 문제에 대한 이익 요구와 정책 선택을 논하다', 『국제관찰』 2016년 제1기, 95쪽.

정도의 양보를 하였다.[32] 필리핀에 대해서는 군도 국가로서 남중국해에서의 물질이익은 에너지, 어업과 항로 3가지 방면을 포함한다.[33] 경제 발전과 인구 성장에 따라 필리핀의 에너지 수요는 갈수록 절박해지고 있다.

정신이익 방면에서 남중국해 분쟁의 형성과 주권 주장국의 근대 굴욕사는 무관하며 그러므로 특정한 정신적 상징 의의는 없다.

상술한 이익 분석에 기초하여 주권 주장국은 남중국해 분쟁의 지속적 해결에 협력 달성의 어려움을 발견하였다고 여길 수 있다. 왜냐하면 관련 당사국 특히 중국, 베트남 양국은 이 지역의 안보이익을 극도로 중요하게 보고 있고, 안보이익은 늘 모종의 제로섬과 충돌의 성질을 갖고 있기 때문에 모두 쉽게 양보하지 않는다. 게다가 미국의 무게 중심이 아태로 전향되었고 남중국해 문제를 이용해 중국을 견제하는 큰 배경하에 중국의 안보이익 방면의 걱정은 가중되었고, 베트남, 필리핀 같은 다른 주권 주장국은 미국의 직접 혹은 간접 지지하에 더 양보를 원하지 않는다. 그러나 물질이익의 수요는 관련 각국의 협력 전개를 추진할 수 있으며 특히 에너지 영역에서 그렇다. 예를 들어 필리핀 두테르테 정부 출범 이래 비록 아로요 정부 시기의 실패와 이 의제의 국내 정치에서의 민감성을 분명히 알고 있지만 여전히 중국과 남중국해의 오

32 류원자오(劉文釗), '국가 이익 시각 하 베트남 남중국해 정책의 전환과 원인', 『개혁과 개방』 2017년제10기, 25~26쪽.

33 The West Philippine Sea: The Territorial and Maritime Jurisdiction Disputes from a Filipino Perspective, Updated 15 July 2013, First Release 15 April 2013, The Asian Center and Institute for Maritime Affairs and Law of the Sea, University of the Philippines, pp.11-12.

일 가스 자원 협력 개발을 제의하고 있다.[34]

상술한 분석은 다음 〈표 2〉로 귀납한다.

〈표 2〉 관련 영토분쟁상의 이익과 협력 전망

의제		센카쿠열도 분쟁	남중국해 분쟁
안보 이익	주권과 영토 보전에 영향을 주는가?	매우 적음, 일본에게 상대적으로 중요	매우 적음, 아세안 주권 주장국에게 상대적으로 중요
	생존 상황과 안보 형세에 영향을 주는가?	비교적 중요, 일본에게 더욱 중요	중국, 베트남에게 의의가 큼
물질이익		중등	베트남, 필리핀에게 의의가 큼
정신이익		중국에게 더욱 중요	적은 편
협력 전망		적은 편. 낮은 차원 협력 가능 , 미래 무력충돌 가능성은 양국 안보이익 관계 변화에 달려 있음	큰 편. 공동개발 같은 경제영역 협력 가능

4. 맺음말

이 글은 국가이익을 분석 시각으로 하여 관련 국가가 영토분쟁상에서 어떤 영토 정책을 취해야 하는지를 연구하여 판단하고 이 기초 위에서 그 협력의 가능성에 대해 탐구하였다. 많은 사람 더 나아가서 결정

34 샤오시망 참고 : '필리핀 매체 : 필리핀, 중국과 남중국해 오일가스 자원 협력개발 모색', 2018년 1월 17일, http://www.cankaoxiaoxi.com/world/20180117/2252168.shtml

권자들의 눈에는 영토분쟁이면 그 성질이 다 같은 것으로 보이고 모두 일률적으로 국가 주권과 영토 수호의 고도까지 확대된다. 이러한 인식은 많은 국가에서 영토정책 경직화의 인식 근원이 되었고, 어떤 정도에서는 영토분쟁이 교착 상태로 해결되기 어렵게 만들었다. 그러므로 영토분쟁의 복잡성을 어떻게 한층 더 정리하고 비이성적 정서, 결정권자의 선호 등 여러 요소의 간섭을 극복해서 진정으로 국가 이익에 부합하는 정책을 채택하는가는 이론적으로 계속해서 탐색해야 하고 실천 중에 계속해서 거듭 설명해야 하는 중요한 의제이다. 이성적 분석의 측면에서 보면 단지 관련된 중대 안보이익이 있을 때만 무력 동원이 가능하고 필요하다. 다른 이익 특히 물질이익은 완전히 협력의 방식을 통해 해결할 수 있다. 그러나 영토 문제상의 이익 오판과 간섭이 매우 두드러진다. 극단적 민족주의 같은 국내의 비이성적 사회 정서에서 오는 것도 있고 어떤 것은 결책자의 잘못된 판단 혹은 고정화되어 버린 정책 선호에서 온다. 이러한 요인들은 모두 한 국가가 적절한 영토정책을 실시하고 국제 협력을 전개하는 데 도전하는 요인이 되었다. 미래 동아시아 국가들이 영토분쟁 문제에서 협력을 전개하려고 하면 하나의 중요한 전제는, 바로 반드시 이성적으로 분쟁에서 자신의 국가 이익의 소재를 인식해야 하고 극단적 민족주의와 국내 권력 투쟁 등 비이성적 고려를 극복하고 이익과 상호 적합한 정책을 취해야 한다는 것이다. 필자는 이성적 이익에 기초하여 정책을 제정하기만 하면 동아시아 영토분쟁은 곧 관리되고 통제될 수 있을 것이고 자원 방면의 협력 개발 역시 순조롭게 진행될 것이라 믿는다. 중국은 일찍이 '이견을 뒤로하고 공동으로 개발한다'라는 정책 방침을 제기하였고 만약 이 정책이 실현될 수 있다면 동아시아 각국이 공동 이익의 기초 위에서 협력 전개를 추진하는 데 유리하고 미래 영토분쟁의 최종, 완전 해결에 기초를 마련할 것이다.

〈역자: 김성아〉

18

동아시아 영토 갈등과 지역협력 가능성

| 배진수 ■ 전 동북아역사재단 연구위원 |

* 이 글은 2013년 NAHF-SASS 학술회의에 발표한 논문으로, OUGHTOPIA:The Journal of Social Paradigm Sudies, Vol.24, No.1(Summer 2009) 학술지에 발표한 논문을 수정·보완하였다.

1. 동아시아 영토 갈등 이슈

동아시아 지역의 영토 갈등 사례와 관련한 선행 연구는 거의 대부분이 사례 중심으로 러일 간 남쿠릴(북방도서) 사례, 일중 간 센카쿠(조어도) 사례, 한일 간 독도 사례, 동남아 국가 간 남중국해 사례 등을 위주로 그간 상당히 많이 수행되어 온 편이다. 연구 분야가 역사학, 지리학, 국제법, 국제정치 등 다양한 측면에서 다루어져 온 편이며, 안보적 측면에서의 연구에 있어서도 일중 간 센카쿠(조어도) 사례 또는 남중국해 사례 등에서 특정 시기를 중심으로 수행된 연구가 있음에도 불구하고, 지역협력 차원에서 동아시아 영토 갈등의 바람직한 해결 모델을 모색해 본 연구는 상대적으로 드문 것으로 파악된다.

동북아 및 동남아를 포함한 아시아 지역 분쟁의 대부분은 제2차 세계대전을 전후한 1940년대와 1950년대에 주로 발생하였으며 그 근원 또한 식민지배와 전후 처리에 관련된 영토분쟁들이 대부분인 것으로 나타난다. 이들 아시아 지역에 산재해 있는 20여 건의 영토 관련 분쟁들 중 1/3 이상은 해양경계선 및 해양도서영유권 분쟁이라는 특징도 발견된다. 동아시아의 해양 지역에 따른 영토 갈등 사례를 간략히 정리하면 다음 〈표 1〉과 같다.

〈표 1〉 동아시아 영토 갈등 현황 및 사례

해양 구분		사례	관련국
오호츠크해		남쿠릴/북방4도	러시아-일본
동해		독 도	한국-일본
동중국해		센카쿠/조어도	일본-중국,대만
남중국해	동사군도	X	(대만 관할)
	중사군도	스카브러/황옌다오	중국-필리핀
	서사군도/호앙사	O	중국, 대만-베트남
	남사군도/쯔엉사	O	베트남, 중국, 대만, 필리핀, 브루네이, 말레이시아

동북아 지역의 도서영유권 사례들의 경우 공통변수로서 '일본'이 관련되어 있는 것처럼, 동남아 지역의 도서영유권 사례들에는 공통변수로서 '중국'이 관련되어 있다. 동북아 지역의 경우, 남쿠릴(북방도서) 사례에서 일본은 러시아에 영토 반환을 요구하고 있고 독도 사례에서도 일본은 한국에 대하여 영유권 도발을 해 오고 있으며, 센카쿠(조어도) 사례에서는 반대로 중국·대만이 일본에 대하여 영유권 주장을 하고 있는 상황이다. 동남아 지역의 사례에서는 파라셀군도(서사군도/호앙사)와 스프래틀리군도(남사군도/쯔엉사)에서 모두 중국이 관련되어 있으며, 남중국해 분쟁의 역학 구도 자체가 대체로 중국 대 나머지 국가들 간의 대결 구도 양상을 보인다고 할 수 있다.

심지어 동아시아 영토 갈등의 추세와 관련하여 세계적 권위지인 영국 일간 파이낸셜 타임즈(Financial Times)에서도, 2012년 8월 23일 칼럼을 통해 일본과 주변국들 간 갈등이 지속되는 것은 일본이 과거 침략 전쟁에 대한 진정한 사과를 하지 않은 것에 원인이 있으며 또한 일본은 독일과 달리 과거사 청산을 '역사 문제(history problem)'로 다루지 못하고 있음을 지적하고 있다. 그러면서 이 칼럼은 "유일한 해결책은 유럽연합(EU)과 유사한 아시아 국가들의 정치적 공동체를 형성해 과거의 적을 하나로 묶는 것"이라면서도 "수년 나아가 수십 년 내에 그 같은 계기가 마련될 가능성은 '제로'이다"라고 단언하고 있다.[1]

이하 본 연구에서는 논의의 성격상 동아시아 영토 갈등 사례의 범위로서 도서영유권 사례의 발생 배경을 중심으로 주로 소개하고자 한다.[2]

1) 남쿠릴(북방4도서): 러시아-일본

남쿠릴(북방4도서) 도서는 일본의 북해도(홋카이도)와 러시아의 캄차카반도를 잇는 쿠릴열도 20개 도서 중 최남단의 두 섬 에토로프와 쿠나시리 그리고 북해도 북쪽 근해의 두 섬 하보마이와 시코탄을 말하는데, 러시아에 대해 일본이 반환을 요구하는 도서영유권 분쟁 지역이다. 일본과 러시아 간 최초의 국경협정이라고 할 수 있는 1855년의 러일화친조약 때부터 북방4도서는 일본 영토로 확정되었으며, 20년 뒤인 1875

1 『세계일보』 2012년 8월 24일, 12면;『국민일보』 2012년 8월 24일, 3면; 『동아일보』 2012년 8월 24일, 12면 참고.

2 동아시아 영토 갈등 사례의 개략적 발생 배경은 배진수, "동아시아 영토문제의 국제정치적 및 안보전략적 함의 분석", 『안보학술논집』제27집(2016), 193~238쪽에서 발췌하여 보완한 것이며, 이 외 동아시아 영토 갈등 사례들의 구체적인 전개과정 및 안보전략적 분석에 대해서는 상동 배진수, "동아시아 영토문제의 국제정치적 및 안보전략적 함의 분석", 논문 참조 바람.

년에는 러일 간 쿠릴·사할린교환조약(1869년 러시아군의 사할린 진입사건 계기)에서 당시 양국이 공동 관리하던 사할린을 러시아에 양보하는 대신 일본은 쿠릴열도 전체 지역으로 영유권을 확대하게 되었다. 이어 30년 뒤인 1905년 러일전쟁에서 일본이 승리한 후 러시아와 체결한 포츠머스조약에 의해 일본은 사할린 남부지역(북위 50도 이남)까지 차지하게 되었다.

제2차 세계대전이 끝나갈 무렵인 1945년 러시아의 참전에 합의한 얄타협정(2.11)에서 소련은 대일(對日) 참전 조건으로서 러일전쟁 시(1905) 침해당한 러시아의 구영토인 남사할린의 반환과 쿠릴열도의 양도를 보장받게 되었고, 제2차 세계대전에서 일본이 패망하자 소련은 1951년 샌프란시스코강화조약에 의거 러시아의 구영토(쿠릴열도와 사할린 남부)를 회복하는 과정에서 원래 일본 영토였던 쿠릴열도의 두 섬(에토로프, 쿠나시리)은 물론 쿠릴열도와는 별개인 하보마이군도와 시코탄섬 등 북방4개도서를 모두 차지하게 되어 양국 간 영토문제가 발생하게 된 것이다. 문제가 되는 부분은 바로 쿠릴열도 중 두 섬에 관한 양측의 해석이 서로 다르다는 데 있다. 즉, 러시아는 샌프란시스코강화조약상 일본의 영토포기 조항에 쿠릴열도가 명시되어 있는 만큼 당연히 러시아 영토로 복귀되어야 한다는 것인데 반해, 일본 측 주장은 여기서 말하는 쿠릴열도에 원래의 일본 영토였던 두 섬(에토로프, 쿠나시리)이 포함되지 않는다는 것이다.

2) 센카쿠열도(조어도): 일본-중국, 대만

현재 일본의 실효지배하에 있는 조어도 또는 센카쿠열도(일본명 첨각렬도(尖閣列島); 중국명 조어도(釣魚島); 대만명 조어대(釣魚臺))[3]는 5개의 작은 섬과 3개의 암초로 구성되어 있는데 대만 북동쪽으로 190킬로미터, 중국 본토에서는 350킬로미터, 일본 오키나와에서는 480킬로미터 떨어져 있으며, 그간 일본과 중국 및 대만 간에 영유권 분쟁이 있어 온 지역이다. 이 지역은 전략적 가치로서 러시아 극동함대의 이동을 통제할 수 있을 뿐만 아니라 페르시아-인도양-말라카해협-동중국해-일본열도로 이어지는 일본 석유수송로의 요충지이기도 하다.

이 지역은 1895년 청일전쟁 당시 일본의 영토로 되었다가, 제2차 세계대전 이후인 1951년 9월 8일 대일 강화조약 때 일본으로부터 미국에 이양되었으며, 이로부터 20년 뒤인 1971년 6월 17일 미일 간 오키나와 반환협정 때 미국 관할이었다가 일본 영토로 다시 복귀하게 되었다. 현재는 일본의 지배하에 있어 중국, 대만 측으로부터 영유권 주장이 제기되고 있는 상황이다.

먼저 중국 측(대만 포함)의 주장 논거를 보면, 이 지역은 역사적으로 1534년 중국이 처음 발견한 이래 중국의 고유 영토로서 청일전쟁 당시

3 '조어도'라는 명칭은 명대의 서적들이 釣魚嶼라고 표기하고 있는 반면, '센카쿠('尖角')' 열도라는 일본명은 1843년 이 지역을 조사한 영국의 전함이 일부 섬들에 대해 Pinnacle Islands 또는 Pinnacle Groups로 표기한 데서 유래한 것으로 일컬어진다. 본고에서는 현 실효지배 국가를 기준으로 '센카쿠(조어도)' 또는 '센카쿠(댜오위다오)'라고 가급적 표기하기로 하고, 경우에 따라서는 해당 국가의 주장과 행위를 기술할 때 편의상 '센카쿠' 또는 '조어도'나 '댜오위다오'로 혼용하여 사용하기로 한다.

시모노세키 불평등조약에 의해 일본에 강제 할양되었으며, 제2차 세계대전 이후 제3자인 일본과 미국 간에 불법 이양과 복귀를 통해 현재 일본 관할로 되어 있을 뿐이라는 것이다. 이에 대해 일본 측 주장은, 이 지역이 청일전쟁 당시 강제 할양된 것이 아니라 원래 무주지였던 것을 1895년 1월 14일 정식으로 일본이 오키나와현으로 편입 조치한 것이며 미국과의 이양 및 복귀 절차도 적법한 것이라고 대응하고 있다.[4]

중국의 기본 입장은 조어도가 예로부터 중국의 영토이고 역사적 및 국제법적으로 중국의 주권을 입증하는 근거가 있다는 입장이다. 중국 측 주장에 의하면, 명과 청국의 문헌에도 자국의 영토로 표기되어 있으며, 지질학상으로도 대만해의 해분(海盆) 내에 위치해 있다고 한다. 먼저 역사적 근거로는, 1400년대 및 1500년대의 명 조정이 조어도의 존재를 명확히 인지하고 있었다고 주장한다. 이를테면, 1403년 명대의 『순풍상송(順風相送)』에 조어태(釣魚台)라는 표현이 등장하고 있으며, 1534년의 책봉사 진간(陳侃)의 보고서인 『사류구록(使琉球録)』에도 '조어도를 기준으로 삼아 항해했다'고 기록되어 있음을 근거로 제시하면서, 명·청 양 조정이 모두 조어도를 당시 해군작전 범위 안에 두었다고

4 이하 센카쿠(조어도) 분쟁의 개관에 대해서는 배진수, "중일 센카쿠(조어도) 영토분쟁과 한반도", 『안보학저널』 제1권 제1호(2013); 배진수, 『세계의 도서분쟁과 독도 시나리오』(한국군사문제연구원, 1997); 최장근, "전후 일본의 센카쿠제도에 대한 영토전략", 『동북아 문화연구』 제11집(2006); 손기섭, "북방4도와 센카쿠열도 해양분쟁의 특성", 『일본문화연구』 제27집(2008); 하도형, "2010년 중·일 댜오위다오 분쟁과 중국의 대응",『영토해양연구』 Vol.3 (Summer 2012); 이명찬, "일·중 간 센카쿠제도 분쟁과 일본의 대응", 영토해양연구』 Vol.3 (Summer 2012) 등 참고. 동아시아의 민족주의 기류와 관련한 연구로는 고상두, "센카쿠열도를 둘러싼 중·일 영유권 분쟁과 민족주의", 한국학술원 제13차 코리아포럼(2011. 4. 8.) 발표논문 등 참고.

주장한다. 중국 측의 주장에 따르면, 1895년에 일본이 청일전쟁에서 청의 패배가 이미 결정된 상황을 틈타서 「马关条约」(시모노세키조약) 체결(1895. 4. 17.) 3개월 전인 1895년 1월 14일에 이들 섬들을 절취하고 오키나와현의 관할로 편입한 것에 불과하다고 주장한다.

이에 반해 일본의 주장을 보면 다음과 같다. 현재 일본 외무성 홈페이지에는 "센카쿠제도의 영유권에 관한 기본 견해"가 실려 있으며, 이는 1972년 3월 8일 최초의 외무성 발표에서 연호를 서기로 바꾼 것 외에는 그대로 유지되고 있는 것으로 파악된다. 일본의 기본 입장은 센카쿠열도가 무인도일 뿐만 아니라 당시 청의 지배 흔적이 없다는 것을 확인한 후, 1895년 1월 14일 정식으로 각의 결정을 통해 일본 영토에 편입(오키나와 이시가키시(石垣市))된 것이라는 입장이다.

일본은 역사적 근거로서, 1884년에 후쿠오카 사업가 고카(古賀)가 국유지 차용원을 제출하고, 1886년 메이지 정부는 네 개의 섬에 대해 30년 무상 임대와 유료 불하를 하였으며, 경영난으로 1940년 공장을 폐쇄하면서 무인도가 되었다고 주장한다. 또한 1969년에 류큐 정부는 남소도(南小島)에 수십 명의 대만인 노동자가 불법으로 상륙하여 좌초 선박의 해체 작업을 하고 있음을 발견하고 퇴거 요구를 한 적이 있으며, 이 같은 대만인의 불법 입국을 막고자 류큐 정부는 미국 정부의 원조를 얻어 1970년 7월 센카쿠에 영역 표시판을 건립하기도 했음을 들고 있다. 이후 센카쿠열도가 분쟁의 대상이 된 것은 1968년에 해저탐사결과 이 지역의 석유 및 천연가스 부존 가능성이 발표되면서 부터였는데, 이후 1970년, 1978년, 1996년, 2004년, 2010년, 2012년 등 수차례에 걸쳐 지속적으로 양측 간 영유권을 둘러싼 분쟁이 발생되어 왔다.

3) 독도: 한국-일본

한국의 영토인 독도 문제 역시 출발점은 일제의 침략사와 그 맥을 같이 하고 있다. 즉, 1904년 2월 23일의 한일의정서, 1904년 8월 22일의 제1차 한일협약으로 시작되는 일제의 한국 침략 와중인 1905년 2월 22일 일본은 소위 '도근현고시(島根縣告示) 제40호'라는 것을 통해 한국의 고유 영토인 독도를 불법으로 편입 조치하게 되며, 이어 1905년 11월 7일에 제2차 한일협약(을사조약)과 1907년 7월 한일신협약(정미조약)을 거쳐 1910년 8월 마침내 한일강제병합에 이르게 되었다.

러일전쟁 당시 일본의 독도 침탈 과정을 좀 더 구체적으로 살펴보면 다음과 같다. 1904년 2월 8일 일본이 여순항의 러시아 군함 2척을 기습 공격함으로써 러일전쟁이 발발하였으나, 불과 몇 달 뒤인 5월경만 해도 일본 해군은 전력의 3분의 1을 상실할 정도로 러시아 발틱함대에 비해 열세에 있었다. 이를 극복하려는 전략적 차원에서 일본군은 9월 1일 울릉도 서쪽과 남쪽에 감시망루를 각각 설치하였고, 이어 9월 24일에는 일본군함 '니타카'호가 독도망루 설치를 위한 현지조사를 떠났다. 그로부터 5일 뒤인 1904년 9월 29일에 일본의 어업가인 나카이 요사부로가 '독도 영토편입 청원서'를 제출하게 되었는데, 당초 그는 독도가 한국 영토임을 알고 일본 정부를 통해 '독도 임대청원서'를 제출하려던 참이었으나 당시 일본 해군성 수로국장 기모쓰케 가네유키 등의 사주를 받아 결국 '독도 영토편입 청원서'를 제출케 되었던 것이다.

1905년 1월 1일에는 일본군이 여순을 함락시킴에 따라 러시아 발틱함대와의 최종 결전을 앞둔 긴박한 상황에서, 1월 10일 내무대신(요시카와 아키마사)은 총리대신(가쓰라 다로)에게 '무인도 소속에 관한 건'이라는 비밀 공문을 보내 독도 편입을 위한 내각회의 개최를 요청하였으며, 불과 2주일여 지난 1월 28일 일본 내각은 전격적으로 독도 편입을 결정하였고 뒤이어 2월 22일 시마네현 고시 제40호를 통해 독도 침탈을 완료했던 셈이다. 그러나 제2차 세계대전 이후 독도는 원래의 소유주인 한국의 영토로 원상회복되어 한국이 영토주권을 행사하고 있으며, 일본은 과거 침탈했었던 독도를 일본의 영토라고 억지 주장만 계속하고 있는 상태이다.[5]

이와 같이 독도영유권과 관련하여 일본은 1905년 2월 22일의 시마네현 고시(島根縣告示) 제40호에 의해 소위 '다케시마'(竹島: 독도의 일본식 명칭)를 국제법적 절차에 따라 일본 영토로 편입 조치한 것이라고 주장한다. 또한 일본은 1905년의 시마네현 고시가 일본의 고유영토인 독도의 영유 의사를 재확인한 것이라고 주장하면서 한국이 독도를 현재 불법 점거하고 있다는 억지 주장을 계속하고 있다. 이에 대해 한국은 일본이 무주지가 아닌 한국의 고유영토인 독도를 한국에 통고하는 절차도 없이 일본의 국내 지방관청에 불과한 시마네현에 고시하는 등 국제법적인 선점의 요건을 갖추지 않은 불법적 영토탈취라고 주장하면서 한일 간에 독도영유권을 둘러싼 분쟁 자체가 존재하지 않는다는 입장이다.

선점의 국제법적 합법성 여부를 차치하고, 1905년 일본 시마네현의 독도 편입 당시 독도가 무주지가 아니라 한국의 영토주권이 미치고 있

5 러일전쟁 당시 일본 군부의 독도침탈사에 관한 세부적인 내용은 『일본 군부의 독도침탈사』(바른역사정립기획단, 2006) 및 『일본은 이렇게 독도를 침탈했다』(바른역사정립기획단, 2006. 7. 7. / 동북아역사재단, 2007. 4. 15.) 참고.

었던 영토였으므로, 일본의 선점은 국제법적으로 근거가 없는 억지 주장에 불과한 것이며 따라서 한국의 독도영유권이 명백해지는 것이다.[6]

4) 남중국해: 동남아시아

남중국해에는 파라셀 군도(Paracel Islands, 중국명 시사(西沙)군도/베트남어 호앙사(黃沙), Quần đảo Hoàng Sa)와 스프래틀리 군도(Spratly Islands, 중국명 난사(南沙)/베트남어: 쯔엉사(長沙) Truong sa)를 둘러싼 영유권 분쟁이 존재하는데, 서사군도에 비해 남사군도의 영유권 분쟁이 더 복잡한 양상을 나타내고 있다. 서사군도는 중국의 해남도 동남쪽 약 300킬로미터에 위치하는 관계로 남사군도에 비해 영유권을 주장하는 국가도 중국과 베트남 및 대만에 한정되어 있는 편이다. 서사군도 지역에서는 지난 1974년 1월 15일부터 20일 사이에 중국-베트남 간 무력 충돌이 일어났으며, 그 후 지금은 중국의 지배하에 있으나 여전히 영유 논쟁이 제기되고 있다. 비록 중국과 베트남 간에 이 지역 영유권 분쟁과 관련하여 1994년 8월 15~16일 양일 간 하노이에서 고위급 국경회담이 열렸으나 합의를 도출하는 데 실패하기도 했다. 이 와중에 중국은 1995년

6 이와 관련하여 한국에서 제시하는 것이 1900년 10월 25일에 반포된 대한제국 칙령 제41호의 '석도=독도' 논거인데, 구체적 논의는 배진수, "사회언어학의 이론으로 본 '석도(石島)=독도(獨島)'설: 지역연구 변동 및 세대교체와 지역어 변화의 관련성을 중심으로", 『독도연구』 제19호 (2015), 291~318쪽 참조. 한일 간 독도 이슈의 구체적 전개 과정과 분석에 대해서는 배진수, "한일 간 독도 이슈의 추이와 일본의 도발 패턴: 시기별·이슈별 국제정치적 변수를 중심으로", 『독도연구』 제21호(2016), 307~347쪽 참조.

들어 서사군도에 대한 영유권 주장을 되풀이하는 한편 이 군도의 해역에서 작은 섬 3개를 새로 발견하면서 이 지역의 지배권을 강화시켰다. 2014년 11월에도 중국 해경선이 서사군도 해역에서 조업 중이던 베트남 어선 2척의 조업을 견제한 사례가 있다.[7]

다음은 서사군도에 비해 보다 복잡한 양상을 보이고 있는 남사군도 분쟁에 관해 살펴보기로 하자. 남사군도는 남지나해상에 위치한 약 400개의 소도서, 환초, 암초, 모래톱 등으로 이루어진 군도로서 그 분포 범위는 약 80만㎢에 이르며, 경제적 및 전략적 중요성을 가지고 있는 관계로 주변국들 간 영유권 분쟁이 상존하는 지역이다. 우선 경제적 중요성으로는 약 300억 톤의 원유(중국 확인) 및 450억 톤의 천연가스가 매장된 지역이며, 전략적 중요성으로는 서태평양과 인도양을 연결하는 해상 요충지일 뿐 아니라 레이더·통신기지·비행장 등 군사전진 기지로 사용가능한 군사전략적 요충지이다.

남사군도 지역의 분쟁 발생 배경은 중동전쟁 이후 1970년대 석유파동 당시 이 지역이 석유와 천연가스 등 지하자원의 보고로 알려지면서 주변국들 간 영유권 분쟁이 가열되기 시작했다. 현재 이 지역은 중국, 베트남, 말레이지아, 필리핀, 대만, 부루나이 등 6개국이 각각 지리적 인접성 및 역사적 근거를 이유로 영유권을 주장하고 있으며 일부 도서를 점령하고 군사력을 배치하고 있어 동아시아 지역 내 잠재적 분쟁 요인으로 작용하고 있다. 이 지역 최대 이해당사자는 중국과 베트남으로 압축될 수 있으며, 실제로 이 지역 최초의 해상무력 충돌은 1988년 3월

7 『영토해양연구』 Vol.8 (Winter 2014), 「영토·해양 일지」 참조.

14일 중국-베트남 간에 발생하였고 이때 중국은 베트남으로부터 6개의 섬을 빼앗게 되었다. 이후 1992년 6월 이 지역 관련 6개국 간에 현상유지와 평화적 이용을 천명한 마닐라선언이 채택되면서 한동안 잠잠하다가, 이 지역 두 번째의 무력충돌이 1995년 2월 필리핀이 영유를 주장하는 미스치프(Mischief) 환초에서 필리핀과 중국 사이에 발생하였다.[8]

남중국해 내 중국의 인공섬 조치와 관련하여 지난 2013년 초부터 필리핀이 자국 대륙붕에 위치한다는 이유로 국제재판에 제기한 이래 일련의 과정을 거치면서 마침내 2015년 10월 29일 국제중재재판소(PCA)는 필리핀이 제기한 이 사건의 관할권 및 소(訴)의 허용성에 관한 중재결정을 내리게 되었고, 결국 2016년 7월 12일 필리핀 주장을 대부분 인정하는 중재결정이 내려진 바도 있으며, 여전히 관련국들 간 긴장과 갈등이 계속되고 있는 지역이다.

특히 이번 PCA의 국제재판 관할권 인정 및 중재결정 사례는 그간 중국의 반발과 거부 입장에도 불구하고 국제재판이 결국 진행되게 되었다는 점에서 향후 동아시아 지역 내 다른 사례들의 국제재판 가능성과 관련하여 또 다른 국면의 가능성을 제기하는 측면도 있다. 2013년 초 제소 당시, 필리핀 정부는 아세안(동남아국가연합)의 틀 안에서 사태 해결을 시도했으나 아무런 성과를 거두지 못해 국제재판 회부를 결정하게 됐다는 입장을 표명한 바 있듯이, 양자 간 해결을 주장하는 '중국'과 국제재판 활용 등 다자적 해결을 주장하는 베트남 등 남중국해 여타 관련

8 남사군도지역 첫 번째 무력충돌(1988년 3월)은 중국의 점령지에 베트남 무장 인력의 상륙으로 인해 빚어졌으며, 두 번째 무력충돌(1995년 2월)은 필리핀 점령지에 중국이 영구 건조물을 설치하면서 비롯되었다.

국가들과의 다른 사례에 미칠 파급 영향이 적지 않을 것으로 예상되기도 한다.

이해 당사자들의 관계가 악화되어 있는 경우 이 지역의 분쟁양상은 지역 내 관련국뿐만 아니라, 제3자들의 개입으로 인해 국제문제로 비화할 가능성이 점차 가시화되는 형국이다. 그 이유는 남사군도 내 분쟁 현황으로 볼 때 중국이 군사력 등 여러 측면에서 이 지역의 유리한 지위를 점할 가능성이 크며, 그렇게 될 경우 이 지역 유전 개발에 적극 참여하고 있는 미국과 일본은 해상 요충지인 이 지역의 통제권이 중국으로 넘어가는 것을 우려하여 베트남 등 지역 국가들과의 협력구도를 통해 중국을 견제하려 들 것이다. 또 한편으로는 ASEAN 국가들도 연합으로 대(對)중국 대응책을 강구하게 될 가능성이 크다.

2. 동아시아 영토 갈등 해결을 위한 지역협력 가능성

동북아 지역의 경우 일본은 일-러, 일-중, 한-일 등 모든 주변 국가들과 영토 갈등 사례를 갖고 있으나 일본의 입장이 각 사례마다 서로 모순되게 나타남으로써 이 지역의 원만한 해결을 더욱 어렵게 만들고 있는 형국이다. 이를 테면, 일본이 센카쿠(조어도)에 대한 자신들의 실효지배는 인정하는 반면 독도에 대한 한국의 실효지배는 인정하지 않는다는 점, 남쿠릴(북방4도)에 대해서는 러시아의 침탈을 주장하는 반면 독도에 대한 일본의 침탈에 대해서는 '무주지 선점' 내지 '고유영토론'을 주장하는 등 스스로 모순을 드러내고 있는 점 등이 지적될 수 있다. 결국, 식민지배 처리 과정이나 전쟁 후 점령지의 처리 과정에서 비롯된 경우가 대부분인 영토문제일 경우에는, 보편적 가치에 입각하여 원래 국가의 영유권을 인정해 줌으로써 영토 갈등을 순리대로 풀어 나가려는 침탈 국가의 국가적 결단이 무엇보다 필요하다. 그러나 실제는 그러하지 못함으로 인해 동북아 및 동남아 지역에서의 평화적 영토 갈등 해결은 쉽지 않을 전망이다.

한편, 동남아 지역의 경우에는 아세안(ASEAN), 아세안지역안보포럼(ARF) 등 지역안보기구의 역할이 기능하고 있는 데 비해, 동북아 지역에는 아직까지 지역안보기구 자체가 존재하지 않음으로써 갈등 해결의 메커니즘이 동남아 지역에 비해 다소 열악한 여건이라고도 할 수 있다. 동남아 지역의 경우 스프래틀리 군도와 관련하여 이해당사국들은 분쟁방지를 위한 협력의 길을 모색하여 1992년 「남중국해에 대한 아세안 선언(ASEAN Declaration on the South China Sea)」을 채택했다. 이 선언은 남중국해의 분쟁에 대한 아세안의 기본입장을 공식적으로 표명한 것으로써 모든 분쟁의 평화적 해결, 추가적인 영토 취득의 삼가 및 공동개발의 원칙 등이 규정되어 있다. 2002년 11월에는 ASEAN과 중국이 남중국해 분쟁방지를 위해 행동선언(DOC: Declaration on the Conduct of Parties in the South Chnia Sea)에 합의하하기도 했다. 그 이후 무력 충돌은 거의 발생하지 않았으나 관련국의 영유권 강화 조치는 계속 이어졌다.

동북아 지역의 경우 영토 갈등 해결을 위한 지역 협력으로 가능한 유형을 살펴보기로 하자. 우선, 그간 북한 핵문제 해결을 위해 시도되어 온 남북한과 주변 4개국의 '6자회담' 방식, 최근의 한·중·일 3국 정상회담의 방식, 또는 한·중·일 3국에 러시아를 포함한 한·중·일·러 협의체, 또는 미국을 포함한 5자 협의체 등 여러 형태가 고려될 수 있을 것이다. 그러나 동북아 지역의 영토 갈등을 위한 지역 협력 모색의 최대 걸림돌은 바로 이들 국가들 간 뿌리 깊은 역사 갈등 및 침탈의 기억을 어떻게 극복하느냐에 달려 있다. 또한 이 때문에 비롯된 동북아 국가들의 민족적 정서 역시 동북아 지역협력이 성공적으로 시도되기 어려운 심각한 장애가 되고 있다.

현재 동북아 지역은 동남아 지역과는 달리 다자안보협의체 성격의 협의체가 없는 실정이다. 다만 한·중·일 정상회담을 뒷받침하기 위해 2010년에 한·중·일 협력사무국이 설치되었으나 활성화되어야 하는 과제를 안고 있다. 현 여건에서는 한·중·일 협력사무국을 통해 동북아의 역사 및 영토 갈등 논의를 시도해 보는 것을 추진할 필요가 있지만 그리 쉽지는 않을 것으로 보인다.

3. 영토 갈등 해결을 위한 지역협력 모델의 모색

오늘날 사회 문제는 국경을 초월한 여러 행위자들과의 이해관계를 포함하고 있기 때문에 정부와 정부 간 기구를 중심으로 하는 전통적인 정치만으로는 해결될 수 없게 되었다. 이러한 상황에 대한 혁신적인 대응으로서 정부, 국제기구(IGO), 기업, 민간시민단체(NGO) 등과 같은 행위자들이 총망라되어 함께 문제 해결을 시도하는 '글로벌 공공정책네트워크(Global Public Policy Network: GPPN)'가 등장하고 있다.[9] 이 분야에 선두적인 연구 업적을 내고 있는 학자들로 얀 마르틴 비테(Jan Martin Witte), 볼프강 H. 라이니케(Wolfgang H. Reinicke), 토르스텐 베너(Thorsten Benner)를 들 수 있는데, 이 연구자들은 최근 정부나 국제기구 단독으로는 점점 복잡해지는 세계 이슈들을 만족하게 해결할 수 없음을 인식하고, 기업과 민간시민단체(NGO)가 글로벌 차원에서의 공공정책 영역에서 점차 중요한 역할을 담당하기 시작했음에 착안하였다. 그리고 GO-IGO-기업-NGO가 총망라된 네트워크가 형성되어 지구상의 공공정책 문제 해결에 있어서 매우 효과적인 결과를 가져온 사례들을 분석하여 그 내용을 보고하고 있다.

현재 세계댐위원회(World Commission on Dams: WCD), 전지구적 협약(Global Compact),[10] 말라리아 퇴치운동, 국제농업연구 자문그룹 등이 그 사례에 해당된다. 세계은행의 1999년 조사 당시만 해도 국제사회에 이

9 GPPN 모델과 관련해서는 Wolfgang H. Reinicke, "The Other WorldWide Wed: Global Public Policy Networks", *Foreign Policy*, No. 117 (Winter, 1999-2000), pp.44~57; Jennifer M. Brinkerhoff, "Global Public Policy, Partnership, and the Case of the World Commission on Dams", *Public Administration Review*, Vol. 62, No. 3 (May-June 2002), pp.324~336; David Antony Detomasi, "The Multinational Corporation and Global Governance: Modeling Global Public Policy Networks", *Journal of Business Ethics*, Vol. 71, No. 3 (March 2007), pp.321~334 등 참조.

10 유엔의 코피 아난 사무총장은 1999년부터 글로벌 컴팩트(Global Compact)를 제창하였다. 각국 경제계의 리더에게, 인권, 노동조건, 환경, 반부패 등 현재 10개 항목의 보편적인 가치에 대한 명확한 공약을 요구하고 협약에 대한 참가를 촉구하는 운동을 전개하고 있다. 관련 정보: http://www.unic.org

러한 연계망이 약 50개 존재하는 것으로 집계되었으며, 이 연대의 운영 방식은 글로벌 거버넌스 방식의 한 유형이라고 판단할 수 있다. 네트워크는 모든 참가자들이 연대활동에 참여함으로써 자신에게 이익 또는 혜택이 돌아올 수 있다는 기대에 의한 윈-윈(win-win) 조건에서 이루어질 수 있다. 신뢰, 리더십, 조정능력, 포용력은 네트워크의 성공을 결정하는 네 가지 주요한 요인이 된다. 이 네 가지 요인은 모두에게 합법성이 인정되는 네트워크 구조에 들어 있어야 한다. 무엇보다 네트워크를 이루고 있는 행위자들 간에 신뢰가 있어야 한다.

GPPN의 특징은 특정 행위자의 중앙집권식 상하관계보다는 오히려 폭넓은 참여에 의한 수평적인 관계로 이루어지고 초국적인 수준에서 상호연대를 맺어 활동한다는 점이다. 초국적 네트워크인 GPPN은 공적영역(정부), 기업, NGO 간에 가교 역할을 해 주고 있다. 이 네트워크는 각 이해관계자(stakeholder)의 변화하는 역할과 각자의 상대적인 중요성을 반영해 주고, 각 행위자들의 자원을 동원하여 그 역량을 강화시켜 줌으로써 행위자 혼자서 해결할 수 없는 문제를 협력을 통해서 해결할 수 있도록 해 준다. 네트워크의 강점은 획일성보다는 다양성에 있고 전형적인 상하관계보다는 수평적 연대에 있다. 또 네트워크는 민간시민단체(NGO) 영역에 정당성을 부여해 주고, 자발적인 에너지와 재정적 역량을 강화시켜 준다.

GPPN의 유형을 다음 몇 가지로 구분해 볼 수 있다. 먼저 민간 시민단체와 특정 정부가 연대하여 다른 국가나 국제기구, 또는 기업을 대상으로 로비하는 주창활동(advocacy) 네트워크를 들 수 있다. 여기에는 대중 매체를 이용하거나 영향력 있는 인사를 활용하는 전략이 사용된다.

그 대표적인 사례로 국제대인지뢰금지운동(ICBL)을 들 수 있는데 이 운동은 한 가지 의제에 대해서 지구적 네트워크를 동원하고 미디어 캠페인을 성공적으로 전개하여 대중의 관심과 지지를 기반으로 해서 국제협약을 이끌어 낸 성공 사례로 높이 평가 받고 있다. 또 다른 대표적 사례로 국제부채탕감 운동인 'Jubilee 2000'과 각국의 부패 상태를 조사 평가하여 공개하는 '국제투명성기구(Transparency International)' 활동을 들 수 있다.

GPPN의 두 번째 기능으로서 국제사회 문제에 대한 '국제적 기준 협의와 해결 촉진'을 들 수 있다. GPPN은 각 이해 당사자들 간의 특정 정책결정 과정에서 의견 차이로 교착 상태에 빠져 있을 때 이를 극복하는 데 도움이 된다. 이 분야의 대표적인 성공사례로 '세계댐위원회(The World Commission on Dams: WCD)'를 들 수 있다. WCD는 국제사회에서 댐 건설과 관련하여 지속가능한 개발의 원칙하에 그 기준이 되는 제도를 마련하고 각 이해 관계자들 간에 합리적인 정책 결정을 수행할 수 있는 운영체제를 성공적으로 준비하였다. 대규모 댐 건설 문제를 놓고 계획입안자, 관련 기업, 환경운동단체 대표들이 함께 모여 WCD의 운영과 조정에 의해 서로의 의견 차이를 극복하고 대안을 찾는 데 성공하였다.

GPPN의 세 번째 기능으로 지식의 수집과 전파를 들 수 있다. 이와 관련하여 가장 대표적인 GPPN의 사례로는 세계보건기구가 전개하고 있는 말라리아 퇴치운동(Roll Back Malaria Initiative: RBM)을 들 수 있다. 오늘날 인류사회가 당면하는 여러 도전들, 즉 환경보호, 말라리아나 에이즈 같은 질병에 대한 방지, 노동기준의 실행 및 부패 퇴치에 이르는 복합적인 문제에 직면하여 정부, NGO, IGO, 기업의 관계자들은 혁신적인 거버넌스로서 글로벌 공공정책네트워크 체제를 동원하고 있다.

이러한 맥락에서, 국가 간에 첨예하게 대립되고 있는 동북아 지역의 역사 갈등 및 영토 갈등 같은 이슈일수록 정부(GO)-민간난체(NGO)-국제기구(IGO)-기업 등이 총망라된 '글로벌 공공정책네트워크(GPPN)'의 구축이 더욱 절실하다고 할 수 있다. 한편, 세계의 다양한 갈등이슈를 둘러싼 지역협력의 성공적 사례들도 함께 검토함으로써 동북아 지역의 특성에 가장 적합한 GPPN 형태의 파트너십 모델을 도출하여 이를 동북아 지역에 실제 적용하는 방안을 모색할 필요가 있다.

4. 영토 갈등 해결의 지역협력 성공사례[11]

1) 유럽 독일-폴란드의 국경지역 갈등해결 지역협력 사례

제2차 세계대전 이후 독일과 폴란드의 영토문제는 오데르강과 나이세강을 중심으로 많은 논란이 있었다. 1950년 7월 공산주의의 동독(GDR)은 일방적으로 폴란드와 오데르-나이세 선을 국경으로 인정하는

11 이하 영토 갈등 해결을 위한 지역협력 성공 사례 2건 내용은 배진수·강성호, "초국적 NGO 네트워크의 현황과 활동사례 연구: 영토문제 등 분쟁해결 이슈를 중심으로", OUGHTOPIA:The Journal of Social Paradigm Sudies, Vol.24, No.1(Summer 2009)에서 발췌 인용.

"평화와 우정의 국경(Border of Peace and Friendship)" 조약을 맺었다. 그러나 서독은 이것을 근본적으로 인정하지 않았다. 서독의 정책에 변화가 생기고 폴란드와 교류가 시작된 것은 1970년대에 들어서 빌리 브란트 외무장관의 동방정책(Ostpolitik)이 계기가 되었다. 1970년 서독의 빌리 브란트는 폴란드 및 구소련과 일련의 우호조약을 체결하면서 오데르-나이세 선을 양국의 국경선으로 사실상 인정하기 시작하였다. 그러나 서독의 보수 세력은 여전히 이것을 받아들이지 않았다. 1990년 독일통일을 준비하기 위해서 독일연방공화국은 기본헌법을 수정하여 2차 세계대전 이전 독일 영토 회복에 관한 조항을 삭제하기에 이르렀다. 이어서 1991년 통일독일의 수상 헬무트 콜은 오데르-나이세 선을 독일-폴란드 국경으로 공식 승인하는 협정에 서명하였다.

오데르-나이세 국경은 본래 독일과 폴란드의 양 국민을 갈라 놓으려는 것이었으므로 이 국경 주변에는 언어가 섞이지도 않았고 독일인과 폴란드인이 함께 거주하며 혼인 관계를 맺지도 않았다. 그러나 최근 독일과 폴란드 간 역사적 화해가 이루어지는 과정에서, 과거를 이해하고 건설적인 미래를 창조하기 위한 상호 이해의 인식 틀에 변화가 일고 있다.[12] 독일과 폴란드 간에 국경선이 확정되면서 한 때 예민했던 국경지역에 거주하는 주민들을 대상으로 상호교류와 이해 증진을 위한 프로그램이 비정부 차원에서 수행된 사례가 발견되고 있다. 여기에는 독일이 중심이 되어 비정부기구의 참여를 유도할 뿐 아니라 교육기관의

12 John Dornberg, "The Oder-Neisse Border: Where German-Polish Prejudices Meet", German Life, (1997) 출처 http://www.germanlife.com/Archives/1996/9612_02.html

수립에도 크게 기여하였다. 그 대표적인 민간단체로 독일의 프리드리히 에버트재단(Friedrich-Ebert Foundation)과 폴란드-독일 협력의 집(House for Polish-German Cooperation: HPGC)[13] 및 스페판 바토리(Stefan Batory)재단을 들 수 있다.

또 독일의 한 관광자문회사가 오데르 강 국경유역에서 강변 주민들이 참여하는 공동 사업을 구상하고 있어 양국의 화합과 국경 갈등해소에 크게 기여한 측면도 있다. 이 대표적인 사례로 오데르 강 국경마을에서 강변 주민들이 양국의 화합과 갈등해소 차원에서 전개하고 있는 오데르강 공동관광개발 프로젝트를 들 수 있다. 관광자문회사인 비티이(BTE)사의 주선으로 이 변경지역의 요리사들이 함께 모여 오데르강 「요식관광공동개발 네트워크」를 설립하였다.[14] 이 지역의 요리사들은 오데르 강변의 경제개발 가능성과 전통 요리 개발에 합의하고 그 식품재료로 오데르 지역의 생산물을 이용하기로 합의하였다. 이곳 요리사들은 인어공주를 마스코트로 하여 제조한 비스킷을 지역 특산품으로 만들어 보급함으로써 관광객이 이 지역에서 차(茶)나 아이스크림 등과 함께 즐길 수 있는 특산품으로 인정받기 시작했다.

요식관광공동개발 네트워크에는 독일과 폴란드 국경지역인 오데르 강변에 위치한 24개의 레스토랑이 회원으로 가입하여 지역 특성에 맞는 식품 개발에 참여하고 있다. 또 본 단체는 이 지역의 레스토랑 종류

13 House for Polish-German Co-operation 웹사이트 참조 (http://haus.pl/en/information1.html)

14 http://www.oderculinarium.info/

와 그들의 특별 요리를 담은 관광소개 안내 자료도 발간한 바 있다. 앞으로 더 많은 외부 관광객을 유치하기 위해서 테마요리주간, 음식박람회, 요리강습회, 시식회 등 다양한 행사를 계획하고 있다. 이 지역 주민들은 관광유치를 위해서 공청회도 개최하였고, 자연 생태를 최대한 보존하며 관광지역으로 개발하기 위해 "국제 환경협력과 지속가능한 개발"을 주제로 여러 차례 포럼을 개최하였으며 민간차원의 지역 갈등해소에 기여하고 있다.

2) 중남미의 페루-에콰도르 영토 갈등해결 지역협력 사례[15]

남미의 국경분쟁은 독립할 당시 이웃 국가와의 국경선 획정이 명확히 이루어지지 않은 데 기인한 경우가 대부분이다. 페루와 에콰도르의 국경분쟁도 이 경우에 해당되는데, 1830년 에콰도르가 독립하면서 페루(1821년 독립)와 국경선을 명확히 설정하지 않음에 기인한다.

특히 아마존 유역 자원을 확보하고자 양국의 충돌이 계속되었는데, 그 결과 페루와 에콰도르는 1998년 평화협정이 맺어지기까지 세 번의 무력 국경충돌을 겪기도 했다. 1998년 페루와 에콰도르 간 국경분쟁에 관한 평화조약이 성공적으로 맺어진 데에는 비정부 기구들의 비공식 외교가 매우 중요한 역할을 하였다. 실제로 비정부 행위자들은 갈등을

15 자료 제목 "A Second Way-Grupo Maryland Between Peru and Ecuador By Ines Cevallos Breilh, Sahary Betancourt" 출처 http://www.peoplebuildingpeace.org/thestories/print.php?id=144&typ=theme

해결하기 위해 정부나 외교적인 제약 없이 자유롭게 분쟁 이면에 있는 문제에 관해 토론하면서 해결할 수 있는 방안을 모색하였다. 평화조약을 이끌어 내기 위해서, 미국 메릴랜드대학교 국세개발과 분쟁조정센터는 "라틴 아메리카에서의 민주주의 문화"라고 불리는 중·장기 프로그램을 진행하였다. 그리고 교황청립 에콰도르 가톨릭대학교에서 온 참가자들 또한 "에콰도르와 페루: 민주적이고 협력적인 갈등해결 촉진"이라는 주제로 혁신적인 문제해결 방법론을 적용한 특별 워크숍에 참가했다.

1997년 8월부터 2000년 8월까지 3년에 걸쳐 추진된 비정부 차원의 갈등해결 워크숍은 두 국가 간의 국경분쟁을 해소하고 지역 주민들의 이해와 합의를 이끌어 내는 데 중요한 역할을 하였다. 페루와 에콰도르 양국 민간차원의 포럼은 그동안 정부가 참여하는 트랙원 외교 활동 이외에 브라질, 아르헨티나, 칠레와 같은 라틴 아메리카 내의 NGO들과 분쟁해결 전문 단체의 프로젝트로 추진된 민간차원의 비공식 외교활동 사례로 볼 수 있다. 그 실행방법으로 분쟁 해결에 관해 특정 사안별로 팀들을 나누었고, 양국에서 각각 10명의 전문가가 초대되었다. 그들은 페루와 에콰도르 양국 간의 대화 창구에서 민간단체의 역할을 인지한 후 분쟁의 원인을 분석하고, 무력에 의지하기보다는 민주적인 방법으로 참신한 해결 방안을 모색하고자 했다. 이를 통하여, 보다 강력한 정치적·경제적 연계를 통한 협력 증진, 보다 효과적인 자원 관리, 정부 정책에 있어서 비정부기구의 역할 강화와 민주적인 참여, 사회 경제적인 위기와 빈곤 문제 해결을 위한 프로그램 설정 등을 논의하였다.

분쟁 지역에서 각 분야의 전문가와 지역주민들을 체계적인 분쟁해결 워크숍에 참석시키고 단계적으로 합의점에 이르게 함으로써 최종적으로 에콰도르와 페루의 시민사회를 위한 12개 권고사항을 채택하도록 유도했다. 지역 분쟁해결을 위한 이 워크숍은 라틴 아메리카 분쟁해결에 있어서, 트랙투 방법 또는 민간 외교라고 불리는 접근법이 매우 유용하다는 교훈을 남긴 사례로 평가된다.

5. 맺음말

본고에서는 동아시아 영토 갈등 사례들의 발생 배경을 살펴보면서 향후 바람직한 해결을 위한 지역협력의 차원에서, 세계 여타 갈등이슈의 성공사례들을 토대로 정부(GO)-국제기구(IGO)-기업-민간시민단체(NGO) 등과 같은 행위자들이 총망라되어 함께 문제 해결을 시도하는 '글로벌 공공정책네트워크(Global Public Policy Network: GPPN)' 모델을 모색해 보았다.

식민지배 처리 과정이나 전쟁 후 점령지의 처리과정에서 비롯된 경우가 대부분인 동아시아 지역의 영토 갈등의 바람직한 해결을 위해서는, 보편적 가치에 입각하여 원래 국가의 영유권을 인정해 줌으로써 영토 갈등을 순리대로 풀어 나가려는 침탈 국가의 국가적 결단이 무엇보다 필요하다. 그러나 실제는 그러하지 못함으로 인해 동북아 및 동남아 지역에서의 평화적 영토 갈등 해결은 쉽지 않을 전망이다.

일반적으로 분쟁이라는 개념은 '양립될 수 없는 이해관계에 대해 어느 한 집단(종족, 인종적, 종교적, 정치적, 사회경제적 등)과 다른 집단들 간의 상호 대립 상태'라고 정의한다.[16] 국내 사회에서 개인들 사이의 분쟁이 불가피하듯이 국제관계에서도 분쟁은 피하기 어렵다. 개인들의 경우와 마찬가지로, 국가들도 유한한 자원에 대해 자신의 몫을 요구하는 경우가 흔히 있다. 어떤 강이나 땅 혹은 자원을 어떻게 사용할 것인가에 관해 개인들 사이에 의견 불일치가 있을 수 있듯이, 국가들도 종종 이런 것에 각기 다른 주장을 하는데, 문제는 이 주장들이 서로 양립할 수 없는 상태에 있다는 것이다. 요약하면, 분쟁의 두 가지 핵심요건 중 하나는 둘 이상의 집단이 존재한다는 사실이고, 다른 하나는 유한한 가치를 둘러싼 배분문제에 관한 대립갈등으로 제로섬(zero-sum)의 논리가 작용하는 것이다.

그런데 바로 이 부분에서 분쟁해결의 새로운 출구를 발견할 수 있으며, 이러한 새로운 출구를 모색해 보고자 하는 것이 본 논고의 핵심이다. 만약에 '양립될 수 없는 이해관계'를 둘러싸고 대립되는 두 국가 간에 분쟁이 발생했다고 할지라도 분쟁 당사국들 간에 공동의 선(善)을 추구하는 어떤 두 실체가 별도로 존재하고 기능할 수만 있다면, 어쩌면 이 공동선을 추구하는 별도의 실체들을 통하여 '양립될 수 없는 이해관계'를 '양립될 수 있는 이해관계'로 이끌어내는 한편 '대립되는 두 국가'를 이제는 '서로 양보하고 협력하는 두 국가'로 발전시키는 것도 어느

16 James E. Dougherty and Robert L. Pfaltzgraff, *Contending Theories of Internaional Relations* (New York: Harper & Row, 1990), p.187.

정도 가능할 수도 있을 것이다.

이를 위한 하나의 방안으로 본고가 제시한 것이 바로 정부(GO)-국제기구(IGO)-기업-민간시민단체(NGO) 등과 같은 행위자들이 총망라되어 함께 문제 해결을 시도하는 '글로벌 공공정책네트워크(Global Public Policy Network: GPPN)'이며, 이 방안은 그간 국제사회의 여러 다양한 사례를 통해 성공적으로 적용되어 온 것으로도 평가된다.

19

중국의 동북아시아 공공외교:
이유와 실천 그리고 평가

| 뤄후이(罗辉) ■ 상하이사회과학원 국제문제연구소 연구원 |

1. 공공외교의 정의[1]와 내용 그리고 단계

공공외교라는 전문 용어는 1965년 외교 활동을 추진하면서 사용하기 시작했으며, 냉전 종식 후 유행했다. 9·11사건 이후 미국은 국제사회에서의 명성이 중요하다는 점을 인식하고, 여러 가지 정보전달과 타국의 대중적 여론에 영향을 줄 수 있는 사업을 지원하기 시작했다. 이로써 공공외교에 대한 관심과 열기가 다시 한번 뜨거워졌으며, 각국은 외교활동에서 공공외교를 추진하게 된다.[2] 공공외교를 논할 때 소프트파워를 언급하지 않을 수 없다.[3] 조지프 나이(Joseph Nye)는 "소프트 파워는 비위협적으로 보상을 받아들인 타국에 영향을 주어 자신이 원하

1 한 중국학자가 지적한 것처럼, '공공외교'에 대한 물음은 중국의 공공외교 연구자들이 줄곧 관심을 기울였던 핵심문제이다. 중국학계에서 최근 '공공외교'에 대해 합의한 내용은 다음과 같다. "공공외교는 정부 주도로 이루어지며, 민중을 대상으로 하고, 문화교류 등 방법으로 진행한다. 목적은 국가의 좋은 이미지를 만드는 것이며, 국가이익을 증진하는 일종의 외교행위이다.", 曹玮와 胡若愚의 『论公共外交的安全利益导向』, 『世界经济与政治』를 참고했다. 2013년 제3기, 77쪽. 이 글은 공공외교의 역할을 강조하고자 한다. 즉, 공공외교가 어떻게 국가전략에 활용되는지 알아볼 것이다.

2 Charles Wof, Jr., and Brian Rosen, *Public Diplomacy: How to Think about and Improve It* (Santa Monica: RAND, 2004), pp.1~23.

3 조지프 나이(Joseph Samuel Nye, Jr.)는 소프트파워를 최초로 체계적으로 개념화한 학자이지만, 그의 저서에서는 공공외교에 대한 서술을 볼 수 있다. Joseph Nye, Bound to Lead: *The Changing Nature of American Power* (New York: Basic Books, 1990), Joseph Nye, *Soft Power: The Means to Success in World Politics* (New York: Public Affairs, 2004)를 참고했으며, 이 외에도 유럽학자도 소프트파워와 공공외교를 연계해 설명했다. Jan Melissen, *The New Public Diplomacy: Soft Power in International Relations* (New York: Palgrave Macmilian, 2005) 참고.

는 결과를 얻는 것"이라고 말했다. 국제정치에서 소프트 파워의 자원은 일반적으로 한 국가 혹은 조직/기관의 문화에 표현된 가치관을 따르거나 내부 실천과 정책으로 수립한 모델 및 해당 국가 혹은 조직이 타자와의 관계를 처리하는 방식을 말한다.

공공외교는 바로 정부가 이러한 자원을 동원해 타국의 정부·대중과 소통하는 도구라고 할 수 있다. 다시 말해 한 국가의 소프트 파워 자원은 문화, 정치 가치관, 외교 정책에서 생겨나는 것이며, 공공외교는 국가의 소프트 파워를 제고하는 방식이다. 공공외교는 전파와 문화수출 보조, 교류 추진 등으로 타자의 주의력을 잠재적인 자원으로 끌어들이는 시도로 이로써 타자를 주목시키는 것이 목적이다.[4] 조지프 나이(Joseph Samuel Nye, Jr.)는 정보가 극도로 풍부한 시대, 정부의 신뢰도(credibility)는 매우 중요한 권력 자원이라고 강조하며, "정보화시대 정치는 누구의 이야기가 최종적으로 승리하는가에 달렸다"[5]라고 말했다. 공공외교의 성과는 바로 민심의 변화에 따라 결정된다. 막대한 예산을 따른 것이 아니다. 때문에, 공공외교의 목표는 바로 이미지 제고, 민심 얻기이며, 궁극적으로 한 나라의 국가전략에 따라 목표를 달성하는 것이라고 간략하게 말할 수 있다.

공공외교에는 바로 경청, 이니셔티브, 문화외교, 교류와 국제전파[6]라

4 Joseph Nye Jr., "Public Diplomacy and Soft Power", *The Annals of the American Academy of Political and Social Science*, Vol. 616, March 2008, pp.94~109.

5 Arquila and Ronfeldt, *The Emergence of Noopolitik: Toward an American Information Strategy* (Santa Monica, CA: RAND), 1999.

6 Nicholas J. Cull, "Public Diplomacy: Taxonomies and Histories", *The Annals of the American Academy of Political and Social Science*, Vol. 616, March 2008, pp.31~36.

는 다섯 가지 내용이 포함된다. 우선, 타국의 대중의견을 수집하고 이해하는 것이 매우 중요하다. 타인이 마음속으로 무엇을 생각하는지, 공통의 가치관은 무엇인지 알 필요가 있다. 왜냐하면 이는 행위자의 인식 경향과 집단의 신념과 관련된 일이며 바로 공공외교를 전개하는 기반이 되기 때문이다. 그래서 '경청'은 공공외교에서 매우 중요하지만 가장 쉽게 간과된다. 사실 해외에서 여론조사나 대규모 방문조사를 통해 공공외교를 추진하려는 정부는 조사대상 집단을 효과적으로 이해할 수 있다. 둘째, 이니셔티브를 통해 적극적으로 국제 교류 활동을 진행해 국제환경을 장악하고, 해외 대중들에게 정책, 이념 혹은 공공이익(general interest)을 알릴 수 있다. 예를 들어, 대사관 뉴스 브리핑도 이니셔티브의 목적을 이룰 수 있다. 셋째, 문화외교를 통해 자국의 문화자원과 성과를 해외 지명도 제고 혹은 문화전파 활성화로 얻을 수 있으며 이를 통해 국제환경을 관리할 수 있다. 예를 들어, 영국대사관이나 영사관의 문화 교육처의 기능이 바로 문화외교이다. 넷째, 교류를 통해 자국 공민이 해외유학 공부나 다른 나라의 문화 세속을 느낄 때, 또는 외국인이 자국을 배우고 교류하고자 할 때도 가능하다. 미국의 풀브라이트장학금(A Fulbright Scholarship)이 바로 대표적이다. 마지막으로, 국제전파는 방송국이나 TV, 인터넷으로 해외 대중들과 소통하면서 국제적인 전파 효과를 얻을 수 있다. 예를 들어 많은 이들이 알고 있는 미국의 소리(VOA)나 영국국영방송(BBC)이 해당된다.

효과적인 공공외교는 양방향으로 이루어져야 하므로 말하고 듣는 것이 같이 이루어져야 한다. 때문에, 학자들은 공공외교를 독백, 대화,

협력의 세 단계로 구분한다.[7] 독백의 공공외교 방식은 주로 한 나라의 정책이나 성명 발표와 같은 직접적인 정보 전달에 적용된다. 하지만 일방향의 정보 전달은 목표로 하는 대중의 편견과 각인된 이미지를 바꾸기 매우 어렵다. 때문에 공공외교는 점진적으로 두 번째 단계를 취한다. 바로 대화이다. 대화는 각인된 이미지를 바꾸는 데도 유리하며 관계의 개선에도 도움이 된다. 외교적 실천이 거듭 발전하면서 독백과 대화의 장점을 결합한 공공외교의 세 번째 단계 협력이 학계의 주목을 받았다. 협력은 바로 특정 목표를 갖고 있는 합자기업 혹은 사업을 국경을 넘어서 참여하고 진행하는 것이다.

필자는 효과적인 공공외교는 나라와 개인 행위자가 스스로 대화에서 협력의 단계로 넘어가도록 하는 것이며, 이는 국제 방송의 환경 변화에도 부합하고, 전통적인 외교가 공공외교 방향으로 발전하는 흐름을 따르는 것이라고 생각한다. 또한 필자는 첫 번째 단계인 독백의 경우, 성명서 발표라는 점을 유의해야 한다고 본다. 다시 말해, 정부는 공공외교에 손해가 될 것이라고 판단하는 목소리를 저지할 것이 아니라 다양한 목소리가 유지될 수 있도록 해야 정부의 신뢰를 높일 수 있다. 공공외교의 첫 번째 목표가 나라의 이미지 제고라는 점은 확실하지만, 단일한 목소리를 내는 방식만을 고집할 필요는 없다. 비판을 솔직하게 받아들이고 이견이 있는 사람을 수용하는 것이 효과적인 비(非)직접적인 공공외교(indirect public diplomacy)로 이는 정부의 신뢰도를 최대한으

7 Geoffrey Cowan & Amelia Arsenault, "Moving from Monologue to Dialogue to Collaboration: Three Layers of Public Diplomacy", *The Annals of the American Academy of Political and Social Science*, Vol. 616, March 2008, pp.10~30.

로 끌어올릴 수 있다. 두 번째 대화 단계에서는 사실 일방적으로 이야기를 하는 것이 아니라 경청하는 것을 강조한다. 세 번째 협력 단계는 양측이 함께 완성한 작품이나 한 가지 목표를 세운 과정에서 생긴 이해와 신뢰를 강조한다. 예를 들어 공동으로 음악 작품을 완성했거나 함께 교회나 학교 등을 세우는 일을 말한다. 포스트 현대 사회의 대중은 정부나 권위를 가진 자에 대해 의심하기 때문에 정부는 막후에서 개인 행위자들과 협력에 노력을 기울여야 한다. 예를 들어 기금회, 비정부 기구와 회사 간의 협력이 있다. 비정부 기구는 때때로 정부보다 공신력을 갖는다. 일반적으로 비정부 기구는 통제하기 어렵지만 이들은 효과적인 소통 루트이다. 이에 대해, 네덜란드 국제관계연구소의 유명학자인 얀 멜리센(Jan Melissen)박사는 비(非)정부 행위자인 비정부 기구, 싱크탱크와 언론 등이 자신들이 가진 자원과 노력을 통해 적극적으로 정부 외교정책 결정과 국가 관계에 영향을 미치는 것을 '신형 공공외교'라고 일컬었다.[8]

이상으로 공공외교의 기본 내용과 단계에 대해 정의를 내리고 고찰했다. 앞의 분석은 동북아시아 협력에서 중국이 펼칠 공공외교의 이유와 실천 그리고 성과를 분석 평가하는 데 도움이 될 것이다.

8 Jan Melissen, *The New Public Diplomacy: Soft Power in International Relations* (New York: Palgrave Macmilian, 2005), pp.3~10.

2. 동북아시아 협력에서 중국 공공외교의 이유와 실천

동북아시아 역내 국가 간 경제협력과 교류는 매우 효과적으로 추진 중이지만 역내 안보와 협력기제는 미완의 단계다. 전체적으로 동북아 지역의 협력은 제도 없는 불안정한 상황이라고 할 수 있다. 정치가와 학계인사들은 동북아 지역에 협력기제 구축 필요성에 대해 모두 공감하고 있지만, 협력기제 마련을 방해하는 여러 가지 요인이 있다고 지적한다. 영토와 자원 등 국가의 핵심 이익과 관계된 문제 외에도 동북아 지역에는 지역 공동체 인식이나 지역문화 동일성이 약하다. 역사적으로 오랜 원한이 복잡하게 얽혀 있고, 이데올로기 차이 등으로 인해 깊은 수준의 협력이 어렵다.

예를 들어, 2004년 아시아 지표조사의 설문조사 중, 본인이 '아시아인'이라고 생각하느냐는 질문에 대해 한국인 66.1%, 일본인 26.9%만이 '그렇다'고 대답했다. 이 응답비율은 조사에 참여한 나라 중 한국의 경우 끝에서 네 번째였고, 일본은 최하위였다.(중국은 이 질문에 참여하지 않았다) 이는 아세안 회원국 등 동아시아 국가와 비교했을 때, 중국, 일본, 한국 세 나라는 동아시아 지역에 대한 지역 공동체 인식이 훨씬 낮고, 정체성도 분명하지 않다는 점을 보여 준다.[9] 이에 대해 학자들은 동북

9 贺平, 『世界经济与政治』에 실린 『区域性公共产品与东亚的功能性合作-日本的实践及其启示』, 2012년 제1기, 47쪽

아시아 나라 사이의 협력은 경제 분야에만 그칠 것이라고 예상한다.[10]

지난 몇 년간 국제정세는 큰 변화를 겪었다. 가장 주목할 만한 문제는 바로 미국 트럼프 정부의 출범으로 반(反)글로벌화, 보호무역주의, 일방주의가 계속 고조되는 추세이다. 이와 같은 상황에서 한·중·일 3국은 아시아 지역의 주요 선진국으로 현재 10+3(아세안과 한·중·일) 협의체에서 전체 90% 이상의 비중을 차지하고 있으며, 동북아시아의 총량은 동남아시아를 훨씬 넘어선다. 한·중·일 3국은 수출주도형 경제정책을 각각 펼치면서 중일, 한중 모두 반(反)글로벌화와 역(逆)글로벌화 혹은 보호무역주의 흐름 속에서 같은 압박에 직면하고 있다. 이와 같은 압박으로 인해 3국의 공동 이익은 상대적으로 더욱 가시화될 것이다. 이에 3국이 함께 나갈 수 있는 조건을 만들어 나가야 한다.

하지만 동북아시아 역내 국가 사이에는 상호 신뢰와 공동체 의식이 부족한데 이는 뿌리 깊은 역사적 이유가 있다는 점을 살펴야 한다. 일본이 중국과 조선반도를 침략하고 식민통치 역사에 대해 아직까지 진심으로 반성하지 않고 있어 한중 양국의 반일정서로 이어지고 있다. 또한 동북아시아 각국 간의 정치 제도와 가치관도 상이하다. 한국 이명박 전 대통령은 방미 기간 동안 한미 양국은 자유민주주의와 시장경제 가치를 따른다는 것을 근거로 '가치동맹'을 세우자고 강조했다. 이와 같은 주장을 하게 된 것은 한국이 과감하게 민주주의와 경제 성장을 추진했기 때문에 한미 양국은 성숙한 '가치동맹'을 세울 수 있다는 판단이었다. 이와 달리 지리적으로 더욱 가까운 한중 양국은 공유하는 가치관

10 金香海, 『东北亚论坛』에 실린 『中国的崛起与朝鲜半岛关系』, 2012년 제2기, 57쪽

이 없다. 한국 국내 많은 고위층 인사들이 중국과 '인문동맹'을 맺자고 제안한 바 있다. 양국이 역사, 문화, 철학 등 인문 분야의 공통점을 발굴해 한중 양국 간의 인문적 유대를 강화하자는 것이다.[11]

바로 위와 같은 배경 속에서 중국은 동북아시아 역내 국가 간 사회문화적 공감대를 확대하고, 공공외교를 통해 아태지역의 역내 공동체를 추진하는 역내 공공외교를 강화하고 있다.

첫째, 정부 간 공공외교 기제 구축과 비정부 기구와의 교류를 중시한다. 중국문화부, 한국문화관광부, 일본 경제 산업성이 공동으로 2002년 한·중·일 문화산업포럼을 상하이에서 개최했다. 포럼은 한·중·일 3국이 윤번제로 매년 개최하고 있다. 한·중·일 문화산업포럼은 "한·중·일 3국 문화산업교류협력 촉진"에 관한 중요 의제에 대해 3국의 문화산업을 깊이 있게 논의하고 실질적인 협력의 필요방법과 구체적인 사업을 추진하는 자리이다. 포럼은 3국이 문화교류와 산업협력에 대해 서로의 장점을 교환하고 공동의 발전을 모색하며 번영을 공유한다는 목표를 세우고 있다. 또한 3국의 문화 상품과 문화 서비스를 세계시장에 어떻게 소개할지를 공동으로 연구하여 3국의 문화산업이 전 세계와의 치열한 경쟁에서 확고한 자리를 점하도록 한다. 이 포럼은 지금까지 11차례나 개최했으며, 문화 분야에서 매우 효과적으로 3국 간 소통을 강화해 왔다. 2016년 중국 공공외교협회는 제1회 한·중·일 공공외교 포럼, 2016년 한·중·일 협력 국제포럼을 개최했고, 한중 양국의 교류

11 중국 CCTV 사이트, 『韩国总统朴槿惠对华政策和外交的六大基石』, http://news.cntv.cn/2013/06/27/ARTI1372314917240859.shtml

기제를 심화 발전시키고 있다. 2013년 9월 24일, 중국과 한국 외교부는 중국공공외교협회와 한국국제교류재단이 공동주관하는 제1회 한·중·일 공공외교포럼을 서울에서 개최했다. 포럼에서는 공공외교정책과 시행, 공공외교협력의 의미와 현황, 전망 등 문제에 대해 깊은 논의를 진행했다. 포럼 후 발표된 〈한중공공외교협력 강화에 관한 제안서〉에서 공공외교의 주체와 내용, 형식, 자원 등 구체적인 문제에 대한 설명을 붙였다. 이 〈제안서〉에서 주목할 부분은 학술기관 간의 교류와 양국 학자의 공동연구를 적극적으로 추진한다는 내용이다. 찰스 모리슨(Charles E. Morrison)이 학술연구기관 혹은 연구기관이 진행하는 비정부기구의 공동 연구는 정부의 외교정책을 뒷받침할 뿐 아니라, 실험적인 새로운 생각과 사상적 자원을 저축할 수 있다고 말한 것처럼[12] 양국 간 교류가 진행되고 있다. 이는 아세안전략과 국제연구소(ASEAN-ISIS) 그리고 아태안보협력이사회(CSCAP)가 냉전 후 아태지역의 안보협력을 위해 기여하고, 동북아시아 지역의 관련 기관 역시 이와 같은 방향으로 노력을 기울인 것과 같다.

둘째, 적극적인 언론외교를 펼치는 것이다. 중국 정부는 언론에 대한 투자를 늘리는 동시에 체제 개선도 진행하여 다국적 언론과 협력하고 언론외교를 강화해 역내 협력 언론을 점차 이끌고 나가야 한다. 한중 언론 협력의 경우, 중국 국무원 신문 판공실과 일본, 한국 등 언론이 여러 차례 한중언론포럼, '10+3' 언론협력포럼을 개최했다. 예를 들어

12 Charles E. Morrison, "Track 1 / Track 2 Symbiosis in Asia-Pacific Regionalism", *The Pacific Review*, Vol. 17, No. 4, 2004, pp.547~565.

2006년 한중 언론경제무역문화 고위급포럼, 2007년 한중 고위급 언론포럼이 있었고, 중국과 한국, 일본 언론이 협력 교류를 강화해 언론의 취재, 뉴스 교류, 프로그램 교환을 통해 상대국 국민에게 양국의 문화와 역사, 경제사회 현황을 소개하고 있다. 또한 중국은 한국 MBC, SBS, 『조선일보』, 일본 『아사히신문』, 『요미우리 신문』 등 다수의 언론이 베이징과 상하이 등지에 지사를 설립하고, 방송, TV, 인터넷 등 플랫폼을 통해 경제, 정치, 문화, 생활 등 전방위적으로 중국의 상황과 중국의 발전이 아시아와 세계 각국에 영향을 미치는 것을 수집·보도하도록 하고 있다. 언론 간 교류와 협력은 양국 국민의 이해를 강화하고, 오해를 해소하는 데 도움이 될 뿐만 아니라 지역 간의 협력에서도 객관적이고 우호적인 여론 환경을 조성할 수 있다.

셋째, 문화와 교육교류를 추진한다. 2004년 말, 세계 일류의 중국 공자학원과 아시아 제일의 중국문화센터가 서울에 설립해 '공자학원 붐'을 일으켰다. 공자학원과 중국문화센터는 한국인이 중국에 가지 않고도 중국 문화를 이해하고 체험할 수 있는 창구이자 학교 역할을 하며, 한중 양국민이 서로를 이해하고 문화교류를 강화하는 중요한 장소이다. '인터넷 중국어교육'과 '기업중국어교육', '어린이 중국어교육'은 서울 공자학원의 세 가지 특색으로, 설립 이후 다양한 중국어 교실을 개설하고, 중국어 교사를 양성하여 공립학교와 사립언어학원에 중국어 교사를 파견하고 있다. 또한 한중 양국 무역교역에 종사하는 경제계 인사를 대상으로 중국어 교실을 개설하고, 중국 관련 자문과 정보를 제공하고 있으며, 중국 유학 관련 정보 서비스를 제공하고, 세계대학생 중국어 경진대회에 출전할 한국대표를 선발할 뿐아니라 한중문화포럼

등을 개최하고 있다. 최근 중국 내 한국 유학생 수는 약 6만 5천 명, 한국 내 중국 유학생은 약 4만 8천 명으로 상대국 외국 유학생 가운데 선두를 차지한다. 매일 한중 양국의 정기 항공편은 100여 편으로 약 2만 명이 오가고 있으며, 매년 연인원 6,000만여 명이 왕래한다. 이렇게 대규모 인원이 한중을 오가면서 양국 국민의 이해를 증진하는 가능성이 커지고 있다. 한중 양국은 안정적인 교류를 진행하고 청년지도자포럼의 사업을 진행하고 있다는 점에 주목해야 한다. 특히 중국 내 한국을 대상으로 한 인문교류 활동에서 특수한 그룹인 청소년 교류를 중요하게 생각해야 한다. 중국은 한중 관계 미래의 뿌리를 민중에 두어야 하며, 청년들에게 희망을 걸어야 한다.

3. 동북아시아 역내 중국의 공공외교 평가

이 글의 두 번째 부분을 바탕으로 동북아시아 역내에서 중국의 공공외교 동인(動因)과 시행에 관해 논하고, 첫 번째 부분에서 언급한 공공외교의 내용과 단계와 관련된 내용을 결합하고자 한다. 동북아지역 내 중국이 추진한 공공외교는 이미 일정한 성과를 거두었다. 시스템 마련이나 중요도 등에서 모두 객관적인 효과를 거두었으며, 이는 중국의 동북아전략 이익에도 부합하는 것이다. 하지만 여전히 개선점과 강화해

야 할 부분이 있다.[13]

첫째, 공공외교 시행단계에서 보면, 중국의 공공외교는 거의 대부분 '독백' 단계에 머물고 있다. 앞에서 언급했다시피, 공공외교는 독백에서 대화 그리고 협력이라는 세 단계를 거친다. 현 단계에서 중국의 공공외교는 홍보와 전파에 머물러 있는 '독백' 수준이다. 물론 '대화'가 있긴 하지만 부족하며, '협력'은 더 부족하다. 또한 '독백' 과정에는 항상 정부의 목소리만 들릴 뿐이다. 정부의 목소리만 들리는 상황 속에서는 '잡음'을 수용하기 매우 어렵다. 사실 대외방송에서, 국제적인 방송의 규율을 따라야만 하며, 문제에 대해 균형감 있는 보도를 해야 한다. 중국의 대외 홍보는 사실에 따른 객관적 보도를 해야만 하며, 중국의 좋고 나쁜 점을 그대로 세계인에게 드러낼 수 있어야 한다. 좋은 점만을 확대하고 나쁜 면을 축소 혹은 은폐해서는 안 된다. 객관적인 사실 그대로 중국의 모습을 알리는 것은 중국의 국제적 위상에 손해를 끼치는 것도 아니며 다른 나라 국민들의 마음속에 진실되고 책임감 있는 중국 이미지를 세우는 데 더욱 유리하다.

둘째, 참여 주체자의 입장에서 여전히 정부는 주도적인 위치에 있다. 기업, 사회, 비정부기구의 참여와 노력으로는 부족하다. 공공외교의 주체는 단일해야 하고 공신력은 계속 강화해야 한다. 조지프 나이(Joseph Samuel Nye, Jr.)는 중국이 펼친 일련의 공공외교 추진과정을 회고하면서, 공공외교에 대한 중국의 투자와 효과는 반비례를 이룬다고 평가했다.

13 예를 들어, 한국 아산정책연구원의 2013년 조사결과, 한국인의 18%가 "북한 다음으로 위협을 주는 나라" 라고 중국에 대한 위협감을 느낀다고 대답했다.(일본보다 4% 포인트 높음)

그는 원인으로 관(官) 주도의 독점적인 외교 활동은 거대한 거사와 일방적인 홍보라는 문제를 낳고, 미시적 서사를 기반으로 한 상호교류가 부족해 충분한 신뢰와 공신력을 확보하지 못하기 때문이라고 지적한다.[14] 사실 「한중 공공외교 협력강화 제안서」에서는 기업과 비정부 기구 간 참여를 확대한다는 내용을 담고 있다. 하지만 실제 추진 단계에서, 기업과 비정부 기구에 대한 정부의 신뢰와 믿음은 앞으로 더 강화해야 한다. 기업과 비정부 기관이 가진 어떤 특징으로 인해 외교 참여와 기여는 제한적일 수밖에 없다. 때문에, 이들이 적극성과 잠재력을 충분히 발휘할 수 있도록 하는 동시에 현실과 동떨어진 기대를 하지 않도록 해야 한다.

셋째, 공공외교의 대상은 중국에서 공부하고 일하는 사람들로 해야 하며, 이들이 중국의 이미지를 홍보하는 중요한 교량과 매개체 역할을 하도록 해야만 한다. 이들은 주변 대중들에게 중국이라는 국가 이미지를 알리는 매우 중요한 채널이 된다. 하지만 학자들이 이들에 대한 설문조사를 한 결과, 한중 무역거래에서 가장 혜택을 많이 받은 이들의 중국 호감도가 다른 그룹의 사람들보다 높지 않은 것으로 나타났다.[15] 비록 중국의 대한국 공공외교 과정에서, 중국은 청소년의 역할을 강조하고 양국 간 대규모 청소년 방문 활동을 진행하고 있지만, 공공외교에

14 Joseph S. Nye, "Why China Is Weak on Soft Power", New York Times, January 17, 2012, http://www.nytimes.com/2012/01/18/opinion/why-china-is-weak-on-soft-power.html?_r=1&ref=global-home.

15 王晓玲, 『世界经济与政治』의『什么因素影响韩国民众在中美之间的立场?-基于韩国民意调查的统计分析』, 2012년 제8기, 35쪽.

서 중요한 역할을 할 수 있는 유학생 집단이 오히려 응당한 주목을 받지 못하고 있다. 그 결과 "한중 민간에 갈등이 발생할 때, 양국의 우호 관계를 유학생들이 주도해야 하는데 오히려 부정적인 감정을 키우는 집단이 된다."[16] 이와 같은 결과는 한중 양국을 오가는 사람들에게 보다 더 관심을 기울여야 한다는 점을 일깨우며, 사소한 것을 바탕으로 이들이 한중 양국 관계에서 보다 긍정적이고 적극적인 역할을 할 수 있도록 해야 한다.

〈역자: 김인경〉

16 王晓玲, 『现代国际关系』의 『"'周边命运共同体构建'与人文交流思路的转换"』, 2015년 제5기, 51쪽.

찾아보기

ㄱ

ㄴ

ㄷ

ㄹ

ㅁ

ㅂ

ㅅ

ㅊ

ㅋ

ㅌ

집필진

차재복 동북아역사재단 국제관계와역사대화연구소 연구위원

『현대 中國의 世界戰略(Ⅰ)』(공저, 동북아역사재단, 2019), 『한중일 3국 관계: 새로운 협력을 향하여』(공저, 동북아역사재단, 2015), 「중국 '일대일로'의 전략적 의의와 한반도에 대한 시사점」(『동북아역사논총 60호』, 동북아역사재단, 2018), 「东北亚安全合作课题: 习近平—安倍時代的中日關係改善」(『构筑互信 推进合作』, 人民出版社, 2015) 등

이동률 동덕여자대학교 중어중국학과 교수

『2019 중국정세보고』(공저, 국립외교원, 2020), 『한국의 대외관계와 외교사-현대편3』(공저, 동북아역사재단, 2019), 『신흥무대의 미중경쟁』(공저, 한울, 2018), 『일대일로의 국제정치』(공저, 명인, 2018), 『미중의 아태질서 건축』(공저, 동아시아연구원, 2018). 『한중수교 25년사』(공저, 성균관대, 2017) 등

류밍(刘鸣) 전 상하이사회과학원 국제문제연구소 소장

『从新加坡峰会到河内峰会: 美朝无核化谈判的困局, 症结与前景』, "Northeast Asia Order after WWII: Continuity, Compliance, Power-Transition and Challenges", "The Paradox of Economic Integration and Territorial Rivalry in the South China Sea", "BRICS development: a long way to a powerful economic club and new international organization", "Beijing's-Pyongyang's complex relationship - a mixture of mutual strategic needs and partial distrust, in China-North Korea Relations - between Development and Security"

김한권 국립외교원 교수 겸 중국연구센터 책임교수

『중국 신형국제관계의 본질과 함의』(국립외교원 정책연구시리즈, 2018), 『미중 전략적 경쟁』(공저, 페이퍼로드, 2020), 『뉴노멀 시대 미중 전략 경쟁 관계와 한반도에의 함의』(공저, 통일연구원, 2017), 『차이나 콤플렉스』(공저, 아산정책연구원, 2014) 등

팡슈위(方秀玉) 푸단대학교 국제문제연구원 교수

「人类命运共同体的中国传统文化基因及其实践」(『复旦国际关系评论』, 上海人民出版社, 2019), 「亚洲安全观视野下的中韩文化交流及其影响」(浙江大学韩国研究丛书(61), 『中韩社会与海洋交流研究』, 民族出版社, 2019), "Building an 'Association of Tran-Korean Peninsula Nations' and China's Role toward the RPG Approach"(*The Korean Journal of Defense Analysis*, 2019), 「朝鲜半岛未来趋势研判与应对建议」(『人民论坛 · 学术前沿』, 2018)

주친(朱芹) 푸단대학교 조선·한국연구센터 연구원

"Can the United States and North Korea Achieve Normalization in the Case of Trump Phenomenon?"(*Fudan Journal of the Humanities and Social Sciences*, Vol.10, No.3, 2017), "Building an 'Association of Trans-Korean Peninsula Nations' and China's Role toward the RPG Approach"(*The Korean Journal of Defense Analysis*, Vol. 31, No. 1, March 2019), "The Viewpoint of Righteousness and Benefit in China's Diplomacy: Learning from the Traditional and Building the Contemporary"(*Fudan Journal of the Humanities and Social Sciences*, Vol.13 No.4, 2020).

궁커위(龚克瑜) 상하이국제문제연구원 아태연구센터 부주임

『朝鲜半岛局势与中国』(新星出版社, 2018), 「东北亚安全格局调整与中国的立场和作用」, 「东亚文化共同体建设与中日韩合作」, "North Korea's Nuclear Tests and Sino-U.S. Cooperation", "North Korea's Nuclear Test and Prospects for Peninsular Unification: A Chinese Perspective"

권선홍 부산외국어대학교 외교학과 명예교수

『전통시대 동아시아 국제관계』(부산외대출판부, 2004), 『전통시대 동아시아 국제질서』(공저, 부산외대출판부, 2015), 『국제사회의 규범과 원리』(공저, 이담, 2014), 「전통시대 유교문명권의 책봉 · 조공제도 부정론에 대한 재검토」(『국제정치논총』 제57집 1호, 한국국제정치학회, 2017) 등

타오원자오(陶文钊) 전 중국사회과학원 미국연구소 연구원

『后冷战时期美俄关系的三个循环』, 『中国的改革开放与有利国际环境的积极营造』, 『中美关系中的台湾问题』, 『建交以来的中美关系: 回顾与思考』

민병원 이화여자대학교 정치외교학과 교수

「자유주의 국제질서의 위기와 롤즈의 정치적 자유주의: 불량국가 담론과의 연관성을 중심으로」(『한국정치연구』, 서울대학교 한국정치연구소, 2020), 「미중관계의 구조적 이해: 투키디데스 함정과 리프만 불균형 개념을 중심으로」(『동북아연구』, 조선대학교 사회과학연구원, 2020), 「정치적 자유주의와 모두스 비벤디: 국제정치의 불량국가 담론에 관한 연구」(『한국정치연구』, 연세대학교 동서문제연구원, 2020), "Not So Universal? The Search for Indigenous International Relations Theories in South Korea"(The Korean Journal of International Studies, 2016) 등

구웨이(顾炜) 상하이사회과학원 국제문제연구소 연구원

『双重结构与俄罗斯的地区一体化政策』(北京: 社会科学文献出版社, 2020), 『中俄战略协作与欧亚地区秩序的演进』(北京: 中国社会科学出版社, 2018), 「三方合作的困境与解困之道」(『东北亚论坛』, 2020), 「中亚一体化的架构变化与发展前景」(『国际关系研究』, 2020), 「双重领导型地区秩序的构建逻辑」(『世界经济与政治』, 2017)

이명찬 동북아역사재단 명예연구위원

『일본인들이 전언하는 한일역전』(서울셀렉션, 2021), 『일본 지식인에게 듣는 한일관계와 역사 문제』(동북아역사재단, 2020), 『일본의 국가정체성과 동북아 국제관계』(공저, 동북아역사재단, 2019), 『'일본회의'와 아베 정권의 헌법개정』(공저, 동북아역사재단, 2018), 「동아시아 영토분쟁과 동북아국제정치」(『독도연구』, 영남대학교 독도연구소, 2017) 등

추이훙웨이(崔宏伟) 상하이사회과학원 국제문제연구소 연구원

「"数字技术政治化"与中欧关系未来发展」(『国际关系研究』, 2020年 第5期), 「"主权困惑"与欧洲一体化的韧性」(『当代世界与社会主义』, 2019年 第5期), 「试析新形势下欧美关系的发展前景」(『国际关系研究』, 2017年 第2期), 「"一带一路"倡议与容克投资计划对接前景探析」(『德国研究』, 2016年 第1期)

왕샤오푸(王少普) 상하이교통대학 교수

延续中日关系正途, 安倍要做三件事(『解放日报』, 2017年 9月 29日), 安倍施策逆势而行 重组内阁并不治本(『解放日报』, 2017年 8月 3日), 韩国的平衡外交及其面临的挑战(『人民论坛』, 2016年 5月 15日)

리엔더구이(廉德瑰) 상하이외국어대학 교수

『日美同盟实像』(上海社会科学出版社, 2017), 「中美贸易战与日美贸易麽擦及同门悖论」(『亚太安全与海洋研究』, 2020), 「海洋政治视角下的日本印太战略的分析」(『学术前沿』, 2018), 「日本会议与日本右倾政治分析」(『日本学刊』, 2017)

도시환 동북아역사재단 독도연구소 책임연구위원

『일본군'위안부' 문제와 과제 Ⅱ-피해자 중심 해결』(공저, 동북아역사재단, 2020), 『독도 영토주권과 국제법적 권원』(공저, 동북아역사재단, 2019), 『한일협정 50년사의 재조명 Ⅴ-한일협정 50년의 성찰과 평화공동체의 모색』(공저, 역사공간, 2016), 『한일강제병합 100년의 역사와 과제』(공저, 동북아역사재단, 2013) 등

왕슈밍(汪舒明) 상하이사회과학원 국제문제연구소 연구원

「"反恐"战与以色列军事伦理的嬗变」(『国际安全研究』, 2019年 第3期), 「美日历史和解的突破性进展及其影响」(『现代国际关系』, 2017年 第5期), 「战后美国犹太组织的群际关系运动及其影响」(『史林』, 2017年 第5期)

리카이성(李开盛) 상하이사회과학원 국제문제연구소 부소장

「利益平衡: 中美在东亚的共处之道」(『世界经济与政治』, 2020), 「中国周边外交: 70年来的演变及其逻辑」(『国际关系研究』, 2019), 「对推进中日韩政治与安全合作的思

考」(『现代国际关系』, 2019)

배진수　전 동북아역사재단 연구위원

『독도이슈 60년과 한국의 영토주권』(동북아역사재단, 2012), 『북한 통일 남북관계 예측』(지샘, 2006), 『對北韓 專門家 豫測性向 및 豫測力 評價』(한국군사문제연구원, 2001), 『세계의 도서분쟁과 독도 시나리오』(한국군사문제연구원, 1997), 『독도 문제의 학제적 연구』(공저, 동북아역사재단, 2009), 『세계 분쟁 해결과 NGO 네트워크』(공저, 동북아역사재단, 2008), 『세계의 영토분쟁 DB와 식민침탈 사례』(공저, 동북아역사재단, 2008)

뤄후이(罗辉)　상하이사회과학원 국제문제연구소 연구원

『如何运营成功的智库』(译著(与徐以骅合译), 四川人民出版社, 2020), 『灵魂之剑 , 信仰之盾: 美国战争与外交中的宗教』(译著, 东方出版社, 2015)

동북아역사재단 연구총서 119

부상하는 중국과 동아시아

초판 1쇄 인쇄 2020년 12월 10일
초판 1쇄 발행 2020년 12월 21일

엮은이 차재복
펴낸곳 동북아역사재단

등 록 제312-2004-050호(2004년 10월 18일)
주 소 서울시 서대문구 통일로 81, NH농협생명빌딩
전 화 02-2012-6065
팩 스 02-2012-6189
홈페이지 www.nahf.or.kr
제작·인쇄 청아출판사

ISBN 978-89-6187-600-1 93910